Projet OCDE/G20 sur l'érosion de la base d'imposition et le transfert de bénéfices

Les défis fiscaux soulevés par la numérisation de l'économie – rapport intérimaire 2018

CADRE INCLUSIF SUR LE BEPS

OCDE

DES POLITIQUES MEILLEURES POUR UNE VIE MEILLEURE

Ce document, ainsi que les données et cartes qu'il peut comprendre, sont sans préjudice du statut de tout territoire, de la souveraineté s'exerçant sur ce dernier, du tracé des frontières et limites internationales, et du nom de tout territoire, ville ou région.

Merci de citer cet ouvrage comme suit :
OCDE (2018), *Les défis fiscaux soulevés par la numérisation de l'économie – rapport intérimaire 2018 : Cadre inclusif sur le BEPS*, Projet OCDE/G20 sur l'érosion de la base d'imposition et le transfert de bénéfices, Éditions OCDE, Paris.
http://dx.doi.org/10.1787/9789264301627-fr

ISBN 978-92-64-30161-0 (imprimé)
ISBN 978-92-64-30162-7 (PDF)

Série : Projet OCDE/G20 sur l'érosion de la base d'imposition et le transfert de bénéfices
ISSN 2313-2620 (imprimé)
ISSN 2313-2639 (en ligne)

Les données statistiques concernant Israël sont fournies par et sous la responsabilité des autorités israéliennes compétentes. L'utilisation de ces données par l'OCDE est sans préjudice du statut des hauteurs du Golan, de Jérusalem-Est et des colonies de peuplement israéliennes en Cisjordanie aux termes du droit international.

Crédits photo : Couverture © ninog-Fotolia.com

Les corrigenda des publications de l'OCDE sont disponibles sur : *www.oecd.org/about/publishing/corrigenda.htm*.

Avant-propos

L'intégration des économies et des marchés nationaux a connu une accélération marquée ces dernières années, mettant à l'épreuve le cadre fiscal international conçu voilà plus d'un siècle. Les règles en place ont laissé apparaître des fragilités qui sont autant d'opportunités pour des pratiques d'érosion de la base d'imposition et de transfert de bénéfices (BEPS), appelant une action résolue de la part des dirigeants pour restaurer la confiance dans le système et faire en sorte que les bénéfices soient imposés là où les activités économiques sont réalisées et là où la valeur est créée.

À la suite de la parution du rapport intitulé Lutter contre l'érosion de la base d'imposition et le transfert de bénéfices en février 2013, les pays de l'OCDE et du G20 ont adopté en septembre 2013 un Plan d'action en 15 points visant à combattre ces pratiques. Les 15 actions à mener s'articulent autour de trois principaux piliers : harmoniser les règles nationales qui influent sur les activités transnationales, renforcer les exigences de substance dans les standards internationaux existants, et améliorer la transparence ainsi que la sécurité juridique.

Après deux ans de travail, des mesures en réponse aux 15 actions ont été présentées aux dirigeants des pays du G20 à Antalya en novembre 2015. Tous ces rapports, y compris ceux publiés à titre provisoire en 2014, ont été réunis au sein d'un ensemble complet de mesures, qui représente le premier remaniement d'importance des règles fiscales internationales depuis près d'un siècle. La mise en œuvre des nouvelles mesures devrait conduire les entreprises à déclarer leurs bénéfices là où les activités économiques qui les génèrent sont réalisées et là où la valeur est créée. Les stratégies de planification fiscale qui s'appuient sur des règles périmées ou sur des dispositifs nationaux mal coordonnés seront caduques.

La mise en œuvre est désormais au centre des travaux. L'application des mesures prévues passe par des modifications de la législation et des pratiques nationales ainsi que des conventions fiscales. La négociation d'un instrument multilatéral visant à faciliter la mise en œuvre des mesures liées aux conventions a abouti en 2016, et plus de 75 pays sont couverts par cet instrument multilatéral. Son entrée en vigueur le 1er juillet 2018 ouvrira la voie à une mise en œuvre rapide des mesures liées aux conventions. Les pays de l'OCDE et du G20 ont également décidé de poursuivre leur coopération en vue de garantir une application cohérente et coordonnée des recommandations issues du projet BEPS et de rendre le projet plus inclusif. La mondialisation exige de trouver des solutions de portée mondiale et de nouer un dialogue mondial qui va au-delà des pays de l'OCDE et du G20.

Une meilleure compréhension de la manière dont les recommandations issues du projet BEPS sont mises en pratique pourrait limiter les malentendus et les différends entre États. Une attention accrue portée à la mise en œuvre des actions et à l'administration de l'impôt pourrait être bénéfique tant pour les États que pour les entreprises. Enfin, des solutions sont proposées pour améliorer les données et les analyses, ce qui permettra d'évaluer et de quantifier régulièrement l'impact des mécanismes d'érosion de la base d'imposition et transfert de bénéfices et les effets des mesures issues du projet BEPS appliquées pour lutter contre ces pratiques.

De ce fait, l'OCDE a établi un Cadre inclusif sur le BEPS, rassemblant sur un pied d'égalité tous les pays et juridictions intéressés et engagés dans le Comité des affaires fiscales et ses organes subsidiaires. Le Cadre inclusif, qui compte déjà plus de 110 membres, contrôle la mise en œuvre des standards minimums à travers des examens par les pairs, et finalise actuellement l'élaboration de normes pour résoudre les problèmes liés au BEPS. En plus des membres du projet BEPS, d'autres organisations internationales et organismes fiscaux régionaux sont engagés dans les travaux du Cadre inclusif, et les entreprises et la société civile sont également consultées sur différentes problématiques.

Veuillez noter que les paragraphes 251, 369, 402, 464 et 508 sont délibérément manquants de ce rapport, par souci de cohérence avec la numérotation de la version anglaise dans laquelle ces numéros de paragraphe ont été omis par erreur.

Table des matières

Tableaux

Graphiques

Encadrés

Sigles et abréviations

3-D	Trois dimensions
APP	Accord préalable en matière de prix de transfert
ARC	Agence du revenu du Canada
BEAT	Base Erosion and Anti-Abuse Tax
BEPS	Érosion de la base d'imposition et transfert de bénéfices (Base erosion and profit shifting)
B2B	Business-to-Business
B2C	Business-to-Consumer
CNUCED	Conférence des Nations unies sur le commerce et le développement
COP	Règle du critère des objets principaux
CVM	Chaîne de valeur mondiale
DEMPE	Développement, renforcement, conservation, protection ou exploitation (Development, Enhancement, Maintenance, Protection and Exploitation)
EBITDA	Bénéfice avant intérêts, impôts, dépréciation et amortissement (Earnings before interest, taxes, depreciation, and amortization)
EEE	Espace économique européen
ES	Établissement stable
ETCB	Bureau estonien des impôts et des douanes (Estonian Tax and Customs Bureau)
FAI	Fournisseur d'accès Internet
FMI	Fonds monétaire international
FTA	Forum sur l'administration fiscale (Forum on Tax Administration)
G20	Groupe des vingt
GILTI	Taxe sur les revenus mondiaux générés par des actifs incorporels faiblement imposés (Global Intangible Low-Taxed Income)
GREN	Groupe de réflexion sur l'économie numérique
IaaS	Service infrastructurel en ligne (infrastructure-as-a-service)
IM	Instrument multilatéral
MAAL	Multinational Anti-Avoidance Law
MOSS	Mini guichet unique TVA (Mini One-Stop-Shop)
NCD	Norme commune de déclaration
OCDE	Organisation de coopération et de développement économiques
OMC	Organisation mondiale du commerce
OMPI	Organisation mondiale de la propriété intellectuelle
ONU	Organisation des Nations Unies
OTT	Over-the-top
OURdata	Open, Useful, Reusable Government Data

P2P	Entre particuliers (peer-to-peer)
PaaS	Service de plateforme en ligne (platform-as-a-service)
PI	Propriété intelectuelle
PME	Petite et moyenne entreprise
R&D	Recherche et développement
SaaS	Service logiciel en ligne (software-as-a-service)
SAS	Services Annual Survey du Census Bureau, États-Unis
SAT	Administration fiscale mexicaine (Servicio de Administración Tributaria)
SEC	Société étrangère contrôlée
SKAT	Administration fiscale danoise
SUNAT	Administration fiscale péruvienne (Superintendencia Nacional de Aduanas y de Administración Tributaria)
TCJA	Tax Cuts and Jobs Act
TIC	Technologies de l'information et de la communication
TPS	Taxe sur les produits et services
TVA	Taxe sur la valeur ajoutée
TVA/TPS	Taxe sur la valeur ajoutée/Taxe sur les produits et services
TVH	Taxe de vente harmonisée
UE	Union européenne
VTC	Voiture de transport avec chauffeur

Chapitre 1. Introduction du rapport intérimaire consacré aux défis fiscaux soulevés par la numérisation

Ce chapitre donne une vue d'ensemble de l'impact de la transformation numérique sur la société et l'économie mondiale, et notamment de son rôle de soutien à l'innovation. Il retrace dans leurs grandes lignes les travaux qui ont été consacrés aux défis fiscaux soulevés par la numérisation de l'économie, depuis la publication en 2015 du Rapport établi au titre de l'Action 1 du projet BEPS jusqu'aux initiatives menées depuis lors par les membres du Cadre inclusif, dont le nombre dépasse 110, relatives à la mise en œuvre du projet BEPS de l'OCDE et du G20.

1.1. Synthèse

1. La numérisation transforme non seulement la quasi-totalité des aspects de notre quotidien mais encore, sur le plan macroéconomique, les modes d'organisation et de fonctionnement de notre société. L'ampleur et la rapidité de ces mutations ont été amplement commentées, or, il en va de même pour les conséquences de la transformation numérique sur les questions fiscales.

2. Le présent chapitre examine dans un premier temps l'impact considérable de la transformation numérique sur notre environnement en général, faisant le point sur les évolutions intervenues depuis la publication du Rapport final de 2015 établi au titre de l'Action 1 du projet BEPS, intitulé *Relever les défis fiscaux posés par l'économie numérique*[1], qui décrivait l'évolution des technologies de l'information et des communications (TIC). Une deuxième section passe en revue les travaux consacrés aux défis fiscaux soulevés par la numérisation, notamment le rapport d'Ottawa publié en 1998 par l'OCDE : *Conditions-cadres pour l'imposition du commerce électronique*[2], ainsi que le Rapport final de 2015 sur l'Action 1 du projet BEPS. Ce rapport montrait que les problématiques d'érosion de la base d'imposition et de transfert des bénéfices étaient exacerbées par la transformation numérique, et recensait plusieurs défis fiscaux plus larges dépassant les seules problématiques de BEPS. Enfin, dans sa troisième section, ce chapitre décrit les travaux conduits depuis 2015 par les membres du Cadre inclusif sur le BEPS, jusqu'à l'aboutissement du présent rapport intérimaire, lesquels se sont appuyés sur les contributions d'un large éventail de parties prenantes.

3. La numérisation de l'économie, à l'origine de nombreux défis pour les pouvoirs publics, modifie en particulier le processus d'élaboration des politiques, en offrant aux pouvoirs publics un nouvel éventail d'outils leur permettant de concevoir et de mettre en œuvre des mesures efficaces. Les travaux entrepris pour évaluer les effets de la transformation numérique sur les règles fiscales internationales et d'autres aspects du système fiscal ne couvrent que l'une des facettes de la transformation à l'œuvre. En réponse aux enjeux plus larges touchant l'action publique, l'OCDE a lancé en 2017 le projet « *Vers le numérique* », qui vise à aider les responsables des politiques publiques à mieux appréhender la transformation numérique, et à définir des outils permettant de concevoir et d'appliquer un cadre d'action résilient, favorable à une économie et à une société numériques inclusives et positives[3].

1.2. La transformation numérique

4. La transformation numérique modifie la manière dont les personnes interagissent entre elles et leurs relations à la société en général, soulevant des enjeux importants pour l'emploi et les compétences, la protection de la vie privée et la sécurité, l'éducation, la santé, ainsi qu'un grand nombre d'autres domaines de l'action publique. Elle représente aussi un important facteur de la création d'entreprises, en réduisant les obstacles à l'entrée et, plus généralement, en modifiant l'environnement des affaires par la baisse des coûts de transaction, la transparence accrue sur les prix et les gains de productivité (voir encadré 1). Non seulement les entreprises échangent plus facilement avec leurs fournisseurs, clients et employés grâce à des outils en ligne, mais les progrès dans le domaine des TIC favorisent l'émergence de nouveaux modèles d'affaires.

Encadré 1.1. Quelle est l'ampleur des retombées sur la productivité ?

Plusieurs études portant sur des entreprises ou des technologies particulières ont permis de rassembler des données factuelles qui décrivent les effets sur la productivité de l'adoption de nouvelles technologies de production. Certaines de ces études sont citées ci-dessous. Elles semblent conclure à de possibles retombées importantes sur la productivité. Néanmoins, ces études ont suivi des méthodologies différentes, et font souvent état de résultats observés auprès d'un petit nombre d'entreprises « pionnières » ayant adopté très tôt des technologies émergentes. Par conséquent, ces études se prêtent mal à l'établissement d'estimations agrégées.

- Aux États-Unis, les entreprises qui adoptent un processus de décision fondé sur l'analyse des données obtiennent des niveaux de production et de productivité supérieurs de 5 à 6 % aux prévisions établies sur le fondement de leurs autres investissements consacrés aux TIC (Brynjolfsson, Hitt et Kim, 2011).
- Un gain de 10 % dans la qualité des données et dans l'accès à celles-ci – obtenu en présentant ces données de manière plus concise et cohérente à travers toutes les plateformes, et en facilitant leur utilisation – se traduirait par une hausse de la productivité du travail de 14 % en moyenne, avec toutefois d'importantes disparités suivant le secteur d'activité concerné (Barua, Mani et Mukherjee, 2013).
- Dans le secteur de l'extraction minière, le recours à des camions autonomes pourrait augmenter la production de 15 à 20 %, réduire de 10 à 15 % la consommation de carburant et permettre une baisse de 8 % de frais de maintenance (Citigroup-Oxford Martin School, 2015).
- L'utilisation d'appareils de forage autonomes peut conduire à des gains de productivité de 30 à 60 % (Citigroup-Oxford Martin School, 2015).
- Lorsque l'adoption de nouvelles technologies dope la productivité d'une entreprise, elle peut également en améliorer les performances financières. Une récente étude de cas montre qu'en déployant une importante infrastructure d'Internet des objets et d'analyse de données, un grand constructeur automobile américain a réalisé une économie d'environ 2 milliards USD sur cinq ans (entre début 2011 et quasiment fin 2015). Un gain d'efficacité de 1 % des opérations de maintenance dans l'industrie aéronautique, grâce à l'Internet industriel, permettrait aux compagnies aériennes commerciales d'économiser environ 2 milliards USD chaque année dans le monde (Evans et Anninziata, 2012).

Source :(OECD, 2017c[1]).

5. La généralisation des appareils numériques, la connectivité et les technologies dites « intelligentes » ont induit des mutations profondes dans le fonctionnement des marchés et les relations entre acteurs économiques. Les TIC sont désormais intégrées aux infrastructures fondamentales des entreprises et de la société toute entière, comme le révèle l'usage omniprésent des réseaux et services de communication en ligne, à la fois

efficaces et facilement accessibles, et l'utilisation croissante des données, des logiciels et des matériels informatiques.

6. Le Rapport final de 2015, *Relever les défis fiscaux posés par l'économie numérique*[4], établi au titre de l'Action 1 du projet OCDE/G20 sur l'érosion de la base d'imposition et le transfert de bénéfices (BEPS), décrivait l'évolution des TIC au fil du temps et mettait en exergue les interactions entre les différentes composantes de ces technologies. Depuis la parution de ce rapport, la diffusion des technologies qui avaient déjà marqué de leur empreinte l'économie et la plupart des aspects de notre vie quotidienne s'est encore intensifiée. L'adoption de l'informatique en nuage s'est accélérée parmi les entreprises, pour concerner près de 50 % des grandes entreprises en 2016, et une forte proportion d'entreprises disposent désormais d'une certaine présence en ligne (voir, à titre d'exemple, le Graphique 1.1).

Graphique 1.1. Entreprises disposant d'une présence en ligne

En pourcentage du nombre total d'entreprise

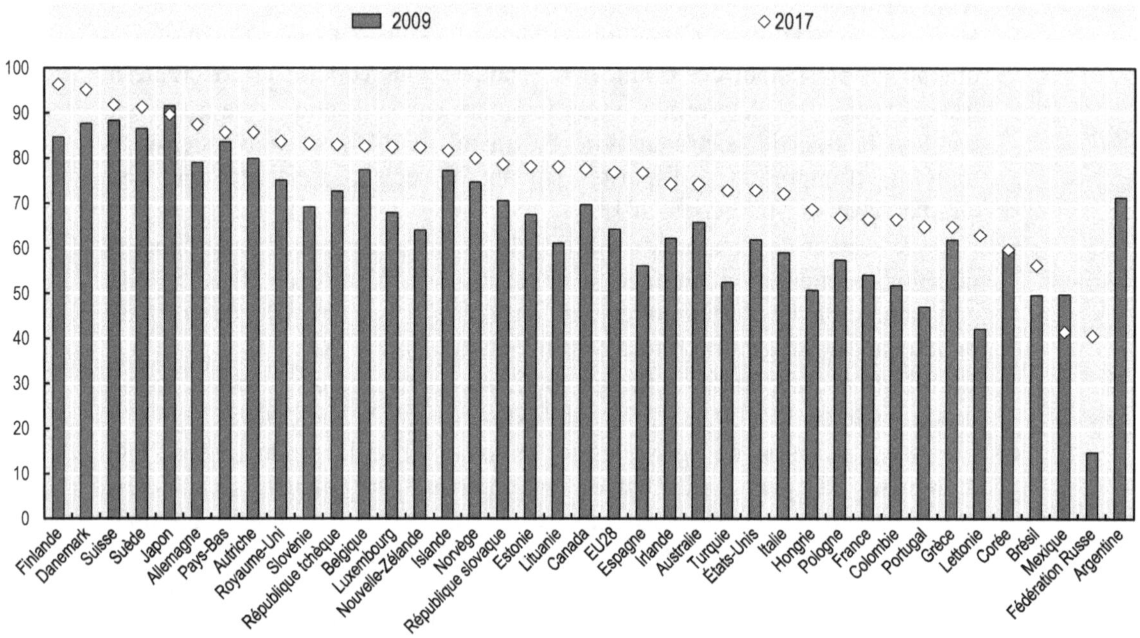

Notes : Série 2009 – Pour les pays suivants, les données concernent une année différente : Canada (2007), États-Unis (2007), Islande (2010), Mexique (2008) et Nouvelle-Zélande (2008).
Série 2017 – Pour les pays suivants, les données concernent une année différente : Australie (2016), Brésil (2015), Canada (2013), Colombie (2015), Corée (2015), États-Unis (2012), Fédération de Russie (2014), Japon (2015), Mexique (2012), Nouvelle-Zélande (2016) et Suisse (2011).
Source : Eurostat ; OCDE ; CNUCED, février 2018.

7. La généralisation de la connectivité s'est encore accrue : 83 % des adultes des pays de l'OCDE disposaient d'un accès à l'Internet en 2016, et 95 % des entreprises sont désormais raccordées à l'Internet par une connexion à haut débit[5]. La croissance du trafic Internet mondial illustre bien le rôle toujours plus important des technologies numériques dans la vie quotidienne (Graphique 1.2).

Graphique 1.2. Prévisions du trafic Internet mondial, 2015-2020[6]

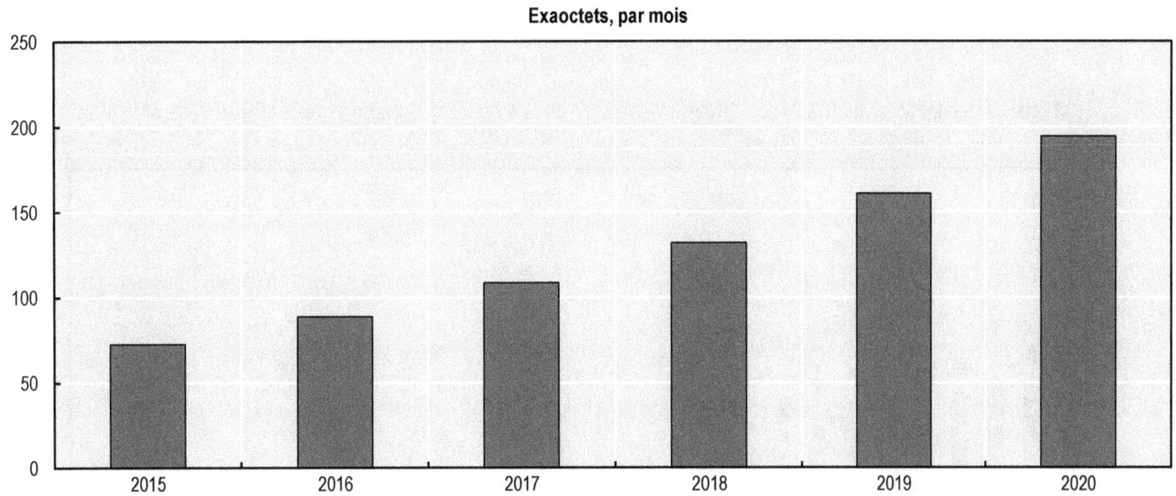

Source : (Cisco, 2016[2]).

8. La quantité de données générées en permanence par les utilisateurs et appareils connectés est considérable. Selon des estimations, le volume annuel des données créées actuellement dans le monde devrait doubler tous les 12 mois, portant à 44 zettaoctets[7] le volume de données produites d'ici 2020[8]. Compte tenu des progrès de l'analyse des données et de la diffusion des technologies, ces données, qui sont collectées par des entreprises et des entités publiques, fournissent les informations nécessaires pour modifier et orienter le comportement des individus et le fonctionnement des organisations.

9. Les innovations scientifiques repoussent sans cesse la frontière numérique, comme le relevait le Rapport final de 2015 établi au titre de l'Action 1 du projet BEPS, qui citait plusieurs technologies émergentes, telles que l'Internet des objets, les monnaies numériques ou crypto-monnaies, l'économie du partage, l'impression 3D, la robotique avancée ou l'accès aux données publiques, qui interagissent d'une manière inédite, conduisant à de nouvelles innovations. Quelques années seulement après la rédaction de ce rapport, le rôle croissant dévolu à ces technologies émergentes s'est confirmé. L'Internet des objets (échanges de données entre appareils connectés) connaît une croissance exponentielle – +31 % entre 2016 et 2017 – et devrait croître selon un facteur de 2.5 d'ici à 2020[9]. En dépit des inquiétudes exprimées par de nombreux observateurs concernant leur stabilité et valeur sous-jacentes, il existe à ce jour plus de 1 500 crypto-monnaies[10]. Celles-ci reposent sur la technologie *blockchain*, ou technologie fondée sur des registres distribués et décentralisés, qui pourrait également trouver de nombreuses autres applications, dont beaucoup sont encore à l'étude. Il pourrait notamment s'agir de dispositifs de sécurité ou de protection améliorés, à même d'assurer un enregistrement plus sûr de transactions financières ou d'autres opérations économiques. Cet aspect est d'autant plus important que les utilisateurs des services en ligne sont aujourd'hui confrontés à de nombreux incidents liés à des problèmes de sécurité informatique (voir, notamment, le Graphique 1.3).

Graphique 1.3. Problèmes de sécurité informatique ayant affecté des particuliers sur une période de 3 mois, depuis 2015

En pourcentage de la population totale, et en fonction du niveau de formation

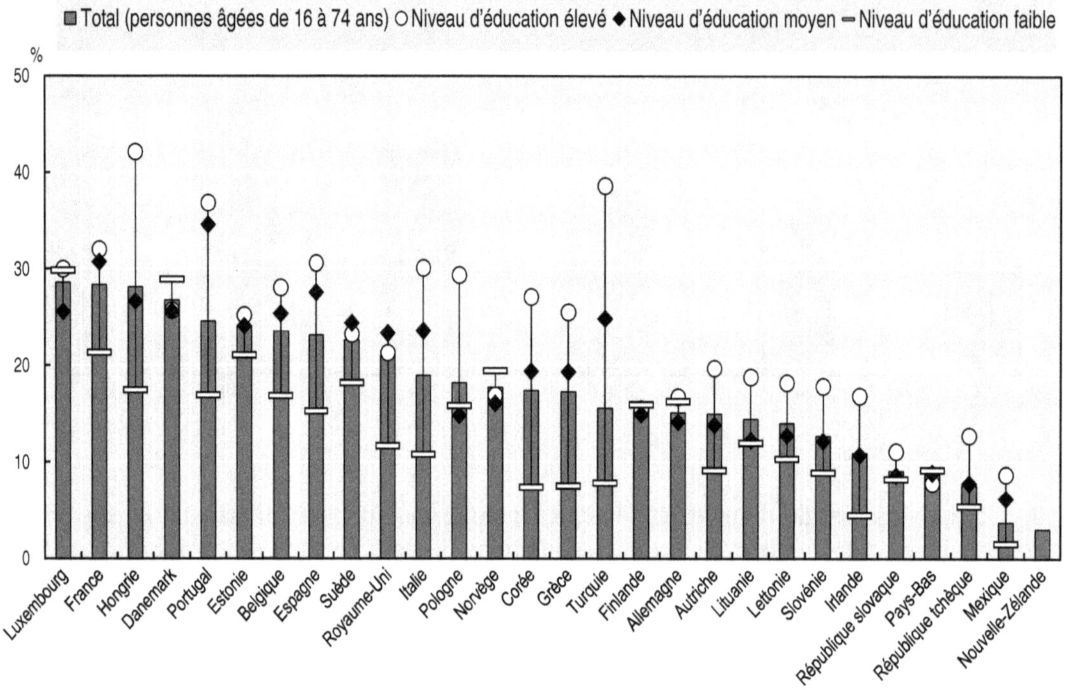

Note : Les données pour la Corée se réfèrent à 2016 pour tous les individus mais la ventilation par niveau d'éducation moyen se réfèrent à 2014. Les données pour l'Islande se réfèrent à 2010. Les données pour la Corée, le Mexique, la Nouvelle-Zélande et la Suisse suivent une différente méthodologie.
Source: OCDE, Accès et utilisation des TIC par les ménages et les individus (base de données), http://oe.cd/hhind (accès en juin 2017).

10. Par ailleurs, l'utilisation de l'impression 3D s'est répandue ces dernières années, dépassant les premiers usages « sur mesure » liés au développement de prototypes, pour venir remplacer les processus traditionnels de fabrication en série, et apportant des modifications dans la chaîne d'approvisionnement. À titre d'exemple, dans le secteur aéronautique et spatial, Boeing emploie déjà l'impression 3D pour produire plus de 50 000 unités de plus de 900 pièces différentes destinées à des avions ou engins spatiaux. En parallèle, les applications de l'intelligence artificielle « restreinte » (systèmes reposant sur des machines qui accomplissent uniquement des tâches prédéfinies) se développent dans différents domaines, et certains experts estiment que des solutions utilisant l'intelligence artificielle dite « forte » ou « généralisée » (systèmes reposant sur des machines capables d'apprendre et de résoudre des problèmes inédits) pourraient être mises en pratique dans les années à venir. Enfin, l'ouverture des données publiques (la mise à disposition par les administrations de leurs données) devient l'approche par défaut des gouvernements, qui les publient en vue de leur possible réutilisation par des entreprises, la société civile ou le public en général (voir Graphique 1.4)[11].

Graphique 1.4. Indice OURdata sur les données publiques ouvertes, utiles et réutilisables 2017[12]

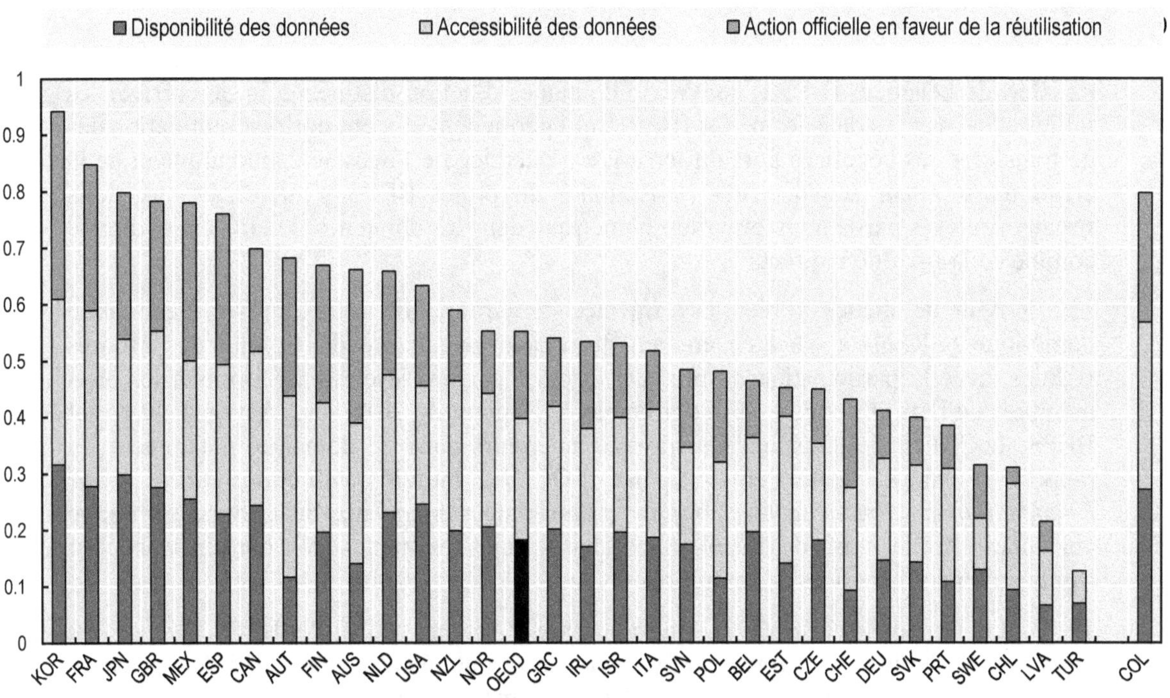

Note : Les données pour la Hongrie, l'Icelande et le Luxembourg ne sont pas disponibles. Le Danemark ne dispose pas d'un portail de donnée central/fédéral et ne figure pas dans l'index. La méthodologie et les données utilisées sont décrites en détail dans l'annexe en ligne (http://dx.doi.org/10.1787/gov_glance-2017-en). Information sur les données pour Israel: http://dx.doi.org/10.1787/888932315602.
Source: OCDE Survey on Open Government Data

11. Ce contexte en mutation, dans lequel les incertitudes demeurent nombreuses, place les responsables des politiques publiques face à des enjeux complexes. Dans le cadre de son projet « *Vers le numérique* », l'OCDE a analysé les plus vraisemblables des multiples évolutions possibles[13]. La transformation numérique modifie de plus la nature même du processus d'élaboration des politiques, en offrant aux responsables de l'action publique un nouvel éventail d'outils pour la conception, la mise en œuvre et l'évaluation de l'efficacité d'un ensemble de normes et des résultats qu'elles produisent. À cet égard, il importe de tirer le meilleur parti des innovations technologiques, afin de mettre au point des actions plus efficaces et plus finement ajustées, et d'assurer un contexte propice à l'innovation et à la croissance tout en veillant à atténuer ou éviter les risques liés à la numérisation de l'économie via l'adoption de mesures de protection appropriées. En matière de fiscalité, cela suppose que les politiques soient conçues et mises en œuvre en tenant compte de cet environnement en pleine évolution, tout en restant suffisamment claires, pour offrir la sécurité juridique propice à une croissance durable sur le long terme.

1.3. Travaux menés dans le cadre du projet BEPS de l'OCDE et du G20 consacrés aux défis fiscaux soulevés par la numérisation de l'économie

1.3.1. Le projet BEPS de l'OCDE et du G20

12. Lancé en 2013, le projet OCDE/G20 sur l'érosion de la base d'imposition et le transfert de bénéfices (BEPS) couvre 15 domaines d'action distincts afin de corriger les failles et asymétries dans les règles fiscales qui permettent aux entreprises multinationales de transférer des bénéfices hors du territoire d'exercice de l'activité économique et de la création de valeur sous-jacentes. L'Action 1 du projet BEPS s'intéressait aux défis fiscaux soulevés par la transformation numérique dans les domaines de la fiscalité directe comme de la fiscalité indirecte.

13. Afin de mener à bien ces travaux, le Groupe de réflexion sur l'économie numérique (GREN) a été créé en tant qu'organe subsidiaire du Comité des affaires fiscales, avec la participation de plus de 45 pays[14], parmi lesquels l'ensemble des pays membres de l'OCDE et du G20. Pour établir le Rapport de 2015 sur l'Action 1 du projet BEPS, le GREN s'est inspiré des travaux antérieurs dans ce domaine, notamment du rapport d'Ottawa publié en 1998 par l'OCDE, intitulé *Conditions-cadres pour l'imposition du commerce électronique*[15], ainsi que des travaux du Groupe technique consultatif sur le suivi de l'application des normes existantes des conventions pour l'imposition des bénéfices des entreprises[16].

14. Le Rapport final de 2015 établi au titre l'Action 1 du projet BEPS, *Relever les défis fiscaux posés par l'économie numérique*, a été publié en octobre 2015 dans le cadre du paquet BEPS. L'ensemble complet des recommandations et rapports issus du projet BEPS a été approuvé par les dirigeants du G20 en novembre 2015, et le Cadre inclusif sur le BEPS, créé en juin 2016, compte plus de 110 pays et juridictions membres qui se sont engagés à mettre en œuvre les mesures et standards définis dans le cadre de ce projet.

1.3.2. Problématiques de BEPS accentuées par la transformation numérique

15. Le Rapport final de 2015 établi au titre de l'Action 1 décrivait les défis importants en matière de fiscalité internationale posés par la transformation numérique et certains des modèles d'affaires dont elle favorise l'essor. Ce rapport montrait également que l'économie numérique s'assimile de plus en plus à l'économie proprement dite, rendant difficile, voire impossible, de la distinguer du reste de l'économie à des fins fiscales. En d'autres termes, la numérisation peut être vue comme un processus d'évolution qui touche tous les secteurs d'activité en raison des progrès des TIC[17].

16. Ce rapport présentait plusieurs caractéristiques fondamentales de la numérisation de l'économie qui sont potentiellement pertinentes sur le plan fiscal. Parmi ces caractéristiques, le rapport citait : la mobilité, le rôle essentiel des données, les effets de réseau, la diffusion des modèles d'affaires multi-faces, une tendance au monopole ou à l'oligopole, et l'instabilité. Il y était reconnu que la numérisation a également accéléré et modifié la répartition des chaînes d'approvisionnement à l'échelle mondiale au moyen desquelles les entreprises multinationales organisent leurs opérations. Il mettait aussi en lumière des phénomènes émergents, comme la collecte et l'exploitation des données, les effets de réseaux et l'apparition de nouveaux modèles d'affaires, notamment les plateformes multi-faces, qui contribuent tous à une accentuation des défis fiscaux auxquels sont confrontées les règles fiscales existantes.

17. Le rapport observait également que certaines de ces caractéristiques fondamentales soulèvent des problématiques de BEPS qui ne lui sont pas exclusivement propres, mais en amplifient les risques. Ces problématiques ont été identifiées et prises en compte dans l'ensemble des travaux menés au titre du Plan d'action BEPS. Afin de réduire de manière significative les risques d'érosion de la base d'imposition et de transfert des bénéfices induits par la transformation numérique, des mesures correctives ont été convenues, notamment sous la forme d'une nouvelle définition de l'établissement stable (Action 7), d'une révision des orientations en matière de prix de transfert (Actions 8-10) et de recommandations pour l'élaboration de règles efficaces concernant les sociétés étrangères contrôlées (SEC) (Action 3). Depuis l'adoption du paquet BEPS en 2015, les pays ont commencé à mettre en œuvre ces mesures. Le chapitre 3 du présent rapport analyse plus en détail les effets de ces mesures sur les défis soulevés par la numérisation.

1.3.3. Les défis fiscaux plus larges soulevés par la numérisation de l'économie

18. Le Rapport final de 2015 établi au titre de l'Action 1 identifiait également plusieurs défis fiscaux plus larges induits par la transformation numérique, qui avaient trait notamment aux questions de lien, de données et de qualification des revenus. Dépassant la seule problématique des pratiques de BEPS, ces défis concernent en premier lieu la répartition entre les pays du droit d'imposer les revenus générés par des activités transfrontalières à l'ère du numérique. Le rapport recensait aussi de nouveaux défis pour la fiscalité indirecte, en particulier en ce qui concerne la collecte de la taxe sur la valeur ajoutée/taxe sur les produits et services (TVA/TPS) lorsque des biens et services sont acquis par des consommateurs auprès de fournisseurs situés à l'étranger.

19. En vue de répondre à ces préoccupations en matière d'impôts indirects, le rapport invitait les pays à mettre en œuvre les Principes directeurs internationaux de l'OCDE pour la TVA/TPS[18], et plus particulièrement le « principe de destination », ainsi que des mécanismes de recouvrement efficaces, dans le cas d'opérations transfrontalières. Le Rapport de 2015 sur l'Action 1 identifiait également les approches possibles envers un recouvrement plus efficace de la TVA/TPS sur le volume croissant d'importations de biens de faible valeur résultant des ventes en ligne.

20. Pour remédier aux problématiques plus larges touchant la fiscalité directe liées à la transformation numérique, le GREN a analysé les trois options suivantes : i) une nouvelle règle relative au lien, fondée sur le critère d'une « présence économique significative » ; ii) une retenue à la source pouvant être appliquée à certaines transactions numériques ; et iii) une taxe de péréquation destinée à remédier aux disparités que l'application des conventions fiscales peut créer entre des entreprises étrangères et nationales, dès lors que l'entreprise étrangère a une présence économique suffisante dans la juridiction considérée.

21. Si le Rapport final de 2015 sur l'Action 1 ne formulait aucune recommandation à partir de ces options, il a été souligné que les mesures définies dans le cadre du projet BEPS permettraient d'atténuer certaines des problématiques fiscales plus larges, sous réserve du respect des obligations imposées par les accords internationaux ou par leurs conventions fiscales bilatérales et, parallèlement à l'application des Principes directeurs internationaux pour la TVA/TPS, contribueraient à améliorer le recouvrement des impôts sur la consommation par le pays dans lequel est situé le marché. Il a été convenu de poursuivre l'analyse des évolutions de l'économie numérique, en vue d'élaborer un nouveau rapport d'ici 2020.

1.4. Avancement des travaux consacrés à la fiscalité et à la numérisation depuis 2015

22. À la suite de la présentation du paquet BEPS en 2015 et de l'appel lancé par le G20 en vue d'impliquer un nombre encore plus grand de pays dans la mise en œuvre des mesures, le Cadre inclusif OCDE/G20 sur le BEPS a vu le jour en juin 2016. Ouvert à l'ensemble des pays et juridictions intéressés, le Cadre inclusif compte aujourd'hui plus de 110 membres qui, agissant sur un pied d'égalité, se sont engagés à mettre en œuvre le paquet BEPS de 2015 et à travailler ensemble pour appréhender les problématiques de BEPS.

23. Avec la mise en place du Cadre inclusif, une mission supplémentaire a été confiée au GREN en janvier 2017, prévoyant la présentation d'un rapport intérimaire d'ici fin 2018 et d'un rapport final en 2020[19]. En mars 2017, le G20 a demandé au GREN de soumettre un rapport intérimaire en vue des réunions du printemps 2018 du FMI et de la Banque mondiale, demande qui a été réitérée par les dirigeants des pays du G20 réunis en sommet à Hambourg en juillet 2017. Sur la base de ce calendrier, le GREN a repris ses travaux, qui englobent le suivi des évolutions de la technologie numérique et des modèles d'affaires, l'examen des différentes mesures prises par les pays pour appréhender les défis fiscaux plus larges soulevés par la numérisation de l'économie, ainsi que le suivi de la mise en œuvre et de l'impact des Actions pertinentes du paquet BEPS.

24. La participation continue des parties prenantes a représenté un apport essentiel à l'élaboration du paquet BEPS en 2015, et le Cadre inclusif a poursuivi cette démarche pour la suite des travaux. En amont de la préparation de ce rapport intérimaire, un appel à contributions sur les défis fiscaux soulevés par la numérisation de l'économie a été diffusé en septembre 2017, et a permis de réunir plus de 50 contributions d'universitaires, de la société civile, d'entreprises ainsi que de sociétés de services professionnels[20]. Pour analyser ces questions plus en détail avec les parties prenantes, une consultation publique s'est tenue le 1er novembre 2017 en Californie, rassemblant divers commentateurs afin de débattre de ces sujets en présence de membres du GREN. Plus d'une centaine de participants ont pris part à cet événement qui a également été retransmis en direct[21].

1.5. Le rapport intérimaire consacré aux défis fiscaux soulevés par la numérisation de l'économie

25. Ce rapport intérimaire reflète les travaux récents du GREN et, plus globalement, les progrès réalisés par le Cadre inclusif depuis le Rapport de 2015 sur l'Action 1 dans l'étude des enjeux fiscaux liés à la transformation numérique, tout en tenant compte des dernières évolutions survenues.

26. En premier lieu, ce rapport procède à une analyse approfondie du processus de création de valeur dans différents modèles d'affaires à forte composante numérique, en mettant l'accent sur les caractéristiques principales des marchés numériques et des processus de création de valeur. Cette analyse est complétée par des études de cas ayant pour objectif de cerner les facteurs clés qui prévalent dans les entreprises à forte composante numérique (chapitre 2). Il décrit ensuite les progrès accomplis dans la mise en œuvre du paquet BEPS, en insistant sur les mesures spécifiques ayant trait à la numérisation de l'économie et sur leurs effets sur le comportement des entreprises à forte composante numérique (chapitre 3). Il donne également un aperçu des évolutions récentes en matière de politique fiscale se rapportant à la numérisation de l'économie, en

privilégiant les mesures adoptées par les pays en vue de traiter certains aspects des défis fiscaux plus larges recensés dans le Rapport de 2015 sur l'Action 1 (chapitre 4).

27. Le rapport décrit aussi les facteurs qui remettent en cause l'efficacité des normes fiscales internationales actuelles compte tenu des problèmes posés par la numérisation de l'économie, en s'appuyant sur l'analyse effectuée dans le chapitre 2. Il donne une orientation correspondant à l'engagement des membres du Cadre inclusif de s'acheminer vers une solution fondée sur un consensus à l'échelle mondiale (chapitre 5). Le rapport reconnaît ensuite qu'aucun consensus n'a été trouvé concernant la nécessité et le bien-fondé de la mise en place de mesures provisoires, et qu'un certain nombre de pays estiment que des mesures provisoires auront des retombées négatives, indépendamment des limites intégrées au stade de de leur élaboration. Les pays qui sont favorables à l'adoption de mesures provisoires considèrent qu'il est impératif d'agir dans l'attente de trouver un consensus à l'échelle mondiale, et ont identifié un certain nombre de points à prendre en considération en vue d'atténuer les divergences potentielles et les éventuels effets néfastes de telles mesures (chapitre 6).

28. Enfin, le rapport va au-delà de la question de l'impact de la transformation numérique sur les règles fiscales internationales pour s'intéresser aux répercussions importantes et parfois radicales de ce phénomène sur d'autres aspects du système fiscal, en présentant les opportunités ainsi offertes mais aussi les nouveaux risques pour les décideurs publics et les administrations fiscales (chapitre 7). Le dernier chapitre définit l'orientation des travaux futurs du Cadre inclusif en vue d'appréhender les défis fiscaux soulevés par la numérisation (chapitre 8).

29. Ce Rapport intérimaire met en évidence un certain nombre de domaines dans lesquels il existe de nettes divergences d'opinions entre pays, y compris sur la nécessité de réformer le système fiscal international. Ces divergences sont décrites afin de cerner les points de désaccord et de poser les fondements des travaux futurs visant à parvenir à une solution fondée sur un consensus de nature à rapprocher ces positions différentes, qui fera partie du Rapport final que le Cadre inclusif présentera en 2020.

Notes

[1] (OCDE, 2015[10]).

[2] (OCDE, 2001[2]).

[3] De plus amples informations sur le projet « *Vers le numérique* » de l'OCDE sont disponibles en ligne à l'adresse suivante : http://www.oecd.org/going-digital/

[4] (OCDE, 2015[10]).

[5] (OCDE, 2017a[10]).

[6] Un exaoctet vaut 10^{18} octets.

[7] Un zettaoctet représente 1000 milliards de gigaoctets.

[8] (International Data Corporation, 2014[4]).

[9] Gartner (2017), Communiqué de presse, www.gartner.com/newsroom/id/3598917 (consulté le 12 février 2018).

[10] Site internet Cryptocurrency Market Capitalizations https://coinmarketcap.com/ (consulté le 12 février 2018).

[11] (OECD, 2017b[7]).

[12] (OECD, 2017b[7]). Les données relatives à la Hongrie, à l'Islande et au Luxembourg ne sont pas disponibles. Le Danemark n'ayant pas de portail central/fédéral de données, il n'est pas inclus dans l'index. La méthodologie détaillée et les données sous-jacentes sont disponibles en ligne dans l'annexe de la publication.

[13] Pour plus d'informations sur le projet « *Vers le numérique* », voir le site dédié mis en ligne par l'OCDE : http://www.oecd.org/going-digital/ (consulté le 12 février 2018).

[14] Les références à un ou des « pays » au sein de ce rapport correspondent respectivement à des références au « pays » et à la « juridiction » et aux « pays et juridictions ».

[15] (OCDE, 2001[2]).

[16] (OECD, 2005[8]).

[17] (OCDE, 2017a[10]), *Résumé,* p. 11.

[18] (OCDE, 2017d[9]).

[19] On trouvera des informations concernant le Groupe de réflexion sur l'économie numérique et son mandat dans le Guide en ligne des activités intergouvernementales de l'OCDE disponible à l'adresse https://oecdgroups.oecd.org/default.aspx.

[20] Les contributions reçues ainsi que l'appel à contributions sont disponibles en ligne à l'adresse http://www.oecd.org/tax/beps/public-comments-received-on-the-tax-challenges-of-digitalisation.htm (consulté le 12 février 2018).

[21] L'enregistrement de la consultation publique tenue le 1er novembre 2017 est disponible en ligne à l'adresse http://www.oecd.org/tax/beps/public-consultation-on-tax-challenges-of-digitalisation-1-november-2017.htm (consulté le 12 février 2018).

Références

Cisco (2016), « *Visual Networking Index* », Cisco, http://www.cisco.com/c/en/us/solutions/service-provider/visual-networking-index-vni/index.html (consulté le 16 février 2018). [2]

Gartner (2017), *Communiqué de presse*, http://www.gartner.com/newsroom/id/3598917 (consulté le 12 février 2018). [6]

International Data Corporation (2014), *Discover the digital universe of opportunities: Rich data and the increasing value of the Internet of Things*, Site internet, https://www.emc.com/leadership/digital-universe/2014iview/executive-summary.htm (consulté le 12 février 2018). [4]

OCDE (2017b), « Données publiques ouvertes », dans *Panorama des administrations publiques 2017*, Éditions OCDE, Paris, http://dx.doi.org/10.1787/gov_glance-2017-68-fr. [8]

OCDE (2017a), *Perspectives de l'économie numérique de l'OCDE 2017* (Résumé en French), Éditions OCDE, Paris, http://dx.doi.org/10.1787/cb5d5f59-fr. [10]

OCDE (2015), *Relever les défis fiscaux posés par l'économie numérique, Action 1 - Rapport final 2015*, Éditions OCDE, Paris, http://dx.doi.org/10.1787/9789264252141-fr. [7]

OCDE (2005), *Commerce électronique: Les prix de transfert et les impôts sur les profits commerciaux*, Éditions OCDE, Paris, http://dx.doi.org/10.1787/g2gh5700-fr. [9]

OCDE (2001), *Conditions-cadres pour l'imposition du commerce électronique*, Éditions OCDE, Paris. [3]

OCDE (2017d), *Principes directeurs internationaux pour la TVA/TPS*, Éditions OCDE, Paris, http://dx.doi.org/10.1787/9789264272958-fr. [5]

OECD (2017c), *Key Issues for Digital Transformation in the G20*, OECD, http://www.oecd.org/g20/key-issues-for-digital-transformation-in-the-g20.pdf (consulté le 12 février 2018). [1]

Chapitre 2. Numérisation, modèles d'affaires et création de valeur

Ce chapitre examine l'impact de la transformation numérique sur les modèles d'affaires et la création de valeur. Il décrit les caractéristiques principales des marchés numériques et leur incidence sur le processus de création de valeur. Il accorde une importance toute particulière aux modèles d'affaires à forte composante numérique, et analyse trois des caractéristiques les plus fréquemment observées dans certains d'entre eux.

2.1. Synthèse

30. Les progrès technologiques ont entraîné une baisse rapide du coût unitaire du traitement des données. Celle-ci s'est traduite à son tour par un essor considérable de l'information numérique, qui peut être exploitée très rapidement à des coûts marginaux très faibles. Ces évolutions ont favorisé la généralisation et l'intégration des produits et des transactions numériques, à l'origine de la transformation structurelle en cours de l'économie.

31. Ce chapitre présente une analyse approfondie des mécanismes de création de valeur dans différents modèles d'affaires numériques, dans l'objectif d'éclairer les débats actuels sur la fiscalité internationale. La section 2 décrit les principales caractéristiques des marchés numériques. Ces caractéristiques déterminent les trois processus de création de valeur identifiés dans la section 3 (chaîne de valeur, réseau de valeur et atelier de valeur) et analysés plus en détail dans la section 4 dans le cadre d'études de cas. La section 5 présente trois des facteurs les plus caractéristiques des entreprises à forte composante numérique, en tenant compte des différents points de vue des membres du Cadre inclusif sur le BEPS en la matière. Cette section jette les bases des discussions relatives aux répercussions de la numérisation de l'économie sur le cadre fiscal international qui seront abordées dans le Chapitre 5.

32. Il apparaît que la structure des entreprises et le processus de création de valeur ont considérablement évolué, en particulier pour certaines entreprises. Il est important, pour tenter de comprendre ces évolutions, de mettre en évidence les principales caractéristiques communes aux entreprises à forte composante numérique. Ces caractéristiques, qui concerneront un nombre encore plus grand d'entreprises à mesure que progresse la numérisation de l'économie, sont les suivantes : portée internationale sans masse ; le rôle essentiel des actifs incorporels et notamment des droits de propriété intellectuelle (PI) ; importance des données ; participation des utilisateurs ; et synergies entre ces données et la propriété intellectuelle.

33. **Portée internationale sans masse.** La numérisation a permis aux entreprises, dans bon nombre de secteurs, de localiser les différentes phases de leur processus de production dans différents pays, et en même temps d'avoir accès à une clientèle plus nombreuse dans le monde entier. Elle permet également à des 'entreprises déjà largement converties au numérique d'occuper une place importante dans l'économie de différents pays ou territoires malgré une présence physique faible ou nulle, et d'atteindre ainsi une grande portée opérationnelle locale sans masse locale (ci-après la « portée sans masse »).

34. **Rôle essentiel des actifs incorporels et notamment des droits de propriété intellectuelle.** L'analyse montre également que les entreprises à forte composante numérique se caractérisent par l'importance croissante des investissements dans les actifs incorporels, et notamment dans les actifs incorporels (pouvant aussi bien appartenir à l'entreprise qu'être loués à des tiers). Nombreuses sont les entreprises à forte composante numérique dont le modèle d'affaires est centré sur l'utilisation intensive de certains actifs incorporels comme les logiciels et les algorithmes qui sous-tendent les plateformes, les sites web et de nombreuses autres fonctionnalités essentielles.

35. **Données, participation des utilisateurs et synergies avec la PI.** L'utilisation des données, la participation des utilisateurs, les effets de réseaux et la fourniture de contenu créé par les utilisateurs caractérisent souvent le modèle d'affaires des entreprises à forte composante numérique. Les bienfaits de cette analyse peuvent en outre augmenter

en même temps que la quantité d'informations collectées au sujet d'un utilisateur ou d'un client en particulier. L'importance du rôle joué par la participation des utilisateurs peut être observée dans le cas des réseaux sociaux, dont l'activité ne pourrait être telle qu'on la connaît aujourd'hui en l'absence des données, des effets de réseaux et du contenu créé par les utilisateurs. En outre, la participation des utilisateurs peut globalement prendre deux formes : une participation active et une participation passive. Néanmoins, ce degré de participation n'est pas nécessairement corrélé au degré de numérisation. L'informatique en nuage, par exemple, peut être considérée comme une activité à plus forte composante numérique associée à une participation seulement limitée des utilisateurs.

36. **Relation entre modèle d'affaires à forte composante numérique et création de valeur.** Si les membres du Cadre inclusif reconnaissent généralement l'existence de ces trois caractéristiques couramment observées dans les entreprises à forte composante numérique, aucun consensus ne se dégage quant à leur pertinence et à leur importance au regard du lieu de création de valeur et de l'identité de l'entité créatrice de valeur. On s'accorde généralement à penser que la portée opérationnelle sans masse et le rôle croissant des actifs incorporels peuvent être des éléments essentiels du processus de création de valeur des entreprises à forte composante numérique. Toutefois, il est également admis que ces facteurs ne sont pas spécifiques à ces entreprises.

37. S'il y a convergence d'opinions sur le fait que les données et la participation des utilisateurs sont des caractéristiques communes aux entreprises à forte composante numérique, les avis divergent néanmoins quant à la réalité et à l'importance du rôle joué par ces facteurs dans le processus de création de valeur par l'entreprise. Certains membres du Cadre inclusif envisagent la participation des utilisateurs comme un déterminant spécifique et important de la création de valeur pour les entreprises à forte composante numérique. Ces pays pointent la participation des utilisateurs et leur implication dans la durée qui permet à ces entreprises de réunir de grandes quantités de données grâce à un suivi étroit des contributions qu'ils fournissent de manière délibérée et des comportements qu'ils adoptent. Ils mettent aussi en avant les apports en contenu faits par les utilisateurs, qui peuvent tenir une place primordiale dans l'offre d'une entreprise numérique et contribuer de manière déterminante à attirer d'autres utilisateurs et créer des effets de réseau.

38. Ces pays estiment aussi que la participation des utilisateurs (à travers la formulation d'avis ou la prestation de services, par exemple) peut être pour beaucoup dans la confiance et la réputation dont jouissent certaines entreprises numériques et contribuer à leur image de marque et à l'extension de leurs réseaux d'utilisateurs. Ils tendent par exemple à considérer que, dans certains modèles d'affaires, la collecte, via une plateforme numérique, de données et de contenu d'utilisateurs dans un pays ou un territoire et l'emploi de ces données pour augmenter la fréquentation de la plateforme en question et adresser en retour de la publicité aux utilisateurs font partie intégrante des activités créatrices de valeur menées dans ce pays ou territoire quand bien même ladite plateforme est exploitée à distance. Pour eux, la participation des utilisateurs est potentiellement créatrice de valeur pour les entreprises numériques. Les utilisateurs ont recours à des modèles d'affaires spécifiques pour interagir entre eux. À titre d'exemple, la fourniture de contenu accessible à d'autres utilisateurs accroît l'utilité et la valeur d'une plateforme. Par le passé, ce contenu devait être produit ou acheté par les entreprises concernées. De l'avis de ces pays, la contribution des utilisateurs à la création de valeur est un phénomène absolument nouveau qui va au-delà de la simple consommation d'un service (soit la fourniture d'un accès au modèle d'affaires).

39. D'autres pays, en revanche, considèrent la collecte des données sur les utilisateurs, la participation de ces derniers et la fourniture de contenu généré par ces mêmes utilisateurs comme des transactions conclues entre les utilisateurs (en tant que fournisseurs de données/contenu) et l'entreprise numérique concernée, laquelle, en échange de ces données/contenu, offre aux utilisateurs une contrepartie qui peut être financière ou non financière (services d'hébergement de données, de messagerie électronique ou de divertissements numériques par exemple). Les pays qui soutiennent cette opinion s'accordent à penser que l'interaction entre les utilisateurs et l'entreprise numérique considérée constitue une transaction qui pourrait donner lieu à un impôt sur les sociétés, même s'ils constatent également que les règles actuelles d'imposition des bénéfices des sociétés prennent rarement en compte ce type d'opérations de troc ne donnant lieu à aucune contrepartie financière d'un côté ou de l'autre de la transaction (paiement en espèces par exemple). Ces pays ne considèrent pas le fait que les entreprises numériques obtiennent des données sur les utilisateurs comme une activité qui justifie d'attribuer un bénéfice à ladite entreprise au seul motif que ces données peuvent avoir de la valeur. En ce sens, ils estiment que la fourniture de données par l'utilisateur constitue un intrant au même titre que ceux fournis par un tiers indépendant au sein de la chaîne d'approvisionnement de l'entreprise (stockage de données, accès haut débit, électricité, par exemple). Certains d'entre eux jugent néanmoins que les données des utilisateurs peuvent être considérées comme participant aux actifs incorporels de valeur des entreprises numériques, et, en ce sens, comme étant associées aux défis plus larges identifiés plus haut pour les actifs incorporels. D'autres pays cependant ne voient pas la fourniture de contenu généré par les utilisateurs ou les interactions entre eux et les entreprises à forte composante numériques comme des opérations de troc entre ces deux parties.

40. L'importance du rôle attribué ou non, selon les points de vue, aux données et à la participation des utilisateurs dans le processus de création de valeur conditionnera la question de savoir si ces facteurs doivent être considérés comme des défis fiscaux résultant de l'évolution des modèles d'affaires, que ces défis soient spécifiques à l'application des règles fiscales internationales aux entreprises à forte composante numérique ou concernent dans tous les cas les règles fiscales internationales dans leur ensemble. De plus, étant donné que le degré de participation des utilisateurs peut ne pas toujours être étroitement corrélé au degré de numérisation, on pourrait, en centrant exclusivement l'attention sur ces deux facteurs en l'absence de toute référence aux autres caractéristiques, déduire que les défis fiscaux ne concernent qu'un ensemble spécifique, plus limité, d'entreprises à forte composante numérique[1]. Dans ce contexte, des travaux supplémentaires sont nécessaires pour évaluer dans quelle mesure il est possible de concilier les différents points de vue pour obtenir un consensus sur l'ampleur des défis fiscaux à long terme et, partant, sur les solutions pérennes envisageables. Les répercussions fiscales de l'analyse sur la numérisation, les modèles d'affaires et la création de valeur présentée dans ce chapitre sont examinées plus en détail dans le chapitre 5.

2.2. Infrastructure de l'économie telle qu'affectée par la numérisation de l'économie

41. Avant d'étudier le processus de création de valeur, il est utile de cerner les principales caractéristiques des marchés numériques, c'est-à-dire l'infrastructure sur laquelle se développent les entreprises à forte composante numérique. L'objectif de la présente section est d'appréhender de façon globale la dynamique de marché dans laquelle s'inscrit la transformation numérique de l'économie avant de pouvoir examiner

les implications de la transformation numérique sur le système fiscal. Cette étape est importante, d'une part pour mieux cerner les retombées plus générales des mesures fiscales qui seront envisagées plus loin dans ce rapport, et, d'autre part parce que les caractéristiques des marchés numériques déterminent le processus de création de valeur décrit dans les sections 3 et 4 du présent chapitre. Au vu de la multitude de modèles d'affaires à forte composante numérique et de caractéristiques des marchés numériques à prendre en compte, la difficulté consiste notamment à présenter les informations de façon précise mais concise. En ligne avec cet objectif, la classification des modèles d'affaires/lignes d'activité présentée dans cette section s'appuie sur celle adoptée dans les ouvrages spécialisés (Hagiu et Wright, 2015a).

42. L'impact économique de la numérisation fait l'objet d'un nombre croissant d'études théoriques et empiriques depuis au moins le début des années 2000[2]. S'agissant de l'espace où deux parties ou plus échangent des biens ou des services, ces études font souvent la différence entre marchés virtuels (ou « numériques » ou « en ligne ») et marchés physiques. Les premiers se distinguent des seconds par l'accentuation de certaines caractéristiques, qui ne leur sont toutefois pas exclusives. Bien que les analyses varient souvent quant au propos développé et à leur objectif, il existe une large convergence d'opinions sur les caractéristiques des marchés numériques :

- Effets de réseau directs : sur les marchés numériques, l'utilité associée à la consommation d'un bien ou d'un service spécifique dépend souvent du nombre d'autres utilisateurs finaux qui consomment le même bien ou service. Cette relation constitue ce que l'on appelle une « externalité de réseau directe », ou « effet de réseau direct » ou encore « externalité de consommation » ; il s'agit d'une externalité positive car plus le réseau est étendu, plus l'utilité pour l'utilisateur final est grande. Les exemples les plus évidents à cet égard sont les médias sociaux et les services de messagerie en ligne. Ces deux applications ne présentent aucune utilité pour l'utilisateur si celui-ci est le seul à les utiliser, mais leur utilité croît à mesure qu'augmente le nombre de leurs utilisateurs. On peut également parler d'effets de réseau, par exemple, dans le cas des jeux en ligne ou des systèmes d'exploitation.
- Effets de réseau indirects : contrairement aux effets de réseau directs, les effets de réseau indirects s'exercent dans le cadre de marchés multifaces. Comme on le verra de façon plus détaillée plus bas, ces effets se produisent lorsqu'un groupe donné d'utilisateurs finaux (d'un réseau social, par exemple) bénéficie de la possibilité d'être en contact avec un autre groupe d'utilisateurs (annonceurs sur un réseau social), par exemple par l'intermédiaire d'une plateforme en ligne. La numérisation a permis l'apparition des plateformes et réseaux en ligne, ce qui a stimulé la création d'entreprises-plateformes dans de nombreux secteurs, comme la location d'hébergements, les transports ou le commerce électronique entre particuliers.
- Économies d'échelle : la production de biens et services numériques comporte souvent des coûts fixes relativement élevés et des coûts variables bas. Le développement logiciel, par exemple, nécessite des investissements considérables en infrastructures et en personnel, mais une fois que le programme final a été élaboré, il peut être maintenu, vendu ou distribué à un coût très bas. Si les coûts marginaux, souvent, ne sont pas négligeables, tout un éventail de biens de consommation non rivaux, comme les logiciels, les livres électroniques ou la musique, peuvent être reproduits à un coût marginal effectif nul[3].
- Coûts de changement de fournisseur et effets de verrouillage : les transactions numériques peuvent être effectuées sur différents appareils électroniques, mais

avec divers systèmes d'exploitation. Les clients peuvent donc se retrouver captifs d'un système d'exploitation donné une fois qu'ils ont fait l'acquisition d'un appareil. Cet effet est dû à des coûts de changement de système qui sont psychologiques autant que monétaires. Là encore, les médias sociaux ou les services de messagerie sont un bon exemple, car le passage d'une application à une autre implique le transfert d'un grand nombre de données personnelles et de contacts. Autre exemple, le changement de smartphone (et de système d'exploitation), qui implique une perte d'accès aux applications et données accumulées auparavant.

- Complémentarité : bon nombre des biens et services échangés sur les marchés numériques sont des compléments les uns des autres ; autrement dit, les clients tirent une plus grande utilité de la consommation de deux (ou plus) biens complémentaires ensemble. Par exemple, l'utilité d'un ordinateur portable ou d'un smartphone est grandement accrue lorsque l'appareil est utilisé avec les logiciels correspondants – systèmes d'exploitation, applications ou jeux. De même, l'utilité de fréquenter une plateforme de média social est plus grande pour une personne qui possède un smartphone donnant accès à diverses applications qui lui permettent de partager davantage de contenu.

43. Ces caractéristiques peuvent servir à décrire les aspects propres aux marchés numériques et non numériques ; de ce fait, elles ne sont pas exclusives à la numérisation de l'économie. Il reste que l'évolution en cours vers les produits et les transactions numériques en a accentué la pertinence, et comme elles se renforcent les uns les autres, ces caractéristiques ont induit une transformation structurelle de l'économie (OCDE, à paraître).

44. En particulier, de faibles coûts marginaux et la dimension planétaire de l'Internet permettent aux entreprises à forte composante numérique de changer rapidement d'échelle. Les effets de réseau directs et indirects accroissent la valeur créée par ces entreprises, étant donné qu'une clientèle plus nombreuse va directement de pair avec une augmentation de l'utilité et par conséquent également de la valeur économique. De plus, les complémentarités entre différentes lignes d'activité, par exemple, dans le développement de divers appareils, systèmes d'exploitation et applications destinés à l'utilisateur final, permettent de bénéficier d'économies de gamme. Du fait que les coûts de développement communs peuvent être répartis entre les différentes activités et que les applications peuvent être rationnalisées de façon à réduire le coût cognitif pour les utilisateurs, les entreprises à forte composante numérique peuvent acquérir des avantages concurrentiels en élargissant l'éventail de leurs activités. Ces avantages peuvent devenir durables car les utilisateurs hésitent à assumer les coûts associés au changement d'appareil, de système d'exploitation et d'applications.

45. Pour ces raisons, les marchés numériques ne sont souvent pas concurrentiels, dans la mesure où certaines entreprises accèdent à une taille suffisante pour influencer les prix du marché (elles ne sont pas preneuses de prix). D'une part, cela implique qu'il pourrait être plus difficile pour les nouvelles entreprises de prendre des parts de marché importantes si une entreprise en place domine déjà le marché (OECD, 2015b). D'autre part, les faibles coûts marginaux et la non-rivalité de nombreux biens numériques implique aussi que les nouveaux entrants peuvent remplacer une entreprise en place en relativement peu de temps, simplement en offrant un bien de qualité supérieure. Une fois qu'une masse critique d'utilisateurs est passée au nouveau produit, il devient possible que l'entreprise qui dominait jusque-là le marché perde rapidement l'intégralité de sa part de

marché. Cela s'est produit, par exemple, pour les moteurs de recherche, les navigateurs web et les plateformes de médias sociaux (Evans, 2011).

46. Les effets de cette transformation sont encore amplifiés par le fait que la numérisation accélère aussi les activités économiques. Dans l'espace numérique, les transactions entre utilisateurs de différents pays ou territoires peuvent être conclues sans perte de temps et il est possible d'accéder au contenu numérique instantanément à partir de n'importe quel appareil connecté à l'Internet. Les produits et services numériques sont ainsi diffusés plus rapidement, le fonctionnement des marchés est plus fluide, les idées circulent plus vite et il devient beaucoup plus facile pour les entreprises d'identifier, d'approcher et de développer leur clientèle. Cette accélération de l'activité économique implique qu'une entreprise peut s'approprier d'importants avantages concurrentiels en étant la première à s'aventurer sur un nouveau marché, et éventuellement le dominer[4].

47. Ensemble, ces mutations structurelles induites par la numérisation transforment l'économie, favorisant l'émergence de nouveaux modèles d'affaires et la transformation en profondeur de modèles plus anciens. En particulier, les concepts d'effets de réseau indirects et de marchés multifaces sont essentiels pour comprendre le succès de plusieurs entreprises à forte composante numérique parmi les plus innovantes ; ces concepts sont donc examinés plus en détail dans les deux sous-sections suivantes, où est proposée une première évaluation des incidences qu'ils ont eu sur les modèles d'affaires.

2.2.1. Marchés numériques multifaces

48. Comme les marchés matériels, les marchés numériques ou en ligne peuvent être monofaces ou multifaces. Sur les marchés monofaces, les vendeurs s'adressent uniquement à un ensemble spécifique de clients (lecteur achetant un livre dans une librairie, par exemple). Les marchés multifaces se caractérisent par la présence de plusieurs ensembles de consommateurs qui acquièrent différents produits et services auprès d'une même entreprise. Les marchés multifaces existent depuis déjà un certain temps, sous la forme par exemple de la publicité télévisée ; la presse écrite propose également de la publicité à ses lecteurs. Néanmoins, la numérisation de l'économie a facilité l'émergence de nouvelles entreprises ancrées sur des marchés multifaces.

49. La numérisation a en particulier considérablement fait baisser les coûts de communication, ce qui a permis aux entreprises d'atteindre rapidement un bassin mondial de fournisseurs, d'utilisateurs ou de clients et d'établir des réseaux d'utilisateurs à travers les frontières grâce aux sites web, aux plateformes en ligne et aux applications mobiles. Les nouvelles entreprises à forte composante numérique jouent souvent le rôle d'intermédiaire entre différents groupes d'utilisateurs qui auraient autrement du mal à entrer directement en relation dans le monde physique, non numérique. La capacité de créer de tels réseaux et de permettre des échanges à travers les frontières entre divers groupes d'utilisateurs est au cœur des marchés multifaces et offre un formidable potentiel de création de valeur. L'analyse économique a défini le concept de marchés multifaces pour étudier certains des nouveaux modèles d'affaires à forte composante numérique qui ont commencé à tirer parti de cette capacité de créer de vaste réseaux (Rochet et Tirole, 2003, 2006 ; Ellison et Fudenberg, 2003 ; Armstrong, 2006).

50. Les marchés multifaces sont définis par la réunion de deux caractéristiques : des externalités de réseau indirectes et des stratégies de fixation des prix non neutres. Il y a effets de réseau indirects lorsqu'une augmentation du nombre d'utilisateurs finaux d'un côté du marché accroît l'utilité des utilisateurs finaux d'un autre côté du marché. Prenons l'exemple d'une plateforme en ligne qui aide les particuliers à louer un hébergement en

mettant en relation les personnes qui cherchent un hébergement et celles qui en ont un à proposer. Les deux types d'utilisateurs finaux – ceux qui cherchent un hébergement et ceux qui en ont un à offrir – bénéficient indirectement d'un certain effet si le nombre d'utilisateurs finaux augmente de l'autre côté du marché : les premiers bénéficient du fait que les offres sont plus nombreuses, et les seconds du fait que le nombre de clients potentiels augmente.

51. Comme l'illustre cet exemple, la plateforme en ligne joue un rôle déterminant pour faciliter les échanges et mettre en relation les deux côtés du marché (les personnes qui cherchent un hébergement et celles qui en ont un à proposer) ; sans elle, en effet, la plupart des transactions n'auraient pas eu lieu et les clients potentiels auraient probablement réservé un hébergement plus classique.

52. De ce point de vue, les plateformes en ligne assurent essentiellement des services d'intermédiation entre les différentes faces d'un marché numérique (Caillaud et Jullien, 2003 ; Rosenblatt et Stark, 2016) et peuvent varier selon le degré de contrôle qu'elles exercent sur leurs utilisateurs (Aslam et Shah, 2017). La réussite économique des modèles d'affaires à forte composante numérique reposant sur l'intermédiation entre différents groupes d'utilisateurs finaux dépend de façon déterminante de l'existence d'une masse critique d'utilisateurs finaux de chaque côté du marché. À cet égard, l'Internet permet aux entreprises à forte composante numérique d'atteindre un grand nombre de participants des deux côtés du marché. L'une des principales caractéristiques qui permet aux plateformes multifaces en ligne d'atteindre leur ampleur considérable est leur capacité d'adapter leur structure de prix en prélevant des droits d'adhésion et d'utilisation différents des deux côtés du marché (Lambrecht et al., 2014).

53. Cela nous amène à la seconde caractéristique des marchés multifaces : la structure non neutre des prix. Comme Rochet et Tirole (2003, 2006) l'ont montré, la prévalence d'externalités indirectes positives implique que l'entreprise exploitant la plateforme peut bénéficier d'avantages qui dépassent l'utilité marginale pour les utilisateurs finaux, ce qui permet d'augmenter le nombre d'utilisateurs (ou de transactions) en augmentant les prix d'un côté du marché tout en les réduisant pour les utilisateurs finaux sur d'autres côtés. Conséquence de cela, les structures de prix ne sont pas neutres, car les prix optimaux peuvent être inférieurs au coût marginal sur un côté du marché, tandis qu'ils peuvent être supérieurs sur un ou plusieurs autres côtés du marché ; en général, plus l'élasticité-prix sera faible, plus les prix seront élevés, et inversement.

54. Cela implique aussi qu'il peut être optimal, pour les exploitants de plateforme, selon l'ampleur des externalités de réseau indirectes, de fournir des biens ou des services gratuitement sur l'un des côtés du marché (voire sur plusieurs). Cela peut donc donner lieu à des opérations de troc, c'est-à-dire à des échanges effectifs de biens ou de services, sans contrepartie monétaire, mais contre d'autres éléments de valeur, comme la participation ou les données de l'utilisateur ou le contenu généré par ce dernier. Ce type de stratégie est par exemple adopté par beaucoup de plateformes de réseaux sociaux, de fournisseurs de services de messagerie électronique ou de médias. En pareils cas, les utilisateurs finaux bénéficient souvent d'un accès « libre » à un service donné. Toutefois, les exploitants de plateforme compensent en général cette gratuité par l'exploitation des données sur les utilisateurs et les transactions, puis par la vente de services fondés sur ces données de l'autre côté du marché, l'exemple le plus éloquent étant la vente de publicités ciblées sur les clients aux annonceurs.

2.2.2. *Émergence de nouveaux modèles d'affaires sur les marchés numériques*

55. Après la description, dans les sous-sections précédentes, des marchés numériques, c'est-à-dire de l'infrastructure sur laquelle les entreprises à forte composante numérique exercent leurs activités, la sous-section 2.2 examine les nombreuses entreprises qui exercent leur activité sur ces marchés. Pour mieux comprendre en quoi l'apparition de marchés numériques monofaces et multifaces a transformé le processus de création de valeur, on décrit dans la présente section les principales caractéristiques économiques des modèles d'affaires. Le processus de création de valeur sera examiné plus en détail dans le cadre des études de cas présentées à la section 4 et dans l'annexe 2.A.

56. Dans le contexte de la numérisation de l'économie, les relations des entreprises avec les utilisateurs passent par de nombreux types d'interfaces en ligne, souvent qualifiées de plateformes dans la presse ou la documentation spécialisée. Néanmoins, pour éviter toute confusion et être en phase avec les autres publications de l'OCDE (OCDE, à paraître), le terme « plateforme » sera utilisé dans le présent chapitre pour désigner précisément les plateformes multifaces telles qu'elles sont définies et en ligne avec l'approche suivie par Hagiu et Wright (2015a, 2015b)[5].

57. Selon une définition donnée précédemment (Rochet et Tirole, 2003, 2006), une plateforme n'est qualifiée de multiface que s'il existe des externalités de réseau directes qui influent sur les structures de prix des divers côtés du marché. Hagiu et Wright y ajoutent deux autres conditions : (i) la plateforme permet une interaction directe entre utilisateurs finaux des différents côtés du marché et (ii) les utilisateurs finaux de chaque côté du marché doivent s'affilier à la plateforme (ce qui implique des coûts de changement de fournisseur non nuls).

58. Cette définition plus étroite permet de différencier plus précisément les plateformes multifaces des autres entreprises à forte composante numérique. Les auteurs examinent quatre types stylisés d'entreprises exerçant leurs activités sur des marchés monofaces ou multifaces. il est important, dans un souci d'efficacité, de préciser que cette classification porte sur des modèles d'affaires ou, en d'autres termes, des lignes d'activité, et non sur des entreprises dans leur ensemble. À titre d'exemple, Amazon Marketplace appartient à une catégorie, tandis qu'Amazon e-commerce appartient à une autre. En raison des économies de gamme décrites plus haut, il est souvent impossible de classer une entreprise toute entière dans une catégorie spécifique (entreprises à forte composante numérique, par exemple), les entreprises plus anciennes, en particulier, possédant généralement plusieurs lignes d'activité. Le graphique 2.1 résume chacun des types d'entreprises en fonction d'un certain nombre de critères. Bien que toutes les entreprises puissent utiliser des sites web, des applications ou des interfaces similaires pour vendre leurs produits et gérer leurs relations avec leurs clients, seul le premier groupe correspond à ce qui est défini comme plateformes multifaces au sens strict dans le paragraphe précédent.

- Plateformes multifaces : plateformes qui permettent aux utilisateurs finaux d'effectuer des échanges et des transactions tout en laissant, pour l'essentiel, le fournisseur assumer les droits[6] et les responsabilités[7] à l'égard des clients en matière de contrôle; les utilisateurs finaux s'affilient à la plateforme et interagissent entre les côtés du marché de sorte que les réseaux indirects deviennent d'une importance cruciale ; par exemple Uber, Didi Chuxing, Airbnb, Xiaozhu, BlaBlaCar, Weibo, Amazon Marketplace, Taobao, Facebook, NetEase ou Google, Deliveroo, Foodora, UberEATS.

- Revendeurs : entreprises qui font l'acquisition de produits, y compris les droits de contrôle, auprès de fournisseurs et les revendent à des acheteurs ; les revendeurs contrôlent les prix et assument la responsabilité à l'égard des clients ; ils ne permettent pas l'interaction des utilisateurs finaux et n'exigent pas forcément que les clients soient affiliés à la plateforme en ligne ; par exemple Amazon pour le commerce électronique, les plateformes Alibaba, JD.com, Spotify, la distribution de musique, avec Tencent, ou encore Netflix (achat de contenu).
- Entreprises verticalement intégrées : entreprises qui ont fait l'acquisition de fournisseurs et ont donc intégré à leurs activités le côté offre du marché ; par exemple Amazon (entreposage et logistique), Xiaomi (appareils et applications pour l'utilisateur final), Huawei (matériel et informatique en nuage), Netflix (production de films).
- Fournisseurs d'intrants : entreprises ou particuliers qui fournissent des intrants intermédiaires nécessaires à un processus de production de biens ou de services dans une autre entreprise. Contrairement aux plateformes multifaces, les fournisseurs d'intrants ne sont pas des intermédiaires et n'ont de contact qu'avec l'autre entreprise et pas avec le client final (Intel ou Tsinghua Unigroup, par exemple).

Graphique 2.1. Caractéristiques des modèles d'affaires stylisés à forte composante numérique

	Plateformes multifaces	Revendeur	Fournisseurs d'intrants	Entreprises verticalement intégrées
Effets de réseau indirects	Oui	Oui	Non	Oui
Intermédiaire	Oui	Oui	Non	Non
Affiliation de l'utilisateur	Importante	Faible	-	Faible
Contrôle des prix et responsabilité	Utilisateurs finaux	Revendeur	Entreprise	Entreprise
Production du bien final	Non	Non	Non	Oui

Source : Travaux de l'OCDE ; d'après Hagiu et Wright (2015a, 2015b).

59. Une fois établie la distinction entre ces modèles d'affaires stylisés de type plateforme, il est possible de formuler un certain nombre d'observations intéressantes, qui devraient permettre de mieux comprendre la dynamique de la transformation numérique de l'économie, et notamment ses implications pour le système fiscal.

60. La numérisation a été essentielle à l'émergence des plateformes multifaces et des fournisseurs d'intrants, tandis que les revendeurs et les entreprises verticalement intégrées sont des structures organisationnelles qui avaient cours bien avant la transformation numérique de l'économie. De plus, plusieurs entreprises à forte composante numérique parmi les plus importantes ont commencé à développer comme première ligne d'activité une plateforme multiface, qu'elles ont ensuite progressivement transformée en structures

plus intégrées ou hybrides à mesure de la création de nouvelles lignes d'activité. Du point de vue de la dynamique du marché, les entreprises verticalement intégrées traditionnelles sont parfois mises en difficulté par les nouvelles plateformes multifaces, qui peuvent bénéficier dans certains cas d'avantages comparatifs par rapport à ces dernières. Par exemple, dans les secteurs des transports et de l'hébergement, les entreprises traditionnelles de taxi et d'hôtellerie sont concurrencées par les plateformes multifaces que sont Uber, Didi Chuxing, Lyft, Expedia, Taobao, Airbnb et Booking.com.

61. La décision d'exercer ou non ses activités selon une formule de plateforme multiface peut être considérée comme un choix stratégique d'une entreprise. Comme indiqué plus haut, en raison d'économies de gamme, beaucoup d'entreprises à forte composante numérique combinent différent éléments des quatre modèles stylisés ou retiennent des modèles différents selon les secteurs d'activité. Les sites de vente en ligne d'Alibaba et d'Amazon, par exemple, agissent comme revendeurs sur des segments du marché où l'on s'attend que les fluctuations de la demande soient faibles, tandis qu'AliExpress et Amazon Marketplace sont des plateformes multifaces qui s'adressent à des segments de marché où la demande est plus fluctuante. Ainsi, le risque de faible demande est circonscrit au vendeur et la plateforme multiface n'a pas à assumer le risque d'inventaire. De même, les entreprises de diffusion de musique en flux comme Spotify et Deezer exploitent souvent deux modèles d'affaires différents : un service à abonnement gratuit ou « *freemium* » qui est entièrement financé par la publicité (plateforme multiface) et un service à abonnement « *premium* » qui est financé par des frais d'abonnement (revendeur). Par ailleurs, Netflix a commencé par des activités de revendeur pur et simple mais a depuis intégré la production de films dans son modèle d'affaires.

62. Le choix entre les différents modèles d'affaires, en particulier entre plateformes multifaces et revendeurs, et combinaisons hybrides, dépend des stratégies de développement des entreprises ainsi que d'autres facteurs comme :

- les économies d'échelle et de gamme ;
- l'ampleur des effets de réseau directs et indirects;
- les asymétries d'information entre fournisseurs, opérateurs de marché et utilisateurs ;
- les avantages sur le plan des coûts marginaux entre les formes d'organisation.

63. L'encadré 2.1, qui s'appuie sur les travaux de Hagiu et Wright (2015a) décrit les facteurs spécifiques qui déterminent le choix d'un type d'activité plutôt qu'un autre. Il vise à appréhender de façon globale la dynamique de la numérisation de l'économie, au-delà de ses implications pour le système fiscal.

64. En résumé, nous nous sommes attachés dans cette section à décrire les caractéristiques économiques structurelles des marchés numériques et des entreprises qui exercent leurs activités sur ces marchés. Soucieux de décrire avec précision une multitude de caractéristiques pertinentes tout en restant concis, nous nous sommes inspirés de la classification des modèles d'affaires/lignes d'activité adoptée dans les ouvrages spécialisés (Hagiu et Wright, 2015a ; OCDE, 2015c). L'objectif poursuivi était double : d'une part, nous estimons important, avant toute analyse des implications pour le système fiscal, d'appréhender de manière globale la dynamique de marché dans laquelle s'inscrit la transformation numérique de l'économie pour pouvoir mieux cerner les retombées plus générales des mesures fiscales qui seront envisagées plus loin dans ce rapport ; d'autre part, les caractéristiques décrites dans cette section déterminent le processus de création de valeur décrit dans les sections 3 et 4 du présent chapitre.

Encadré 2.1. Choix du modèle d'affaires

Comparaison du modèle de plateforme multiface et du modèle de revendeur

Du point de vue d'une entreprise à forte composante numérique, la décision d'exercer son activité en tant que plateforme multiface ou revendeur est fonction de trois principaux facteurs (Hagiu et Wright, 2015a). Premièrement, les effets de réseau directs et indirects accentuent l'avantage de l'entreprise par rapport à ses fournisseurs sur le plan de l'information, ce qui implique que la revente devient plus intéressante, surtout si l'entreprise investit dans la collecte et l'analyse de données.

Deuxièmement, les économies de gamme sur les produits et les clients favorisent la revente. Par exemple, les plateformes en ligne qui ne proposent qu'un type de service, comme l'hébergement ou le transport, sont souvent exploitées en multiface. Étant donné que chaque transaction fait le lien entre une offre et une demande très spécifiques, les avantages économiques liés à l'élargissement de la gamme de produits sont limités et il est préférable pour les opérateurs de laisser les droits de contrôle et les responsabilités à chaque fournisseur. En revanche, si les produits sont plus normalisés, un revendeur existant peut facilement adapter son activité pour proposer des gammes de produits plus étendues à un coût moyen plus bas. Le fait de développer une clientèle mondiale renforce cet effet car les utilisateurs auront davantage tendance à rester fidèles au même revendeur une fois qu'ils auront créé un compte. Si les économies de gamme sont plus importantes, il est avantageux d'acquérir les droits de contrôle et d'agir en qualité de revendeur.

Troisièmement, les avantages sur le plan des coûts marginaux entre les différents fournisseurs et les revendeurs influent aussi sur la décision. Plus la relation entre les coûts fixes (élevés) et les coûts marginaux (bas) est tendue, plus il est coûteux de s'adapter aux fluctuations de la demande. Par exemple, s'agissant des biens numériques comme la musique ou les films, les coûts marginaux sont influencés uniquement par les limites de la puissance de calcul. Un revendeur (ou une entreprise verticalement intégrée) propriétaire des droits sur un film ou une chanson est exposé(e), comparativement, à de faibles risques liés à la baisse de la demande. Si les coûts marginaux sont au contraire plus élevés, comme c'est le cas pour les services de transport, les périodes « à vide » présentent un risque plus important du fait que l'entreprise doit assumer les coûts en capital et les coûts marginaux. Pour les produits dont la demande est moins fluctuante, les revendeurs pourraient conserver un avantage sur le plan des coûts par rapport aux différents fournisseurs ; en revanche, si la demande fluctue beaucoup, il serait plus risqué et probablement plus coûteux pour l'entreprise exploitant une plateforme d'exercer son activité comme revendeur. Dans de telles conditions, il est donc parfois plus efficient de fournir des biens et des services par le truchement d'une plateforme multiface.

Modèles de plateformes multifaces et de revendeurs comparés au modèle de fournisseur d'intrants

Contrairement aux plateformes multifaces et aux revendeurs, les fournisseurs d'intrants n'agissent pas en tant qu'intermédiaires. Ils produisent et possèdent des intrants intermédiaires nécessaires à un processus de production donné et les vendent à d'autres entreprises, en général verticalement intégrées, sur des marchés monofaces classiques. Ils se distinguent des autres types d'entreprises examinées ici en ce qu'ils n'interagissent pas avec les clients du produit final. Intel ou Tsinghua Unigroup, par exemple, sont des fournisseurs d'intrants, dans la mesure où ils fournissent des microprocesseurs et d'autres éléments nécessaires à la construction d'ordinateurs personnels, sans avoir de contact direct avec les clients.

Modèle d'entreprise verticalement intégrée comparé au modèle de revendeurs

La décision d'intégrer ou d'exploiter en tant que revendeur, est fonction de plusieurs facteurs qui ont été bien étudiés. Par ailleurs, l'intégration verticale est source d'avantages, sur le plan de la coordination, car elle permet à l'entreprise de contrôler et de gérer les opérations, d'où un gain d'efficience de la production puisque l'entreprise peut alors exploiter des économies d'échelle et de gamme. Certaines entreprises de diffusion en flux en ligne, par exemple, ont débuté comme revendeurs et élargi par la suite leurs activités pour y intégrer progressivement la production audiovisuelle et médias. Par ailleurs, l'intégration verticale comporte aussi des coûts supplémentaires car elle implique que l'entreprise recrute, ce qui suppose un coût pour accompagner des activités supplémentaires.

Une entreprise verticalement intégrée, d'une part, a le contrôle du processus de production ; elle décide de la technologie à utiliser, de la localisation de la production et de l'effectif à recruter. En définitive, les décisions concernant le niveau de production déterminent par conséquent le coût moyen par unité de production. Les revendeurs, d'autre part, ne gèrent pas de processus de production. Ils analysent plutôt le marché et achètent des biens matériels ou immatériels directement auprès de producteurs ou d'intermédiaires ; leurs coûts moyens sont donc déterminés par les prix des producteurs, bien qu'ils puissent néanmoins être très bas si les coûts marginaux de production se rapprochent de zéro.

Du côté du consommateur, cependant, les entreprises verticalement intégrées et les revendeurs sont en présence de choix stratégiques semblables. Du fait qu'ils ont la possibilité de (re)vendre des biens par l'intermédiaire d'une plateforme en ligne, ils peuvent atteindre une clientèle mondiale. Si les coûts marginaux de production sont effectivement très bas, comme c'est le cas pour les biens numériques (ou immatériels), les entreprises verticalement intégrées peuvent ajuster leurs prix pour attirer la demande des segments des biens numériques et non numériques, comme les livres. Les revendeurs peuvent prendre une décision analogue une fois qu'ils ont acquis les droits sur certains biens immatériels comme les films, la musique ou d'autres contenus médias. Toutefois, si les coûts marginaux restent nettement supérieurs à zéro, les deux types d'entreprises devront décider si elles investissent dans des stocks en fonction des fluctuations de la demande des divers biens finaux qu'elles proposent, et le cas échéant dans quelle mesure. Étant donné que le développement d'une plateforme en ligne et d'une clientèle mondiale constitue une part très importante des dépenses d'investissement, les entreprises qui offrent une large gamme de produits bénéficient d'économies de gamme car en offrant une gamme plus large de produits sur le même site web, elles peuvent réduire leurs coûts moyens par rapport à ceux de leurs concurrents dont l'offre est plus limitée.

2.3. Le processus de création de valeur

65. Nous avons montré, dans la section précédente, l'impact de la transformation numérique sur la structure des marchés. Par conséquence, la numérisation de l'économie a non seulement permis aux entreprises de développer de nouveaux produits et services, mais a aussi enclenché des mutations économiques structurelles qui ont modifié des

aspects fondamentaux des modèles d'affaires des entreprises multinationales comme des start-ups (Brynjolfsson et McAfee, 2015 ; OCDE, 2015a), y compris leur processus de création de valeur. Dans la présente section, il s'agira de voir l'impact que la transformation numérique a eu sur la création de valeur dans les modèles d'affaires. Compte tenu de la grande diversité des différents processus de création de valeur, on procédera d'abord à une classification de ces processus, des plus traditionnels à ceux misant le plus résolument sur le numérique. On distinguera trois groupes : chaînes de valeur, réseaux de valeur et ateliers de valeur. On décrira ensuite le processus de création de valeur dans chacun de ces groupes.

2.3.1. Trois concepts de création de valeur

66. Les discussions sur la création de valeur commencent en général par la chaîne de valeur. Cette notion, élaborée par Michael Porter au milieu des années 80, est l'outil standard que les universitaires et les entreprises utilisent pour analyser l'avantage comparatif d'une entreprise (Porter, 1985). L'analyse de la chaîne de valeur décompose l'entreprise en activités discrètes afin de déterminer comment créer plus de valeur. Il existe à cet égard deux possibilités : offrir des produits différenciés qui justifient un prix supérieur, ou réduire les coûts.

67. Depuis la publication du livre de Porter, la chaîne de valeur a fait l'objet de plusieurs critiques, toutes pertinentes, en ce qui concerne la transformation numérique : (1) sa capacité limitée à prendre en compte la valeur créée à partir des flux d'information ; (2) le fait qu'elle était à l'origine pensée pour être appliquée aux entreprises locales ; et (3) son applicabilité limitée aux services.

68. S'agissant de la première critique, il est clair qu'une caractéristique clé de la numérisation de l'économie est la transmission efficiente et rapide des données et de l'information sur l'Internet. Porter a bien vu l'Internet comme un facteur d'amélioration de l'efficience, mais pas comme un vecteur de transformation de la stratégie des entreprises (Porter, 2001). On souligne aussi qu'il importe d'adapter la chaîne de valeur de Porter pour prendre en compte le rôle central que l'information joue depuis longtemps dans la création de valeur. Dans cette optique, Rayport et Sviokla (1995) ont introduit le concept de chaîne de valeur virtuelle, qui affine utilement la chaîne de Porter. Elle décrit comment la valeur peut être créée à partir de l'information collectée au cours d'activités principales.

69. En ce qui concerne la deuxième critique, le concept de chaîne de valeur a été élargi pour tenir compte de la possibilité que les processus de production chevauchent plusieurs pays ou territoires en introduisant la notion de chaîne de valeur mondiale (CVM). La CVM décrit la nécessité de coordonner géographiquement les activités des entreprises. Cet aspect est très important dans le contexte de l'économie numérique compte tenu de la facilité avec laquelle des étapes du processus de production, ainsi que les biens finaux, peuvent traverser les frontières. En fait, quand on parle de création de valeur, l'hypothèse sous-jacente est maintenant que les différentes étapes du processus ne sont pas circonscrites à un site géographique ou même à une entreprise unique. Comme on le verra dans la section 5, cela aura d'importantes implications pour le système fiscal[8].

70. Enfin, s'agissant de la troisième critique de la chaîne de valeur de Porter, si celle-ci est adaptée à la description d'un processus dans lequel les intrants sont convertis en extrants de façon séquentielle – que l'on pourrait comparer à une chaîne de montage traditionnelle –, elle convient moins pour décrire des modèles d'affaires axés sur la fourniture de services comme catégorie générale (des services faisant peu appel au

numérique, voire pas du tout, aux services à forte composante numérique). Stabell et Fjeldstad (1998) ont été les premiers à faire cette observation. Citant l'exemple d'une compagnie d'assurances, ils posent la question suivante : « Qu'est-ce qui est reçu, qu'est-ce qui est produit et qu'est-ce qui est expédié ? » L'application du concept de chaîne de valeur à un modèle d'affaires du secteur des assurances encouragerait un analyste à considérer les personnes non assurées comme de la matière première ou un intrant, mais cela reste imprécis.

71. Stabell et Fjeldstad (1998) proposent comme solution que la chaîne de valeur de Porter ne constitue que l'une des trois configurations génériques de la valeur. En effet, outre celle de Porter, qui modélise la création de valeur allant de la matière première au produit fini, ils retiennent deux autres modèles : le réseau de valeur et l'atelier de valeur. Étant donné que les entreprises à l'ère de la transformation numérique sont de plus en plus concernées par la prestation de services que par la fabrication de biens matériels, il est tout à fait logique d'élargir la réflexion sur la création de valeur dans cette optique.

72. Le concept de chaîne de valeur modélise les entreprises qui créent de la valeur selon un processus de production linéaire, comme par exemple les entreprises manufacturières verticalement intégrées. Il englobe également les revendeurs, dans la mesure où leurs activités principales suivent un schéma séquentiel. Le concept de réseau de valeur, lui, représente les entreprises où la création de valeur découle de la mise en relation d'utilisateurs, de fournisseurs ou de clients (autrement dit, de la création d'une relation réticulaire) par l'entremise d'une technologie. Cette catégorie comprend tous les types de plateformes multifaces. Le concept d'atelier de valeur, de son côté, décrit les entreprises où la création de valeur repose sur la mobilisation de ressources – matériel, logiciels et connaissances spécialisées – en vue de résoudre les problèmes des clients ou de répondre à leurs demandes. Cela inclut les prestataires de services numériques et non numériques qui (i) ne fonctionnent pas selon un processus de production linéaire et (ii) n'agissent pas comme intermédiaires sur les marchés multifaces.

73. Il est important de souligner que toute classification des processus de création de valeur trouve ses limites quand on l'applique à la réalité des entreprises et de leur ligne d'activité. Il peut certes exister d'autres cadres d'analyse utiles, mais la classification proposée ici est efficace pour deux raisons. D'abord, elle aide à systématiser la grande variété d'entreprises fortement tributaires du numérique en reventilant leur processus de création de valeur selon trois ensembles : chaînes de valeur, réseaux de valeur et ateliers de valeur. Ensuite, elle décrit systématiquement ces processus de création de valeur dans les différents modèles d'affaires. Chacun des concepts de création de valeur est examiné plus en détail dans les sous-sections suivantes.

2.3.2. La chaîne de valeur

74. La théorie de la chaîne de valeur est une théorie de l'entreprise qui modélise une technologie de production séquentielle[9] (Thompson, 1967) consistant à créer de la valeur en transformant des intrants normalisés en extrants normalisés au cours d'une suite fixe d'activités distinctes mais connexes (dont chacune peut être considérée comme une fonction de production). C'est un outil systématique qui permet d'examiner toutes les activités que mène une entreprise pour concevoir, produire, commercialiser et livrer ses produits, y compris le service après-vente, ainsi que l'interaction de toutes ces fonctions.

75. La chaîne de valeur de base comprend cinq activités principales et quatre activités de soutien (voir le graphique 2.2), dont l'efficacité détermine la marge bénéficiaire.

Graphique 2.2. La chaîne de valeur

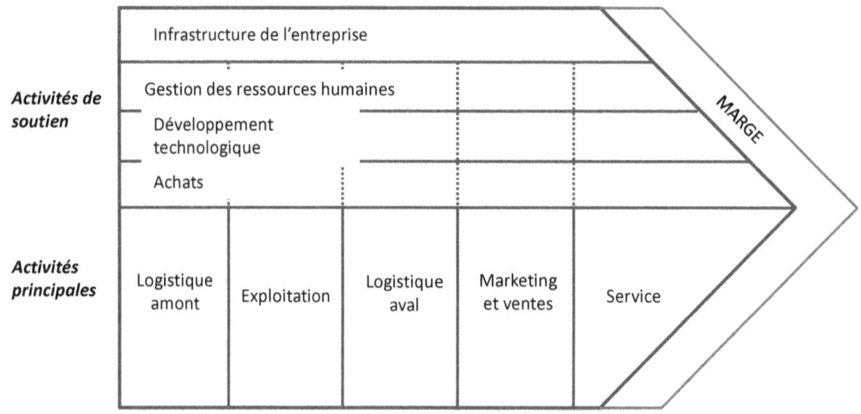

Source : Porter, 1985

76. Les activités principales sont celles qui interviennent dans la création matérielle du produit, et de sa vente et de sa livraison au client final. Ces activités sont les suivantes : logistique amont, exploitation, logistique aval, marketing et ventes, et service[10]. Telles qu'isolées par Porter (1985), elles sont décrites plus en détail ci-après :

- Logistique amont : Activités associées à la réception, à l'entreposage et à l'affectation des intrants (manutention, entreposage, gestion des stocks, affectation des véhicules et retours aux fournisseurs).
- Exploitation : Activités associées à la transformation des intrants sous forme de produit final (usinage, emballage, assemblage, entretien des équipements, essais, impression et fonctionnement des installations).
- Logistique aval : Activités associées à la collecte, à l'entreposage et à la distribution physique du produit aux acheteurs (entreposage des produits finis, manutention, exploitation des véhicules de livraison, traitement et programmation des commandes).
- Marketing et ventes : Activités associées à la mise à disposition d'un moyen permettant aux acheteurs de faire l'acquisition du produit et les incitant à le faire (publicité, promotion, équipes de ventes, choix du circuit, relations avec le circuit choisi et fixation du prix).

- Service : Activités associées à la prestation de services destinés à améliorer ou maintenir la valeur du produit (installation, réparation, formation, pièces de rechange et ajustement du produit).

77. Les modalités selon lesquelles une entreprise mène à bien chaque activité correspondent dans une large mesure au(x) produit(s) concerné(s). Par exemple, pour un revendeur (comme Alibaba, Amazon retail, Carrefour, JD.com, Spotify premium services ou Walmart), la logistique amont et aval sont les deux activités fondamentales, tandis que l'exploitation sera l'activité principale la plus importante pour une entreprise manufacturière (par exemple, l'activité fabrication d'Apple, Huawei, Siemens). Les autres facteurs importants qui déterminent les caractéristiques d'une chaîne de valeur donnée sont l'historique de l'entreprise, sa stratégie et les aspects économiques sous-jacents de l'activité. Dans toute entreprise, toutes les catégories d'activités principales seront présentes dans une certaine mesure et joueront un rôle en contribuant à l'avantage concurrentiel de l'entreprise.

78. Les activités principales sont appuyées par les activités de soutien, qui fournissent les intrants achetés, la technologie, les ressources humaines et remplissent diverses fonctions à l'échelle de l'entreprise. Les activités de soutien comprennent les achats, la gestion des ressources humaines, le développement technologique et l'infrastructure de l'entreprise. Chacune des trois activités de soutien peut être associée à des activités principales spécifiques ou soutenir l'intégralité de la chaîne. L'infrastructure de l'entreprise, en revanche, n'est pas associée à l'une ou l'autre activité principale mais soutient la totalité de la chaîne. Telles qu'isolées par Porter (1985), les autres activités de soutien sont décrites plus en détail ci-après :

- Achats : Activités associées à la fonction qui consiste à faire l'acquisition des intrants destinés à être utilisés dans la chaîne de valeur de l'entreprise. Ces intrants sont les matières premières, les fournitures et autres consommables ainsi que des actifs comme les machines, l'équipement de laboratoire, le matériel de bureau et les bâtiments.
- Gestion des ressources humaines : Activités associées à la sélection, au recrutement, à la formation, au développement du capital humain et à la rémunération de toutes les catégories de personnel.
- Développement technologique : Activités regroupées grosso modo autour des efforts visant à améliorer les produits et processus, depuis la recherche fondamentale et la conception du produit jusqu'à la recherche-médias.
- Infrastructure de l'entreprise : Activités comprenant la gestion générale, la planification, les finances, la comptabilité, les affaires juridiques, les affaires publiques et la gestion de la qualité.

79. S'agissant des modèles d'affaires recensés dans la section 2, ils correspondent à des entreprises manufacturières traditionnelles, verticalement intégrées qui produisent des biens matériels (BMW, Coca Cola, Unilever, IKEA, par exemple) mais aussi à toute autre entreprise exploitant un processus de production linéaire visant à produire des biens ou services immatériels comme les films, les jeux, la musique ou les logiciels (Disney pour les films, Sony pour les jeux, Microsoft pour les logiciels mais aussi Netflix qui crée ses contenus originaux). Ces modèles englobent aussi les revendeurs qui exploitent des sites web pour divers types de produits matériels (Alibaba, Amazon retail, JD.com, Walmart) et immatériels (Netflix qui achète des contenus, Spotify, ou Tencent pour la distribution de musique). Enfin, ils comprennent aussi les fournisseurs d'intrants, comme les

entreprises qui créent des biens destinés à être vendus à des revendeurs (Intel) et celles qui créent et développent des applications destinées à être vendues sur les app stores.

2.3.3. Le réseau de valeur

80. Si le début du XXe siècle a marqué le début de la production matérielle de masse, à commencer par la production automobile, le début du XXIe siècle est associé à la production de masse des services. Conséquence de la transformation numérique, les entreprises, de plus en plus, sont davantage susceptibles de fournir des services que de fabriquer des biens matériels. Cette évolution remet en question le bien-fondé de la chaîne de valeur décrite dans la sous-section 3.2 comme le cadre universel d'analyse des modèles d'affaires. Le concept de réseau de valeur offre un cadre plus naturel permettant d'englober beaucoup plus largement les entreprises à forte composante numérique et en particulier celles qui exploitent des plateformes, comme les plateformes multifaces décrites dans la sous-section 2.3.

81. Les réseaux de valeur reposent sur une technologie d'intermédiation : une technologie qui est utilisée par les opérateurs de plateformes pour mettre en relation les clients intéressés à conclure une transaction ou à entrer en relation (de nature financière ou non). La technologie qui assure l'intermédiation facilite les échanges entre utilisateurs finaux répartis dans le temps et dans l'espace. Parmi les exemples de réseaux de valeur traditionnels non numériques, on peut retenir les agences de placement, qui mettent en relation les employeurs et les personnes en recherche d'emploi, ou les banques, qui mettent en contact investisseurs et emprunteurs. L'avènement du numérique a grandement élargi le rôle de la technologie d'intermédiation, qui met relation les utilisateurs et les clients avec tout type de fournisseur ou de service imaginable (Hagel et Singer, 1999).

82. Les réseaux de valeur sous-tendus par l'Internet comprennent les réseaux sociaux, qui mettent en relation les individus dans un contexte social et permettent aux annonceurs de cibler des groupes d'utilisateurs spécifiques. Les moteurs de recherche remplissent une fonction comparable en proposant certains services web gratuitement tout en tirant des recettes de la publicité ciblée et de la monétisation des données des utilisateurs. Les plateformes pair-à-pair commerciales permettent aux utilisateurs d'échanger des biens et des services. D'autres opérateurs de plateforme facilitent la consommation collaborative de biens ou d'actifs durables en permettant aux individus de se connecter et de mutualiser des ressources incomplètement utilisées comme l'automobile ou le logement.

83. Ces modèles d'affaires développent des procédures et des services pour répondre aux besoins des producteurs et des clients, et traiter de l'information concernant ces derniers. Le terme « réseau » de valeur met l'accent sur l'idée qu'un élément déterminant de la valeur pour un utilisateur est l'ensemble, ou le réseau, des autres utilisateurs qui sont connectés. Dans un réseau de valeur, la valeur est créée par la mise en relation : l'organisation et la facilitation des échanges entre utilisateurs. Cette mise en relation peut être directe, comme dans le cadre d'un service téléphonique, d'un réseau social ou de tout autre service mettant en contact deux personnes qui ne l'auraient pas été autrement. En pareil cas, la mise en relation se fait au moyen d'informations auxquelles les utilisateurs ont donné leur consentement (numéro de téléphone ou nom d'utilisateur sur le réseau social, ou encore identification d'un besoin particulier). La mise en relation peut aussi être indirecte, comme dans la banque au détail ou les assurances, où un client n'est pas

directement mis en relation avec un autre, mais un groupe de clients est lié par le truchement d'un regroupement de fonds.

84. Le réseau de valeur de base se compose de trois activités principales et des quatre mêmes activités de soutien présentées dans la chaîne de valeur (graphique 2.3), dont l'efficacité détermine la marge bénéficiaire.

Graphique 2.3. Le réseau de valeur

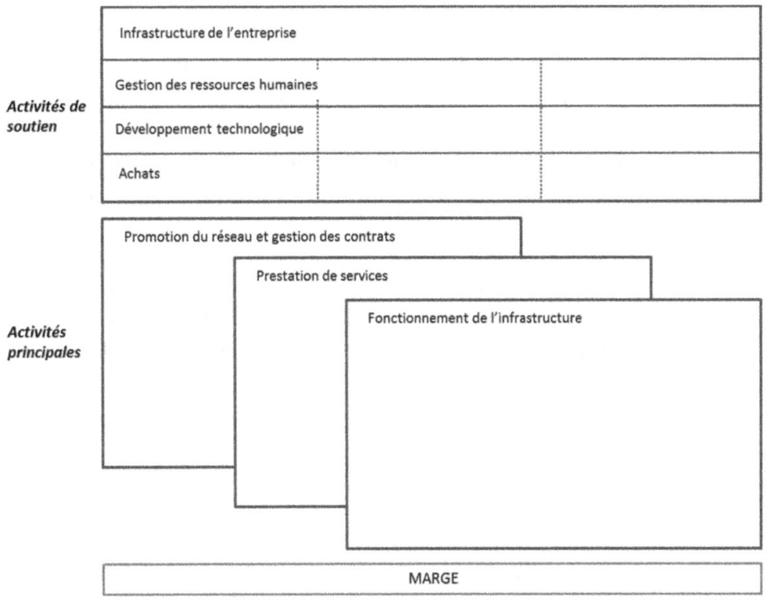

Source : Stabell et Fjedstad, 1998

85. Les activités principales qui composent le réseau de valeur sont les suivantes :

- Promotion du réseau et gestion des contrats : Activités associées au processus d'invitation des utilisateurs potentiels à adhérer au réseau, à la sélection de ceux autorisés à le faire et à l'initialisation, à la gestion, et à la résiliation des contrats régissant la prestation de service et à la facturation.
- Prestation de service : Activités associées à l'établissement, au maintien et à la cessation des liaisons entre les clients et à la facturation pour la valeur reçue. Les liaisons peuvent être synchrones, comme dans un service téléphonique, ou asynchrones, comme dans un service de messagerie ou un service bancaire. La facturation peut nécessiter de mesurer l'utilisation individuelle de la capacité du réseau en volume ou en temps (les appels téléphoniques facturés à la minute, et l'utilisation des données, au volume, par exemple).
- Fonctionnement de l'infrastructure réseau : Activités associées à la maintenance et au fonctionnement de l'infrastructure physique et informationnelle. Ces activités maintiennent le réseau en mode actif, prêt à répondre aux demandes des utilisateurs.

86. Comme dans la chaîne de valeur, les modalités selon lesquelles une entreprise mène à bien chaque activité correspondent dans une large mesure au(x) produit(s) ou service(s) concerné(s). Cependant, à la différence de la chaîne de valeur, dans laquelle les différentes activités se déroulent selon une séquence donnée, les activités qui s'inscrivent

dans un réseau de valeur se déroulent simultanément, comme l'illustre le graphique 2.3, où l'on voit le chevauchement des activités principales.

87. Dans les réseaux de valeur, les recettes peuvent provenir de droits d'adhésion (LinkedIn Premium, par exemple) ou d'une tarification en fonction de l'utilisation qui est faite du service (Airbnb, BlaBlacar, par exemple). Dans d'autres cas, comme Instagram, Facebook, Twitter et Weibo, l'entreprise peut proposer ce que certains pays regarderont comme un genre de troc en donnant accès à sa plateforme sans demander de contrepartie financière à l'utilisateur qui apporte d'autres d'éléments de valeur. Il peut s'agir d'informations personnelles sur les centres d'intérêt de l'utilisateur, qui pourront être utilisées pour générer des recettes à partir d'annonces publicitaires ciblées. Il peut également s'agir de contenus accessibles par d'autres utilisateurs, et qui permettent d'accroître l'utilité et la valeur de la plateforme. Comme on l'explique dans la section 2, ce mécanisme non neutre de tarification, qui permet de fixer des prix inférieurs au coût marginal d'un côté du marché, est typique des entreprises qui exercent leurs activités sur des marchés multifaces.

88. S'agissant des modèles d'affaires recensés dans la section 2, ils correspondent à diverses plateformes multifaces, comme les intermédiaires du commerce électronique (AliExpress, Amazon Marketplace et les app stores comme iTunes d'Apple, par exemple), les entreprises de consommation collaborative (comme Airbnb, Blablacar, Didi Chuxing) et les réseaux sociaux (comme Facebook, Nice, Kuaishou, Sina Weibo, Tencent Weibo, Twitter ou Qzone).

2.3.4. L'atelier de valeur

89. Le concept de réseau de valeur décrit une partie des entreprises à plus forte composante numérique, mais tous les modèles d'affaires de service ne sont pas tributaires de relations réticulaires. Le concept d'atelier de valeur, lui, permet de décrire les types de service qui ne correspondent pas à la chaîne de valeur ou au réseau de valeur. Le modèle de l'atelier de valeur est appliqué sur des marchés monofaces où les interactions se font avec un type spécifique d'utilisateur ou de client ; il se caractérise par l'utilisation d'une technologie intensive pour répondre à la demande ou résoudre le problème d'un client spécifique. On entend par technologie intensive l'utilisation combinée de matériel, de logiciel et de connaissances pour modifier un résultat donné ; on retrouve cette situation habituellement dans la catégorie des services professionnels. Le problème à résoudre ou, en d'autres termes, le type de demande du consommateur, détermine l'intensité des activités de l'atelier.

90. Dans cette catégorie entrent par exemple la technologie médicale utilisée pour diagnostiquer et traiter une pathologie, les technologies de laboratoire utilisées dans la recherche universitaire pour mener des expériences, le conseil d'entreprise, l'analyse de données spécialisées, le développement logiciel et l'informatique en nuage. Il s'agit là de solutions technologiques très personnalisées qui permettent aux entreprises de sous-traiter leur infrastructure.

91. Les problèmes de clients se définissent comme l'écart qui sépare un état actuel d'un état auquel les clients aspirent. Par exemple, entre des activités économiques ne faisant pas appel au numérique et des activités misant sur le numérique et l'informatique en nuage. La résolution de problèmes, et donc la création de valeur, est le passage d'un état à un autre, tandis que la technologie intensive est le moyen qui permet de mettre en œuvre la solution.

92. Il est important de noter que l'atelier de valeur est souvent le fruit d'une forte asymétrie d'information entre l'entreprise et son client ; l'asymétrie est la raison pour laquelle le client s'adresse à l'entreprise. Bien que les problèmes des clients puissent être résolus au moyen de solutions plus ou moins normalisées, le processus de création de valeur d'un atelier de valeur est organisé pour traiter des situations uniques.

93. Le réseau de valeur de base se compose de cinq activités principales et des quatre mêmes activités de soutien présentées dans la chaîne de valeur (graphique 2.4), dont l'efficacité détermine la marge bénéficiaire.

Graphique 2.4. L'atelier de valeur

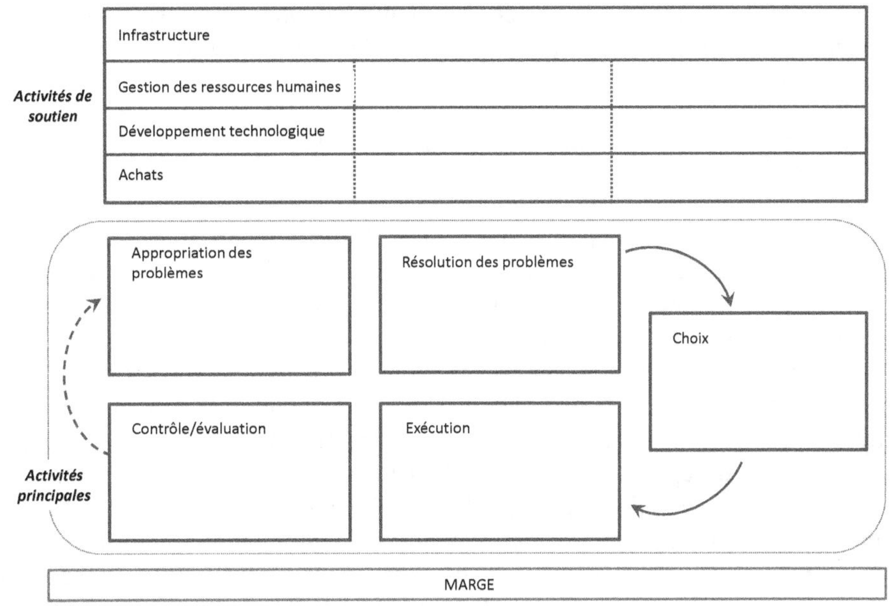

Source : Stabell et Fjedstad, 1998

94. Les activités principales qui composent l'atelier de valeur sont les suivantes:

- Constatation et appropriation des problèmes : Activités associées au recensement, à l'examen et à la formulation du problème à résoudre. La constatation et l'appropriation des problèmes ont beaucoup en commun avec l'activité marketing et ventes dans la chaîne de valeur. Le client est propriétaire du problème à résoudre.
- Résolution de problèmes : Activités associées à la formulation et à l'évaluation des solutions possibles.
- Choix : Activités associées au choix d'une solution au problème parmi les différentes solutions possibles. Le choix est une catégorie d'activité qui, dans la plupart des contextes, est d'une importance limitée en termes d'efforts et de temps, mais importante du point de vue de la valeur.
- Exécution : Activités associées à la communication, à l'organisation et à la mise en œuvre de la solution choisie.
- Contrôle et évaluation : Activités associées à la mesure et à l'évaluation du degré de résolution du problème à la suite de la mise en œuvre de la solution retenue.

95. Comme l'illustre le graphique 2.4, l'atelier de valeur est un système de valeur cyclique dont l'évaluation post-exécution peut correspondre à l'activité de constatation de problème d'un nouveau cycle de résolution de problème.

96. Dans l'atelier de valeur, la création de valeur découle de la mise en œuvre de solutions relativement certaines pour répondre aux demandes du client, plutôt que de services offerts à bas prix. La réputation est un important signal de valeur, qui est démontrée par des récompenses, le recrutement de personnalités connues, des publications dans des revues prestigieuses et une forte demande des clients sous la forme de longues files d'attente ou de difficultés d'accès.

97. S'agissant des modèles d'affaires recensés dans la section 2, ils correspondent à des fournisseurs d'intrants de puissance de calcul à d'autres entreprises (les entreprises d'informatique en nuage, par exemple) ainsi qu'à des entreprises verticalement intégrées de services professionnels.

2.3.5. Classification des modèles d'affaires selon leur processus de création de valeur

98. Dans les sous-sections précédentes, on a décrit la création de valeur selon trois catégories – la chaîne de valeur, le réseau de valeur et l'atelier de valeur – qui constituent une classification générale de la création de valeur à l'ère de la transformation numérique de l'économie. Nous avons jusqu'ici rattaché la création de valeur aux modèles d'affaires, mais il convient de souligner ici qu'il est plus précis de la rattacher à des lignes d'activité. Comme cela a été décrit, la structure et la dynamique de la numérisation de l'économie, et en particulier les économies de gamme, facilitent les modèles d'affaires modulaires dans la mesure où les entreprises tirent parti de leur puissance de marché ainsi que des complémentarités à concrétiser entre les lignes d'activité. De fait, il est même courant qu'un modèle d'affaires couvre plusieurs catégories de création de valeur. Par exemple, la ligne de commerce de détail d'Amazon est considérée comme une chaîne de valeur, comme certaines de ses autres lignes d'activité, telles les audiolivres Audible ; alors qu'Amazon Marketplace, qui met en relation acheteurs et vendeurs pour qu'ils échangent est considéré comme un réseau de valeur ; et Amazon Web Services, comme un atelier de valeur. Le modèle d'affaires d'Alibaba présente une modularité semblable. Par souci de clarté, nous allons examiner la création de valeur dans les différentes lignes d'activité prises isolément avant d'examiner le modèle d'affaires d'une entreprise dans son ensemble.

99. Le graphique 2.5 récapitule les principales caractéristiques de chaque concept de création de valeur présenté ci-dessus. De plus, compte tenu du fait qu'il peut être utile d'attacher à chaque concept de création de valeur des noms d'entreprises spécifiques, des exemples de lignes d'activité de l'économie fondée sur le numérique sont indiqués dans la dernière rangée du graphique. Les lignes d'activité sont regroupées en types (fabrication de biens, revendeurs, plateformes multifaces de divers types, y compris les réseaux sociaux et l'informatique en nuage, par exemple) afin d'orienter le lecteur sur la base des classifications communes des modèles d'affaires. Il convient toutefois de noter que cette liste d'entreprises ne se veut pas exhaustive. La section 4 s'appuie sur le cadre empirique analysé ici pour étudier la création de valeur selon une étude de cas réalisée après avoir étudié et consulté de vraies entreprises, d'autres études de cas étant présentées dans l'annexe 2.A.

Graphique 2.5. Trois concepts de création de valeur

	Chaîne de valeur	Réseau de valeur	Atelier de valeur
Description générale	L'objectif d'une chaîne de valeur est la conversion d'intrants en extrants selon une séquence donnée d'activités discrètes mais connexes (dont chacune peut être considérée comme une fonction de production). Les biens finals peuvent être fabriqués par l'entreprise elle-même ou achetés. En général, ils ont normalisés.	L'objectif d'un réseau de valeur est de servir d'intermédiaire, en facilitatant (1) les interactions bilatérales entre lui et ses clients, et (2) les interactions multilatérales entre ses clients (acheteurs/vendeurs ; voyageurs/chauffeurs). La création de valeur peut prendre la forme de liens directs entre les clients (appel téléphonique ou demande d'un ami) ou de liens indirects (p. ex., une banque commerciale peut accorder un prêt sur la base des dépôts globaux des clients).	L'objectif d'un atelier de valeur est de résoudre un problème, c'est-à-dire de transformer un état existant en un état plus souhaitable. Les problèmes se caractérisent par l'asymétrie d'information (l'atelier dispose de davantage d'information que ses clients). Le processus devant déboucher sur une solution peut nécessiter beaucoup de main-d'oeuvre professionnelles et spécialisée et peut être normalisé ou très personnalisé.
Technologie principale	Technologie séquentielle : processus linéaire qui se déroule depuis les intrants jusqu'à la livraison d'un produit fini au consommateur final	Intermédiation : utilisée par les organisations pour mettre en relation les utilisateurs ou les clients qui sont intéressés à faire une transaction	Technologie intensive : combinaisons de matériel et de connaissances utilisées pour modifier un objet donné
Logique de création de valeur	La création de valeur se fait par transfert d'un produit de l'entreprise à ses clients	La création de valeur découle de l'organisation et de la facilitation des échanges entre les clients	La valeur est créée par la résolution du problème d'un client ou la satisfaction de sa demande
Catégories d'activités principales	Activités organisées de façon séquentielle : • Logistique amont • Exploitation • Logistique aval • Marketing • Service	Activités organisées simultanément, en parallèle : • Promotion du réseau et gestion des contrats • Prestation de service • Fonctionnement de l'infrastructure	Activités organisées selon un cycle itératif : • Constatation et appropriation du problème • Résolution du problème • Choix de la méthode pour trouver une solution • Exécution • Contrôle/évaluation
Exemples de modèles économiques traditionnels	• Fabrication – chaîne de montage • Distribution en gros	• Agences de placement, qui mettent en relation les employeurs et les demandeurs d'emploi • Banques, qui font le lien entre investisseurs et emprunteurs	• Technologie médicale utilisée pour diagnostiquer et traiter une pathologie • Services professionnels (juridiques, conseil, financiers)
Exemples de modèles économiques de l'économie numérique	Fabrication de biens **(entreprises verticalement intégrées)** Biens matériels : • Unilever, Coca Cola, GE, Siemens, BMW, IKEA, Microsoft (ordinateurs portables, tablettes, Xbox), Apple (ordinateurs portables, tablettes, iPhone), Huawei (appareils), Sony (appareils, électronique), Intel, IBM, Cisco, Tsinghua Unigroup (micropuces), Xiaomi Biens immatériels et contenu numérique : • Contenu créatif : Disney, Netflix, Sony • Logiciels (achat unique de progiciel standard) : Microsoft, Adobe, SAP, Dassault Systems, Dropbox, Weiyun, Google Drive **Revendeurs** Biens matériels : • Alibaba, Amazon retail, JD.com, Tencent, Walmart Biens immatériels et contenu numérique : • Contenu créatif : Netflix, Sony (films/musique), Spotify, Tencent (ligne de distribution de musique), Deezer, Amazon Audible • Logiciels (achat unique de progiciel standard) : Amazon, Best Buy Fournisseurs d'intrants • Entreprises qui créent des biens destinés à être vendus à des revendeurs : Intel, Tsinghua Unigroup • Entreprises qui créent des applis qu'ils vendent aux "*app stores*"	Plateformes multifaces **Intermédiaire du** commerce électronique • Biens matériels : AliExpress, Amazon Marketplace, eBay, Etsy • Biens immatériels : Trivago, Booking.com, Hotels.com, Kayak; Google Play, Apple iTunes store Intermédiaire des services • Consommation collaborative/économie du partage : AirBnB; Blablacar, Drivy, Turo, Uber, Didi Chuxing, Ola; Deliveroo, Foodora, TaskRabbit, Upwork • Réseaux sociaux : Facebook, LinkedIn, Sina Weibo, Tencent Weibo, Twitter, Nice, Kuaishou, Qzone • Jeux et paris en ligne • Moteurs de recherche : Google, Bing, Yahoo, Baidu, NetEase • Courrier électronique : Gmail, Yahoo, Hotmail, NetEase • Contenu en ligne : Dailymotion, SoundCloud, TripAdvisor reviews, Vimeo, YouTube • Paiements électroniques : Transferwise, Alipay, Tenpay, Paypal, Worldpay	**Informatique en nuage/ fournisseurs d'intrants de puissance de calcul à d'autres entreprises**(X-service, potentiellement totalement verticalement intégré) IaaS: • AWS, Alibaba, Microsoft, IBM, Huawei, Cisco, Intel PaaS: • AWS, Alibaba, Microsoft, IBM, SAP Les lignes d'activité SaaS entrent en général dans la catégorie chaîne de valeur, à l'exception des logiciels personnalisés. Services professionnels **(entreprises verticalement intégrées)** • Conseil IdO : GE, Siemens • Analyse de données

2.4. Modèles d'affaires : étude de cas

100. La présente section présente un cadre d'analyse utile aux fins de l'étude de différents processus de création de valeur. Ce cadre d'analyse est appliqué, dans la section 4 et l'annexe 2.A, à plusieurs types de modèles d'affaires à forte composante numérique : un revendeur de biens matériels comme exemple de chaîne de valeur, deux plateformes multifaces, à savoir une entreprise de VTC ou de covoiturage payant et un réseau social, comme exemples de réseaux de valeur et, enfin, une société d'informatique en nuage, comme exemple d'atelier de valeur. Le processus de création de valeur est dans tous les cas analysé en détail, dans l'objectif d'isoler les caractéristiques pertinentes pour le système fiscal.

101. Le cœur de la présente section est centré sur le modèle économique du réseau social, dont les implications de la numérisation sur le système fiscal sont considérées comme les plus manifestes. Les exemples relatifs au revendeur de biens matériels, à l'entreprise de de VTC ou de covoiturage payant et à la société d'informatique en nuage seront étudiés dans l'annexe 2.A.

102. L'approche suivie dans cette section consiste d'abord à identifier les intrants, les extrants et les relations sur lesquels repose le modèle d'affaires. Cela permet de mettre en évidence les transactions importantes entre le siège de l'entreprise et les autres entités qui lui sont liées, ainsi qu'entre l'entreprise et les clients finaux, y compris en précisant quelles transactions sont de type transfrontalier.

103. Pour déterminer comment le modèle d'affaires a évolué dans le temps, on compare ensuite l'entreprise ayant la plus forte composante numérique avec son homologue plus traditionnelle (lorsqu'une simple comparaison est possible)[11]. Cette comparaison vise à établir si la transformation numérique a rendu possibles de nouveaux moyens de création de valeur. Les indications ainsi recueillies contribueront à déterminer l'impact de la transformation numérique sur le système fiscal.

2.4.1. Réseau de valeur : un réseau social à recettes publicitaires

Description générale du modèle d'affaires

104. Le type de réseau social envisagé ici est une plateforme multifaces recueillant des données sur les utilisateurs et fournissant des services publicitaires. Ce modèle d'affaires a deux objectifs. Premièrement, d'un côté du marché, il fournit aux utilisateurs une plateforme leur permettant de se connecter entre eux et de partager du contenu. Les utilisateurs se connectent à d'autres usagers sur la base de relations préexistantes ou d'intérêts particuliers qui ne sont pas nécessairement liés à l'existence de relations dans le monde réel (Facebook, LinkedIn, Nice, Kuaishou, Sina Weibo, Tencent Weibo, Twitter et Qzone). Du côté de l'utilisateur, un réseau social fonctionne en recueillant le contenu généré par le groupe d'utilisateurs auquel il est connecté par un flux web ou un flux de nouvelles, c'est-à-dire un format de données permettant de fournir aux utilisateurs du contenu fréquemment mis à jour. Un utilisateur accède à ce flux par l'intermédiaire du web ou d'une application ; cet accès est généralement fourni à titre gratuit. L'équivalent de ce modèle d'affaires hors ligne serait un club social reposant sur des adhésions individuelles.

105. Deuxièmement, de l'autre côté du marché, un réseau social permet aux personnes et entités qui souhaitent placer des annonces publicitaires sur la plateforme d'atteindre un public ciblé (c'est-à-dire les utilisateurs) de manière efficace et efficiente. Des espaces

publicitaires sont vendus aux acteurs cherchant à faire connaître leurs idées, leurs marques, leurs produits ou leurs services, et à accroître leur visibilité et élargir leur public ou leur clientèle. Les entreprises de réseaux sociaux offrent différents types de services publicitaires sur leurs plateformes, par exemple la promotion de certains contenus des flux de nouvelles, de certaines tendances ou de certains comptes d'utilisateur. La diffusion des annonces publicitaires est déterminée par des critères tels que la localisation géographique, les caractéristiques démographiques, les domaines d'intérêt, certains événements, des mots-clés ou des types d'appareils. L'équivalent de ce modèle d'affaires hors ligne serait une entreprise vendant de la publicité sur des supports traditionnels comme la presse écrite ou la télévision.

106. Pour les entreprises présentes sur des marchés multifaces, les deux objectifs de connexion des utilisateurs et de fourniture de services publicitaires sont complémentaires : atteindre le premier objectif est indispensable pour recueillir les données de marché qui permettront d'atteindre le second. Dans leur interaction avec un réseau social, les utilisateurs fournissent des informations, par exemple des données de localisation, des informations à caractère démographique, des contenus volontaires et des données comportementales. Ces données permettent à l'entreprise de connaître sa base d'utilisateurs. Les caractéristiques de ses différentes catégories d'utilisateurs sont importantes car ce sont elles qui lui permettent d'attirer ses principaux clients commerciaux : les annonceurs. Le graphique 2.6 ci-après montre schématiquement le modèle d'affaires d'un réseau social.

Graphique 2.6. Schéma du modèle d'affaires d'un réseau social

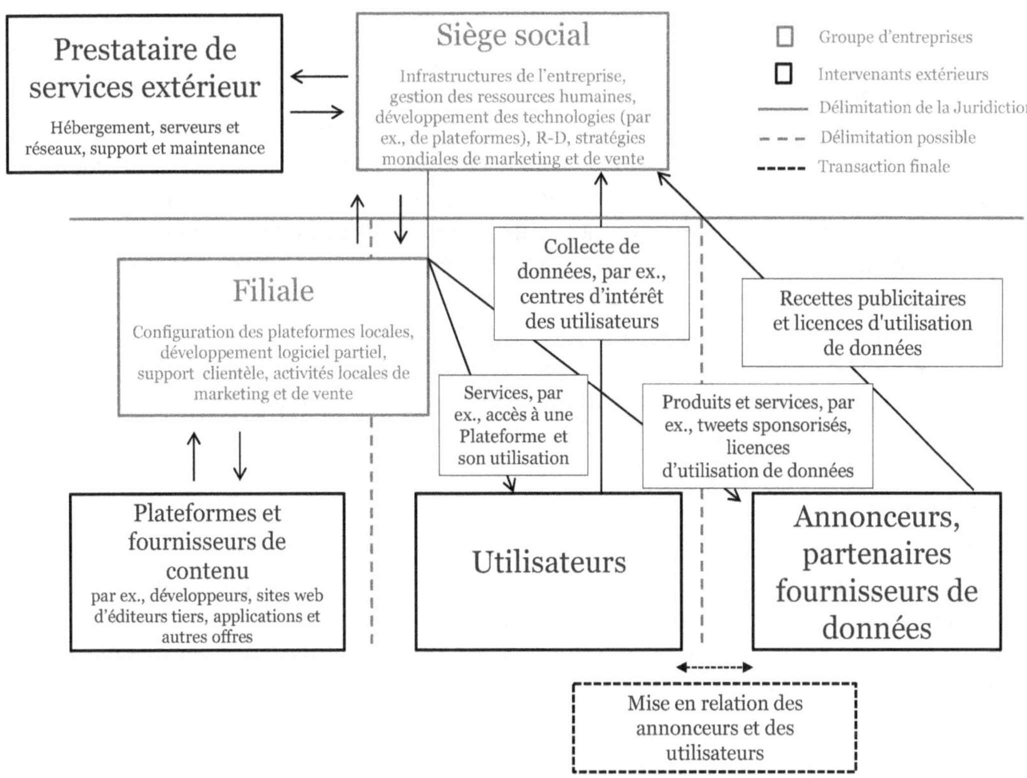

Revenus

107. Les réseaux sociaux génèrent le plus souvent des revenus en vendant des espaces publicitaires à des tierces parties qui souhaitent atteindre les utilisateurs de la plateforme, ainsi qu'en cédant éventuellement à des tiers l'accès aux données des utilisateurs. Les entreprises de réseaux sociaux tirent en général la majorité de leurs recettes de la publicité.

Utilisation et détention de la propriété intellectuelle

108. Les entreprises de réseaux sociaux protègent généralement leurs droits de propriété intellectuelle par divers moyens tels que marques déposées, habillages commerciaux, noms de domaines, droits d'auteur, secrets commerciaux et brevets. Elles signent aussi parfois des accords de confidentialité et des accords de cession d'invention avec leurs employés, leurs sous-traitants et d'autres tierces parties, afin de restreindre l'accès, la divulgation et l'utilisation d'informations confidentielles et de technologies brevetées. Comme décrit plus en détail dans les pages qui suivent, les algorithmes jouent un rôle essentiel dans l'analyse des données, qui permet à une plateforme de renforcer au maximum l'intérêt du réseau pour les utilisateurs et de fournir des services publicitaires très fortement ciblés et efficients.

Données

109. Les entreprises de réseaux sociaux exploitent les données de deux façons principales : pour améliorer la fonctionnalité du réseau pour les utilisateurs et pour aider les annonceurs à mieux cibler leurs clients afin d'accroître la vente de services publicitaires. Bien que les annonceurs constituent leur clientèle commerciale, il est important pour les réseaux sociaux d'améliorer l'expérience des utilisateurs afin d'accroître au maximum leur nombre, la taille du réseau et le temps d'interaction des utilisateurs sur la plateforme. Tous ces facteurs augmentent l'aptitude d'un réseau social à accroître ses revenus publicitaires. Les réseaux sociaux ont conscience de la nécessité de maintenir un équilibre entre les annonces publicitaires et le contenu généré par les utilisateurs, et de bien cibler les annonces publicitaires pour optimiser l'expérience des utilisateurs. Les méthodes de ciblage de la publicité se fondent sur les données relatives aux utilisateurs et sur le contenu généré par ces derniers : plus grande est la quantité de ces données et de ce contenu, plus précise est l'analyse des données et plus élevés sont les profits potentiels. L'information fournie par les utilisateurs est synthétisée sous la forme de mots-clés décrivant leurs caractéristiques et intérêts individuels. Les annonces publicitaires peuvent ainsi être dirigées vers les utilisateurs dont le profil correspond à celui que les annonceurs veulent atteindre.

Réseau de valeur

110. Comme on l'a vu, un réseau de valeur comprend trois activités principales : promotion du réseau et gestion des contrats, prestation de service et fonctionnement de l'infrastructure réseau. Cette section compare une entreprise de réseau social à un exemple type de société traditionnelle, à savoir une société de télévision diffusant des programmes entrecoupés d'annonces commerciales.

111. Le graphique 2.7 montre le réseau de valeur d'une agence de télévision de type traditionnel (partie A) et d'une entreprise de réseau social à recettes publicitaires (partie B). En comparant les deux modèles d'affaires au regard de chacune des activités principales d'un réseau de valeur, les paragraphes ci-dessous examinent aussi l'évolution des aspects essentiels du modèle de société de télévision traditionnel induite par la transformation numérique.

Graphique 2.7. Réseau de valeur: comparaison des activités principales d'une entreprise de réseau social et d'une société de télévision traditionnelle

Partie A : Chaine de valeur d'une société de télévision traditionnelle

	Promotion du réseau et gestion des contrats	Prestation de services	Fonctionnement de l'infrastructure réseau
Activités principales	Annonceurs : • Obtention des contrats auprès des annonceurs à partir présentations commerciales • Définition des termes des contrats avec les annonceurs (tarification, heure et durée des annonces) • Les annonceurs sont généralement nationaux (limites géographiques) Audience : • Production et achat d'émissions et de programmes TV pour attirer les téléspectateurs • Chaîne en accès libre Autres : • Contrat avec différents opérateurs (câble, satellite, télécoms, par exemple) Données collectées : • Base de données pour la gestion des contrats avec les annonceurs Tech-PI : • Outils de gestion des bases de données	Annonceurs : • Programmation des espaces publicitaires • Définition des stratégies de placement des annonces (*prime time*, par exemple) • Mesure de l'efficacité des campagnes publicitaires une fois terminées Audience : • Diffusion d'émissions et de programmes TV • Gestion du nombre et de la durée des annonces diffusées entre et pendant les émissions/programmes • Objectif de maximisation des annonces bien ciblées Données collectées : • Collecte de données estimatives sur le profil des téléspectateurs (âge, localisation, sexe) • Analyse de l'audience (qui regarde et pourquoi) et des chiffres d'audience pour mieux cibler les annonces) Tech-PI : • Infrastructure (électronique, serveurs, équipements) • Outils de suivi d'audience	• Investissement dans le matériel • Études de marché pour recueillir des données et analyser l'information Données collectées : • Échantillonnage et installation d'audimètres • Stockage et visionnage des données • Systèmes de suivi d'audience Tech-PI : • Infrastructure
Technologies	Équipements (téléphone, télécopie, réseaux TV)	Équipements (téléphone, télécopie, réseaux TV)	Équipements (téléphone, télécopie, réseaux TV)

Partie B : Chaine de valeur d'un fournisseur de services de réseaux sociaux financés par des recettes publicitaires

	Promotion du réseau et gestion des contrats	Prestation de services	Fonctionnement de l'infrastructure réseau
Activités principales	Annonceurs : • Recrutement des annonceurs **en démontrant la richesse des données fournies par les utilisateurs** • **Les annonceurs sont situés dans le monde entier** **Utilisateurs des réseaux sociaux :** • **Les utilisateurs sont situés dans le monde entier** • **Particulièrement important pour attirer et retenir des influenceurs parmi les utilisateurs** • **Diffusion directe des annonces, sans l'intermédiaire de partenaires médias** Données collectées : • Base de données de gestion des contrats avec les annonceurs, les principaux partenaires et distributeurs • **Stockage des données de base du profil des utilisateurs des réseaux sociaux** • **Les annonceurs sont recrutés en établissant la richesse des données fournies par les utilisateurs des réseaux sociaux** Tech-PI : • **Plateforme**	Annonceurs : • Placement d'annonces • **Évaluer les interactions des utilisateurs avec les publicités *en temps réel*** • **Possible affinement des stratégies de placement d'annonces** • **Notations fondées sur les interactions des utilisateurs avec les publicités** **Utilisateurs des réseaux sociaux :** • **Plateforme de création, diffusion et utilisation de contenus** • **Proportions respectives des contenus générés par les utilisateurs et des publicités** • **Objectif : maximiser les publicités bien ciblées** • **Service à la clientèle :garantir la confidentialité et la sécurité des données** Données collectées : • **Abandon des études de marché traditionnelles au profit des données fournies par les utilisateurs sur les réseaux sociaux** • **Contribution des utilisateurs des réseaux sociaux : contenus originaux (posts), données démographiques et géographiques, historique de navigation et des actions en ligne** Tech-PI : • **Plateforme** • **Algorithmes qui optimisent les stratégies de placement d'annonces** • **Plateforme d'enchères pour fixer le prix des publicités**	• **Investissement en équipements informatiques** • **Développement de plateformes** • **Développement d'interfaces pour téléphones mobiles, compatibles avec des sites web des développeurs et autres fournisseurs de contenus** Données collectées : • **Données relatives à l'utilisation des infrastructures réseau (par ex., suivant les régions) pour l'optimisation des ressources** Tech-PI : • **Plateforme** • **Algorithmes**
Technologies	**Équipements informatiques, logiciels, applications mobiles, algorithmes**	**Équipements informatiques, logiciels, applications mobiles, algorithmes**	**Équipements informatiques, plateforme capable d'absorber des pics d'affluence**

Promotion du réseau et gestion des contrats

112. La promotion du réseau et la gestion des contrats désignent la catégorie des activités associées au processus d'invitation des utilisateurs potentiels à adhérer au réseau, à la sélection de ceux autorisés à le faire, à l'initialisation, la gestion, et la résiliation des contrats régissant la prestation de service, et à la facturation.

113. Le modèle d'affaires de réseau social consiste à promouvoir un réseau pour offrir ensuite un public aux publicitaires. Pour servir au mieux leurs clients publicitaires, les réseaux sociaux s'efforcent de développer de larges communautés d'utilisateurs motivés. Ils invitent à cette fin des personnalités influentes, y compris des leaders mondiaux, des personnalités gouvernementales, des célébrités, des sportifs et des journalistes, ainsi que des organes de média et des marques renommées, à être présents sur le réseau. Comme ils opèrent dans un marché bifaces, les réseaux sociaux peuvent mettre à profit la flexibilité des prix décrite à la section 2 en fixant à zéro le prix des transactions avec les utilisateurs sur l'un des côtés du marché, un service gratuit étant mieux à même d'attirer un très grand nombre d'utilisateurs.

114. Une société de télévision traditionnelle est soumise à la nécessité de promouvoir le réseau, de façon semblable à une entreprise de réseau social : toutes deux chercher à créer une communauté d'utilisateurs intéressée par le contenu mis en ligne. Cela passe, dans le premier cas, par la diffusion de programmes sur une chaîne de télévision, et, dans le second cas, par la mise en ligne de messages sur le site web ou l'application du réseau social.

115. De plus, la société de télévision traditionnelle tout comme le réseau social sont intéressés par deux types de promotion du réseau : la consommation par les téléspectateurs/utilisateurs de contenu sur leur plate-forme, et les interactions entre les annonceurs et les téléspectateurs/utilisateurs[12]. À la différence près, toutefois, que les téléspectateurs n'interagissent pas entre eux de la même façon que les utilisateurs des réseaux sociaux.

Connexion des utilisateurs entre eux

116. La promotion du réseau reliant les utilisateurs constitue un aspect essentiel du modèle d'affaires d'une entreprise de réseau social : plus grand est le nombre d'utilisateurs et plus ils passent de temps sur le réseau (et plus ils communiquent entre eux), plus grand est le nombre de contenu qu'ils produisent et plus ils peuvent être ciblés par la publicité. Ces différents facteurs sont essentiels pour accroître les recettes publicitaires de la plateforme. Les effets de réseau directs sont plus importants pour un réseau social que pour une société de télévision, étant donné que les téléspectateurs n'interagissent pas directement sur la plateforme et qu'aucune donnée ne peut donc être collectée sur ces interactions.

117. Comme indiqué plus haut, pour encourager les utilisateurs à adhérer, les réseaux sociaux offrent l'utilisation de leur plateforme sans aucune contrepartie financière. En outre, les dispositifs d'accès au site d'un réseau social peuvent être réduits au minimum. Toutefois, elle est généralement requise pour publier du contenu – mais le compte peut parfois être ouvert sans que l'utilisateur ait à indiquer son identité réelle (par exemple sur Twitter). En abaissant les obstacles à l'accès au réseau, l'entreprise cherche à inciter les utilisateurs à se connecter à son site web ou à son application mobile aussi souvent et aussi longtemps que possible. Certains réseaux sociaux, cependant, exigent des utilisateurs qu'ils révèlent leur identité réelle (Facebook, Sina Weibo). Lorsque cela est le

cas, le réseau social fonctionne aussi comme moyen de validation de l'identité des utilisateurs sur d'autres plateformes.

Connexion des publicitaires et des utilisateurs

118. Le recrutement d'une clientèle d'annonceurs et le maintien des relations avec elle sont deux aspects sous lesquels les réseaux sociaux et les sociétés de télévision traditionnelles se ressemblent. Les deux modèles ont besoin d'une clientèle d'entreprises auxquelles vendre des espaces publicitaires. Les utilisateurs des réseaux sociaux étant disséminés partout dans le monde, ces réseaux cherchent à travailler avec des entreprises d'envergure mondiale. Les réseaux télévisés, en revanche, interviennent généralement sur des marchés régionaux en raison des contraintes réglementaires et des différences linguistiques.

Prestation de service

119. Les activités de fourniture de services publicitaires des entreprises de réseaux ressemblent aussi par certains aspects à celles des sociétés de télévision traditionnelles : les deux types d'entreprises doivent disposer des moyens nécessaires pour placer la publicité afin qu'elle atteigne un large public. Cependant, la différence manifeste entre une entreprise de réseau social et une société de télévision traditionnelle en matière de placement des annonces est que l'ensemble des contenus d'un réseau social se trouve en ligne et peuvent être ciblés sur les utilisateurs au niveau individuel. Les annonces télévisées, à l'inverse, sont consultées simultanément par un nombre relativement important de téléspectateurs. Un annonceur choisit le créneau de diffusion de ses annonces en fonction des émissions que son public cible est susceptible de regarder.

120. Les méthodes de mesure de l'exposition des utilisateurs aux contenus publicitaires, par conséquent, ne sont pas les mêmes et cela constitue une différence essentielle entre les deux modèles d'affaires. Une entreprise de réseau social peut atteindre de ce point de vue une plus grande précision qu'une société de télévision traditionnelle en recueillant des données sur les trajets et les activités des utilisateurs sur l'internet, ce qui n'est pas possible avec la télévision. Si les mesures d'audience télévisée visent à déterminer le nombre et le profil des spectateurs qui visionnent une annonce publicitaire donnée, elles donnent des estimations plus approximatives que les données quantitatives recueillies par les entreprises de réseaux sociaux. Une campagne publicitaire en ligne visant par exemple à stimuler l'utilisation d'une application quelconque est en mesure de déterminer le nombre d'adoptions de l'application pouvant être attribuées à la promotion d'un produit particulier.

121. Les réseaux sociaux établissent le profil de leurs utilisateurs sur la base de leurs intérêts, de leurs caractéristiques psychologiques et de leurs préférences en analysant les contenus (messages et tweets) qu'ils envoient en ligne, ainsi que les groupes auxquels ils appartiennent et leurs données de navigation. Les réseaux sociaux peuvent savoir précisément en temps réel comment les utilisateurs réagissent aux produits sur lesquels portent la publicité, très souvent même en déterminant l'impact d'une publicité particulière sur l'achat d'un produit. Ils sont donc bien mieux à même d'évaluer l'efficacité d'une campagne publicitaire.

122. Le fait que, dans les deux cas, les téléspectateurs et les utilisateurs des réseaux sociaux sont attirés sur la plateforme par le contenu mis à leur disposition encourage la fourniture de services aux annonceurs. Il est important de noter que, dans le cas de la télévision, le contenu est soit produit par la chaîne elle-même, soit acheté à un tiers à des

fins de diffusion. Dans le cas des réseaux sociaux, néanmoins, une très grande partie du contenu est fourni par les utilisateurs eux-mêmes. Ce contenu est original et accessible sans contrepartie financière.

123. Les données et les contenus individuels dont se servent les réseaux sociaux les rendent particulièrement aptes à cibler la publicité mais ils exposent leurs utilisateurs à des risques en matière de vie privée et de sécurité. Les réseaux sociaux doivent donc, dans le cadre de leur service client, protéger les utilisateurs contre le piratage informatique, le détournement de compte ou l'usurpation d'identité, par exemple. Les sociétés de télévision ignorent généralement ces préoccupations.

124. Enfin, une autre différence entre entreprises de réseaux sociaux et agences de publicité traditionnelles sous l'angle de la fourniture des services tient au fait que si les sociétés de télévision sont à même de fournir aux annonceurs publicitaires des informations de base, réunies par les agences de notation, au sujet de la part de marché obtenue et de l'audience réalisée par différents programmes ou à différents horaires, les entreprises fondées sur les réseaux sociaux proposent des services nettement plus axés sur le placement de la publicité, en s'appuyant sur l'analyse de données massives au moyen d'algorithmes complexes. À cela s'ajoute que les entreprises de réseaux sociaux n'ont pas besoin des mêmes analyses de marché que les chaînes de télévision puisque la nature du contenu proposé suffira généralement à attirer et fidéliser de nouveaux utilisateurs sur leur site, ce qui s'explique en partie par le fait que ce contenu est taillé sur mesure pour l'utilisateur, qui a de plus la possibilité d'interagir avec les autres. C'est pourquoi ces entreprises sont susceptibles de fournir du contenu qui intéresse davantage le public.

Fonctionnement de l'infrastructure réseau

125. L'exploitation de l'infrastructure du réseau comprend dans les deux modèles d'affaires : (i) la collecte de données sur les cibles possibles à des fins publicitaires ; (ii) le développement de méthodes pour atteindre les publics cibles ; et (iii) la fixation des tarifs sur la base de différentes caractéristiques des annonces. Ces activités sont communes aux réseaux sociaux et aux agences de publicité traditionnelles mais leur mise en œuvre emprunte des voies différentes.

126. Alors que les sociétés de télévision classiques réalisent des études de marché, soit par leurs propres moyens, soit en faisant appel à une tierce partie, les entreprises de réseaux sociaux ont l'avantage de pouvoir générer numériquement leurs propres données sur les utilisateurs de la plateforme. En analysant les contenus que produisent les utilisateurs, par opposition à leurs profils individuels ou aux données à caractère démographique, elles parviennent à connaître plus précisément leurs intérêts et leurs préférences. En outre, elles ont accès aux données des utilisateurs sur la plateforme du réseau social en temps réel, alors que les études de marché et les chiffres relatifs au visionnement portent sur des séries chronologiques antérieures. En conséquence, les entreprises de réseaux sociaux ont la possibilité d'identifier les domaines d'intérêt en hausse et d'adapter la promotion des produits à ce que souhaitent les utilisateurs.

127. En ce qui concerne la fixation des tarifs publicitaires, tout comme d'autres entreprises fortement numérisées différencient leurs prix en se servant des données sur l'offre de produits et la demande, les entreprises de réseaux sociaux recourent en général à un système d'enchères pour fixer les prix de leurs produits publicitaires. Cela leur permet d'obtenir le prix maximum que les entreprises sont prêtes à payer pour la publicité[13]. Les sociétés de télévision traditionnelles, en revanche, établissent leurs tarifs sur la base des caractéristiques des annonces (longueur, par exemple) et de la popularité

de certains créneaux horaires (lors de la retransmission des grandes manifestations sportives ou des pics de visionnement, par exemple). Le prix de la publicité sur un réseau social dépend en définitive du niveau de participation des utilisateurs ; cependant, on dispose encore de peu d'informations publiques sur les systèmes exacts de tarification utilisés par les entreprises de réseaux sociaux.

128. Enfin, du fait de la plus grande facilité avec laquelle la logistique amont des entreprises de réseaux sociaux traverse les frontières nationales, les activités opérationnelles de ces entreprises ont lieu également dans plusieurs pays à la fois.

Technologie

129. Pour une entreprise de réseau social, le développement de la plateforme est la clé de ses opérations et c'est ce qui la distingue des entreprises publicitaires de type traditionnel. Cette plateforme exige d'importants investissements dans des intrants technologiques : matériel informatique et logiciels, ingénieurs informaticiens, concepteurs de sites web, algorithmes, serveurs, etc. Une entreprise de réseau social doit en particulier assurer la stabilité et l'intégrité de sa plateforme en protégeant la vie privée des utilisateurs et en maintenant un espace serveur suffisant pour traiter un volume important de trafic.

2.5. Caractéristiques communes des modèles d'affaires à forte composante numérique

130. La précédente section et l'annexe 2.A analysent les modèles d'affaires à forte composante numérique à l'aide de plusieurs études de cas concrètes comparant le processus de création de valeur des entreprises fortement axées sur le numérique et celui de leurs homologues traditionnels. Il ressort que si les principaux objectifs et les activités de base sont toujours les mêmes, la structure des entreprises et le processus de création de valeur ont en revanche considérablement évolué, en particulier pour certaines d'entre elles. Cette section, qui s'appuie sur l'analyse qui a été faite à la section 4 ainsi que sur la théorie économique et les données empiriques, met en évidence certaines des principales caractéristiques communes aux modèles d'affaires à plus forte composante numérique. Ces caractéristiques sont les suivantes : portée internationale sans masse ; importance des données ; participation des utilisateurs ; et synergies entre ces données et les actifs incorporels. S'agissant des autres éléments intervenant dans la création de valeur (par exemple, les fonctions administratives, marketing et humaines), les différences entre les entreprises traditionnelles et celles à plus forte composante numérique semblent être moins nombreuses. C'est pourquoi la présente analyse se concentre uniquement sur les différences les plus importantes entre ces deux types d'entreprises. Pour finir, cette section évalue dans quelle mesure ces caractéristiques représentent des facteurs clés de création de valeur pour les entreprises à forte composante numérique, en se faisant l'écho de la diversité des points de vue exprimés par les membres du Cadre inclusif sur le BEPS. Les implications, pour le système fiscal international, des conclusions de l'analyse des modèles d'affaires des entreprises à forte composante numérique faite dans ce chapitre sont étudiées dans le chapitre 5 de ce rapport.

2.5.1. Portée internationale sans masse : mondialisation des fonctions et des activités des entreprises

131. Si la mondialisation a permis aux entreprises de localiser les différentes phases de leur processus de production dans différents pays, et en même temps d'avoir accès à une clientèle plus nombreuse dans le monde entier, cette tendance a été renforcée par la transformation numérique. L'élargissement de la portée commerciale des entreprises induit par l'essor du numérique a eu lieu indépendamment de la localisation des utilisateurs et/ou des clients des entreprises, voire de leur siège, ou encore de la distance qui les sépare.

132. Bon nombre d'entreprises à forte composante numérique peuvent, grâce aux technologies à distance, s'impliquer très activement dans la vie économique de pays ou territoires où elles n'ont aucune présence physique significative, atteignant ainsi une grande portée opérationnelle sans la masse[14]. L'une des conséquences de cette évolution est qu'un nombre croissant d'entreprises peuvent avoir une présence économique dans un pays sans y être présentes physiquement.

133. Bien que la relation entre la présence physique – ou les ressources matérielles – d'une entreprise et sa portée soit différente dans chacun des cas analysés à la section 4 et dans l'annexe 2.A, il est clair que la transformation numérique suscite également, dans un grand nombre d'entreprises davantage axées sur le numérique, un processus de dématérialisation[15]. Le processus de dématérialisation de l'économie n'en est peut-être encore qu'à ses débuts, même dans les économies les plus avancées (OCDE, à paraître). À mesure qu'un nombre croissant d'entreprises investira dans le numérique (par exemple en s'orientant vers l'informatique en nuage), il deviendra de plus en plus facile pour les entreprises au champ d'action auparavant uniquement national d'interagir avec leurs clients par voie numérique. L'accès au numérique n'étant pas limité aux grandes entreprises multinationales, les petites entreprises peuvent donc elles aussi, de plus en plus, avoir une clientèle dans le monde entier.

134. Si le levier que représente le numérique a été utilisé par de nombreuses entreprises pour atteindre une portée internationale sans masse, il convient d'admettre que la croissance de l'empreinte économique mondiale des entreprises n'est pas spécifique aux modèles d'affaires numériques. Le fait qu'un nombre croissant d'entreprises soient en mesure d'accroître leur présence économique sur un territoire donné en l'absence de présence physique significative est également une caractéristique de la mondialisation en général et n'est pas propre aux entreprises numériques.

2.5.2. Rôle essentiel des actifs incorporels et notamment des droits de propriété intellectuelle

135. Les actifs incorporels (également appelés capital intellectuel) peuvent être un ressort important de la création de valeur par une entreprise. Le lieu où celle-ci détient ou gère ces actifs pourra donc exercer une influence significative sur le lieu d'imposition de ses bénéfices. L'analyse ci-après montre que les actifs incorporels contribuent de façon déterminante à la création de valeur dans les entreprises à forte composante numérique. Les études de cas analysées dans la section 4 et dans l'annexe 2.A pointent dans cette direction et ces conclusions sont étayées par de nombreuses données empiriques.

136. D'après une analyse de la base de données statistiques de l'Organisation mondiale de la propriété intellectuelle (OMPI), la demande de droits de propriété intellectuelle a enregistré une forte hausse au cours de la décennie précédente[16]. Considérées dans leur

ensemble, les demandes de droits de propriété intellectuelle portant sur des dessins industriels, brevets, marques et modèles d'utilité ont enregistré une augmentation annuelle moyenne de quelque 7.1 % entre 2004 et 2016, soit une hausse totale de plus de 125 % sur cette période (OMPI, 2018). Les données plus granulaires (OMPI, 2016) montrent que les marques (36.5 millions) et les brevets (10.6 millions) représentent la majorité des droits de propriété intellectuelle actuellement en vigueur, les demandes de droits se sont accrues sensiblement au niveau mondial en 2015, et ce dans la plupart des catégories : 27 % pour les modèles d'utilité, 13.7 % pour les marques, 7.8 % pour les brevets et 0.6 % pour les dessins industriels. Pour ces quatre catégories, l'essentiel des demandes se concentre en Asie, où l'on enregistre 95.6 % des nouvelles demandes de modèles d'utilité, 68 % de celles de dessins industriels, 61.9 % des brevets et 55.3 % des marques. En ce qui concerne les brevets, quatre cinquièmes environ des nouvelles demandes déposées en 2015 avaient été enregistrées dans cinq offices seulement : Chine (38.1 %), États-Unis (20.4 %), Japon (11 %), République de Corée (7.4 %) et Europe (5.5 %). Clausen et Hirth (2016) montrent que les actifs incorporels acquièrent au fil du temps une importance croissante dans le bilan des entreprises ; ces effets semblent s'être maintenus pendant toute la durée de la crise économique, de 2008 à 2012[17].

137. Le phénomène de l'utilisation et de la demande accrues de droits de propriété intellectuelle semble se traduire par une croissance globale, ce qui confirme le rôle important des actifs incorporels dans la création de valeur. Corrado et al. (2009) ont mis au point une méthode empirique pour mesurer la quantité d'actifs incorporels et la contribution de ces actifs à la croissance des États-Unis de 1973 à 2003. Les auteurs distinguent trois groupes d'actifs incorporels : les données informatiques, le capital innovation et les compétences économiques[18]. Leurs travaux montrent que les méthodes de calcul traditionnelles sous-estiment considérablement le capital des entreprises : le taux de croissance de la production horaire augmente de 10 à 20 % environ lorsque l'on tient compte des actifs incorporels ; à partir de 1995, les actifs incorporels sont à égalité avec les actifs matériels pour ce qui est de leur contribution à la croissance. Corrado et al. (2012) ont mené une étude similaire pour les pays européens. Bien que les entreprises européennes investissent moins dans les actifs incorporels que leurs homologues américaines, la contribution à la croissance de ces actifs demeure importante, ce qui confirme l'importance croissante des actifs incorporels au regard de la croissance. Considérées dans leur ensemble, ces contributions empiriques montrent que les entreprises à plus forte composante numérique se caractérisent par l'importance croissante des investissements dans les actifs incorporels, qui ont des effets positifs non négligeables sur la valeur et la croissance de la production des entreprises.

138. Si les entreprises à forte composante numérique se caractérisent pas le rôle essentiel des actifs incorporels, l'exploitation de ces derniers, de plus en plus, représente un important vecteur de création de valeur pour l'ensemble des sociétés, et pas uniquement celles à forte composante numérique.

2.5.3. Importance des données et de la participation des utilisateurs

139. Comme le montrent l'ensemble des études de cas sur les modèles d'affaires présentées au chapitre 4 et dans l'annexe 2.A, l'utilisation croissante – et de plus en plus approfondie – des données par les entreprises a permis à ces dernières d'améliorer sensiblement leurs produits et leurs services. Des effets positifs ont été relevés en termes de croissance de la productivité[19]. L'utilisation, la collecte et l'analyse des données font désormais partie intégrante des modèles d'affaires des entreprises à plus forte composante numérique, quoiqu'à des degrés différents d'une ligne d'activité et d'une entreprise à une

autre. À mesure que la transformation numérique se poursuivra, ces caractéristiques deviendront probablement de plus en plus courantes dans les modèles d'affaires d'un nombre encore plus grand d'entreprises.

140. L'analyse des données a souvent permis aux entreprises d'en savoir plus sur le surplus du consommateur et, par conséquent, d'accroître éventuellement leur rentabilité. Les bienfaits de cette analyse peuvent en outre augmenter de façon exponentielle en même temps que la quantité d'informations disponibles au sujet d'un client en particulier. Cela s'explique par les économies de gamme réalisées : plus un ensemble de données est varié et plus il procure des renseignements. Les ensembles de données détaillés permettent par exemple aux entreprises à forte composante numérique de mieux cibler les publicités en ligne s'adressant à des groupes d'utilisateurs particuliers. Les transactions et les interactions directes avec une clientèle répartie dans le monde entier auront de plus en plus lieu par voie numérique, ce qui signifie qu'à l'avenir, davantage d'entreprises bénéficieront de la collecte et de l'analyse des données ainsi que de leur éventuelle monétisation.

141. Certaines entreprises monétisent directement les données recueillies sur leurs clients en vendant des publicités en ligne ciblées à des clients d'un autre marché ; d'autres utilisent ces données principalement pour améliorer leurs opérations, la conception de leurs produits ou leurs activités de commercialisation. Dans certains cas, la collecte de données et l'accumulation de vastes ensembles de données qui s'en est suivie ont entraîné de fortes hausses de la valeur des entreprises, en raison des gains susceptibles d'être obtenus grâce à l'exploitation des données en question.

142. Pour comprendre le rôle important que peuvent jouer les données dans le processus de création de valeur, il est important de comprendre la nature des gains économiques procurés par ces données. En s'appuyant sur les études de cas des entreprises ainsi que sur les précédentes analyses de l'OCDE (2015d), ce processus peut être décrit comme un cycle vertueux incluant plusieurs phases interconnectées:

1. La création de données : Il s'agit de la phase de production de données numériques à partir des activités en ligne que sont les transactions, la création ou les communications ; est également inclus dans ces données le contenu généré par les utilisateurs, c'est-à-dire les données créées par les utilisateurs ou les clients, et les données sur le comportement des utilisateurs obtenues grâce à l'utilisation des cookies. Alors que les données numériques en ligne sont faciles à saisir ou à collecter, les données relatives à des activités hors ligne sont de plus en plus recueillies à l'aide de capteurs fixés sur les machines de production, les produits de consommation finale ou autres objets physiques ; l'interconnexion de ces objets via l'Internet – l'Internet des objets – devrait encore accélérer la capacité des entreprises à recueillir des données.

2. Les données massives obtenues grâce à la collecte des données : Les processus de collecte de données entraînent une augmentation des volumes de données numériques stockées par les entités publiques et privées. Toutefois, sans traitement ni analyse ultérieurs par les entreprises, la valeur économique de ces données est généralement limitée. Alors que les sources de ces données (c'est-à-dire les utilisateurs ou les machines situés dans un pays/territoire particulier) ne sont pas toujours très mobiles, les bases de données contenant des informations sur leurs caractéristiques, leurs préférences, leurs habitudes d'utilisation et leurs comportements se présentent sous forme numérique et sont donc extrêmement mobiles. D'autre part, l'origine des

données et la base de données ne se trouveront pas nécessairement à l'intérieur du même pays ou territoire.

3. L'analytique des données : Le traitement, l'interprétation et l'analyse des données sont des étapes nécessaires pour produire de la valeur économique. La fonction d'analyse n'est pas liée à un lieu particulier ; la numérisation permet aux entreprises de dissocier l'emplacement de la source des données de celui de leur stockage, leur analyse ou leur utilisation. L'analyse des données relatives à un pays/territoire particulier peut ainsi être effectuée par des scientifiques hautement qualifiés situés à un autre endroit (généralement là où se trouve le siège), ou automatiquement à l'aide d'un algorithme.

4. L'établissement d'une base de connaissances : Les connaissances accumulées grâce aux activités d'analyse deviennent la base de la valeur économique générée tout au long du cycle de valeur, comme décrit dans l'annexe 2.A en ce qui concerne les sites de vente en ligne qui utilisent les données des clients pour améliorer leur stratégie commerciale et la modulation des prix. Les bases de connaissances peuvent en outre être mises à jour automatiquement ou améliorées en continu, par exemple grâce à un processus d'apprentissage automatique.

5. La prise de décisions fondée sur les données : Les connaissances acquises lors des phases précédentes (comme l'analyse des données) servent de base à la prise de décisions et produisent donc de la valeur économique.

Participation des utilisateurs

143. Comme indiqué dans la sous-section 5.3, les données et leur analyse deviennent des atouts de plus en plus fondamentaux dans la prise de décisions des entreprises. Il est courant aujourd'hui de voir les entreprises analyser les données internes provenant de leurs ventes, leurs stocks et leurs processus pour optimiser leur production et prendre des décisions plus rationnelles. Le changement apporté par la transformation numérique est que les utilisateurs jouent aujourd'hui un rôle de plus en plus important, car les données qui les concernent sont analysées pour chaque entreprise afin d'en savoir plus sur les marchés et l'évolution de la demande. Ces informations peuvent être utilisées pour prendre des décisions stratégiques concernant les stocks ou les produits et services, par exemple, ou pour développer de nouveaux produits ou de nouvelles marques pour pallier les limites de l'offre à un moment donné. De plus, l'analyse des données des clients permet aux entreprises d'obtenir un avantage concurrentiel significatif en s'attachant à améliorer et personnaliser l'expérience des utilisateurs.

144. Les avis divergent quant à savoir si les données des clients et le contenu généré par les utilisateurs contribuent à la création de valeur et alors dans quelle mesure. Du côté de la contribution maximale se trouvent les réseaux sociaux, où la participation des utilisateurs est au centre de l'activité de la plateforme. Sans cette participation et sans le contenu généré par les utilisateurs, les réseaux sociaux tels que nous les connaissons n'existeraient pas, même s'il convient de reconnaître que c'est la plateforme développée grâce aux investissements dans les technologies de l'information et dans certains actifs incorporels comme les algorithmes qui permet d'attirer les utilisateurs. Les utilisateurs contribuent en apportant toutes sortes de contenu et en jouant un rôle actif dans l'élargissement du réseau (en ajoutant des amis). Tous ces éléments, ainsi que les

renseignements détaillés fournis par les utilisateurs, peuvent être utilisés pour proposer des services publicitaires ciblés. Du côté de la contribution minimale se trouvent les entreprises verticalement intégrées, où la principale interaction avec le client est la vente et l'achat de produits. Il existe dans ce cas une possibilité de collecte de données et de participation de l'utilisateur dans le processus de production, mais elle est limitée (bien qu'elle soit appelée à se développer à l'avenir) et sa contribution utile au processus de création de valeur est donc certainement plus incertaine. À mi-chemin de ces deux extrêmes, se trouve le modèle de l'atelier. Dans ce contexte, les données massives générées par les utilisateurs revêtent davantage d'importance pour l'entreprise qui veut fournir un produit ou service précis et pointu.

145. Ces exemples montrent que la numérisation a complètement modifié le rôle des utilisateurs en leur permettant de participer de plus en plus au processus de création de valeur. Ce phénomène se produit à différents degrés d'intensité selon les activités de l'entreprise concernée et les conditions du marché, et selon l'exploitation qui est faite des données et de la participation des utilisateurs.

146. Évaluer l'intensité de la participation des utilisateurs est une tâche complexe car elle nécessite toutes sortes d'actions et d'interactions avec de nombreuses parties d'une entreprise. La participation des utilisateurs peut être de différents types et avoir une portée et une importance variables. Cela peut être le marquage d'une page, le visionnage d'une vidéo ou, sur un mode plus actif, la rédaction d'un avis sur un produit ou l'invitation/l'ajout d'amis sur un réseau. L'examen attentif des différentes activités des utilisateurs et de leur utilité pour les entreprises peut permettre de mieux appréhender la participation des utilisateurs, son ampleur, sa pertinence et son intensité dans le contexte d'une activité en particulier, ainsi que le degré de sa contribution éventuelle au processus de création de valeur.

147. La participation des utilisateurs est de deux types : active et passive. La participation passive n'implique pas nécessairement la saisie d'informations par l'utilisateur lui-même, mais des données sont néanmoins collectées par l'entreprise grâce à l'utilisation de cookies par exemple, même une fois que l'utilisateur a quitté la plateforme de l'entreprise dès lors qu'il passe par d'autres sites. La participation active des utilisateurs suppose une action explicite. Les données sont générées par une action de l'utilisateur, et leur contenu est limité à ce que l'utilisateur accepte de partager. De manière générale, l'utilisateur transmet des informations en échange de services, de produits ou d'autres biens. Une participation active est par exemple le marquage d'une page ou la création et mise en ligne d'une vidéo ou d'un message. Ces deux activités requièrent de l'utilisateur qu'il prenne du temps pour saisir des informations nécessitant des degrés divers d'attention et d'interaction. S'agissant de la seconde activité, la contribution de l'utilisateur est de même qualité qu'un contenu qui, par le passé, était sans doute vendu par des circuits commerciaux et dont le paiement s'effectuait selon les modèles d'affaires traditionnels. Les deux modes de participation diffèrent également en raison de la valeur qu'ils apportent à l'entreprise. On distingue par ailleurs trois grandes catégories de participation active : faible, moyenne ou élevée selon le degré de valeur créée par l'action de l'utilisateur.

148. Tout d'abord, les activités comme le marquage de pages, l'étiquetage et la publication de notations sont des actions de filtrage d'un autre genre, qui constituent la base des mécanismes de recommandation (comme ceux que l'on trouve par exemple sur les sites de vente en ligne ou de diffusion en continu de films et de musique). Ces activités requièrent peu d'efforts. Un second niveau de participation, plus exigeant, est

requis pour des activités comme la rédaction de commentaires, la publication d'avis (par exemple, sur TripAdvisor), ainsi que la prise/l'enregistrement et la mise en ligne de photos et de vidéos (par exemple sur Instagram, SoundCloud, Nice, Kuaishou ou YouTube). Dans ce cas de figure, l'utilisateur crée activement le contenu de la plateforme (on parle de contenu généré par l'utilisateur), aide les autres utilisateurs à choisir un produit et accroît la confiance dans la plateforme. Une troisième forme d'engagement, plus intense, englobe les actions visant à élargir directement la plateforme en ajoutant des amis, en créant des communautés et en constituant des réseaux. Cette activité est extrêmement utile pour de nombreux réseaux sociaux car l'augmentation du nombre d'utilisateurs équivaut à plus de données (y compris de contenu créé par les utilisateurs) et, finalement, à plus de recettes. Cela permet en outre à la plateforme d'atteindre la masse critique, ce qui procure un avantage concurrentiel majeur, et donc des bénéfices.

149. La participation passive de l'utilisateur se caractérise par l'absence d'activité directe de la part de l'utilisateur. Cela dit, même la contribution la plus passive suppose quelques actions, par exemple le téléchargement d'une application mobile, l'utilisation d'un appareil particulier ou l'autorisation de collecte des données de l'utilisateur. La collecte de données est une activité dérivée de l'Internet, qui a lieu sans la participation directe de l'utilisateur ni sa transmission active des données. L'exemple le plus connu est l'utilisation de cookies pour enregistrer la navigation de l'utilisateur, mais ces cookies renseignent aussi sur la localisation de l'utilisateur, son adresse IP ou le type d'appareil utilisé. En règle générale, le but est de connaître les préférences des utilisateurs et leurs comportements, sachant que ces informations peuvent être directement monétisées lorsque les annonces publicitaires sont facturées au coût par clic ou au coût par impression par exemple.

Le mécanisme de confiance

150. Comme le montre le document OCDE (à paraître), les notations et les avis semblent inspirer confiance dans les vendeurs et les fournisseurs, et sont l'un des principaux moteurs de la confiance des clients sur les plateformes mettant en relation les particuliers. En d'autres termes, les notations et les avis favorisent la confiance, considérée, par certains pays, comme un important vecteur de création de valeur. Les clients accordent plus de valeur aux avis qu'aux notations, et ils sont plus susceptibles d'accorder du crédit aux avis qui sont rédigés au sujet d'un produit ou d'un service lorsqu'ils sont nombreux. Ces mécanismes de confiance et ces systèmes de réputation sont des composants fondamentaux des plateformes collaboratives. Ils permettent d'atténuer les éventuelles inquiétudes des consommateurs concernant la qualité des « produits », et aux autres clients de réaliser des achats en connaissance de cause (au lieu de disposer d'informations incomplètes et/ou limitées). La fiabilité de ces mécanismes est devenue essentielle pour de nombreuses entreprises, et l'authenticité des retours d'information des utilisateurs est par conséquent très précieuse. Certaines entreprises, comme Amazon, protègent activement l'intégrité des avis en poursuivant les sites qui publient des avis mensongers. En plus de jouer un rôle essentiel d'instauration de la confiance, ces systèmes peuvent aussi contribuer, grâce aux mécanismes de suivi, de retour d'informations et de pression de la part des autres consommateurs, à discipliner les comportements (Strahlevits, 2006).

Le contenu créé par les utilisateurs

151. Le contenu créé par les utilisateurs incluent tous les types de contenu (vidéos, blogs, messages sous forme de discussions, images numériques, fichiers audio et autres

supports) qui ont été générés par les clients ou les utilisateurs finaux d'un système ou service en ligne, et qui sont mis à la disposition des autres clients et utilisateurs finaux. Ce contenu est d'une très grande utilité pour de nombreuses entreprises, car il attire du trafic, contribue à l'instauration de la confiance comme indiqué précédemment et, dans certains cas, peut constituer leur cœur de métier. Ainsi, dans son rapport annuel de 2016, TripAdvisor décrit sa multitude de contenu créé par les utilisateurs comme l'un de ses principaux atouts et points forts. Cela lui permet d'attirer d'autres utilisateurs, de créer une communauté et de convertir les visiteurs en utilisateurs réguliers qui, à leur tour, créeront du contenu ainsi que de la valeur ajoutée. Des considérations similaires s'appliquent à des sociétés comme Yelp, qui considèrent que sa communauté dynamique d'utilisateurs constitue le cœur de son activité. Chaque avis, conseil ou photo vient renforcer la richesse du contenu de la plateforme, entraînant de puissants effets de réseaux. D'un autre côté, la plateforme, développée grâce aux investissements dans les TIC et dans certains actifs incorporels comme les algorithmes, est elle aussi pour beaucoup dans l'attractivité. Données et technologies de l'information sont à cet égard étroitement imbriquées.

Participation des utilisateurs selon la ligne d'activité de l'entreprise

152. Après avoir défini dans les grandes lignes la participation et la contribution des utilisateurs, on peut désormais évaluer à titre indicatif l'intensité de cette participation pour chaque ligne d'activité et processus de création de valeur d'entreprises décrits dans les précédentes sections. Cette analyse n'est en aucun cas exhaustive et ne reflète que partiellement la participation des utilisateurs à diverses catégories d'entreprises. De surcroît, les entreprises appartenant à la même catégorie peuvent avoir des caractéristiques différentes, d'où la nécessité de procéder à un examen approfondi des faits, des circonstances et des modèles d'affaires liés à chaque entreprise pour obtenir une classification précise. Celle-ci n'a qu'une valeur indicative.

153. Le graphique 2.8 illustre le degré de participation des utilisateurs associé à différentes lignes d'activité. À l'extrémité inférieure du classement, les activités caractérisées par une faible participation des utilisateurs sont par exemple l'informatique en nuage et les entreprises verticalement intégrées. Les données passives y sont utilisées de façon limitée, de même que les données fournies volontairement par les utilisateurs. À noter que les données stockées sur le nuage par les utilisateurs ne sauraient être considérées comme du contenu créé par les utilisateurs, car elles ne sont généralement pas accessibles par le fournisseur de services d'infonuagique pour en faire une analyse détaillée (ou seulement dans des circonstances en lien direct avec les objectifs convenus par le client) ; elles ne sont pas non plus partagées, ou uniquement entre un nombre réduit d'utilisateurs. Il arrive évidemment que le degré de participation des utilisateurs soit plus important dans certaines entreprise d'informatique en nuage : s'agissant par exemple des fournisseurs de services d'infonuagique comme Dropbox ou Weiyun, les utilisateurs contribuent activement à l'élargissement des réseaux/de la clientèle de l'entreprise en invitant d'autres internautes à partager des fichiers.

154. Une autre catégorie d'activité où le degré de participation des utilisateurs est légèrement plus élevé que la précédente est celle du commerce en ligne de biens matériels. L'historique de navigation, les avis et les notations sont utilisés pour doper les ventes, personnaliser les services et améliorer le ciblage des clients. S'agissant en revanche du commerce électronique de biens immatériels, les possibilités d'interaction sont encore plus nombreuses et le degré de participation des utilisateurs y est donc plus important en comparaison avec le commerce de biens matériels. Les utilisateurs peuvent

contribuer à l'augmentation de la clientèle en partageant leur liste de titres musicaux (par exemple sur Deezer, Spotify ou Tencent) ou créer du contenu (pour les jeux en ligne).

155. Les entreprises de consommation collaborative se caractérisent par un degré de participation des utilisateurs plus élevé. Une grande partie des informations fournies passivement sont parfois essentielles pour la fourniture du service, et les utilisateurs sont souvent obligés de communiquer leurs préférences pour accéder aux services (par exemple, lorsqu'ils recherchent un hébergement, ils doivent obligatoirement, pour pouvoir effectuer la transaction, fournir des informations comme la ville recherchée, la taille de l'hébergement, leur budget et le quartier souhaité). Le contenu créé par les utilisateurs est également important : les utilisateurs rédigent des avis et décrivent en ligne le produit ou le service qu'ils ont acquis, souvent à l'aide de photos ou d'autres types d'informations, selon le site concerné. Comme souligné plus haut, les avis et les commentaires sont déterminants pour inspirer confiance aux clients. Les utilisateurs ont souvent la dure tâche de devoir vérifier la qualité des produits (d'où les notations des chauffeurs sur Uber et Didi Chuxing, ou des hébergements sur Trivago et Booking.com).

156. Pour finir, le type d'entreprise où la participation des utilisateurs est la plus élevée est celui des réseaux sociaux : les utilisateurs y jouent en effet un rôle capital. La taille de la communauté d'utilisateurs et le niveau d'implication de ces derniers conditionnent la réussite de ces entreprises et déterminent en grande partie leurs résultats financiers. Les utilisateurs des réseaux sociaux fournissent différents types de contenu et contribuent activement à l'élargissement du réseau de la plateforme. Pour des sites comme Facebook ou Weibo, par exemple, l'évolution du nombre d'utilisateurs a une incidence sur les recettes dans la mesure où elle influe sur le nombre de publicités qui peuvent être affichées et la valeur que représentent les utilisateurs pour les distributeurs. Les statistiques sur la contribution et la participation des utilisateurs sont des indicateurs clés pour les entreprises précitées. Les rapports annuels et les documents d'introduction en bourse contiennent souvent des informations sur l'évolution du nombre d'utilisateurs actifs, ainsi que des données comme le chiffre d'affaires par utilisateur pour les différentes zones géographiques, afin de montrer les différents taux de monétisation et le potentiel d'évolution.

157. Le graphique 2.8 représente le degré de participation des utilisateurs aux activités des différentes catégories d'entreprises. Il ressort que ce degré de participation n'est pas nécessairement corrélé au degré de conversion au numérique. L'informatique en nuage, par exemple, peut être considérée comme une activité à plus forte composante numérique mais associée à une participation plus limitée des utilisateurs. En d'autres termes, les entreprises fortement axées sur le numérique ne sont pas toutes centrées sur la participation des utilisateurs, et d'autres caractéristiques comme la portée sans masse sont également importantes (informatique en nuage, par exemple). Comme indiqué plus haut, cette classification des lignes d'activité et des processus de création de valeur en fonction du degré de participation des utilisateurs est fournie uniquement à titre indicatif et n'est pas censée servir de référence.

Graphique 2.8. Degré de participation des utilisateurs

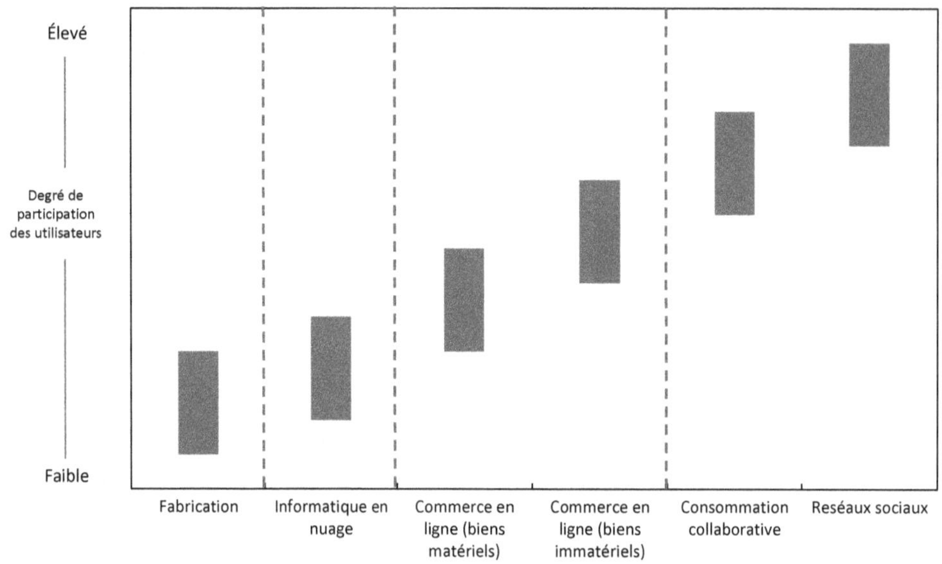

158. Certains membres du Cadre inclusif sur le BEPS considèrent que la participation des utilisateurs est un déterminant spécifique et important de la création de valeur pour les entreprises à forte composante numérique, qui passe par la collecte des données fournies passivement par les utilisateurs (données relatives à leurs préférences ou à leur comportement), comme de celles fournies activement (contenu généré par les utilisateurs invités à fournir des avis ou des messages, par exemple). Ces données sont ensuite analysées par l'entreprise et peuvent être utilisées pour vendre des annonces publicitaires ciblées sur les utilisateurs ou pour adapter les produits et services offerts afin d'en accroître la valeur. Dans certains cas, les contributions des utilisateurs peuvent être mises en ligne sur la plateforme de sorte à attirer d'autres utilisateurs et à accroître la valeur de la plateforme, et créer ainsi des effets de réseaux. Ces pays pointent la participation des utilisateurs et leur implication dans la durée qui permet aux entreprises à forte composante numérique de réunir de grandes quantités de données grâce à un suivi étroit des contributions qu'ils fournissent de manière délibérée et des comportements qu'ils adoptent. Ils mettent aussi en avant les apports en contenu faits par les utilisateurs, qui peuvent tenir une place primordiale dans l'offre d'une entreprise à forte composante numérique et contribuer de manière déterminante à lui attirer d'autres utilisateurs et créer des effets de réseau. Ils jugent enfin que la participation des utilisateurs (à travers la formulation d'avis ou la prestation de services, par exemple) peut être pour beaucoup dans la confiance et la réputation dont jouissent certaines entreprises à forte composante numérique et contribuer à leur image de marque et à l'extension de leurs réseaux d'utilisateurs.

159. D'autres pays, en revanche, considèrent la collecte des données sur les utilisateurs, la participation de ces derniers et la fourniture de contenu généré par ces mêmes utilisateurs comme des transactions conclues entre les utilisateurs (en tant que fournisseurs de données/contenus) et l'entreprise à forte composante numérique concernée, laquelle, en échange de ce(s) données/contenu, offre aux utilisateurs une contrepartie qui peut être financière ou non financière (services d'hébergement de données, de messagerie électronique ou de divertissements numériques par exemple). Les pays qui soutiennent cette opinion s'accordent à penser que l'interaction entre les

utilisateurs et l'entreprise à forte composante numérique considérée constitue une transaction qui pourrait donner lieu à un impôt sur les sociétés, même s'ils constatent également que les règles actuelles d'imposition des bénéfices des sociétés prennent rarement en compte ce type d'opérations de troc ne donnant lieu à aucune contrepartie financière d'un côté ou de l'autre de la transaction (paiement au comptant par exemple). Ces pays ne considèrent pas le fait que les entreprises à forte composante numérique obtiennent des données sur les utilisateurs comme une activité qui justifie d'attribuer un bénéfice à ladite entreprise au seul motif que ces données peuvent avoir de la valeur. En ce sens, ils estiment que la fourniture de données par l'utilisateur constitue un intrant au même titre que ceux fournis par un tiers indépendant au sein de la chaîne d'approvisionnement de l'entreprise (stockage de données, accès haut débit, électricité, par exemple). Certains d'entre eux néanmoins jugent que les données des utilisateurs peuvent être considérées comme des actifs incorporels de valeur pour les entreprises du numérique, et, en ce sens, comme étant associés aux défis plus larges identifiés plus haut pour les actifs incorporels. D'autres en revanche ne voient pas la fourniture de contenu généré par les utilisateurs ou les interactions entre eux et les entreprises à forte composante numérique comme des opérations de troc entre ces deux parties. Aucun consensus ne se dégage à ces sujets entre les pays.

160. L'importance du rôle attribué ou non, selon les points de vue, aux données et à la participation des utilisateurs dans le processus de création de valeur sous l'angle fiscal conditionnera la question de savoir si ces facteurs doivent être considérés comme des défis fiscaux résultant de l'évolution des modèles d'affaires, ou si ces défis doivent être considérés comme spécifiques à l'application des règles fiscales internationales aux entreprises à forte composante numérique ou concernent dans tous les cas les règles fiscales internationales dans leur ensemble. De plus, certaines entreprises à forte composante numérique peuvent ne pas poser de difficultés sur le plan fiscal, si ces difficultés sont définies uniquement en référence à l'utilisation des données et à la participation des utilisateurs. En effet, les entreprises à forte composante numérique ne sont pas toutes tributaires au même degré des données et de la participation des utilisateurs.

161. Dans ce contexte, des travaux supplémentaires peuvent être nécessaires pour évaluer dans quelle mesure il est possible de concilier les différents points de vue pour obtenir un consensus sur l'ampleur des défis fiscaux à long terme et, partant, sur les solutions pérennes envisageables. Les répercussions fiscales de l'analyse sur la numérisation, les modèles d'affaires et la création de valeur présentée dans ce chapitre sont examinées plus en détail dans le chapitre 5.

Annexe 2.A. Les modèles d'affaires à forte composante numérique

Chaîne de valeur : revendeur de biens matériels

Description générale du modèle économique

162. Un revendeur crée de la valeur en vendant des biens aux clients finaux par l'intermédiaire d'une boutique en ligne. L'objectif général pour la valeur est de revendre des biens achetés à des fournisseurs d'intrants aux clients finaux avec une majoration de prix. Les biens peuvent être de type matériel (livres, par exemple) ou immatériel (par exemple, téléchargement numérique de musique ou de logiciels). La boutique en ligne d'un revendeur peut exister parallèlement ou non à des magasins de détail dans le monde réel.

163. Le graphique de l'annexe 2.A.1 montre sous une forme schématisée les composantes du modèle d'affaires d'un revendeur. L'entité centrale est responsable de l'infrastructure de l'entreprise (organisation, systèmes de contrôle), de la gestion des ressources humaines, du développement technologique (y compris le développement de la plateforme et de l'infrastructure informatique essentielle), des activités de recherche-développement et des stratégies globales de marketing et de vente. Cette entité a une filiale située dans un autre pays (probablement en fait plusieurs filiales situées en de nombreux endroits différents). La filiale s'occupe des ventes locales à l'intérieur de son propre pays ou d'un pays voisin (lorsqu'elle dessert une région). Cela exige un certain degré d'adaptation locale de la plateforme, par exemple la traduction du site internet principal dans la ou les langues locales. La filiale traite les interactions avec les clients finaux. Les clients consultent le site internet de l'entreprise dans leur langue, choisissent les biens à acheter et fournissent les informations requises en tant qu'utilisateurs, à savoir une adresse électronique, une adresse physique pour la livraison des biens, et des données de paiement. Leur commande est ensuite traitée directement par la filiale ou transmise pour exécution à un fournisseur distinct de services logistiques. Les filiales locales peuvent mener des activités de développement de logiciels en sus des services locaux d'assistance au consommateur et des activités locales de marketing et de vente.

Graphique annexe 2.A.1. Modèle général d'affaires d'un revendeur

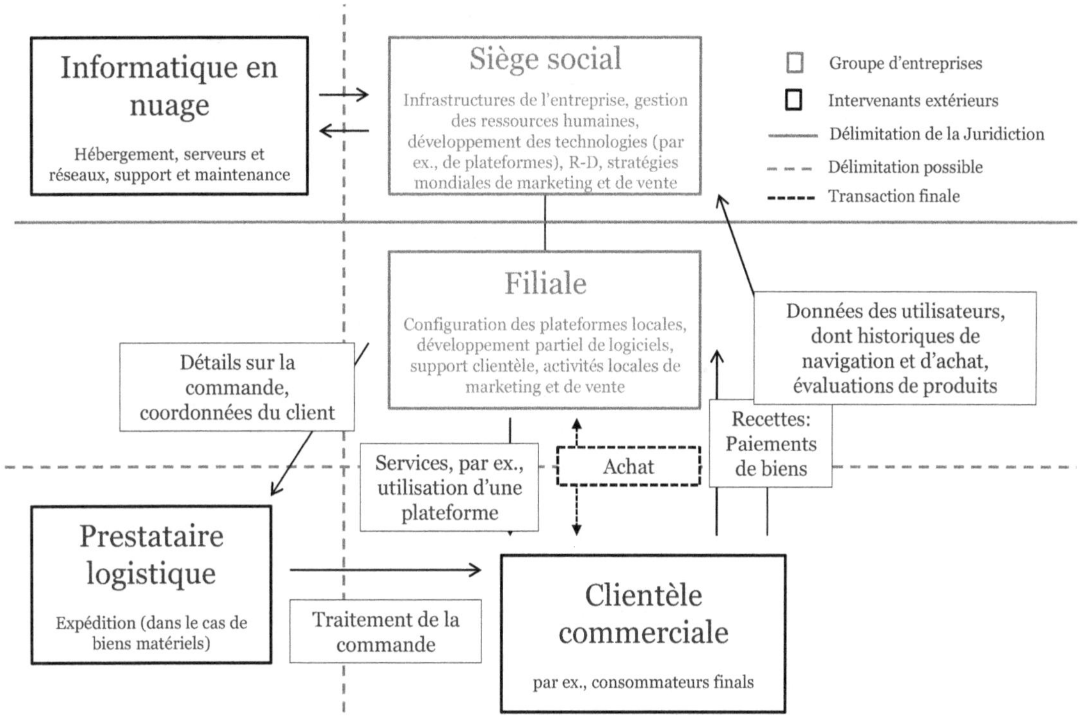

Revenus

164. Dans le modèle d'affaires de type revendeur, la principale source de bénéfice est la majoration du prix de vente des biens (matériels ou immatériels). Certains revendeurs offrent des services premiums comme la gratuité progressive de l'expédition sur certains produits via un système d'abonnement (par exemple, Amazon Prime). Les revendeurs peuvent aussi vendre à des tiers les données qu'ils recueillent sur les clients.

Utilisation et détention de la propriété intellectuelle

165. La propriété intellectuelle est une importante source de valeur pour nombre d'entreprises à forte composante numérique, y compris les revendeurs. Les droits de propriété intellectuelle (DPI) sont les droits exclusifs détenus par divers propriétaires d'actifs liés au savoir bénéficiant d'une protection légale au titre de la législation applicable en matière de propriété intellectuelle. Les principaux types de DPI englobent les brevets, les droits d'auteur, de conception et de marque, et les indications géographiques. Les secrets commerciaux sont aussi parfois considérés comme propriété intellectuelle, bien qu'un grand nombre de pays ne leur accordent pas expressément ce statut.

166. Les entreprises de revendeurs sont souvent détentrices de marques commerciales, de marques de services, de droits d'auteur, de brevets, de noms de domaine, d'habillages commerciaux, de secrets commerciaux et de technologies brevetées qui sont essentielles à leurs activités numériques. Un revendeur en ligne ne peut exister sans une plateforme et des technologies brevetées. Ces entreprises signent aussi parfois des accords de confidentialité et/ou de licence avec leurs employés, leurs clients, leurs partenaires et d'autres acteurs afin de protéger l'exclusivité de leurs droits.

Données

167. Lors de leur interaction avec le site internet ou l'application de l'entreprise, les clients fournissent des données. Cette interaction peut être délibérée, par exemple lorsqu'ils créent un profil, sauvegardent des sujets d'intérêt pour consultation ultérieure ou effectuent un achat. Elle peut aussi être passive, par exemple lorsqu'ils visitent le site de l'entreprise ou autorisent cette dernière à accéder à leur historique de navigation ou à leurs données de géolocalisation. L'entreprise peut aussi avoir accès à des données par la voie des applications ouvertes en même temps ou d'autres sites visités par un client. Cette collecte d'information, et la valeur qu'il est possible d'en tirer au moyen de l'analyse des données, constitue un aspect important du modèle d'affaires des revendeurs.

168. Un revendeur extrait de la valeur des données des clients de deux façons. Premièrement, il utilise certaines informations à caractère personnel comme les données de type démographique ainsi que les données sur le comportement des clients et leurs choix de produits pour connaître leurs préférences individuelles et, sur la base de celles-ci, améliorer ses produits et personnaliser ses activités de marketing. Les boutiques et applications en ligne peuvent être adaptées à chaque consommateur. Deuxièmement, un revendeur peut aussi se servir des données pour différencier les prix, en faisant payer aux clients des prix différents en fonction des données personnelles recueillies.

169. Il existe encore peu d'informations publiques sur les stratégies potentielles de différenciation des prix des revendeurs. Certaines entreprises nient modifier leurs prix en fonction des données personnelles des consommateurs mais les indications empiriques à ce sujet sont néanmoins très nombreuses (Mohammed, 2017). Passant en revue les éléments montrant que les détaillants américains pratiquent la différenciation des prix, un rapport du Conseil économique de la Présidence des États-Unis de 2015 identifie trois types de méthodes de différenciation des prix : (i) l'exploitation de la courbe de la demande, qui s'appuie sur la réalisation de tests en ligne pour déterminer l'élasticité de la demande ; (ii) le pilotage et la différenciation des prix sur la base des données démographiques ; et (iii) le ciblage comportemental et la tarification personnalisée (CEA, 2015). Pour autant que ces méthodes soient utilisées, elles permettent aux revendeurs de s'approprier le surplus du consommateur[20] en se servant des données et en maximisant ainsi leurs profits.

Chaîne de valeur

170. Comme indiqué précédemment, la chaîne de valeur de Porter comprend cinq activités principales : logistique amont, exploitation, logistique aval, marketing et ventes, et service. Le graphique de l'annexe 2.A.2 montre les chaînes de valeur correspondant à un revendeur traditionnel (partie A) et à un revendeur ayant adopté un modèle d'affaires à forte composante numérique (ci-après « revendeur numérique ») (partie B). En comparant les modèles d'affaires de détail traditionnel et ceux à plus forte composante numérique au regard de chacune des activités essentielles de la chaîne de valeur, les paragraphes suivants examinent comment les éléments clés du modèle d'affaires de détail traditionnel sont affectés par la transformation numérique.

171. Dans la chaîne de valeur, la technologie a pour fonction de soutenir chacune des activités principales. Cela est vrai aussi bien dans l'économie traditionnelle que dans la numérisation de l'économie. Cependant, dans le contexte de la transformation numérique, la technologie a pris une importance capitale. L'utilisation et le développement de la technologie constituant des atouts concurrentiels déterminants entre entreprises à forte composante numérique, nous examinons aussi le rôle de la technologie dans les deux

types de modèle d'affaires (traditionnel/numérique) au regard de chacune des activités principales de la chaîne de valeur.

Graphique annexe 2.A.2. Chaîne de valeur : comparaison des activités principales d'un revendeur numérique et d'un revendeur traditionnel

Partie A : Chaîne de valeur d'une entreprise de détail traditionnelle

	Logistique amont	Exploitation	Logistique aval	Marketing et ventes	Services
Activités principales	• Fournisseurs amont (matières premières ou produits finis) • Réception et stockage • Achats de biens immobiliers : usines, entrepôts, magasins de détail Données collectées : • Gestion de la chaîne logistique PI : • Aucune	• Systèmes de gestion des stocks et de règlement • Éventuellement : activités de fabrication (sauf en cas d'achat de produits finis) Données collectées : • Stocks PI : • Aucune	• Acheminement des produits des entrepôts aux magasins de détail • Gestion des stocks des magasins de détail Données collectées : • Transport des produits finis PI : • Aucune	• Fixation des prix de détail • Publicité Données collectées : • Données sur les clients, s'il existe un système de suivi des ventes • Études de marché • Données sur les concurrents pour aider à fixer les prix PI : • Aucune	• Services d'attention à la clientèle (par ex., produits retournés) assurés dans les magasins Données collectées : • Qualité des produits et services (enquêtes auprès des clients) PI : • Aucune
Technologies	Téléphone, télécopie	Téléphone, télécopie	Téléphone, télécopie	Publicité radio/tv/presse, téléphone, télécopie	Téléphone, télécopie

Partie B : Chaîne de valeur d'une entreprise de vente en ligne au détail

	Logistique amont	Exploitation	Logistique aval	Marketing et ventes	Services
Activités principales	• Fournisseurs amont (matières premières ou produits finis) **monde entier** • Réception et stockage **monde entier** • Achats de biens immobiliers : usines, entrepôts **(pas de magasins de détail)** Données collectées : • Données de gestion de la chaîne logistique **temps réel** PI : **• Logiciel de gestion de la chaîne logistique** **• Possible PI dans le domaine robotique**	• Systèmes de gestion des stocks et de règlement • Éventuellement : activités de fabrication (sauf en cas d'achat de produits finis) **• Développement de plateformes** Données collectées : • Données de gestion des stocks **temps réel** PI : **• Développement de sites web et d'algorithmes pour cibler les clients**	**• Réception et traitement des commandes reçues en ligne du monde entier** **• Préparation des commandes et expédition aux consommateurs finals du monde entier** Données collectées : • Données sur le transport des produits finis **temps réel** PI : **• Développement de logiciels de gestion de la logistique aval**	• Fixation des prix de détail - **Analyse des données des utilisateurs permet de différencier les prix** • Publicité **une analyse des données des utilisateurs permet un ciblage personnalisé** Données collectées : • Données **précises** sur les clients, grâce au système de suivi des ventes et **des historiques de navigation** **• Études de marché implicites par le recueil des données des clients** • Données sur les concurrents pour aider à fixer les prix PI : **• Développement d'algorithmes - pour cibler les clients** **- pour différencier les prix**	• Services d'attention à la clientèle (par ex., produits retournés) assurés **de manière immatérielle** **• Suivi en ligne des commandes** **• Amélioration du service grâce aux évaluations des produits** Données collectées : • Qualité des produits et services **grâce à la base de données des évaluations des clients** PI : **• Base de données des évaluations des clients rendue publique**
Technologies	**Équipements informatiques, logiciels, parfois : développement de robotique**	**Équipements informatiques, logiciels, algorithmes**	**Équipements informatiques, logiciels, algorithmes**	**Logiciels, algorithmes**	**Logiciels, algorithmes**

Logistique amont

172. Les activités logistiques amont d'un revendeur numérique sont par bien des aspects similaires à celles d'un revendeur traditionnel : l'un et l'autre ont besoin de s'approvisionner en produits et de recourir à des fournisseurs, de recevoir et de stocker les produits à vendre, et de maintenir des stocks dans des entrepôts. Toutefois, il existe aussi un certain nombre de différences entre eux.

173. La première différence concerne la portée géographique de leurs activités : alors qu'un revendeur traditionnel opère généralement dans un seul pays ou territoire ou dans un nombre limité de pays où se trouve le bassin de clients qu'il dessert, la vente de produits en ligne permet à un revendeur numérique d'atteindre directement les clients du monde entier. Cela l'oblige par conséquent à effectuer aussi une partie de sa logistique amont à l'échelle mondiale. La recherche de fournisseurs de produits finis, par exemple, peut être effectuée à la fois dans le pays où se trouve le siège de l'entreprise et dans les pays où existe un marché, en particulier si le détaillant cherche à répondre aux préférences des clients locaux.

174. En outre, un revendeur numérique qui vend des marchandises à l'échelle mondiale peut maintenir en partie des stocks de produits à l'intérieur ou à proximité des pays où existe un marché, ce qui exige pour lui de disposer d'équipements d'entreposage ou de traitement des commandes à l'intérieur ou à proximité de ces pays. Une dernière différence en termes de logistique amont tient au fait qu'alors qu'un revendeur traditionnel maintient une ou plusieurs boutiques de détail physiques et a donc besoin d'immobilier commercial, un revendeur numérique, même s'il lui faut disposer d'immobilier logistique sous la forme d'entrepôts, a moins besoin – au moins jusqu'ici – de boutiques de détail en dur. Cela permet à l'entreprise d'économiser les coûts fixes associés à l'immobilier commercial – coûts d'achat ou de location – ainsi que les coûts variables de la main-d'œuvre nécessaire au fonctionnement des boutiques de détail.

Exploitation

175. De même que la logistique amont, l'exploitation d'un revendeur numérique est similaire à celle d'un revendeur traditionnel : l'un et l'autre doivent maintenir des systèmes d'inventaire et de paiement et participer potentiellement à la fabrication de biens. La différence essentielle est qu'un revendeur numérique doit prendre en charge le développement technologique d'une plateforme en ligne, qui est la clé de ses opérations et de sa stratégie commerciale.

176. Les intrants technologiques qui sous-tendent la plateforme – matériel informatique et logiciels, ingénieurs en logiciels, concepteurs de site internet, algorithmes et propriété intellectuelle plus généralement – représentent chacun un investissement clé pour un revendeur numérique, alors que ces intrants ne jouent qu'un rôle limité dans l'exploitation d'un revendeur traditionnel. Certains revendeurs numériques effectuent eux-mêmes cet investissement crucial, tandis que d'autres externalisent les fonctions correspondantes (par exemple via une entreprise d'informatique en nuage). Quoi qu'il en soit, le développement technologique constitue un aspect essentiel de leur modèle d'affaires.

177. La gestion des stocks présente généralement les mêmes caractéristiques pour les deux types de revendeurs mais un revendeur numérique gère principalement des marchandises entreposées (et non des stocks conservés à la fois en entrepôt et dans des boutiques de détail). En ce qui concerne la réception des paiements, comme il accepte uniquement les paiements par voie électronique, un revendeur numérique n'a pas besoin d'organiser le transport physique régulier d'argent liquide et de chèques jusqu'à une banque. Les systèmes d'inventaire et de paiement peuvent être gérés au siège central de l'entreprise ou dans les centres régionaux.

Logistique aval

178. Les principales activités logistiques en aval d'un revendeur traditionnel comprennent le transport des marchandises depuis les entrepôts jusqu'aux magasins de détail et le maintien des stocks de ces magasins. Aucune de ces activités n'est nécessaire pour un revendeur numérique. Les marchandises sont vendues directement à partir du réseau d'entrepôts de l'entreprise sans qu'il soit besoin de conserver des stocks au niveau de boutiques de détail.

179. Un revendeur numérique reçoit les commandes des clients par le biais de sa plateforme en ligne et ces commandes peuvent émaner de n'importe quel pays étranger où l'entreprise, bien que n'y ayant pas son siège, a une présence commerciale. Un revendeur numérique n'a pas besoin de boutiques de détail dans les pays qu'il dessert commercialement mais il aura quand même besoin le plus souvent d'y maintenir des équipements d'entreposage et des employés pour effectuer les tâches d'exécution des commandes. Les revendeurs numériques emploient généralement de nombreux manutentionnaires dans leurs entrepôts mais il est probable que les tâches correspondantes seront de plus en plus automatisées à l'avenir.

180. Les clients emportent généralement leurs achats en sortant d'une boutique de détail et, en dehors des entreprises dont les ventes comportent une part importante de livraisons à domicile, il n'est pas généralement nécessaire d'assurer l'expédition des marchandises. En revanche, l'organisation systématique du traitement des commandes reçues via internet et de l'expédition des marchandises aux clients finaux constitue un aspect essentiel de l'activité d'un revendeur numérique. Le regroupement des commandes et les tâches d'expédition sont effectués dans des centres de traitement qui existent dans divers pays et font un usage intensif des technologies robotiques pour gérer la réception, le stockage, la collecte et l'expédition des produits. Un revendeur numérique peut recourir pour l'expédition des produits à des entreprises tierces spécialisées. Il peut aussi gérer sa propre entreprise d'expédition.

Marketing et ventes

181. Comme indiqué plus haut à propos de l'utilisation des données des consommateurs dans le contexte de la vente de détail, les activités de vente et de marketing d'un revendeur numérique diffèrent sous plusieurs aspects importants de celles d'un revendeur traditionnel. Alors qu'un revendeur traditionnel collecte des données sur ses clients potentiels en analysant les commandes antérieures et en réalisant des études de marché, la navigation internet laisse derrière elle une traînée d'informations numériques bien plus riches que celles qu'il était possible de recueillir auparavant, et ces données de portée beaucoup plus étendue sont recueillies en grandes quantités en temps réel. Les données recueillies par un revendeur numérique sont aussi de meilleure qualité car elles portent sur les modes de comportement et les préférences des usagers individuels. L'utilisation de ces données induit plusieurs différences fondamentales entre les modèles d'affaires des revendeurs classiques et axé sur le numérique.

182. La première différence fondamentale concerne la fixation des prix de détail. Un revendeur numérique a toujours la possibilité de différencier les prix en se servant des données sur l'offre d'un produit et la demande des consommateurs, le niveau de la demande pour un produit donné étant déterminé en analysant les achats antérieurs des usagers et leur historique de navigation. La différenciation des prix permet aussi à un revendeur numérique d'imposer le prix maximum que les consommateurs sont prêts à payer.

183. Un revendeur numérique peut différencier les prix au niveau individuel, alors qu'un revendeur traditionnel ne peut les différencier que très grossièrement, par exemple en fonction de l'âge des consommateurs, en offrant des prix réduits à certains groupes d'âge (par exemple les rabais pour personnes âgées). Un revendeur traditionnel attache une étiquette de prix matérielle à chacun de ses produits en stock, tandis qu'un revendeur numérique peut modifier les prix de manière numérique. La possibilité d'ajuster les prix en temps réel permet à une entreprise numérique de capturer une plus grande partie du surplus du consommateur qu'un revendeur traditionnel en différenciant les prix de façon plus fréquente.

184. La seconde différence fondamentale concerne les activités de marketing. Un aspect important de l'activité d'un revendeur numérique est sa capacité à analyser l'information relative aux consommateurs de façon à adapter et cibler la publicité en fonction des préférences et du comportement de chaque consommateur. Alors qu'un revendeur traditionnel recourt généralement à des formes de publicité visant un large public (presse écrite, télévision, panneaux d'affichage), un revendeur numérique a la possibilité d'intégrer la publicité aux pages web particulières que visitent les consommateurs, que ce soit sur son site propre (par exemple en présentant une version adaptée du site à chaque consommateur) ou ailleurs sur le web (au moyen d'annonces payées de type plus traditionnel). La publicité en ligne permet aux annonceurs de cibler plus précisément leurs dépenses publicitaires ; en outre, la structure de coût de cette forme de publicité repose généralement sur le « paiement par clic », c'est-à-dire qu'ils ne paient une annonce que lorsqu'un consommateur la consulte explicitement. Ces caractéristiques font que la publicité en ligne offre aux annonceurs un produit bien supérieur à ses homologues qui utilisent encore des supports traditionnels.

185. L'analyse des données et le ciblage du consommateur ont, dans une certaine mesure, des équivalents dans le commerce de détail traditionnel : les revendeurs peuvent en effet recueillir des données sur les achats consécutifs de chaque consommateur, par exemple au moyen de cartes de fidélité, et analyser ces achats afin de lui recommander certains produits à l'avenir (en différenciant les prix). Cependant, l'emploi de ces méthodes reste limité dans le cadre des modèles d'affaires classiques. La différence est claire avec la capacité d'un revendeur numérique à analyser les données relatives aux usagers puisque celui-ci peut collecter et analyser de manière systématique une grande quantité de données afin d'améliorer continûment les activités de l'entreprise et leur rentabilité. En particulier, la collecte de données sur la navigation des usagers permet à un revendeur numérique d'enregistrer chacun des produits examinés en ligne par les consommateurs (sans nécessairement les acheter).

186. Un revendeur numérique, s'il réussit ainsi à identifier des produits désirés mais non achetés, peut mettre à profit cette information en faisant la promotion de ces produits ou en les offrant à un prix inférieur, en obtenant ainsi le prix maximum qu'un consommateur est prêt à payer pour chaque produit. La navigation sur l'Internet laisse des traces numériques qui sont utiles pour connaître les préférences des consommateurs, et le développement des capacités informatiques a rendu possibles leur analyse rapide et le marketing ciblé (y compris la fixation des prix) en temps réel. En outre, les données sont analysées en temps réel, en permettant de suggérer au consommateur qui navigue sur l'Internet des produits pertinents.

Service

187. Le service client d'un revendeur traditionnel prend la forme d'une aide du personnel de magasin, par exemple pour le traitement des retours. Cette aide a plus de chances d'être fournie de manière électronique par un revendeur numérique, par l'échange de courriels ou au moyen de groupes de discussion en ligne, mais autrement elle n'est pas fondamentalement différente. Un revendeur numérique a cependant la possibilité de maintenir un système d'évaluation en ligne permettant aux usagers d'échanger des avis sur leurs achats récents.

Technologie

188. Bien que le développement des technologies soit classé parmi les activités de soutien d'un réseau de valeur et non parmi ses activités principales, il est instructif de comparer également les deux modèles d'affaires sous cet angle, étant donné le rôle clé des technologies dans l'économie telle qu'elle est affectée par la transformation numérique. L'infrastructure technologique constitue en effet un intrant clé pour une entreprise de revendeur numérique, qui exige d'importants investissements initiaux et une solide expertise.

189. L'élément essentiel du modèle d'affaires d'un revendeur numérique est la plateforme en ligne, qui permet de remplacer un réseau de boutiques de détail physiques par un seul magasin virtuel adapté aux besoins de chaque consommateur. Le fait que la vente au détail soit effectuée en ligne permet à l'entreprise d'avoir accès à un large flux de données numériques pertinentes sur la clientèle et d'analyser ces données pour mieux aligner ses produits sur les besoins des consommateurs. Ces capacités reposent sur des moyens technologiques, des logiciels et des algorithmes complexes, qui constituent chacun une source essentielle de valeur et d'avantage concurrentiel pour un revendeur numérique.

Réseau de valeur : activités de VTC et de covoiturage payant

Description générale du modèle d'affaires

190. Le modèle d'affaires des activités de VTC (véhicules de tourisme avec chauffeur) et de covoiturage payant repose en général sur une plateforme numérique qui produit de la valeur en mettant en relation des conducteurs et des passagers afin que ces derniers puissent effectuer un trajet en payant à chaque course. Il implique les principales étapes suivantes : Premièrement, l'entreprise de VTC ou de covoiturage payant commence par recruter des conducteurs disposant de leur propre véhicule. Deuxièmement, elle gère centralement l'activité des conducteurs, notamment en saisissant les données concernant leurs heures de travail et leur localisation en vue de créer une plateforme de transport. Troisièmement, elle développe une plateforme ainsi qu'une application mobile permettant aux passagers de réserver un véhicule. Enfin, elle veille au maintien de la qualité des transactions à l'aide d'un système d'évaluation permettant aux conducteurs et aux passagers de choisir une note pour décrire la qualité de leur interaction.

191. Le graphique de l'annexe 2.A.3 décrit schématiquement ce modèle d'affaires. Le siège de l'entreprise est responsable de l'infrastructure (organisation, systèmes de contrôle), de la gestion des ressources humaines, du développement technologique (de la plateforme en particulier), des activités de recherche-développement, ainsi que des stratégies globales de marketing et de vente.

192. La plateforme peut être utilisée par autre entité pour dans une autre localité (vraisemblablement contre redevance mais les modalités exactes de rémunération ne sont pas connues). Cette entité peut ainsi offrir des services locaux en reconfigurant localement la plateforme et en adaptant en partie le logiciel. La version locale de la plateforme est utilisée par des clients non commerciaux (les conducteurs) et des clients commerciaux (les passagers). Les transactions ont lieu entre conducteurs et passagers, ces derniers payant leur trajet électroniquement à l'entreprise de covoiturage.

193. Les entreprises de VTC ou de covoiturage payant font généralement appel à un fournisseur de services extérieur (par exemple, une entreprise d'informatique en nuage) pour héberger l'application, stocker les données et assurer d'autres services informatiques comme l'exécution des algorithmes d'analyse des données.

Graphique annexe 2.A.3. Modèle d'affaires des activités de VTC et de covoiturage payant

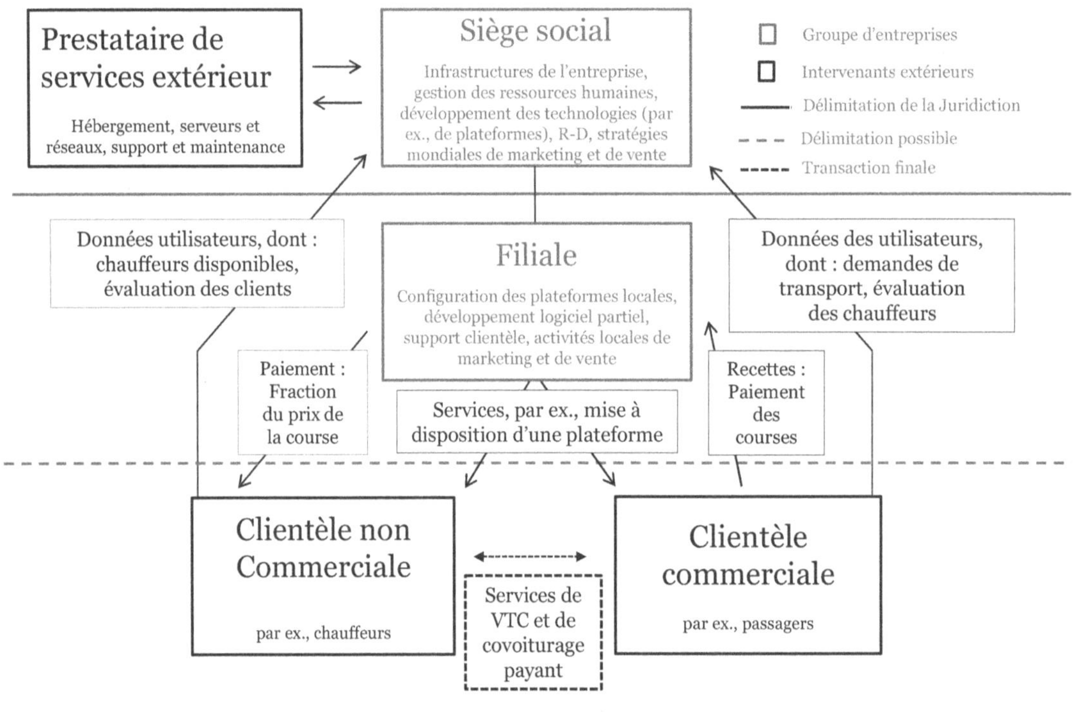

Revenus

194. La principale source de revenus d'une entreprise de VTC ou de covoiturage payant est constituée par l'ensemble des commissions perçues sur les trajets qui, selon le système de tarification utilisé, peuvent atteindre 20 ou 30 % du prix de chaque transaction. Dans la plupart des cas, le prix de la course est fixé de manière dynamique en fonction de l'offre de véhicules et de la demande de transport dans une localité donnée (Didi Chuxing, Lyft, Ola et Uber) mais, dans certains cas (BlaBlaCar), le prix est basé sur une estimation des coûts encourus par le conducteur. Pour pouvoir utiliser l'application de l'entreprise, un passager doit fournir ses données de carte de crédit afin de permettre le prélèvement automatique du prix de la course à l'arrivée. Une entreprise de covoiturage peut aussi tirer des revenus d'activités commerciales complémentaires comme, par exemple, une plateforme de livraison de repas (UberEATS).

Utilisation et détention de la propriété intellectuelle

195. Une entreprise de VTC ou de covoiturage payant peut détenir en propre des brevets et des marques protégées afin de protéger sa propriété intellectuelle ainsi que les icônes et la conception de ses applications. Il s'agit souvent de modèles d'utilité portant principalement sur des procédés commerciaux. Comme exemples de modèles d'utilité, on peut citer les éléments visuels servant à faciliter la navigation et les systèmes et méthodes de positionnement dynamique de l'offre de services sur demande. Une entreprise de VTC ou de covoiturage payant peut aussi déposer des logos, les icônes de ses applications et leur modèle. Les brevets et marques déposées peuvent être détenus par l'entreprise mère ou par des filiales étrangères.

Données

196. Les données des utilisateurs – conducteurs et passagers – sont un intrant essentiel du service fourni par les entreprises de covoiturage. L'énorme quantité de données conservées au sujet des parcours antérieurs, notamment le lieu de départ et d'arrivée, les données de paiement et les coordonnées des utilisateurs (nom, numéro de téléphone et adresse électronique) peut être analysée pour aider l'entreprise à adapter ses modalités de service et ses tarifs. Les données de localisation des utilisateurs, par exemple, sont indispensables au bon fonctionnement des services de VTC et de covoiturage, car la mise en relation des conducteurs et des passagers s'effectue sur la base des données optimales de localisation de tous les conducteurs et passagers du réseau.

197. Les données recueillies sur les utilisateurs sont également exploitées par l'algorithme de fixation dynamique des prix de l'entreprise, qui tient compte de l'évolution de l'offre de véhicules et de la demande de transport en temps réel. Cela permet à l'entreprise de capturer le surplus du consommateur au moyen de ce qu'on appelle une discrimination par les prix de premier type, c'est-à-dire en personnalisant les prix pour un service identique (Shapiro et Varian, 1999).

198. Avec la fixation dynamique des prix, l'augmentation de la demande de véhicules par rapport au niveau de l'offre entraîne une hausse des tarifs. Un passager a alors le choix entre accepter de faire le trajet à un tarif plus élevé et attendre que le tarif se rapproche de son prix de réserve. La fixation dynamique des prix permet donc aux entreprises de VTC ou de covoiturage payant d'assurer que les transactions ont lieu au prix maximum qu'un passager est prêt à payer, en transformant ainsi le surplus du consommateur en revenu. Cette méthode de fixation des prix est couramment utilisée par les entreprises reposant sur des plateformes multifaces mettant en contact des acheteurs et des vendeurs (Rochet et Tirole, 2006).

199. Enfin, les données relatives aux utilisateurs servent à améliorer le service. Conducteurs et passagers évaluent chaque transaction et leurs évaluations sont agrégées sous forme d'une notation sur laquelle l'entreprise s'appuie pour maintenir l'assurance de la qualité du réseau. L'entreprise analyse aussi les données relatives aux utilisateurs pour améliorer la couverture du réseau, par exemple en prenant des mesures pour inciter les conducteurs à circuler à certaines tranches horaires dans certaines parties du réseau. En outre, les données recueillies sur la circulation routière, par exemple sur le temps de conduite ou le nombre des passagers à certaines heures, peuvent présenter un intérêt commercial pour d'autres entreprises telles que les prestataires de services logistiques et les compagnies de transport public.

Réseau de valeur

200. Comme on l'a vu, un réseau de valeur comprend trois activités principales : promotion du réseau et gestion des contrats, prestation de service et fonctionnement de l'infrastructure réseau. Le graphique de l'annexe 2.A.4 montre les activités du réseau de valeur correspondant à une entreprise de taxis de type classique (partie A) et à une entreprise numérique de VTC ou de covoiturage payant (partie B). Dans les paragraphes qui suivent, nous comparons les deux réseaux de valeur afin de déterminer l'évolution de ce modèle d'affaires induite par la transformation numérique.

Graphique annexe 2.A.4. Réseau de valeur : comparaison des activités principales d'une entreprise de taxis de type classique et d'une entreprise de covoiturage

Partie A : Chaîne de valeur d'une société de taxis traditionnelle

	Promotion du réseau et gestion des contrats	Prestation de services	Fonctionnement de l'infrastructure réseau
Activités principales	Chauffeurs : • Recrutement dans une zone géographique limitée • Vérification des licences requises – échelle locale • Bons antécédents de conduite • Contrat de prestation de services Passagers : • Pas d'exigences/de sélection Données collectées : • Base de données sur les chauffeurs PI : • Aucune	• Mise en relation des chauffeurs/passagers en personne ou par la centrale de réservations • Course du chauffeur et du passager – échelle locale • Règlement par le passager (espèces, carte de crédit) • Le montant des courses moins commissions revient au chauffeur • Tarifs fixés selon réglementations locales Données collectées : • Description des courses réalisées PI : • Aucune	• Achat et entretien des véhicules assurés par l'entreprise ou les chauffeurs • Normes locales applicables aux véhicules Données collectées : • Informations minimales sur les utilisateurs PI : • Aucune
Technologies	Téléphone	Liaison radio entre chauffeurs et/ou la centrale ; système de paiement électronique	Téléphone, télécopie

Partie B : Chaîne de valeur d'une société de VTC ou de covoiturage payant

	Promotion du réseau et gestion des contrats	Prestation de services	Fonctionnement de l'infrastructure réseau
Activités principales	Chauffeurs : • Recrutement **à l'échelle mondiale** • Vérification des licences requises **dans le monde** • Bons antécédents de conduite • **La notation attribuée au chauffeur doit être acceptable** • Contrat de prestation de services Passagers : • **Clients potentiels dans le monde entier** • **Exigence : fourniture d'une carte de crédit** • **La notation attribuée au passager doit être acceptable** Données collectées : • Base de données sur les chauffeurs **et les passagers** • **Profil des utilisateurs, notamment notations attribuées** PI : • **Développement d'algorithmes de notation**	• Mise en relation des chauffeurs/passagers **via une application** • Course du chauffeur et du passager **échelle mondiale** • Le passager règle **via l'application** • Le montant des courses moins commissions revient au chauffeur • Tarifs fixés **au moyen d'un algorithme fondé sur l'offre et la demande** • **Application mobile mise à jour chez tous les utilisateurs selon les besoins** Données collectées : • **Localisation des utilisateurs en temps réel** • **Numéros des cartes de crédit des passagers** • **Coordonnées bancaires des chauffeurs** PI : • **Développement d'algorithmes de mise en relation des utilisateurs** • **Développement d'algorithmes de fixation des tarifs**	• Achat et entretien des véhicules assurés **par les chauffeurs** • Normes applicables aux véhicules **fixées par l'entreprise** Données collectées : • **Données sur les utilisateurs, notamment localisation des chauffeurs et des passagers en temps réel** PI : • **Développement d'applications mobiles et de plateformes** • **Développement d'algorithmes de mise en relation des utilisateurs et de fixation des prix**
Technologies	**Applications mobiles, plateformes, algoritmes**	**Logiciels, applications mobiles, algorithmes**	**Équipements informatiques, logiciels, applications mobiles, algorithmes**

Promotion du réseau et gestion des contrats

201. La promotion du réseau et la gestion des contrats englobent les activités associées au processus d'invitation des utilisateurs potentiels à adhérer au réseau, à la sélection de ceux autorisés à le faire, à l'initialisation, à la gestion, et à la résiliation des contrats régissant la prestation de service, et à la facturation commerciale. L'établissement et la gestion des contrats sont nécessaires aussi bien pour les clients commerciaux que non commerciaux.

202. La similitude est grande entre le réseau d'une entreprise de VTC ou de covoiturage payant et celui d'une entreprise de taxis de type classique puisque l'un et l'autre reposent sur des chauffeurs disposant d'un véhicule (bien que cela pourrait changer avec la mise en circulation prévue de voitures sans conducteur) et sur des passagers. Les deux types d'entreprise sont tenues de vérifier que les conducteurs sont qualifiés et aptes à conduire aux termes de la réglementation locale. Dans les deux cas, les conducteurs doivent aussi signer un contrat de travail avec l'entreprise et la gestion des contrats des conducteurs est sans doute assez semblable dans les deux types d'entreprises. Néanmoins, il existe plusieurs différences très nettes entre les deux.

203. La première différence tient au fait qu'aucune condition n'est requise pour devenir passager d'un taxi de type classique, alors que les passagers d'une entreprise de VTC ou de covoiturage payant doivent se munir au préalable de l'application de l'entreprise et sont donc obligés de révéler leur identité au conducteur (nom et numéro de téléphone) et à l'entreprise (nom, numéro de téléphone et carte de crédit). Comme elles disposent ainsi de données spécifiques sur les utilisateurs, les entreprises de VTC ou de covoiturage payant ont la possibilité d'établir peu à peu un profil des conducteurs et des passagers incluant la localisation, les trajets antérieurs, la disposition à payer le prix fort et la notation de la qualité du service. Lorsqu'ils achèvent une course, conducteurs et passagers sont invités à évaluer au moyen d'une note la qualité de l'interaction. Ces notes sont ensuite agrégées sous forme de résultats dont les entreprises de VTC ou de covoiturage payant se servent pour maintenir la qualité de leurs réseaux (de conducteurs et de passagers). Alors que n'importe qui peut prendre un taxi, seuls les passagers ayant obtenu des notes positives peuvent utiliser l'application, et donc le service ; et tandis que n'importe quel chauffeur qualifié peut conduire un taxi, seuls les conducteurs ayant obtenu des notes positives peuvent utiliser l'application, et donc le service. L'assurance de la qualité du réseau d'une entreprise de VTC ou de covoiturage payant est une valeur créée par la numérisation d'un modèle d'affaires traditionnel.

204. Une autre différence entre entreprises de VTC ou de covoiturage payant et entreprises de taxis de type classique est que le réseau des premières est beaucoup plus étendu, tant d'un point de vue géographique que par le nombre de conducteurs. Une entreprise de VTC ou de covoiturage payant peut maintenir un réseau mondial de conducteurs et de passagers. Pour devenir conducteur d'une entreprise de covoiturage, un individu doit fournir : un permis de conduire (dont la validité est vérifiée par l'entreprise localement ou par une tierce partie) ; un véhicule dans un état acceptable (mais les conducteurs peuvent aussi louer un véhicule de l'entreprise ou d'une entreprise tierce) ; des plaques d'immatriculation conformes à la réglementation ; et la preuve que le véhicule est couvert par une assurance professionnelle. La seule autre chose dont un conducteur a besoin est l'application de l'entreprise. En revanche, dans la plupart des pays, les chauffeurs de taxi sont soumis à des conditions réglementaires beaucoup plus strictes ; ils doivent en particulier souvent passer un examen professionnel avant de pouvoir commencer à travailler dans le secteur. Une entreprise de VTC ou de covoiturage

payant peut donc recruter plus facilement comme sous-traitants un grand nombre de conducteurs, sans avoir à mettre en place des moyens importants de gestion opérationnelle dans les localités où ont lieu les transactions et sans avoir besoin d'y employer un grand nombre de travailleurs. La possibilité pour une entreprise de VTC ou de covoiturage payant de maintenir un réseau mondial de conducteurs constitue, elle aussi, une source de valeur puisqu'un passager peut utiliser le service dont il a l'habitude presque partout dans le monde.

205. De même, la seule chose que doit faire un passager est de télécharger l'application et de fournir un moyen de paiement électronique. Les entreprises de VTC ou de covoiturage payant peuvent ainsi développer leur base de clients au moyen de la seule transmission des données, sans avoir besoin d'employés ou de personnel d'encadrement dans d'autres pays que celui où elles sont basées.

Prestation de service

206. La prestation de service englobe les activités associées à l'établissement, au maintien et à la cessation des liaisons avec la clientèle, et à la facturation des services reçus, cette dernière permettant de mesurer l'utilisation des services par les clients.

207. La fourniture d'un service de transport se fait en trois temps : (i) le conducteur et le passager sont mis en relation ; (ii) une fois mis en relation, ils effectuent la course ; (iii) le passager règle la course. Ces phases sont identiques dans le modèle d'affaires traditionnel et le modèle d'affaires à forte composante numérique – puisque, dans les deux cas, un passager est transporté de A à B dans un véhicule loué – mais l'objectif de transport est atteint par des moyens différents.

208. Dans le modèle le plus élémentaire d'entreprise de taxis, passagers et conducteurs entrent en relation sans l'aide d'une technologie ou d'un intermédiaire. La transaction a lieu entièrement à l'intérieur d'une seule juridiction et très peu de données – sinon aucune – ne sont conservées au sujet de la transaction. Celle-ci est réglée directement entre le passager et le conducteur.

209. Dans un modèle légèrement plus avancé d'entreprise de taxis, les passagers peuvent réserver un taxi par téléphone[21]. Dans ce cas, conducteurs et passagers sont mis en relation par un intermédiaire ou répartiteur. La mise en relation n'implique pas un contact physique et la course, en fait, n'a pas lieu nécessairement dans la localité où se trouve le répartiteur. Néanmoins, la mise en relation des conducteurs et des passagers nécessite une intervention humaine et n'est donc pas infiniment extensible.

210. Certaines données peuvent être conservées, par exemple l'adresse et le numéro de téléphone des passagers. Ces données peuvent servir à établir une fiche client à des fins d'utilisation future mais ne font sans doute pas l'objet d'une analyse systématique à grande échelle. Le prix de la course est fixé sur la base de tarifs préétablis qui peuvent varier selon l'heure de la journée (par exemple en cas de supplément aux heures de pointe). La transaction est réglée directement entre le passager et le conducteur ou sous forme d'un paiement électronique transmis à l'entreprise, dont une part est ensuite reversée au conducteur.

211. Contrairement aux entreprises de taxis, les entreprises numériques de VTC ou de covoiturage payant mettent en relation passagers et conducteurs au moyen d'une application ou d'une plateforme recevant les données des utilisateurs en temps réel et reposant sur une technologie de cartographie et des algorithmes. Comparées à un répartiteur de taxis traditionnel, les plateformes de ces entreprises sont beaucoup plus

avancées sur le plan technologique. Leurs algorithmes apparient de façon rapide et efficiente conducteurs et passagers à partir des données de localisation des uns et des autres dans une aire donnée. Ces plateformes sont capables de traiter de nombreuses demandes simultanément et sont donc facilement extensibles.

212. Les passagers communiquent leurs demandes de véhicule au moyen de l'application. Leurs données – localisation actuelle et destination – sont traitées par l'algorithme de l'entreprise qui les apparie à celles d'un conducteur proche. Une fois cette opération effectuée, les données de chacune des parties sont communiquées à l'autre, après quoi le conducteur arrive à l'endroit indiqué par le passager et le contact de numérique devient physique. Les passagers reçoivent une estimation précise de l'heure d'arrivée de leur conducteur et peuvent visualiser l'endroit où il se trouve sur une carte si le lieu de rencontre n'est pas suffisamment précis. Les conducteurs peuvent eux-mêmes voir si un passager s'est éloigné du lieu convenu. Il est clair, par conséquent, que l'infrastructure informatique et la synergie entre données et algorithmes contribuent fortement à la création de valeur.

213. Les utilisateurs peuvent télécharger l'application n'importe où et l'utiliser dans n'importe quelle localité où l'entreprise est présente. Par conséquent, comme dans le cas d'une course de taxi commandée par le biais d'un répartiteur, il n'est pas nécessaire que le couple conducteur-passager et la plateforme se trouvent dans la même localité. La différence, cependant, est l'échelle à laquelle une entreprise de VTC ou de covoiturage payant peut mettre en relation conducteurs et passagers avec un besoin réduit d'intervention humaine. Le nombre de mises en relation dépend uniquement des capacités informatiques et ces opérations peuvent être effectuées rapidement et de manière efficiente dans le monde entier. En ce qui concerne le règlement de la course, les systèmes de paiement employés dans les deux modèles d'affaires – si l'on compare une entreprise de VTC ou de covoiturage payant à une entreprise de taxis de type classique qui prélève électroniquement le règlement des passagers avant d'en reverser une partie au conducteur – sont les mêmes. Le règlement de la transaction n'est pas effectué entre le passager et le conducteur mais entre le passager et l'entreprise via les données de paiement fournies dans l'application.

214. Enfin, des différences existent aussi entre entreprises de VTC ou de covoiturage payant et entreprises de taxis de type classique au niveau des services fournis, principalement parce que les premières recueillent des données – informations sur les utilisateurs et évaluations des transactions – qu'elles peuvent ensuite analyser afin de prendre en compte le retour d'information de la clientèle et de mieux répondre à ses besoins. En outre, l'ensemble des transactions sont enregistrées sous forme électronique et un reçu est envoyé systématiquement aux passagers par courriel.

215. En différenciant les passagers sur la base de leurs besoins et/ou de leurs préférences, les entreprises de VTC ou de covoiturage payant peuvent aussi capturer une part plus grande du surplus du consommateur au moyen d'une discrimination par les prix de deuxième type, c'est-à-dire en créant des versions différentes d'un même produit ou en introduisant des tarifs forfaitaires. Diverses formes de discrimination par les prix existaient cependant déjà dans le modèle d'affaires de taxis de type classique, par exemple selon le type de véhicule (petite voiture, break ou camionnette, par exemple). Les services de location de voiture avec chauffeur permettaient aussi à leurs clients de choisir entre plusieurs catégories de véhicules (voiture professionnelle ou limousine, par exemple) en payant un supplément.

Fonctionnement de l'infrastructure réseau

216. Le fonctionnement de l'infrastructure réseau englobe les activités associées à la maintenance et à la gestion de l'infrastructure physique et informationnelle d'une entreprise. Les modèles d'affaires traditionnel et à forte composante numérique se ressemblent sous l'angle de l'infrastructure physique puisqu'ils reposent l'un et l'autre sur des véhicules appartenant à et entretenus soit par l'entreprise, soit par les conducteurs. Néanmoins, il existe des différences bien marquées entre les deux. Premièrement, comme indiqué à la section 2, dans une plateforme multifaces, les fournisseurs du service – dans le cas présent les conducteurs – conservent généralement les droits de contrôle et les responsabilités à l'égard de la clientèle. Cela veut dire que la plateforme mettant en contact conducteurs et passagers externalise les risques associés à l'achat du véhicule, aux coûts d'entretien et aux délais de latence, qui incombent aux conducteurs. Il s'agit là d'une source supplémentaire d'avantage concurrentiel. Deuxièmement, une entreprise de VTC ou de covoiturage payant se distingue par la taille importante de son infrastructure informatique, alors que celle-ci reste très limitée dans une entreprise de taxis de type classique.

217. L'infrastructure informatique d'une entreprise de VTC ou de covoiturage payant présente plusieurs aspects. Premièrement, la fourniture des services repose sur l'obtention de données précises sur la localisation des conducteurs et des passagers, afin de pouvoir les mettre en relation de façon efficiente au moyen d'un algorithme informatique. Deuxièmement, l'entreprise collecte et conserve des données sur les utilisateurs – trajets antérieurs, profil individuel et données de paiement ou informations bancaires – qui contribuent au développement de produits et au maintien de la qualité du réseau. En outre, les entreprises de VTC ou de covoiturage payant exploitent les données relatives aux utilisateurs au moyen d'un algorithme complexe de fixation des prix. Dans le modèle d'affaires d'entreprise de taxis de type classique, les prix reposent sur un système de tarification (parfois établi par la réglementation gouvernementale), varient souvent en fonction de l'heure (en particulier pendant les heures de pointe) et dépendent de l'intensité de la circulation et de la durée de la course. Certains de ces facteurs sont également pris en compte dans les prix pratiqués par les entreprises de VTC ou de covoiturage payant mais celles-ci recourent aussi à la tarification dynamique, c'est-à-dire la fixation des prix en temps réel par un algorithme prenant en compte certains critères habituels (par exemple, le niveau de la circulation et la durée prévue de la course), l'offre de véhicules et la demande de transport dans une aire géographique donné à un moment particulier.

Technologie

218. Le développement de la plateforme, qui constitue le cœur opérationnel d'une entreprise de VTC ou de covoiturage payant puisqu'elle permet de mettre en relation conducteurs et passagers via la connectivité internet et d'exécuter des algorithmes de fixation des prix, est ce qui distingue clairement les deux modèles d'affaires. Chacun des intrants technologiques sur lesquels repose la plateforme représente un investissement important et décisif, alors que de tels intrants sont bien moins importants dans une entreprise de taxis de type classique. Ces intrants comprennent à la fois une composante physique (matériel informatique, serveurs, etc.) et une composante de capital basé sur le savoir et de propriété intellectuelle (logiciels, ingénieurs informaticiens, algorithmes, etc.). Étant donné cette différence très nette entre les modèles d'affaires, la question de savoir si les entreprises de VTC ou de covoiturage payant devraient être classées parmi

les entreprises de transport ou parmi les entreprises de services numériques n'est pas encore résolue.

219. Les services technologiques essentiels au fonctionnement de ces entreprises peuvent être externalisés et confiés à des tiers (par exemple, des sociétés d'informatique en nuage). Une entreprise de VTC ou de covoiturage payant peut aussi recourir à d'autres prestataires de services (par exemple, Google Maps pour les données de localisation) pour permettre aux utilisateurs de se localiser mutuellement sur l'application.

220. Par contre, la seule technologie que requiert éventuellement une entreprise de taxis de type classique est un réseau de communication radio entre les conducteurs et/ou les conducteurs et un répartiteur de taxis, ainsi que des moyens de stockage des données de la clientèle (nom, numéro de téléphone, adresse) afin de servir les clients réguliers.

Atelier de valeur : une entreprise d'informatique en nuage

221. Nous examinons maintenant l'informatique en nuage comme exemple d'atelier de valeur Le choix de l'informatique en nuage comme étude de cas est motivé par le fait que ce modèle d'affaires joue un rôle fondamental dans la numérisation accélérée d'autres entreprises, et donc de l'ensemble de l'économie.

Description générale du modèle d'affaires

222. Une entreprise d'informatique en nuage crée de la valeur en fournissant à ses clients un large éventail de services informatiques sur demande. Ces services sont généralement fournis sous une forme standardisée et fortement automatisée et, comme indiqué plus en détail dans les pages qui suivent, ils sont de trois types, à savoir : les services infrastructurels en ligne (IaaS), les services de plateforme en ligne (PaaS) et les services logiciels en ligne (SaaS).

223. Avec l'informatique en nuage, toute une gamme d'activités économiques à base de technologie peuvent être effectuées sur un réseau de serveurs distants accessibles via l'Internet au lieu de serveurs locaux ou d'ordinateurs individuels. Les entreprises – petites et grandes – ont ainsi la possibilité d'externaliser certaines activités. Recourir à l'informatique en nuage leur permet d'éviter d'importants investissements initiaux dans le matériel informatique, en libérant ainsi des ressources pour leur activité principale. En abaissant leurs coûts initiaux, l'informatique en nuage facilite l'entrée sur le marché des start-ups et des entreprises de petite taille qui ne disposent pas généralement des ressources financières et/ou techniques pour développer leur infrastructure propre.

224. Elles peuvent ainsi s'assurer des capacités informatiques de type et de dimensions adéquates et y avoir accès sur demande. En l'absence de services d'informatique en nuage, une entreprise est obligée par exemple de maintenir des capacités informatiques suffisantes pour traiter un volume maximal : un détaillant en ligne doit disposer de capacités informatiques lui permettant de faire face aux fortes pointes d'activité du trafic sur le site, notamment pendant la période des fêtes, même si ses besoins informatiques sont beaucoup moins élevés pendant le reste de l'année.

225. L'informatique en nuage permet en outre aux entreprises d'avoir accès à la technologie la plus récente car les systèmes en place dans le nuage sont constamment mis à jour à distance. Ces avantages contribuent à l'adoption rapide des services d'informatique en nuage dans divers secteurs de l'économie, en favorisant la

numérisation croissante des entreprises qui mettent à profit cette évolution pour se développer.

226. Les services d'informatique en nuage, qui rendent possible l'accès à des serveurs virtuels, offrent la capacité d'utiliser et de gérer des applications web via l'informatique à distance, d'exécuter dans certaines éventualités des programmes sur des ordinateurs distants et de réaliser des opérations informatiques groupées à l'échelle requise. Les services de stockage englobent le stockage dans le nuage et le transport des données.

227. Les services de bases de données comprennent l'entreposage de données, la gestion de bases de données et les systèmes d'antémémoire. Les services de migration de données incluent la migration des bases de données et le transport des données (éventuellement avec une composante physique). Les services de mise en réseau et de fourniture de contenus englobent l'accès à un nuage privé virtuel (nuage isolé contrôlé par le client) et l'utilisation d'un réseau mondial d'acheminement de contenu (grâce auquel des produits comme des vidéos peuvent être fournis très rapidement aux utilisateurs).

228. Airbnb et Spotify sont deux exemples connus d'entreprises recourant à l'informatique en nuage. Un an après sa création, Airbnb a transféré ses services informatiques à Amazon Web Services afin de disposer d'une plus grande flexibilité dans l'utilisation des serveurs. Amazon Web Services a rendu possible une croissance extrêmement rapide d'Airbnb : le nombre des clients de l'entreprise est en effet passé de 4 millions en janvier 2013 à 15 millions en juin 2014. Airbnb s'en sert pour son application, la mise en mémoire cache (qui permet d'accroître la vitesse des sites web reposant sur des bases de données en mettant en cache les données stockées et en réduisant ainsi le nombre de lectures requises d'une source de données externe) et les serveurs de recherche. Amazon Web Services héberge aussi les fichiers de sauvegarde et les fichiers statiques d'Airbnb, notamment 10 téraoctets de photos d'utilisateurs du site. Spotify utilise ces services pour stocker l'énorme volume de contenu musical, qui est accessible aux utilisateurs du site web et de l'application mobile de Spotify dans le monde entier. De plus, Spotify se sert du CloudFront d'Amazon Web Services pour la fourniture à ses utilisateurs de l'application Spotify et des mises à jour logicielles.

229. Le graphique de l'annexe 2.A.5 montre schématiquement le modèle d'affaires général d'une entreprise d'informatique en nuage complète, c'est-à-dire offrant les trois types de services mentionnés plus haut (IaaS, PaaS et SaaS). En général, une entreprise de ce type regroupe ses services en trois grandes catégories : services de base, services d'application et services de déploiement et de gestion. Elle commercialise et vend ses services à des clients contre paiement, ce qui implique généralement une relation continue car les services d'informatique en nuage s'intègrent à l'architecture technologique des activités d'un client.

Graphique annexe 2.A.5. Schéma du modèle d'affaires d'informatique en nuage

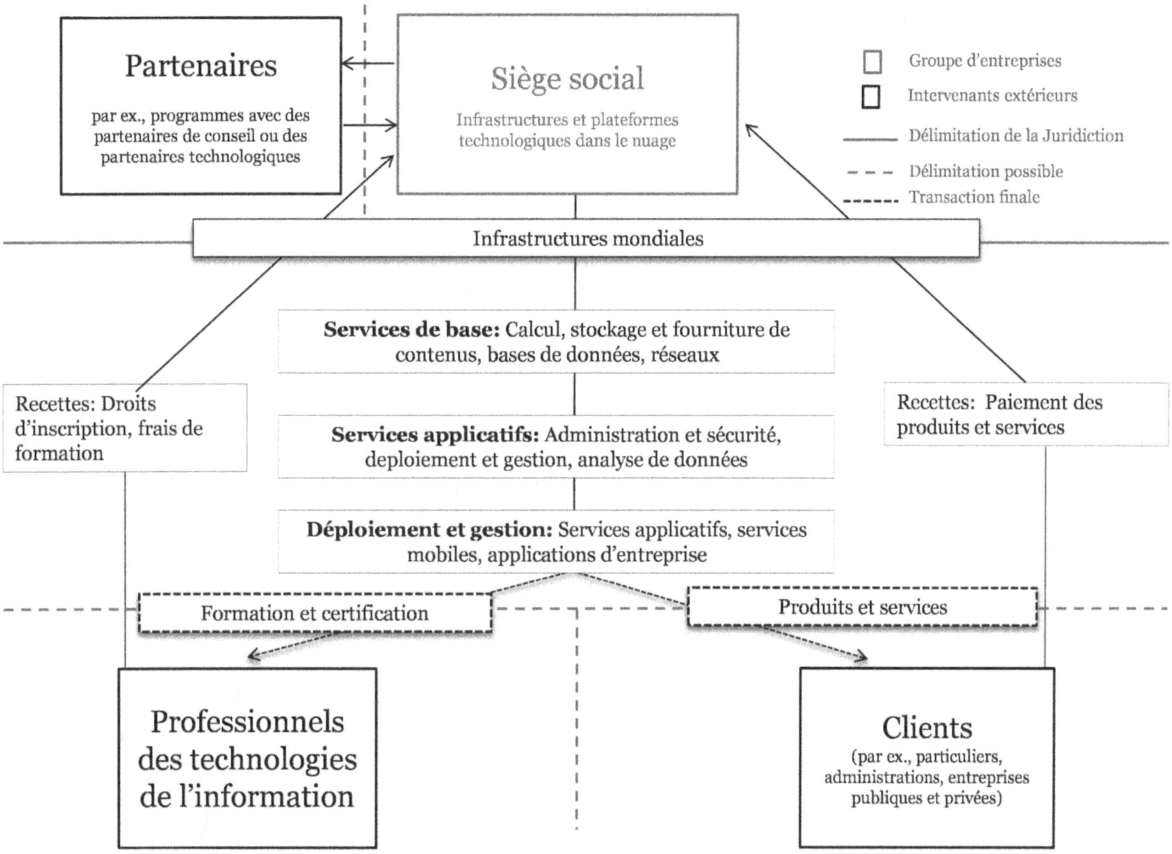

230. Les entreprises d'informatique en nuage offrent à certains de leurs clients des modules visant à soutenir leur modèle d'affaires au moyen de consultations et d'une aide technologique supplémentaires. Ces modules sont conçus pour inciter les grands utilisateurs à développer et promouvoir leurs activités. Les sociétés d'informatique en nuage offrent aussi parfois des modules de formation et de certification afin d'aider leurs clients à acquérir des connaissances et à développer leurs compétences techniques. Dans ce cas, les participants paient des frais de formation et des frais d'inscription aux examens nécessaires pour obtenir la certification.

Revenus

231. Dans les modèles d'affaires d'informatique en nuage, les revenus proviennent de la vente de services au niveau mondial. Bien que le système de tarification ne soit pas toujours le même, un attrait essentiel pour les clients est que les services peuvent souvent être utilisés et payés de façon ponctuelle, sans frais initiaux et sans engagement de longue durée. Certaines sociétés d'informatique en nuage déclarent donner la priorité dans leur stratégie à l'innovation infrastructurelle, afin de maintenir les coûts à un niveau peu élevé, car elles conçoivent l'informatique en nuage comme un secteur d'activité à volume élevé et à faible marge bénéficiaire.

Utilisation et détention de la propriété intellectuelle

232. La création de matériel informatique, d'infrastructure de réseau, de logiciels et d'algorithmes brevetés est un facteur clé d'avantage concurrentiel pour une entreprise d'informatique en nuage. Les sociétés d'informatique en nuage sont propriétaires de divers actifs incorporels.

Données

233. Hormis leur stockage sur des serveurs, les entreprises d'informatique en nuage n'utilisent guère les données de leurs clients car le maintien de la confidentialité de l'ensemble de l'information qui leur est confiée est pour elles une préoccupation majeure vis-à-vis de la clientèle. Il leur arrive néanmoins d'analyser les données de certains clients, avec leur accord, afin de les aider à améliorer leurs connaissances.

Atelier de valeur

234. Comme on l'a vu, un atelier de valeur comprend cinq activités principales : constatation et appropriation des problèmes, résolution des problèmes, choix, exécution, et contrôle et évaluation. Lors de la description d'exemples de chaîne de valeur ou de réseau de valeur, nous avons cherché à comparer les modèles d'affaires à forte composante numérique avec leurs homologues traditionnels mais on voit mal ce qui pourrait tenir lieu d'homologue traditionnel d'une entreprise d'informatique en nuage.

235. Parmi les différents modèles d'affaires examinés dans ce chapitre, le modèle d'affaires d'informatique en nuage est le seul qui soit véritablement nouveau. Dans les paragraphes qui suivent, nous examinons ce modèle économique pour lui-même – sans le comparer au monde pré-numérique – en nous servant du concept d'atelier de valeur décrit précédemment et illustré dans le graphique de l'annexe 2.A.6.

Graphique annexe 2.A.6. Atelier de valeur : activités principales d'une entreprise d'informatique en nuage

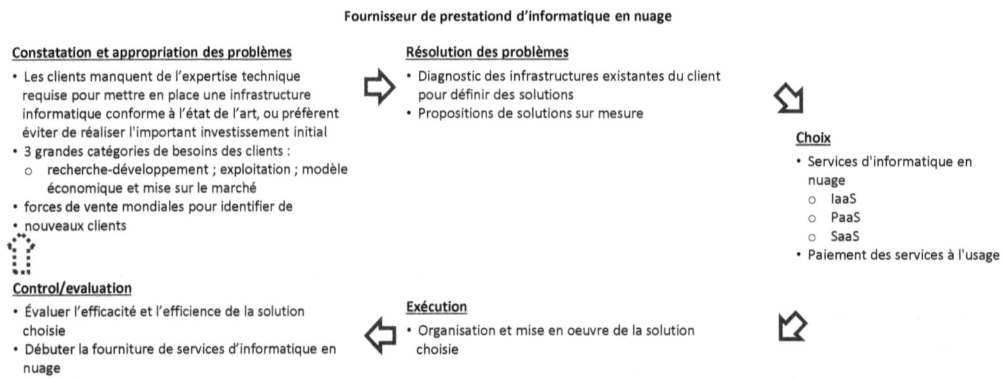

Technologies		
TIC	**Données collectées**	**PI**
• Distribution électrique : investissements ou contrats d'approvisionnement • Investissements en équipements informatiques en lien avec les infrastructures réseau et la puissance de calcul	Limitées	• Brevets sur les système d'exploitation et les applications logicielles (par exemple, Office 365)

Constatation et appropriation des problèmes

236. Comme indiqué dans le chapitre précédent, la constatation et l'appropriation des problèmes désignent la catégorie d'activités associées au recensement, à l'examen et à la formulation du problème à résoudre, et au choix de la méthode globale de résolution de ce problème. La constatation et l'appropriation des problèmes ont beaucoup en commun avec l'activité marketing et ventes dans la chaîne de valeur, à savoir l'identification des besoins d'un client et l'application de ressources pour y répondre Selon l'étendue géographique de leurs activités, les sociétés d'informatique en nuage maintiennent en général une force de vente régionale ou mondiale pour l'acquisition de clients, y compris des gouvernements et d'autres clients du secteur public, des individus et des entreprises.

237. La stratégie commerciale de certaines sociétés d'informatique en nuage consiste, on l'a vu, à acquérir des parts de marché en maintenant les prix à un niveau peu élevé pour stimuler l'accroissement du volume. Les systèmes de tarification sont aussi un moyen d'attirer la clientèle : les modèles tarifaires à la carte permettent en particulier aux petites entreprises de changer rapidement d'échelle sans coûts initiaux importants. Les services d'informatique en nuage favorisent ainsi la numérisation de l'économie et l'apparition d'entreprises plus fortement numérisées présentant les caractéristiques décrites précédemment : économies d'échelle et aptitude à développer des réseaux étendus et souvent transnationaux. Les clients peuvent passer à une échelle opérationnelle supérieure sans avoir besoin d'atteindre une masse critique puisqu'ils n'ont pas besoin d'investir dans leur propre infrastructure informatique. En outre, ils acquièrent la capacité d'effectuer facilement des transactions dans d'autres pays car les services d'informatique en nuage sont aujourd'hui accessibles dans la plupart des régions du monde et peuvent être fournis partout où la connectivité internet existe.

238. Les entreprises d'informatique en nuage permettent de résoudre de très nombreux problèmes dans le contexte de l'économie telle qu'elle est affectée par la transformation numérique ; leurs services répondent à la quasi-totalité des besoins d'infrastructure technologique des entreprises : de l'espace serveur à la gestion de bases de données et aux applications web.

Résolution de problèmes

239. Les entreprises d'informatique en nuage offrent généralement des services de trois types principaux :

- Des services infrastructurels en ligne (IaaS) : ces services concernent la fourniture de moyens infrastructurels, en particulier des capacités informatiques. Également appelés « services de hardware en ligne », les services IaaS englobent l'ensemble des ressources informatiques physiques nécessaires à la fourniture de services logiciels en ligne, y compris des services informatiques, des capacités de stockage de données et des capacités réseau. Ces services permettent aux clients de réaliser de très importantes économies en leur donnant accès à des capacités informatiques supplémentaires sur demande, sans qu'il soit nécessaire pour eux d'effectuer des investissements lourds dans de nouveaux matériels.
- Des services de plateforme en ligne (PaaS) : ces services permettent l'utilisation à distance d'une plateforme informatique complète sur l'Internet au moyen de l'informatique en nuage. Ils englobent un large éventail d'outils infrastructurels tels que systèmes d'exploitation, plateformes d'applications et services de bases de données. Ils permettent aux clients d'externaliser leurs besoins d'infrastructure

de plateforme et donc d'éviter d'avoir à acheter et mettre en œuvre une nouvelle plateforme. Ce modèle de service permet généralement aux firmes d'informatique en nuage de facturer à leurs clients uniquement la part des ressources qu'ils utilisent, ce qui est particulièrement bienvenu pour les entreprises ayant besoin d'une application spécifique qu'elles n'utilisent qu'occasionnellement.

- Des services logiciels en ligne (SaaS) : ces services comprennent la fourniture et la gestion à distance d'une application logicielle pour un client via l'Internet. Ils reposent sur l'hébergement centralisé d'une application logicielle à laquelle on accède par l'intermédiaire d'un navigateur web. Ils peuvent être configurés de façon à permettre un accès ouvert ou un accès restreint, seuls les utilisateurs dûment accrédités pouvant dans ce cas se servir de l'application logicielle hébergée.

Choix

240. Le choix englobe les activités associées au choix d'une solution au problème parmi les différentes solutions possibles. Les options offertes par les sociétés d'informatique en nuage englobent toute une gamme de ressources informatiques auxquelles les clients peuvent avoir accès sur demande. Selon le type de service, le choix pourra être de type entièrement numérique – par exemple la location de puissance informatique ou l'exécution d'un programme sur un serveur distant – ou bien impliquer certaines étapes physiques, par exemple le transport de données depuis la localité du client jusqu'au site d'une entreprise d'informatique en nuage pour transfert dans le nuage.

Exécution

241. Les activités d'exécution sont les activités associées à la communication, à l'organisation et à la mise en œuvre de la solution choisie. Lorsqu'un client achète un service d'informatique en nuage, il sélectionne des zones de disponibilité ou autorise l'entreprise concernée à choisir des zones de disponibilité pour lui. Un client peut choisir d'être hébergé dans certaines zones de disponibilité particulières afin d'être plus près de ses marchés ou de se conformer à la législation.

242. Les services d'informatique en nuage sont en général fournis à partir d'un seul pays ou d'un petit nombre de pays dans une région plus étendue. Cependant, la modularité opérationnelle est un aspect important des services fournis à la clientèle. Les zones de disponibilité sont souvent connectées entre elles au moyen d'un réseau à fibre optique qui permet au fournisseur d'assurer la continuité des services client en cas de baisse de la puissance de calcul dans une zone en commutant automatiquement le trafic vers une autre. En outre, des dispositifs visant à assurer la fiabilité de la connectivité peuvent être mis en place entre régions. Un client pourra ainsi recourir à plusieurs zones de disponibilité à l'intérieur des régions et/ou entre elles.

243. Le type de services qu'ils offrent à leur clientèle représente un avantage concurrentiel important pour les sociétés d'informatique en nuage. Les clients sont préoccupés avant tout par la sécurité de leurs données et la continuité des processus de l'entreprise, car ils reposent crucialement sur l'informatique en nuage pour desservir leur propre clientèle (les capacités de diffusion en flux en ligne de Netflix, par exemple, lui sont fournies par Amazon Web Services).

Contrôle et évaluation

244. Le contrôle et l'évaluation est la catégorie d'activités associées à la mesure et à l'évaluation du degré de résolution du problème à la suite de la mise en œuvre de la solution retenue.

245. Les sociétés d'informatique en nuage travaillent aussi en coopération avec leurs clients pour élaborer des solutions adaptées à leurs problèmes spécifiques. Elles veillent à apporter un soutien technique suffisant à leurs clients les plus importants. Elles organisent également des webinaires et des conférences pour permettre à leurs experts techniques de présenter leurs activités et leurs nouveaux produits. Enfin, les sociétés d'informatique en nuage organisent fréquemment des activités de formation afin de faciliter l'acquisition des compétences techniques requises pour utiliser les services de l'entreprise.

Technologie

246. Les services d'informatique en nuage exigent de lourds investissements dans le matériel et l'infrastructure technologique, y compris des machines comme les serveurs, l'équipement réseau et les systèmes d'alimentation électrique, pour pouvoir atteindre un niveau de capacités suffisant. Dans les domaines opérationnels particulièrement sensibles, les entreprises d'informatique en nuage préfèrent parfois développer leur infrastructure en interne au lieu de l'obtenir d'entreprises non affiliées. La technologie et le matériel infrastructurels développés en interne comprennent, par exemple, les serveurs, les routeurs réseau, les composants spécifiques à base de silicium, les racks de serveurs de stockage pour conserver de l'espace disque et la programmation du matériel électrique.

247. Les sociétés d'informatique en nuage sont tributaires des fournisseurs de services internet (FSI) dont elles louent généralement des infrastructures en fibre optique pour assurer la connexion entre leurs centres de données. Le maintien de l'accès à des ressources électriques suffisantes est aussi un aspect essentiel de leur technologie. Les centres de données de l'informatique en nuage consomment énormément d'électricité à cause de la très grande quantité d'énergie nécessaire pour alimenter les serveurs et réguler leur température (c'est-à-dire les refroidir). Les sociétés d'informatique en nuage doivent aussi louer ou acquérir des équipements immobiliers pour héberger leurs centres de données.

248. Les services d'informatique en nuage reposent sur le maintien d'infrastructures globales par des entreprises spécialisées. Comme indiqué plus haut, l'infrastructure en nuage est souvent organisée par régions, chaque région contenant au moins deux zones de disponibilité. Les zones de disponibilité comprennent un ou plusieurs centres de données distincts à partir desquels sont exécutés les services d'informatique en nuage. Ces services peuvent être exécutés à la fois par plusieurs centres reliés par fibre optique. Une application activée dans un centre, par exemple, peut exploiter des données conservées dans un autre.

249. Chaque zone de disponibilité est isolée mais les zones de disponibilité d'une région sont connectées entre elles. En connectant ces zones, les sociétés d'informatique en nuage peuvent assurer la sauvegarde des ressources, c'est-à-dire stocker des ressources en plusieurs lieux afin de pouvoir, en cas de défaillance de l'un des systèmes, accéder aux ressources conservées dans un site de sauvegarde. Ce mode d'organisation assure la stabilité et la continuité des services. Pour garantir une sécurité encore plus grande, les ressources peuvent aussi être dupliquées dans toutes les régions.

250. L'offre de services d'informatique en nuage varie parfois selon la zone de disponibilité. Tous les services ne sont pas accessibles dans chaque zone. Toutefois, le choix d'un service par un client n'est pas limité par des considérations géographiques : si un service n'est pas offert dans une région donnée, le client peut décider d'y avoir accès dans une autre. Recourir à des services d'informatique en nuage plus distants de la région où se trouvent les consommateurs finaux peut allonger le temps de latence, c'est-à-dire le délai d'activation du transfert des données après une commande, et réduire au minimum ce délai est particulièrement important, par exemple, pour les opérateurs de sites de diffusion en flux de contenu vidéo ou musical.

Notes

[1] Selon le point de vue exprimé par certains pays, les bénéfices des sociétés sont calculés en soustrayant des recettes des ventes (prix multiplié par la quantité) les coûts liés à leur fourniture, et sont une fonction de l'offre et de la demande. Par conséquent, selon ces pays, la création de valeur au sein de la chaîne d'approvisionnement, qui représente la contribution du côté de l'offre, doit être prise en compte au même titre que la contribution de la demande dans la détermination des bénéfices des sociétés attribuables à une juridiction fiscale donnée.

[2] Pour un aperçu de travaux antérieurs sur le sujet, voir Varian et al. (2004) et Shy (2001, 2011) ; on trouvera des contributions plus récentes dans Peitz et Waldfogel (2012), Goldfarb et al. (2015), et Bauer et Latzer (2016).

[3] Les biens non rivaux peuvent être consommés par un consommateur, sans empêcher leur consommation simultanée par d'autres. Il s'agit bien souvent de biens immatériels.

[4] Les travaux spécialisés sur la politique de concurrence et de réglementation pour les marchés numériques traitent de nombreuses questions connexes comme la définition des marchés, les fusions, les stratégies d'exclusion et la monopolisation (voir Evans and Schmalensee, 2013 ; Evans, 2016 ; Filistrucchi et al., 2013 ; Kuchinke et Vidal, 2016). Bon nombre des conclusions qui se dégagent de ces contributions étayent l'analyse proposée dans le présent chapitre car elles jettent un éclairage important sur les caractéristiques des marchés numériques. Néanmoins, pour que l'analyse reste centrée sur les questions de politique fiscale, le présent chapitre n'aborde pas directement les questions de concurrence, qui sont plutôt examinées dans OCDE (2015b) et dans les ouvrages qui y sont cités.

[5] Cette approche permet à Hagiu et Wright de faire le lien entre les travaux relativement récents sur les marchés multifaces et les théories microéconomiques standard de l'intégration verticale, des coûts de transaction et des limites de l'entreprise (qui remontent à Coase (1937), et Williamson (1976). Pour une synthèse plus récente, voir Gibbons 2005).

[6] L'entreprise cliente affiliée à la plateforme conserve le contrôle des intrants utilisés pour fournir le service aux clients de l'autre côté du marché. Par exemple, le propriétaire d'un appartement loué via une plateforme conservera la propriété et le contrôle de l'appartement. Ce sera le cas aussi pour le chauffeur à l'égard du véhicule utilisé pour assurer des services de transport.

[7] L'entreprise cliente affiliée à la plateforme est responsable de tout préjudice causé aux clients de l'autre côté du marché. Par exemple, le propriétaire d'un appartement loué par l'intermédiaire d'une plateforme aura la responsabilité de veiller à ce que l'appartement demeure habitable.

[8] Voir OCDE (2014, à paraître) pour plus de détails et un examen des implications non fiscales connexes.

[9] Une technologie de production séquentielle est un processus de production qui consiste à transformer des intrants normalisés en extrants normalisés au cours d'une suite fixe d'activités.

[10] Chaque activité principale peut être décomposée en un certain nombre d'activités subsidiaires. Par exemple, pour une société pharmaceutique, l'activité principale peut-être subdivisée en trois étapes : (i) recherche axée sur la découverte d'un nouveau médicament ; (ii) essais cliniques d'un nouveau médicament potentiel et homologation officielle ; et (iii) obtention de brevet et fabrication.

[11] Comme indiqué précédemment, la distinction entre entreprises traditionnelles et entreprises à forte composante numérique n'est pas toujours clairement définie. Il est plus judicieux de situer les entreprises en un point donné le long d'un continuum allant des activités non numériques traditionnelles aux activités où la transformation numérique est la plus poussée.

[12] Les annonceurs publicitaires traditionnels se préoccupent aussi de l'efficience de l'interaction avec les utilisateurs de l'autre côté du marché. Le succès de la publicité télévisuelle, par exemple, reposait essentiellement sur la taille du public et, par conséquent, une grande attention était accordée à la diffusion de contenu attrayant.

[13] Toutefois, dans certains cas, un réseau social peut décider de ne pas attribuer automatiquement un espace publicitaire à l'entreprise offrant le meilleur prix, notamment au vu d'autres considérations comme l'impact que le placement d'une publicité particulière pourrait avoir sur la qualité de l'expérience des utilisateurs.

[14] La masse fait référence à la présence physique des entreprises là où se trouve le marché de ses utilisateurs ou de ses clients.

[15] La seule exception possible est l'informatique en nuage, qui nécessite une infrastructure matérielle considérable. Il est clair néanmoins que l'utilisation croissante des services infonuagiques par de nouvelles entreprises est également un facteur clé de ce processus de dématérialisation.

[16] Selon l'OMPI, les droits de propriété intellectuelle comportent deux volets : la propriété industrielle et les droits d'auteur. Tandis que celui-ci s'applique aux œuvres littéraires ou artistiques, la propriété industrielle englobe quant à elle les brevets et les modèles d'utilité, les dessins industriels, les marques, les marques de services, les schémas de circuits intégrés, les noms commerciaux et les désignations commerciales, les indications géographiques et la protection contre la concurrence déloyale.

[17] Les auteurs s'appuient sur la base de données Compustat regroupant les bilans des entreprises des États-Unis de 1980 à 2012.

[18] La première catégorie concerne principalement les logiciels informatiques, tels que figurant dans les tableaux de la comptabilité nationale des revenus et des produits (National Income and Products Accounts) publiés par le Bureau of Economic Analysis des États-Unis. La seconde catégorie s'appuie sur deux séries de données : les dépenses de R&D de l'industrie (qui mesurent la R&D scientifique au sens traditionnel du terme) recueillies par la National Science Foundation ; les recettes de la R&D non scientifique à vocation commerciale consacrée aux produits et aux processus, comptabilisées dans le cadre de l'enquête Services Annual Survey (SAS) du Census Bureau. La troisième catégorie, qui concerne les compétences économiques, s'appuie elle aussi sur deux ensembles de données : d'une part, les dépenses consacrées à la planification stratégique, à la reconception des produits et aux marques ; d'autre part, les investissements dans les ressources humaines et structurelles spécifiques à chaque entreprise. Les informations proviennent de la SAS et du Bureau of Labour Statistics des États-Unis.

[19] Outre l'augmentation de la productivité, le document OCDE (2015d) décrit les effets positifs que peuvent avoir ces pratiques en matière de bien-être et de croissance inclusive.

[20] Le surplus du consommateur désigne l'écart entre le montant total que les consommateurs sont prêts et en mesure de payer pour un bien ou un service (tel qu'indiqué par la courbe de la demande) et le montant total effectivement payé (c'est-à-dire le prix du marché).

[21] Cependant, avec la numérisation croissante du secteur des taxis, les entreprises de taxis traditionnelles offrent de plus en plus fréquemment leurs services au moyen d'une application.

Références

Alstadsæter, A. et al. (2015), *Patent Boxes Design, Patents Location and Local R&D*, [95]
CEPR Discussion Paper, https://papers.ssrn.com/sol3/papers.cfm?abstract_id=2624634.

Amador, J. et F. Di Mauro (2015), « The age of global value chains: Maps and policy issues », [70]
Centre for Economic Policy Research (CEPR), http://dx.doi.org/10.1002/1521-3862(200008)6:4<185::AID-CVDE185>3.0.CO;2-M.

Armstrong, M. (2006), « Competition in two-sided markets », *The RAND Journal of Economics*, [69]
pp. 668--691.

Aslam, A. et A. Shah (2017), *Taxation and the Peer-to-Peer Economy*, IMF Working Papers. [68]

Bacache-Beauvallet, M. (2017), « Tax competition, tax coordination, and e-commerce », [105]
Journal of Public Economic Theory, http://dx.doi.org/10.1111/jpet.12254.

Baldwin, R. (2006), « Globalisation: the great unbundling(s) », [67]
http://appli8.hec.fr/map/files/globalisationthegreatunbundling(s).pdf (consulté le 31 octobre 2017).

Bauer, J. et M. Latzer (2016), *Handbook on the economics of the internet*, Edward Elgar [71]
Publishing.

Belleflamme, P. et E. Toulemonde (2016), Tax Incidence on Competing Two-Sided Platforms: [73]
Lucky Break or Double Jeopardy, CESifi Working Paper Series, http://papers.ssrn.com/sol3/papers.cfm?abstract_id=2777364 (consulté le 02 novembre 2017)

[92]
Belz, T., D. von Hagen et C. Steffens (2017), « R&D intensity and the effective tax rate: a meta-regression analysis », *Journal of Economic Surveys*, vol. 31/4, pp. 988-1010, http://dx.doi.org/10.1111/joes.12181.

Bloch, F. et G. Demange (2017), « Taxation and privacy protection on Internet platforms », [75]
Journal of Public Economic Theory, http://dx.doi.org/10.1111/jpet.12243.

Bloch, F. et al. (2016), « Taxation and Privacy Protection on Internet Platforms * ». [24]

Bourreau, M., B. Caillaud et R. De Nijs (2017), « Taxation of a digital monopoly platform », [74]
Journal of Public Economic Theory, http://dx.doi.org/10.1111/jpet.12255.

Brandenburger, A. et H. Stuart (1996), « Value-based Business Strategy », *Journal of* [66]
Economics & Management Strategy, vol. 5/1, pp. 5-24, http://dx.doi.org/10.1111/j.1430-9134.1996.00005.x.

Brynjolfsson, E. (2011), « ICT, innovation and the e-economy », *European Investment Bank* [84]
Papers, vol. 16/2, https://www.econstor.eu/handle/10419/54668 (consulté le 02 novembre 2017), pp. 60-76.

Brynjolfsson, E. et et al. (2015), *Open letter on the digital economy*, [65] https://scholar.google.fr/scholar?hl=fr&as_sdt=0,5&q=brynjolfsson+mcafee+2015 (consulté le 31 octobre 2017).

Brynjolfsson, E. et A. McAfee (2015), « Will Humans Go the Way of Horses », *Foreign Affairs*, vol. 94, http://heinonline.org/HOL/Page?handle=hein.journals/fora94&id=780&div=&collection= (consulté le 31 octobre 2017). [64]

Brynjolfsson, E. et al. (2008), « Scale without mass: business process replication and industry dynamics », *Harvard Business School Technology & Operations Mgt. Unit Research Paper*. [96]

Caillaud, B. et B. Jullien (2003), « Chicken & egg: competition among intermediation service providers », *RAND Journal of Economics Journal of Economics*, vol. 34/2, pp. 309-328. [22]

Clausen, S. et S. Hirth (2016), « Measuring the value of intangibles », *Journal of Corporate Finance*, vol. 40, pp. 110-127, http://dx.doi.org/10.1016/j.jcorpfin.2016.07.012. [63]

Coase, R. (1937), « The nature of the firm », *economica*, vol. 4/16, pp. 386--405. [62]

Corrado, C. et al. (2012), *Intangible Capital and Growth in Advanced Economies: Measurement and Comparative Results*, CEPR Discussion Paper, https://papers.ssrn.com/sol3/papers.cfm?abstract_id=2153512 (consulté le 31 octobre 2017). [59]

Corrado, C., C. Hulten et D. Sichel (2009), « Intangible Capital and U.S. Economic Growth », *Review of Income and Wealth*, vol. 55/3, pp. 661-685, http://dx.doi.org/10.1111/j.1475-4991.2009.00343.x. [61]

Corrado, C. et B. Van Ark (2016), *The Internet and productivity*, Edward Elgar Publishing. [60]

Crémer, J. (2015), « Taxing network externalities », *Taxation and the digital economy: A survey of theoretical models*. [78]

Crozet, M. et E. Milet (2017), « Should everybody be in services? The effect of servitization on manufacturing firm performance », *Journal of Economics & Management Strategy*, http://dx.doi.org/10.1111/jems.12211. [58]

Delipalla, S. et M. Keen (1992), « The comparison between ad valorem and specific taxation under imperfect competition », *Journal of Public Economics*. [20]

Devereux, M. et S. Loretz (2012), « What do we know about corporate tax competition? », *Oxford University - Centre for Business Taxation*, http://eureka.sbs.ox.ac.uk/4386/1/WP1229.pdf (consulté le 31 octobre 2017). [57]

Dischinger, M. et N. Riedel (2011), « Corporate taxes and the location of intangible assets within multinational firms », *Journal of Public Economics*, vol. 95/7-8, pp. 691-707, http://dx.doi.org/10.1016/J.JPUBECO.2010.12.002. [56]

Dudar, O., C. Spengel et J. Voget (2015), « The Impact of Taxes on Bilateral Royalty Flows », *ZEW Centre for European Economic Research*, http://ftp.zew.de/pub/zew-docs/dp/dp15052.pdf (consulté le 31 octobre 2017). [54]

Dudar, O. et J. Voget (2016), *Corporate Taxation and Location of Intangible Assets: Patents vs. Trademarks*, ZEW- Centre for European Economic Research Discussion Paper, https://papers.ssrn.com/sol3/papers.cfm?abstract_id=2753656 (consulté le 31 octobre 2017). [55]

Evans, D. (2016), *Multisided Platforms, Dynamic Competition, and the Assessment of Market Power for Internet-Based Firms*, University of Chicago Coase-Sandor Institute for Law & Economics Research Paper No.753, https://papers.ssrn.com/sol3/papers.cfm?abstract_id=2746095 (consulté le 31 octobre 2017). [51]

Evans, D. et R. Schmalensee (2013), *The Antitrust Analysis of Multi-Sided Platform Businesses*, http://www.nber.org/papers/w18783 (consulté le 31 octobre 2017). [53]

Evans, D. et al. (2011), *Platform Economics: Essays on Multi-Sided Businesses*, https://papers.ssrn.com/sol3/papers.cfm?abstract_id=1974020 (consulté le 31 octobre 2017). [50]

Feld, L., J. Heckemeyer et M. Overesch (2013), « Capital structure choice and company taxation: A meta-study », *Journal of Banking & Finance*, vol. 37/8, pp. 2850-2866, http://dx.doi.org/10.1016/J.JBANKFIN.2013.03.017. [49]

Filistrucchi, L., D. Geradin et E. Van Damme (2013), « Identifying Two-Sided Markets », *World Competition*, vol. 36, http://heinonline.org/HOL/Page?handle=hein.kluwer/wcl0058&id=37&div=&collection= (consulté le 02 novembre 2017). [85]

Fink, C., M. Khan et H. Zhou (2016), « Exploring the worldwide patent surge », *Economics of Innovation and New Technology*, vol. 25/2, pp. 114-142, http://dx.doi.org/10.1080/10438599.2015.1055088. [48]

Fontagné, L. et A. Harrison (2017), « The factory-free economy: Outsourcing, servitization and the future of industry », *NBER Working Paper series*, http://www.nber.org/papers/w23016 (consulté le 31 octobre 2017). [47]

Fudenberg, D. et G. Ellison (2003), *Knife-Edge or Plateau: When Do Market Models Tip?*, Harvard University Department of Economics. [46]

Gibbons, R. (2005), « Four formal(izable) theories of the firm? », *Journal of Economic Behavior & Organization*, vol. 58, pp. 200-245, http://dx.doi.org/10.1016/j.jebo.2004.09.010. [45]

Goldfarb, A., S. Greenstein et C. Tucker (2015), *Economic analysis of the digital economy*, University of Chicago Press. [106]

Griffith, R., H. Miller et M. O'Connell (2014), « Ownership of intellectual property and corporate taxation », *Journal of Public Economics*, vol. 112, pp. 12-23, http://dx.doi.org/10.1016/j.jpubeco.2014.01.009. [44]

Hagel, J. et M. Singer (1999), « Unbundling the corporation. », *Harvard business review*, vol. 77/2, http://www.ncbi.nlm.nih.gov/pubmed/10387769 (consulté le 02 novembre 2017), pp. 133-41, 188. [90]

Hagiu, A. et J. Wright (2015a), « Marketplace or Reseller? », *Management Science*, vol. 61/1, [93] pp. 184-203, http://dx.doi.org/10.1287/mnsc.2014.2042.

Hagiu, A. et J. Wright (2015b), « Multi-sided platforms », *International Journal of Industrial Organization*, vol. 43, pp. 162-174. [94]

Haucap, J. et U. Heimeshoff (2014), « Google, Facebook, Amazon, eBay: Is the Internet driving competition or market monopolization? », *International Economics and Economic Policy*, vol. 11/1-2, pp. 49-61, http://dx.doi.org/10.1007/s10368-013-0247-6. [43]

Imbs, J. et I. Mejean (2017), « Trade Elasticities », *Review of International Economics*, vol. 25/2, pp. 383-402, http://dx.doi.org/10.1111/roie.12270. [42]

Jorgenson, D. et Z. Griliches (1967), « The Explanation of Productivity Change », *The Review of Economic Studies*, vol. 34/3, p. 249, http://dx.doi.org/10.2307/2296675. [41]

Karkinsky, T. et N. Riedel (2012), « Corporate taxation and the choice of patent location within multinational firms », http://dx.doi.org/10.1016/j.jinteco.2012.04.002. [79]

Keen, M. (1998), « The Balance between Specific and Ad Valorem Taxation », *Fiscul Studies*, vol. 19/1, pp. 1-37. [12]

Keen, M. et K. Konrad (2012), « International Tax Competition and Coordination », *Working Paper of the Max Planck Institute for Tax Law and Public Finance* , http://dx.doi.org/10.2139/ssrn.2111895. [40]

Kind, H. et M. Koethenbuerger (2017), « Taxation in digital media markets », *Journal of Public Economic Theory*, vol. 1. [8]

Kind, H., M. Koethenbuerger et G. Schjelderup (2009), « On revenue and welfare dominance of ad valorem taxes in two-sided markets », *Economics Letters*. [10]

Kind, H., M. Koethenbuerger et G. Schjelderup (2008), « Efficiency enhancing taxation in two-sided markets », *Journal of Public Economics*. [11]

Kind, H., M. Koethenbuergery et G. Schjelderup (2010), « Tax responses in platform industries », *Oxford Economic Papers*. [9]

Knut, H. et Ø. Fjeldstad (2017), *which business models are most affected by digital?*, The Smart Manager, http://www.thesmartmanager.com/digitization/which-business-models-are-most-affected-by-digital.html (consulté le 02 novembre 2017). [86]

Kotsogiannis, C. et K. Serfes (2010), « Public Goods and Tax Competition in a Two-Sided Market », *Journal of Public Economic Theory*, vol. 12/2, pp. 281-321, http://dx.doi.org/10.1111/j.1467-9779.2009.01439.x. [80]

Kuchinke, B. et M. Vidal (2016), « Exclusionary strategies and the rise of winner-takes-it-all markets on the Internet », *Telecommunications Policy*, vol. 40/6, pp. 582-592, http://dx.doi.org/10.1016/J.TELPOL.2016.02.009. [39]

Lambrecht, A. et al. (2014), « How do firms make money selling digital goods online? », [38]

Marketing Letters, vol. 25/3, pp. 331--341.

McAfee, A. et E. Brynjolfsson (2008), « Investing in the IT that makes a competitive difference », *Harvard Business Review*, vol. 86, https://scholar.google.fr/citations?user=lqyGZpQAAAAJ&hl=fr&oi=sra (consulté le 31 octobre 2017), p. 98. [37]

OCDE (2016), « ICTs and Jobs: Complements or Substitutes? », *OECD Digital Economy Papers*, no. 259, Éditions OCDE, Paris, http://dx.doi.org/10.1787/5jlwnklzplhg-en. [97]

OCDE (2015), « Mapping the global data ecosystem and its points of control », dans *Data-Driven Innovation : Big Data for Growth and Well-Being*, Éditions OCDE, Paris, http://dx.doi.org/10.1787/9789264229358-6-en. [98]

OCDE (2014), *Global Value Chains: Challenges, Opportunities, and Implications for Policy.* [110]

OCDE (2015b), *Addressing the Tax Challenges of the Digital Economy ACTION 1: 2015 Final Report*, Éditions OCDE, Paris. [100]

OCDE (2015c), *ICTS, Jobs and Skills: New Evidence from the OECD PIAAC Survey*, Éditions OCDE, Paris. [103]

OCDE (2015d), *Science, technologie et industrie : Tableau de bord de l'OCDE 2015 : L'innovation au service de la croissance et de la société*, Éditions OCDE, Paris, http://dx.doi.org/10.1787/sti_scoreboard-2015-fr. [111]

OCDE (2015a), « The Future of Productivity », *Éditions OCDE, Paris*, http://dx.doi.org/10.1787/9789264248533-en. [99]

OCDE (à paraître), *Vectors of Digital Transformation*, Éditions OCDE, Paris. [101]

Olbert, M. et C. Spengel (2017), « International Taxation in the Digital Economy: Challenge Accepted? », *World Tax Journal* 3, https://www.ibfd.org/sites/ibfd.org/files/content/img/product/april_ppv_wtj_2017_01_int_4_international_taxation.pdf (consulté le 02 novembre 2017). [81]

OMPI (2016), *Propriété intellectuelle : Faits et chiffres de l'OMPI 2016*, http://www.wipo.int/edocs/pubdocs/fr/wipo_pub_943_2016.pdf (consulté le 31 octobre 2017). [102]

Peitz, M. et J. Waldfogel (2012), *The Oxford handbook of the digital ecoomy*, Oxford University Press, https://scholar.google.fr/scholar?hl=fr&as_sdt=0%2C5&q=Peitz+and+Waldfogel&btnG= (consulté le 02 novembre 2017). [77]

Porter, M. (2001), « Strategy and the Internet », *Harvard Business Review*, vol. 79/3, https://hbswk.hbs.edu/item/strategy-and-the-internet (consulté le 02 novembre 2017), pp. 64-78. [87]

Porter, M. (1985), *Competitive Advantage Creating and Sustaining Superior Performance*, The [109]

Free Press, New York.

Rayport, J. et J. Sviokla (1995), « Exploiting the Virtual Value Chain », *Harvard Business Review*, https://www.os3.nl/_media/2011-2012/rayport_-_exploiting_the_virtual_value_chain.pdf (consulté le 31 octobre 2017). [36]

Rochet, J. et J. Tirole (2003), « Platform competition in two-sided markets », *Journal of the european economic association*, pp. 990--1029. [35]

Rochet, J., J. Tirole et J. Tir (2006), « Two-Sided Markets: A Progress Report », *Source: The RAND Journal of Economics Journal of Economics*, vol. 37/3, pp. 645-667. [5]

Rosenblat, A. et L. Stark (2016), « Algorithmic labor and information asymmetries: A case study of Uber's drivers », *International Journal of Communication*, vol. 10, pp. 3758-84. [33]

Rysman, M. (2009), « The Economics of Two-Sided Markets What Defines a Two-Sided Market? », *Journal of Economic Perspectives—Volume*, vol. 23/3—Summer, pp. 125-143. [4]

Shapiro, C. et H. Varian (1999), *Information rules : a strategic guide to the network economy*, Harvard Business School Press, https://books.google.fr/books?hl=en&lr=&id=z0hQ12PrERMC&oi=fnd&pg=PR9&dq=Information+rules:+a+strategic+guide+to+the+network+economy&ots=XAUC-yNij9&sig=HO4zSS1eaNivaJ4sm3EaLPP-Zug&redir_esc=y#v=onepage&q=Information%20rules%3A%20a%20strategic%20guide%20to%20the%20network%20economy&f=false (consulté le 31 octobre 2017). [31]

Shy, O. (2011), « A Short Survey of Network Economics », *Review of Industrial Organization*. [3]

Shy, O. (2001), *The economics of network industries*, Cambridge University Press. [107]

Solow, R. (1957), « Technical Change and the Aggregate Production Function », *The Review of Economics and Statistics*, vol. 39/3, https://faculty.georgetown.edu/mh5/class/econ489/Solow-Growth-Accounting.pdf (consulté le 31 octobre 2017), pp. 312-320. [30]

Stabell, C. et Ø. Fjeldstad (1998), *Configuring Value for Competitive Advantage: On Chains, Shops, and Networks*, Wiley, http://dx.doi.org/10.2307/3094221. [29]

Thompson, J. (1967), *Organizations in action : social science bases of administrative theory*, Transaction Publishers. [108]

Tremblay, M. (2016), « Taxation on a Two-Sided Platform ». [83]

Varian, H., J. Farrell et C. Shapiro (2004), *The economics of information technology : an introduction*, Cambridge University Press. [91]

Williamson, O. (1976), « Franchise bidding for natural monopolies-in general and with respect to CATV », *The Bell Journal of Economics*, pp. 73-104. [28]

WIPO (2016), *WIPO IP Facts and Figures 2016*, [104]

http://www.wipo.int/edocs/pubdocs/en/wipo_pub_943_2016.pdf (consulté le 31 octobre 2017).

Wu, T. (2010), « In the grip of the new monopolists », *The Wall Street Journal*, https://scholar.google.com/scholar?q=In+the+grip+of+the+new+monopolists (consulté le 31 octobre 2017). [27]

Chapitre 3. Mise en œuvre et impact du paquet BEPS

Ce chapitre est consacré à la mise en œuvre et à l'impact du paquet de mesures issues du projet BEPS adopté en octobre 2015, et met l'accent sur les Actions du projet BEPS qui sont les plus pertinentes en ce qui concerne la transformation numérique. Il examine l'impact qu'ont déjà eu ces mesures pour appréhender les problèmes de BEPS, et, au-delà de ces questions, les défis fiscaux plus larges posés par la transformation numérique tels qu'identifiés dans le Rapport de 2015 sur l'Action 1 du projet BEPS.

3.1. Synthèse

252. Ce chapitre décrit les progrès accomplis dans la mise en œuvre des mesures issues du paquet BEPS, en mettant l'accent sur les mesures pertinentes au regard de la numérisation de l'économie et leur impact sur le comportement des entreprises à forte composante numérique. Ces mesures englobent celles intéressant la fiscalité directe élaborées au titre de l'Action 7 (Empêcher les mesures visant à éviter artificiellement le statut d'établissement stable), des Actions 8-10 (Aligner les prix de transfert calculés sur la création de valeur), de l'Action 3 (Concevoir des règles efficaces concernant les sociétés étrangères contrôlées (SEC)), de l'Action 5 (Lutter plus efficacement contre les pratiques fiscales dommageables) et de l'Action 6 (Empêcher l'utilisation abusive des conventions fiscales). Elles comprennent également les nouveaux principes directeurs et mécanismes d'application pour la taxe sur la valeur ajoutée (TVA) qui ont été convenus au titre de l'Action 1 pour assurer l'égalité des conditions de concurrence entre fournisseurs nationaux et étrangers.

253. Dans le domaine des impôts directs, même s'il est encore trop tôt pour tirer des conclusions, on dispose de nombreux éléments démontrant que les pays ont beaucoup progressé pour parvenir à une mise en œuvre à grande échelle des différentes mesures BEPS, et que l'impact se fait déjà sentir. Si le taux d'adoption des dispositions relatives à l'établissement stable (ES) (Action 7) par le biais de la Convention multilatérale reste faible, cette situation ne reflète pas pleinement les progrès réalisés dans la mise en œuvre et l'impact de l'Instrument multilatéral (IM) dans la durée, comme l'indiquent les première réponses de certaines entreprises multinationales à forte composante numérique (Amazon, E-bay, Facebook, Google, par exemple) qui ont déjà commencé à modifier leurs structures commerciales, en passant d'un modèle de vente à distance à un modèle de revendeur local. Il est tout aussi important de souligner qu'un nombre non négligeable d'entreprises multinationales ont déjà pris des mesures visant à aligner leurs structures organisationnelles sur leur activité économique réelle, en réévaluant leurs positions en matière de prix de transfert, et/ou en transférant certains actifs de valeur (comme les actifs incorporels) vers des juridictions où leurs activités économiques substantielles se déroulent (relocalisation d'actifs ou « *on-shoring* »).

254. Ces observations initiales concernant l'impact et la mise en œuvre de certaines mesures clés issues du projet BEPS sont très prometteuses pour résoudre les problèmes de double non-imposition amplifiés par la numérisation de l'économie. Par exemple, la réforme fiscale récemment adoptée aux États-Unis prévoit la mise en œuvre concertée de règles renforcées sur les SEC (Action 3) et de règles de lutte contre les dispositifs hybrides (Action 2). Des réformes tout aussi importantes concernant le régime des SEC et les dispositifs hybrides ont été mises en place au Japon et dans les États membres l'Union européenne (par le biais des directives du Conseil de l'UE sur la lutte contre l'évasion fiscale).

255. Dans le même temps, l'intérêt que présentent les mesures BEPS mises en œuvre et leur impact sont beaucoup moins évidents pour résoudre certains défis plus larges posés par la numérisation de l'économie qui se rattachent à la fiscalité directe (ayant trait notamment à la question du lien, aux données et à la qualification des revenus). Pour un grand nombre de pays, ces défis restent largement non-résolus. Les mesures pertinentes du paquet BEPS ont en effet été conçues avant tout pour traiter des cas de double non-imposition, et non pour répondre aux défis fiscaux plus systématiques posés par la numérisation de l'économie.

256. Concernant la fiscalité indirecte, la réussite et l'impact de la mise en œuvre du projet BEPS sont indéniables. La grande majorité des pays de l'OCDE et du G20 ont adopté des règles de collecte de la TVA sur les ventes B2C (*business-to-consumer*) de services et de biens incorporels par des fournisseurs étrangers conformément aux Principes directeurs internationaux de l'OCDE pour la TVA/TPS. Les premières données font état d'une augmentation significative des recettes fiscales dans les pays concernés. Par exemple, l'Union européenne (UE) a chiffré le montant total des recettes de TVA déclarées via son régime d'identification simplifié en 2015 (première année d'exploitation) à plus de 3 milliards EUR.

3.2. Introduction

257. Le Rapport de 2015 établi au titre de l'Action 1 du projet BEPS concluait que l'économie numérique ne soulève pas de préoccupations qui lui soient propres en matière d'érosion de la base d'imposition et de transfert de bénéfices (BEPS). Néanmoins, certaines caractéristiques principales des modèles d'affaires à forte composante numérique peuvent aggraver les problèmes de BEPS et engendrer un certain nombre de défis fiscaux plus larges[1]. En matière de fiscalité directe, ces défis plus larges ont trait en particulier à la question du lien, aux données et à qualification des bénéfices. Dans le contexte de la fiscalité indirecte, ces défis plus larges concernent le recouvrement de la taxe sur la valeur ajoutée (TVA)[2] sur les transactions transfrontalières, notamment lorsque des particuliers acquièrent des produits, services ou biens incorporels auprès de fournisseurs installés à l'étranger.

258. Au moment où le Rapport de 2015 établi au titre de l'Action 1 du projet BEPS a été adopté, on s'attendait à ce qu'une mise en œuvre cohérente et étendue du paquet BEPS permette de résoudre en grande partie les problèmes de double non-imposition soulevés par la numérisation de l'économie. En l'espèce, les travaux relatifs à l'Action 3 (Concevoir des règles efficaces concernant les Sociétés Étrangères Contrôlées (SEC)), à l'Action 7 (Empêcher les mesures visant à éviter artificiellement le statut d'établissement stable) et aux Actions 8-10 (Aligner les prix de transfert calculés sur la création de valeur) ont été reconnus comme particulièrement importants pour contrer les pratiques de BEPS amplifiées par la transformation numérique.

259. En outre, la mise en œuvre de certaines recommandations du paquet BEPS devait atténuer l'ampleur des défis fiscaux plus larges dans le contexte de la fiscalité directe liés à la question du lien, des données et de la qualification des bénéfices (OCDE, $2015_{[1]}$)[3]. C'est notamment le cas des modifications apportées à la définition de l'ES en vertu de l'Action 7 (sous-section 3.3.1), ainsi que des nouveaux principes directeurs et mécanismes de recouvrement de la TVA convenus au titre de l'Action 1 (sous-section 3.4).

260. Étant donné que la mise en œuvre des principales recommandations n'en est qu'à ses débuts, les données disponibles relatives à l'impact des mesures sont encore peu nombreuses. Aussi, une évaluation systématique de l'effet des différentes mesures du projet BEPS ne sera possible que dans les années à venir, lorsque l'impact complet des réponses et réactions des contribuables commencera à se refléter dans les micro-données et dans les données agrégées et lorsque de nouvelles sources de données couvrant la période post-BEPS seront disponibles[4].

261. Toutefois, dans le domaine de la TVA, des éléments montrent d'ores et déjà que des pays appliquent les principes recommandés dans le Rapport sur l'Action 1 en matière

de fiscalité indirecte, qui sont désormais intégrés dans les Principes directeurs internationaux de l'OCDE pour la TVA/TPS (OCDE, 2017[2]). Non seulement ces mesures sont actuellement en phase d'adoption par de nombreux pays, mais elles commencent déjà à générer d'importantes recettes fiscales supplémentaires dans la juridiction où se situe le marché dans les cas où ces mesures ont été mises en œuvre.

262. De même, de plus en plus d'éléments montrent que les entreprises commencent à repenser leurs mécanismes d'optimisation fiscale s'agissant de l'imposition des bénéfices des sociétés dans certains pays et certaines régions. Dans certains pays, par exemple, des entreprises internationales qui vendent des produits et des services en ligne ont déjà modifié les structures qui sous-tendent leurs ventes transfrontalières (Amazon, E-bay, Facebook, Google, par exemple)[5] et décidé que la conclusion des contrats commerciaux aura lieu au niveau des entreprises de distribution locales en réponse aux mesures élaborées au titre de l'Action 7 (Empêcher les mesures visant à éviter artificiellement le statut d'établissement stable), même si ces mesures viennent seulement d'être mises en œuvre. Si les Principes de l'OCDE applicables en matière de prix de transfert stipulaient déjà que l'imposition doit tenir compte des fonctions, des actifs et des risques, les mesures mises en œuvre dans le cadre du projet BEPS fournissent des orientations et des précisions supplémentaires à cet égard, et un certain nombre d'entreprises multinationales à forte composante numérique ont déjà pris des mesures visant à aligner leurs structures organisationnelles sur leur activité économique réelle. En témoigne notamment la relocalisation de certains actifs de valeur (comme les actifs incorporels) et de risques de juridictions à faible fiscalité vers d'autres juridictions où des activités économiques substantielles se déroulent (relocalisation d'actifs ou « *on shoring* »)[6]. Ces premières réactions face à la mise en œuvre de certaines mesures BEPS sont prometteuses en ce qu'elles devraient permettre de résoudre certains problèmes de double non-imposition soulevés par la numérisation de l'économie. L'intérêt qu'elles présentent et leur efficacité sont toutefois beaucoup moins évidents pour répondre aux défis fiscaux plus larges en matière de fiscalité directe touchant aux questions d'attribution de bénéfices et du lien, qui, aux yeux de nombreux pays, demeurent largement non-résolues.

263. Ce chapitre décrit les progrès accomplis dans la mise en œuvre du paquet BEPS, en mettant l'accent sur les mesures pertinentes pour la numérisation de l'économie et leur impact sur le comportement des entreprises à forte composante numérique. La structure de ce chapitre est la suivante : après avoir décrit l'avancement de la mise en œuvre des mesures considérées comme les plus pertinentes pour la numérisation de l'économie, il procède à une évaluation préliminaire de l'effet de ces mesures sur les structures fiscales communément utilisées par les entreprises à forte composante numérique et de leurs conséquences sur certains aspects des défis fiscaux plus larges induits par la transformation numérique.

3.3. Mise en œuvre du paquet BEPS

264. L'Annexe A contient une description complète de la mise en œuvre des différentes mesures du paquet BEPS, en mettant l'accent, le cas échéant, sur l'importance de ces mesures pour les entreprises à forte composante numérique. Pour sa part, cette section s'attache à décrire les progrès accomplis dans la mise en œuvre des mesures du paquet BEPS particulièrement pertinentes pour lutter contre les pratiques de BEPS aggravées par la transformation numérique, ainsi que pour relever les défis fiscaux plus larges posés par la numérisation de l'économie. Ces mesures englobent les actions entreprises pour appliquer les mesures intéressant la fiscalité directe élaborées au titre de

l'Action 7 (Empêcher les mesures visant à éviter artificiellement le statut d'établissement stable), des Actions 8-10 (Aligner les prix de transfert calculés sur la création de valeur) et de l'Action 3 (Concevoir des règles efficaces concernant les SEC). Cette section fait également le point sur la mise en œuvre des nouveaux principes directeurs et mécanismes en matière de TVA qui ont été convenus au titre de l'Action 1 pour assurer l'égalité des conditions de concurrence entre fournisseurs nationaux et étrangers.

3.3.1. Mise en œuvre des principales mesures du paquet BEPS en matière de fiscalité directe

265. Les mesures issues du paquet BEPS les plus pertinentes se rattachant à la fiscalité directe pour les entreprises à forte composante numérique englobent les modifications apportées aux normes internationales – modifications de la définition de l'ES à l'article 5 du Modèle de Convention fiscale de l'OCDE (Action 7) et révisions des Principes de l'OCDE applicables en matière de prix de transfert se rapportant à l'article 9 du Modèle de Convention fiscale de l'OCDE (Actions 8-10) – et une mesure fiscale de portée nationale – à savoir des orientations reposant sur des bonnes pratiques pour les juridictions qui souhaitent limiter les pratiques de BEPS faisant intervenir les règles relatives aux sociétés étrangères contrôlées (SEC) (Action 3). D'autres mesures du paquet BEPS sont également examinées en raison de leur impact probable sur les entreprises à forte composante numérique, comme le nouveau standard relatif à l'utilisation abusive des conventions (Action 6) et les mesures visant les pratiques fiscales dommageables (Action 5).

266. Si la plupart de ces nouvelles règles ne constituent pas des standards minimums, leur mise en œuvre est particulièrement pertinente pour les entreprises à forte composante numérique parce qu'elle devrait permettre de mieux aligner l'emplacement des bénéfices imposables avec celui des activités économiques sous-jacentes.

Empêcher les mesures visant à éviter artificiellement le statut d'établissement stable (Action 7)

267. La possibilité d'établir une communication avec des clients et d'interagir avec eux à distance, via l'Internet, conjuguée à l'automatisation de certaines fonctions, a considérablement réduit la nécessité de disposer d'infrastructures et de personnels au niveau local pour exercer des activités de vente dans une juridiction donnée (échelle sans masse). Ces mêmes facteurs incitent les entreprises multinationales à desservir des clients à distance, dans de multiples marchés appartenant à des juridictions différentes, à partir d'un point central unique. Dans certains cas, néanmoins, le groupe multinational conserve une certaine présence dans des pays qui représentent d'importants marchés pour ses produits, par exemple en établissant une filiale locale chargée de soutenir et de faciliter les activités de vente (« structure commerciale »). Celle-ci est généralement rémunérée pour les services qu'elle rend sur la base des coûts de revient majorés.

268. Le Graphique 3.1 montre que ces structures peuvent soulever certaines préoccupations de BEPS notamment lorsque les fonctions attribuées au personnel de la filiale locale en vertu d'accords contractuels (assistance technique, marketing et promotion, par exemple) ne correspondent pas aux fonctions qu'il exerce réellement. Par exemple, le personnel de la filiale locale peut participer à d'importantes négociations avec des clients qui aboutissent à la conclusion de ventes. Si la filiale locale n'est pas formellement impliquée dans les ventes des produits ou services spécifiques du groupe

multinational, ces structures de vente évitent généralement la qualification d'ES sous la forme d'un agent dépendant dans la juridiction où se situe le marché.

Graphique 3.1. Scénario impliquant l'évitement du statut d'établissement stable

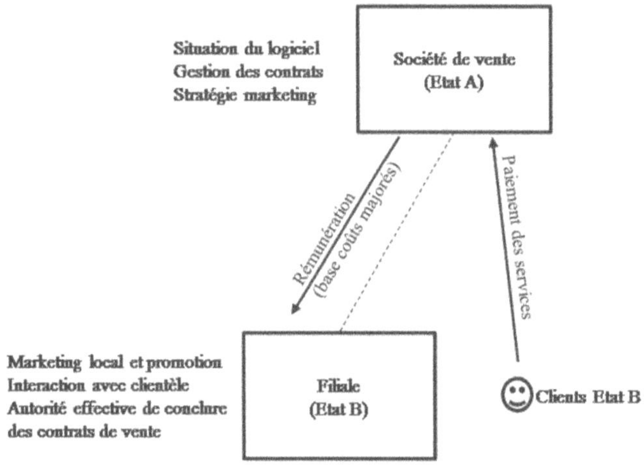

269. Face à ces risques de BEPS, les travaux menés au titre de l'Action 7 ont conduit à la modification de dispositions clefs de l'article 5 du Modèle de Convention fiscale de l'OCDE et de ses Commentaires. Ces modifications ont pour but de neutraliser les pratiques visant à éviter artificiellement le statut d'ES, qui est la principale règle conventionnelle de seuil en-dessous duquel le pays où se situe le marché n'est pas autorisé à imposer les bénéfices commerciaux d'un non-résident. En outre, le Rapport de 2015 établi au titre de l'Action 1 du projet BEPS observait que ces modifications pouvaient contribuer à atténuer certains défis plus larges liés à la question du lien, à condition d'être mises en œuvre à grande échelle. Ces attentes étaient surtout pertinentes pour les situations dans lesquelles les entreprises ont une certaine présence physique sur un marché (par exemple, pour s'assurer que leurs ressources principales se trouvent aussi proches que possible de leurs clients) mais sont par ailleurs susceptibles d'éviter de franchir le seuil d'imposition de l'ES.

270. Plus spécifiquement, le Rapport de 2015 établi au titre de l'Action 7 du projet BEPS prévoit la révision de la définition de l'ES agent dépendant en modifiant les articles 5(5) et 5(6) du Modèle de Convention fiscale de l'OCDE. L'objectif de ces modifications est de contrer l'utilisation artificielle d'accords de commissionnaire[7] et d'accords négociés d'avance à l'étranger. Certaines structures communes à tous les secteurs de l'économie impliquent le remplacement de filiales locales qui font traditionnellement office de distributeur par des accords de commissionnaire. Cela aboutit à transférer des bénéfices en dehors d'une juridiction sans que les fonctions exercées dans cette juridiction soient fondamentalement transformées. D'autres structures plus spécifiques aux entreprises à forte composante numérique, comme la vente en ligne de services publicitaires, font intervenir la négociation de contrats dans une juridiction où se situe le marché via une filiale locale, alors que la conclusion formelle de ces contrats n'a pas lieu dans cette juridiction. Un système automatisé géré depuis l'étranger par la société mère est responsable de la finalisation de ces contrats. Ces mécanismes permettent à une entreprise d'éviter le statut d'ES sous forme d'agent dépendant visé par l'article 5(5). À

supposer que les recommandations de l'Action 7 soient mises en œuvre, ces structures et mécanismes seraient qualifiés d'ES de la société mère étrangère si les agents commerciaux locaux jouent habituellement le rôle principal conduisant à la conclusion des contrats pour le compte de la société mère (ou prévoyant le transfert de propriété ou la prestation de services par la société mère), et si ces contrats sont ordinairement conclus sans modification substantielle de la société mère.

271. L'Action 7 recommandait également d'actualiser les exceptions applicables à certaines activités spécifiques prévues par l'article 5(4) du Modèle de l'OCDE, selon lesquelles une installation fixe d'affaires utilisée exclusivement pour des activités mentionnées dans ce paragraphe (usage d'installations aux seules fins de stockage, d'exposition ou de livraison de marchandises, ou pour la collecte d'informations par exemple) échappe à la qualification d'ES. La modification proposée a pour effet d'empêcher l'application automatique de ces exceptions en la limitant aux activités revêtant un caractère « préparatoire ou auxiliaire »[8]. Cette révision est particulièrement pertinente pour certaines activités à forte composante numérique, telles que celles liées aux transactions B2C (*business-to-consumer*) en ligne et dans lesquelles certaines activités locales d'entreposage qui étaient considérées précédemment comme revêtant uniquement un caractère préparatoire ou auxiliaire, peuvent en fait correspondre à des activités essentielles de l'entreprise. En vertu de la nouvelle version de l'article 5(4), ces types d'activités locales d'entreposage menées par un non-résident ne bénéficient plus des exceptions généralement prévues par la définition de l'ES dès lors qu'elles ne revêtent pas un caractère préparatoire ou auxiliaire. Tel serait le cas, par exemple, d'un entrepôt de grande taille géré par une entreprise non résidente situé sur le marché d'une juridiction donnée et au sein duquel travaille un nombre important de salariés dans le but principal d'entreposer et de livrer des marchandises appartenant à l'entreprise non résidente ou que celle-ci vend, si cet entrepôt constitue une part essentielle des activités de vente et de distribution de cette entreprise.

272. Les différentes mesures détaillées dans le Rapport de 2015 établi au titre de l'Action 7 du projet BEPS sont actuellement introduites dans un certain nombre de conventions fiscales existantes via la Convention multilatérale pour la mise en œuvre des mesures relatives aux conventions fiscales afin de prévenir l'érosion de la base d'imposition et le transfert de bénéfices (l'Instrument multilatéral, Encadré 3.1), ainsi que dans le cadre de négociations bilatérales. Sur la base des positions provisoires exprimées par les juridictions ayant signé l'Instrument multilatéral[9], on estime toutefois que les modifications recommandées par l'Action 7 seront appliquées dans un nombre assez limité de conventions bilatérales seulement. Les dernières prévisions sont les suivantes :

- Concernant la définition révisée de l'ES agent dépendant (article 5(5) du Modèle de l'OCDE) : on estime, à partir des positions exprimées à ce jour, que cette définition révisée s'appliquerait à environ 17 % des 1 246 conventions fiscales actuellement couvertes par l'Instrument multilatéral (environ 206 conventions fiscales bilatérales).
- Concernant la version mise à jour des exceptions spécifiques dont bénéficient certaines activités (article 5(4) du Modèle de l'OCDE) : on estime, à partir des positions exprimées à ce jour, que cette disposition révisée s'appliquerait à environ 22 % des conventions (soit environ 277 conventions fiscales bilatérales)[10].

273. Si ces prévisions initiales révèlent un faible taux d'adoption, elles ne reflètent pas nécessairement toute l'étendue de la mise en œuvre ou de l'impact de l'Instrument

multilatéral dans la durée. Par exemple, il est possible que des juridictions qui ont formulé des réserves concernant les dispositions de l'Instrument multilatéral relatives à l'ES retirent leurs réserves une fois que les travaux menés par le Cadre inclusif sur le BEPS concernant « l'attribution de bénéfices aux établissements stables » seront terminés[11]. En outre, certaines multinationales à forte composante numérique ont déjà commencé à modifier leurs structures commerciales basées sur des modèles de ventes à distance dans certains pays (Amazon, E-bay, Facebook et Google notamment), bien que toutes les juridictions de marché n'aient pas connu et bénéficié d'une telle restructuration dans la même mesure[12].

274. En outre, le taux d'adoption de la nouvelle définition de l'ES pourrait augmenter au fil du temps, puisque les gouvernements s'appuieront sur le Modèle de l'OCDE de 2017 intégrant ces modifications pour négocier leurs conventions. Le Modèle de l'OCDE sert depuis longtemps de support aux négociations des conventions fiscales bilatérales, et l'on s'attend à ce que les pays continuent de s'en inspirer pour leurs négociations futures[13].

Encadré 3.1. L'Instrument multilatéral pour la mise en œuvre des mesures relatives aux conventions fiscales afin de prévenir l'érosion de la base d'imposition et le transfert de bénéfices

Élaborée par plus de 100 pays et juridictions, la Convention multilatérale pour la mise en œuvre des mesures relatives aux conventions fiscales afin de prévenir l'érosion de la base d'imposition et le transfert de bénéfices (l'Instrument multilatéral) et la Note explicative qui l'accompagne constituent un outil novateur qui permet aux pays de modifier rapidement leur réseau de conventions fiscales bilatérales au moyen d'un seul instrument.

Lors de la cérémonie de signature qui s'est tenue le 7 juin 2017 à l'OCDE, 77 pays et juridictions ont exprimé leur volonté de mettre à jour leurs réseaux de conventions fiscales conformément au paquet BEPS. Parmi eux, 67 ont signé l'Instrument multilatéral, et 9 autres juridictions ont exprimé formellement leur intention de le faire dans un proche avenir[1]. Depuis la première cérémonie de signature, 9 nouvelles juridictions ont signé l'Instrument multilatéral qui couvre actuellement 78 juridictions et d'autres devraient bientôt leur emboîter le pas. Sur la base des signatures obtenues, plus de 1 200 conventions fiscales existantes seront modifiées par l'Instrument multilatéral, et d'autres seront couvertes lorsque de nouvelles juridictions adhéreront à l'Instrument.

L'Instrument multilatéral concerne les standards minimums relatifs aux conventions fiscales qui ont été adoptés dans le cadre du paquet BEPS et que l'ensemble des pays et des juridictions membres du Cadre inclusif sur le BEPS ont pris l'engagement d'appliquer. Ces standards portent sur la prévention de l'utilisation abusive des conventions (Action 6)[2] et sur l'amélioration du règlement des différends (Action 14). En outre, l'Instrument multilatéral permet aux signataires de mettre en œuvre toutes les autres mesures se rapportant aux conventions fiscales élaborées au cours du projet BEPS qui ne sont pas des standards minimums. Elles englobent notamment les mesures relatives aux montages hybrides qui régissent l'octroi des avantages prévus par les conventions (dispositions relatives aux sociétés à double résidence ou aux entités fiscalement transparentes, par exemple), les mesures tendant à accroître l'efficacité de la procédure amiable (PA), y compris les dispositions sur l'arbitrage obligatoire (que 28 pays se sont déjà engagés à appliquer) et les mesures contre l'évitement artificiel du statut d'établissement stable par le recours à des accords de commissionnaire. Compte tenu de la nécessité de composer avec des politiques fiscales variées, l'Instrument multilatéral est conçu comme un instrument flexible, quoique solide, offrant la possibilité d'appliquer des dispositions facultatives et/ou alternatives lorsqu'il existe plusieurs solutions pour contrer les pratiques de BEPS, sans toutefois déroger aux standards minimums. De plus, eu égard à l'importance qu'il convient d'accorder à la lutte contre l'utilisation abusive des conventions et à l'amélioration du règlement des différends, certains signataires donnent la priorité à la mise en œuvre des mesures prévues par le standard minimum tout en envisageant d'adopter d'autres dispositions à un stade ultérieur.

Les juridictions qui ont signé l'Instrument multilatéral se préparent désormais à sa ratification selon les procédures en vigueur sur leur territoire. Pour que les modifications apportées par l'Instrument multilatéral prennent effet à l'égard d'une convention fiscale bilatérale existante, les deux parties à la convention devront ratifier l'Instrument multilatéral conformément aux procédures en vigueur sur leur territoire de sorte que le calendrier variera selon les pays. On prévoit que les premières modifications pourraient prendre effet en 2018.

L'OCDE est le dépositaire de l'Instrument multilatéral et continuera à travailler avec les signataires afin de garantir la limpidité de cet instrument et de ses liens avec les conventions existantes de façon à maximiser l'impact des mesures issues du projet BEPS intéressant les conventions.

1. La signature de la Chine couvre également Hong Kong, Chine. Les positions provisoires au regard de l'Instrument multilatéral peuvent être consultées en ligne (OCDE, 2018[3]). Les Bermudes ont indiqué qu'elles avaient invité l'ensemble de leurs partenaires de convention de double imposition à aligner leurs conventions sur le standard élaboré par l'Instrument multilatéral.
2. Le Rapport sur l'Action 6 (OCDE, 2015[4]) prévoit une règle simplifiée et une règle détaillée de limitation des avantages. Étant donné que la règle détaillée de limitation des avantages nécessite un important travail d'adaptation au niveau bilatéral, qui serait difficile à mener dans le contexte d'un instrument multilatéral, elle ne figure pas dans l'Instrument multilatéral.

Faire en sorte que les prix de transfert calculés soient alignés sur la création de valeur (Actions 8-10)

275. Le projet BEPS identifiait un certain nombre de structures mises en place par les entreprises multinationales pour séparer des bénéfices des activités économiques sous-jacentes. Par exemple, il est possible de créer des opportunités de BEPS en attribuant contractuellement des actifs et des risques à des entités affiliées situées dans des juridictions à faible fiscalité selon des modalités qui ne correspondent pas parfaitement au comportement effectif des parties. Les modèles d'affaires dans lesquels les actifs incorporels jouent un rôle déterminant pour la rentabilité de l'entreprise, comme ceux propres aux entreprises à forte composante numérique, impliquent généralement le transfert d'actifs incorporels ou des droits associés à des entités situées dans des juridictions à faible niveau d'imposition qui n'ont pas nécessairement la capacité de contrôler ces actifs ou les risques qui leur sont associés. Pour bénéficier d'un taux effectif d'imposition plus faible au niveau du groupe, les filiales situées dans des juridictions peu taxées étaient incitées à sous-évaluer les actifs incorporels (ou d'autres actifs générateurs de revenu difficiles à valoriser) qui leur étaient transférés au moment de la transaction. Dans le même temps, elles pouvaient prétendre qu'une grande partie du revenu du groupe multinational leur revenait parce qu'elles étaient juridiquement propriétaires des actifs incorporels sous-évalués, qu'elles assumaient des risques et qu'elles finançaient des opérations (« *cash boxes* »). À l'inverse, les filiales opérant dans des juridictions à plus forte fiscalité pouvaient être contractuellement protégées du risque, et s'abstenir de revendiquer la propriété d'autres actifs de valeur.

276. Le Graphique 3.2 illustre l'utilisation d'un accord de partage de coûts en vue de transférer les actifs incorporels de valeur développés initialement par un membre d'un groupe multinational à une entreprise associée détenant une part importante du capital (holding PI) située dans une juridiction à faible fiscalité (État X). Ces actifs incorporels sont ensuite cédés sous licence à d'autres filiales d'exploitation engagées dans des activités de commercialisation et de vente, sans que la holding PI s'implique effectivement dans le développement, le renforcement, la conservation, la protection ou l'exploitation (fonctions DEMPE) de ces actifs. Cela permet au groupe multinational de transférer l'essentiel de ses bénéfices dans une « *cash box* ». Il s'agit de la filiale située dans la juridiction à faible fiscalité (holding PI) qui détient le capital finançant les activités du groupe. Cette filiale possède des actifs de valeur supérieure, même dans les situations dans lesquelles cette attribution contractuelle des actifs et des risques ne reflète pas pleinement le comportement effectif des parties.

Graphique 3.2. Scénario impliquant une cash box qui n'exerce pas de fonctions DEMPE

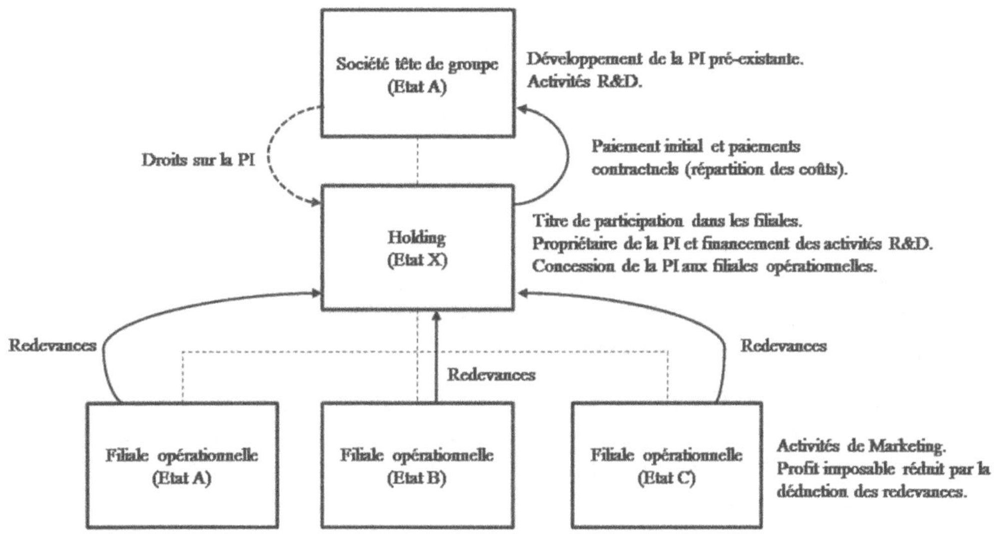

277. Dans le cadre des Actions 8-10 du Plan d'action sur le BEPS, des orientations ont été élaborées en vue de réduire les circonstances dans lesquelles ces structures entraînent des pratiques de BEPS. Ces orientations portent en particulier sur la prévention des pratiques de BEPS faisant intervenir le transfert d'actifs incorporels entre membres d'un groupe (Action 8), la répartition de risques ou d'une fraction excessive du capital entre membres d'un groupe multinational (Action 9) et les transactions auxquelles des parties indépendantes ne se livreraient pas (Action 10). Tous ces axes de travail ont porté une attention particulière aux spécificités des modèles d'affaires à forte composante numérique.

278. Les orientations élaborées au titre des Actions 8-10 du BEPS ont été intégrées dans les Principes de l'OCDE applicables en matière de prix de transfert en 2016 pour faire en sorte que les prix de transfert calculés soient alignés sur la création de valeur. Bien que ces Principes applicables en matière de prix de transfert jouent un rôle essentiel pour façonner les régimes de prix de transfert des pays membres de l'OCDE et de nombreux pays non membres, la mise en œuvre effective de ces changements dépend de la législation nationale et/ou des pratiques administratives publiées des pays. Si, dans plusieurs juridictions, les modifications ont pris immédiatement effet, d'autres devront prendre des dispositions législatives ou administratives supplémentaires pour les concrétiser. Quoi qu'il en soit, toutes les juridictions membres du Cadre inclusif ont été invitées à remplir un questionnaire qui permettra de connaître l'état d'avancement de la mise en œuvre des orientations élaborées au titre des Actions 8-10 du projet BEPS.

279. Dans l'ensemble, les administrations fiscales sont désormais mieux équipées pour contrer le transfert de bénéfices par les groupes multinationaux faisant intervenir des mécanismes de type :

- Délimitation de la transaction commerciale effective entre les entreprises associées en complétant si nécessaire les conditions du contrat par des éléments illustrant le comportement réel des parties.

- Cadre analytique afin de déterminer l'entreprise associée qui supporte le risque aux fins du calcul des prix de transfert, l'attribution contractuelle des risques étant respectée uniquement si elle est corroborée par l'exercice effectif de la fonction de prise de décision.
- Instructions visant à déterminer précisément les contributions réelles d'une entreprise associée qui se contente d'apporter du capital sans exercer de fonctions. Si l'apporteur de capital ne contrôle pas en réalité les risques financiers liés à son investissement susceptibles de donner lieu à un rendement supérieur, cette entreprise associée ne devra pas s'attendre à percevoir plus qu'à un rendement sans risque.
- Instructions relatives aux transactions qui impliquent l'utilisation ou le transfert d'actifs incorporels garantissant que la propriété juridique d'un actif incorporel par une entreprise associée ne suffit pas à lui donner le droit de bénéficier des revenus tirés de l'exploitation de cet actif.

280. On dispose déjà d'éléments concrets qui illustrent l'impact de ces outils sur les positions en matière de prix de transfert de certaines entreprises multinationales qui exercent des activités à forte composante numérique (« relocalisation d'actifs » par exemple, voir la sous-section 3.5.1).

Renforcer les règles concernant les SEC (Action 3)

281. La mobilité et la flexibilité propres aux modèles d'affaires à forte composante numérique permettent à ces entreprises de gérer leurs activités à l'échelle mondiale de façon intégrée, à partir d'un centre de décision qui peut être géographiquement éloigné aussi bien des sites sur lesquels leurs activités ont lieu que de l'endroit où sont établis leurs fournisseurs ou leurs clients. Le Graphique 3.3 montre qu'un groupe multinational peut attribuer une fraction substantielle de ses revenus à une filiale située dans une juridiction à faible fiscalité (État X, la juridiction de la SEC) en y localisant ses principaux actifs incorporels et en les utilisant pour vendre des biens et des services numériques sur Internet à des clients situés dans d'autres juridictions. En général, la filiale dans l'État X dispose d'un personnel limité et n'exerce pas elle-même d'activités commerciales importantes liées aux ventes en ligne (fonctions accomplies par le personnel local, activités de marketing et de promotion pour les clients du pays, service après-vente, par exemple).

Graphique 3.3. Scénario exploitant l'absence de règles efficaces concernant les SEC

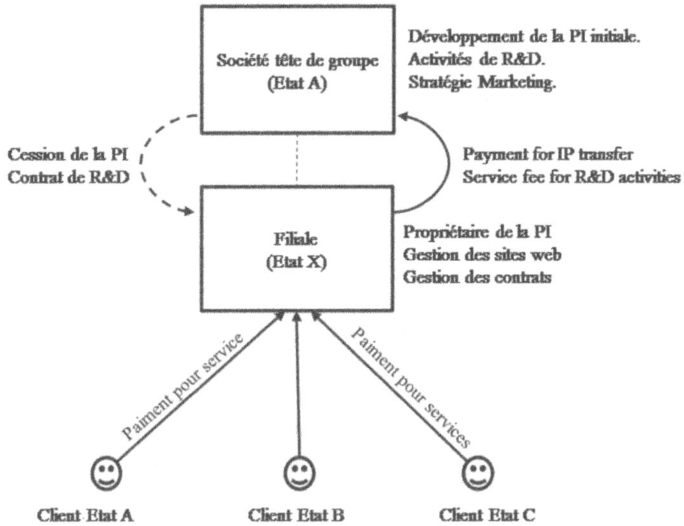

282. Dans cette structure, les revenus générés par les ventes à distance ne donnent pas lieu à une charge fiscale dans les juridictions où les clients se situent (États A, B et C), tout en supportant une imposition minime ou nulle dans la juridiction de la SEC (État X). En outre, les paiements ne seront généralement pas assujettis à l'impôt local au niveau des actionnaires (société mère) dans le pays de résidence ultime (État A). Ce résultat peut être obtenu parce que de nombreuses juridictions sont dépourvues d'un régime de sociétés étrangères contrôlées (SEC), ou sont dotées d'un régime qui ne couvre pas correctement certaines catégories de revenu passif ou très mobile (ventes en ligne de produits et de services à des clients tiers, par exemple), ou disposent d'un régime qui peut être aisément contourné au moyen de dispositifs hybrides. Pour toutes ces raisons, le Rapport sur l'Action 1 de 2015 du projet BEPS indique que l'absence de règles exhaustives et efficaces sur les SEC constitue une lacune importante du cadre existant.

283. Le Rapport de 2015 établi au titre de l'Action 3 du projet BEPS formule des recommandations sous la forme de six composantes, y compris une définition du revenu de la SEC qui dresse une liste non exhaustive d'approches ou qui établit un ensemble d'approches sur lesquelles les règles concernant les SEC pourraient reposer. Une attention particulière est portée à un certain nombre de mesures qui ciblent les revenus engendrés dans une économie numérique, comme les revenus tirés des biens incorporels et les revenus tirés de la vente à distance de biens et de services numériques auxquels la SEC a ajouté une valeur limitée ou nulle. Ces approches englobent les analyses catégorielles, de substance et fondées sur les bénéfices excédentaires qui peuvent être appliquées isolément ou associées les unes aux autres. En appliquant ces approches aux règles concernant les SEC, les revenus mobiles habituellement perçus par les entreprises à forte composante numérique seraient imposés dans la juridiction de la société mère ultime. Cette solution permettrait de contrer les structures « *offshore* » utilisées par de nombreuses entreprises multinationales à forte composante numérique qui exonèrent les revenus de source étrangères (ou reportent indéfiniment leur imposition) dans la juridiction de résidence. Des règles complètes et efficaces sur les SEC dans le pays de

résidence de la société mère ultime réduiraient également l'incitation à transférer des bénéfices d'un pays où se situe le marché vers une juridiction à faible fiscalité.

284. Les pays qui s'emploient à modifier leurs règles concernant les SEC ont d'ores et déjà fait part de leur intérêt pour les recommandations intéressant les revenus tirés des ventes de biens et de services en ligne. Par exemple, en vertu de la Directive du Conseil de l'UE sur la lutte contre l'évasion fiscale (2016/1164/UE)[14], tous les 28 Membres de l'UE sont tenus de mettre en place des règles sur les SEC directement inspirées des recommandations de l'Action 3[15]. L'article 7 de cette Directive prévoit deux méthodes pour définir les revenus perçus par une SEC. L'une d'elles repose sur des classifications formelles et couvre un large éventail de catégories de revenu, y compris les « *redevances ou tout autre revenu provenant de la propriété intellectuelle* » et les « *revenus provenant de sociétés de facturation qui tirent des revenus de biens et services achetés et vendus à des entreprises associées* ». Cette méthode peut dans certains cas couvrir les revenus commerciaux générés essentiellement par l'utilisation de droits de propriété intellectuelle sous-jacents (« redevances incorporées ») mais ne s'applique pas lorsque la société étrangère contrôlée « *exerce une activité économique substantielle au moyen de personnel, d'équipements, de biens et de locaux, corroborée par des faits et des circonstances pertinents* ». La deuxième méthode repose sur un test de substance autonome qui vise les revenus « *provenant de montages non authentiques mis en place essentiellement dans le but d'obtenir un avantage fiscal* ». Conformément aux bonnes pratiques décrites dans le Rapport de 2015 établi au titre de l'Action 3 du projet BEPS, cette méthode examine les fonctions humaines importantes au sein du groupe pour déterminer si la SEC utilise des montages non authentiques. Cette méthode ne capte pas toujours les revenus des services en ligne, lorsque la SEC peut avoir la substance nécessaire pour se conformer aux règles sur les prix de transfert.

285. Plus récemment, dans le cadre d'une vaste réforme fiscale adoptée en 2017, le « *Tax Cuts and Jobs Act* », les États-Unis ont mis en œuvre un certain nombre de mesures clés afin de prévenir l'érosion de la base d'imposition, ce qui contribuera à éliminer les cas de double non-imposition impliquant des entreprises multinationales dont le siège social est situé aux États-Unis et réduira considérablement l'incitation à transférer des bénéfices vers des juridictions à faible fiscalité. La réforme prévoit notamment un nouveau dispositif dans le cadre du régime de sociétés étrangères contrôlées (SEC), reposant sur une analyse des bénéfices excédentaires : la taxe sur les revenus mondiaux générés par des actifs incorporels faiblement imposés (« GILTI »)[16]. L'objectif est de faire en sorte que la différence perçue par un actionnaire entre le revenu net de la SEC et une rémunération ordinaire ou habituelle, soit imposée à un taux effectif minimum global (États-Unis et étranger) de 13.125 % (jusqu'en 2026, et de 16.4 % par la suite)[17]. La méthode simplifiée utilisée pour déterminer ces bénéfices excédentaires pourrait inclure des revenus tirés d'actifs incorporels et de transfert de risques perçus à l'extérieur des États-Unis, y compris les revenus issus de la vente de biens et services en ligne, indépendamment la plupart du temps du niveau d'activité dans la SEC. La taxe GILTI est toutefois appliquée à l'échelle mondiale plutôt qu'en procédant pays par pays, ce qui laisse la possibilité de localiser les investissements dans des juridictions à faible fiscalité et de les combiner avec des bénéfices excédentaires provenant de juridictions à faible et à forte fiscalité. Dans le cas des revenus de source étrangère non imposés antérieurement, accumulés à l'étranger jusqu'en 2018, et qui bénéficiaient d'un report d'impôts aux États-Unis en vertu de règles antérieures (tout en supportant potentiellement une imposition minime ou nulle à l'étranger), la réforme fiscale américaine prévoit également une taxe transitoire ou règle de rapatriement des revenus. Cette taxe transitoire consiste en une

imposition unique des bénéfices étrangers reportés depuis 1986, calculée de manière à assurer un taux d'imposition effectif de 15.5 % pour les actifs liquides (revenus réalisés à l'étranger détenus sous forme de trésorerie et d'équivalents de trésorerie) et un taux d'imposition effectif de 8 % pour les actifs non liquides (bénéfices non distribués réinvestis dans l'entreprise). Les paiements au titre de ce prélèvement pourront être échelonnés sur une période de huit ans.

286. De la même façon, le Japon a modifié ses règles concernant les SEC en mars 2017 et mis en œuvre de nombreuses recommandations issues de l'Action 3, telles que de nouvelles dispositions relatives à l'imposition des « bénéfices anormaux » réalisés par une filiale étrangère. Ces dispositions ont été conçues dans le but de capter les revenus exceptionnels réalisés par une filiale étrangère, et, partant, de répondre aux risques de BEPS soulevés par les incorporels et les ventes en ligne de biens et de services[18]. D'autres pays (Colombie et Chili, par exemple) ont aussi récemment intégré certains aspects des recommandations de l'Action 3 dans leur droit interne, mais ils n'ont pas mis en œuvre les recommandations spécifiques relatives aux revenus tirés des incorporels et des ventes en ligne de biens et de services.

3.3.2. Autres mesures pertinentes relatives à la fiscalité directe

287. La latitude dont disposent de nombreuses entreprises à forte composante numérique pour choisir l'emplacement de leurs ressources essentielles leur permet d'utiliser des sociétés relais situées dans des pays dotés d'un réseau de conventions fiscales favorables afin d'obtenir des avantages fiscaux généralement réservés aux entreprises résidentes (dispositifs de chalandage fiscal). Pour traiter cette problématique de BEPS, un standard minimum a été établi à l'issue des travaux sur l'Action 6 comprenant des dispositions anti-abus que les pays doivent inclure dans leurs conventions[19]. En outre, le standard minimum prévoit une déclaration explicite, insérée dans le préambule de chaque convention, précisant que la convention n'a pas vocation à créer des possibilités de non-imposition ou d'imposition réduite résultant de pratiques d'évasion ou de fraude fiscale (comme les stratégies de chalandage fiscal). Dans leur ensemble, ces exigences permettront au pays de la source d'appliquer son droit interne dans les cas d'évasion fiscale, sans être limité par des règles conventionnelles destinées à empêcher la double imposition.

288. La mise en œuvre du standard minimum de l'Action 6 est bien avancée. Les pays ont commencé à apporter les modifications nécessaires à leurs conventions, soit par le biais de la Convention multilatérale pour la mise en œuvre des mesures relatives aux conventions fiscales afin de prévenir l'érosion de la base d'imposition et le transfert de bénéfices (l'Instrument multilatéral), soit en mettant à jour leurs conventions fiscales au moyen de négociations bilatérales. À ce jour, l'Instrument multilatéral couvre les conventions fiscales de 78 juridictions, ce qui aboutira à la mise à jour de plus de 1 200 conventions fiscales bilatérales, de sorte qu'un tiers environ des conventions existantes seront rendues conformes au standard minimum de l'Action 6.

289. En outre, les actifs incorporels et le revenu généré par leur exploitation étant, par définition, géographiquement mobiles, les entreprises multinationales à forte composante numérique sont incitées à localiser leurs actifs incorporels dans des juridictions dotées de régimes qui prévoient un traitement fiscal préférentiel en faveur des revenus générés par la propriété intellectuelle (PI). Pour remédier à cette pratique de BEPS, un standard minimum a été convenu au titre de l'Action 5, qui prévoit que les avantages procurés par les régimes fiscaux préférentiels doivent être octroyés uniquement si le contribuable

exerce des activités substantielles (approche du lien). Selon ce standard, les avantages fiscaux peuvent être octroyés aux revenus provenant des actifs de PI uniquement dans la mesure où les activités de recherche et développement (R&D) associées sont menées principalement par le contribuable lui-même ou dans la juridiction qui octroie ces avantages. Comme l'indique le Rapport d'étape 2017 sur les pratiques fiscales dommageables (OCDE, 2017[5])[20], presque tous les pays de l'OCDE et du G20 dotés de régimes de PI respectent désormais pleinement « l'approche du lien » – soit 19 régimes sur les 21 de ce type. Parmi les nouveaux membres du Cadre inclusif sur le BEPS, 31 régimes de PI ont été recensés ; pratiquement tous – 29 régimes sur 31 – sont potentiellement en contrariété avec l'approche du lien et sont en train d'être supprimés ou modifiés.

290. Enfin, dans le cadre du standard minimum établi au titre de l'Action 5, les membres du Cadre inclusif sur le BEPS se sont engagés en faveur de l'échange obligatoire et spontané de renseignements sur les décisions administratives susceptibles de présenter des risques de BEPS (parfois appelées rescrits fiscaux ou « *rulings* »). Pour la première fois, des informations sur les décisions dans les principales catégories de risque (accords préalables en matière de prix de transfert (APP) unilatéraux transfrontaliers, par exemple), y compris certaines décisions administratives émises depuis janvier 2010, seront échangées spontanément avec toutes les juridictions pertinentes, sous réserve que le cadre juridique requis soit mis en place. Le premier rapport annuel sur l'examen par les pairs du cadre de transparence des décisions a été diffusé le 4 décembre 2017. Au 31 décembre 2016, près de 10 000 décisions pertinentes ont été identifiées et près de 6 500 ont été échangées entre administrations fiscales dans le monde, procurant aux autorités des informations utiles sur les risques potentiels pour leur base d'imposition. Munies d'informations supplémentaires et plus à jour, les autorités pourront aussi agir plus efficacement contre les mécanismes de BEPS. Cette coopération internationale renforcée peut exercer une influence considérable sur le comportement des contribuables, y compris des entreprises à forte composante numérique.

3.4. Mise en œuvre des solutions recommandées et des options disponibles pour relever les défis relatifs à la TVA soulevés par la numérisation de l'économie

291. Le Rapport de 2015 établi au titre de l'Action 1 du projet BEPS souligne que les entreprises à forte composante numérique peuvent structurer leurs affaires de manière à payer peu de TVA voire aucune TVA sur les actifs incorporels et services rendus à distance. Pour appréhender ces risques de BEPS, le Rapport sur l'Action 1 a conclu que les Principes directeurs internationaux de l'OCDE pour la TVA/TPS apportent la solution (OCDE, 2017[2])[21]. En particulier, il y est indiqué que l'application des Principes directeurs 3.2 et 3.4 concernant le lieu d'imposition des fournitures de services et de biens incorporels entre entreprises (B2B) réduira ces risques de BEPS et garantira que le droit de percevoir la TVA est attribué à la juridiction où ces services et biens incorporels sont utilisés à des fins commerciales, quelle que soit la structure utilisée pour l'acquisition et la vente des actifs incorporels et des services concernés[22]. Les Principes directeurs internationaux de l'OCDE pour la TVA/TPS ont été entérinés par plus de 100 pays, juridictions et organisations internationales et servent de référence à un nombre croissant de pays dans le monde pour concevoir et mettre en œuvre une législation à même d'appréhender les risques de BEPS susmentionnés.

292. En outre, le Rapport de 2015 établi au titre de l'Action 1 du projet BEPS a conclu que l'un des défis fiscaux plus larges induits par la numérisation de l'économie est la

collecte de la TVA sur les échanges internationaux de biens, services et actifs incorporels, surtout lorsqu'ils sont acquis par des particuliers auprès de fournisseurs à l'étranger. La numérisation amplifie considérablement ces difficultés car l'évolution de la technologie a multiplié les possibilités, pour les particuliers, de réaliser des achats en ligne et, pour les entreprises, de desservir des clients dans le monde entier sans avoir besoin d'être présentes physiquement ou sous une autre forme dans le pays où sont situés les consommateurs. Considérant aussi qu'un vendeur étranger à forte composante numérique peut s'affranchir de tout lien avec une juridiction où se situe le marché et que cette juridiction peut n'être guère en mesure d'imposer au vendeur étranger qu'il facture et reverse la TVA sur les services et biens incorporels livrés aux consommateurs finaux dans cette juridiction, il s'ensuit que le montant de la TVA perçue sur ces transactions par ces vendeurs est nul ou anormalement bas, ce qui amoindrit les recettes de TVA des pays et engendre des distorsions de concurrence entre les fournisseurs nationaux qui sont soumis à l'obligation de facturer la TVA sur les ventes aux clients locaux, et les fournisseurs étrangers qui peuvent échapper à cette obligation ou à l'égard desquels il peut être difficile de faire respecter les obligations liées à la TVA.

293. Dans ce contexte, de nouveaux principes directeurs et mécanismes de collecte de la TVA ont été approuvés dans le cadre du Rapport de 2015 établi au titre de l'Action 1 du projet BEPS. Conformément au principe de destination, ils autorisent l'administration fiscale d'une juridiction à recouvrer la TVA sur les services et les biens incorporels vendus à des consommateurs finaux d'autres pays (B2C) dans cette juridiction (c'est-à-dire dans la juridiction où se situe le client). Le Rapport de 2015 établi au titre de l'Action 1 du projet BEPS souligne que le moyen le plus efficace et le plus efficient d'assurer le respect des obligations fiscales par les fournisseurs étrangers consiste à limiter les obligations correspondantes dans la juridiction disposant de la compétence fiscale à ce qui est strictement nécessaire pour assurer le recouvrement effectif de la taxe considérée. Aussi, le Rapport de 2015 établi au titre de l'Action 1 du projet BEPS recommande d'autoriser le fournisseur étranger à s'enregistrer aux fins de la TVA dans la juridiction où se situe le marché en vertu d'un régime administratif et d'identification simplifié. Ce régime simplifié s'applique indépendamment du régime de droit commun d'identification et de collecte, sans s'accompagner des mêmes droits (tels que la récupération de la taxe d'amont) ni des mêmes obligations (telles qu'une déclaration complète). Ces mesures sont désormais intégrées au Principes directeurs internationaux de l'OCDE pour la TVA/TPS.

294. La mise en œuvre de ces mesures permet au pays où se situe le marché de capter les recettes de TVA provenant de ventes numériques B2C auprès des consommateurs du pays où se situe le marché. Elle assure également l'égalité des conditions de concurrence entre fournisseurs nationaux et étrangers parce que ces derniers sont tenus de facturer la TVA sur les ventes aux clients locaux au même titre que les fournisseurs nationaux. En outre, les mécanismes recommandés réduisent les coûts administratifs pour les fournisseurs de contenu numérique à ce qui est strictement nécessaire pour assurer le recouvrement effectif de la taxe considérée.

295. Ces travaux ont d'ores et déjà amélioré sensiblement le respect des obligations fiscales en favorisant une application plus cohérente et efficace des approches convenues.

296. À ce jour, plus de 50 juridictions, y compris la grande majorité des pays de l'OCDE et du G20, ont adopté des règles de collecte de la TVA sur les ventes B2C de services et de biens incorporels par des fournisseurs étrangers conformément aux Principes directeurs internationaux de l'OCDE pour la TVA/TPS. Ces juridictions

incluent les 28 États membres de l'UE ; l'Afrique du Sud ; l'Albanie ; Andorre ; l'Argentine ; l'Arabie saoudite ; l'Australie ; les Bahamas ; le Bélarus ; le Chili ; la Chine ; la Colombie ; la Corée ; le Ghana ; l'Islande ; l'Inde ; le Japon ; le Kenya ; le Mexique ; la Nouvelle-Zélande ; la Norvège ; la Russie ; la Serbie ; la Suisse ; la Tanzanie et la Turquie. Parmi les juridictions qui n'ont pas encore adopté ces règles, la plupart envisagent désormais d'engager des réformes à la lumière de ces principes. C'est notamment le cas pour le Costa Rica ; l'Indonésie ; Israël ; la Malaisie ; Singapour[23]; les Philippines ; la Thaïlande ; la Tunisie et plusieurs pays du Conseil de coopération du Golfe. Les colonnes 1 et 2 du tableau à l'Annexe B dressent la liste des juridictions qui ont mis en œuvre ou qui envisagent de mettre en œuvre les solutions recommandées.

297. Les premières données sur l'impact de ces mesures sont très encourageantes. C'est notamment le cas de l'Afrique du Sud où l'application des principes et mécanismes de collecte recommandés a permis de recouvrer des recettes de 585 millions ZAR en 2016/17. L'UE, la première à avoir adopté ces principes, a chiffré à plus de 3 milliards EUR le montant total des recettes de TVA déclarées via son régime d'identification simplifié en 2015, sa première année d'exploitation (Deloitte, 2016[6]). Environ 70 % des ventes transfrontières totales B2C de services et de biens incorporels qui relèvent du régime de l'UE sont couvertes[24]. En outre, ce régime permet aux entreprises d'alléger considérablement leurs obligations de conformité, qui selon certaines estimations sont aujourd'hui inférieures de 95 % à ce qu'elles seraient sans ces mesures de simplification[25].

298. L'expérience commune à diverses juridictions révèle que les éléments essentiels à une mise en œuvre réussie d'un mécanisme de collecte de la TVA incluent : la consultation des milieux d'affaires au stade de la conception du mécanisme ; une stratégie de communication appropriée qui fait connaître la mise en œuvre et explique les principales exigences de mise en conformité ; et l'existence d'orientations claires pour les contribuables.

299. Comme en témoigne le nombre croissant de juridictions qui ont déjà mis en œuvre de tels mécanismes ou qui envisagent de le faire, le déploiement et le fonctionnement efficaces de ces règles et mécanismes sont jugés prioritaires par de nombreux pays dans le monde, pour garantir le paiement effectif de la TVA sur les ventes sans cesse croissantes de services et de produits numériques. Aussi, les pouvoirs publics et les entreprises doivent promouvoir un déploiement et un fonctionnement cohérents et uniformes de ces règles dans toutes les juridictions. Cela permettra non seulement de renforcer le respect des obligations fiscales, mais également de soutenir les capacités des autorités fiscales de faire appliquer ces obligations, notamment en facilitant la coopération administrative internationale.

300. La nécessité de cohérence et d'uniformité dans l'application des règles relatives à la TVA entre les pays a conduit à élaborer des orientations supplémentaires en 2017 visant à aider les pouvoirs publics à adopter les bonnes pratiques pour la conception et l'application du mécanisme de collecte préconisé dans le Rapport de 2015 établi au titre de l'Action 1 et dans les Principes directeurs internationaux de l'OCDE pour la TVA/TPS. Ces orientations ont été intégrées dans le rapport « *Mécanismes pour la collecte effective de la TVA/TPS lorsque le fournisseur n'est pas situé dans la juridiction d'imposition* »[26] (publié le 24 octobre 2017). Il s'appuie sur les recherches, analyses et expériences des juridictions qui ont mis en œuvre un régime d'identification et de collecte simplifié ou qui sont sur le point de le faire, ainsi que sur l'expérience des entreprises qui se sont identifiées sous ces régimes ou envisagent de le faire. Ces nouvelles instructions

de mise en œuvre ont été bien accueillies par les administrations fiscales comme par les milieux d'affaires, qui y voient une étape supplémentaire importante pour renforcer la discipline fiscale tout en limitant les coûts de conformité à la charge des fournisseurs numériques en encourageant une application cohérente et uniforme de ces mécanismes de collecte dans toutes les juridictions.

301. Comme le reconnaît le Rapport de 2015 établi au titre de l'Action 1 du projet BEPS, l'échange de renseignements et la coopération administrative peuvent et doivent jouer un rôle significatif pour surmonter les défis liés à l'exploitation et à la gestion de ces mécanismes de collecte, notamment pour inciter les fournisseurs étrangers à les utiliser et pour mesurer les niveaux de conformité. Il existe un certain nombre de mécanismes de l'OCDE régissant l'échange de renseignements et la coopération administrative mutuelle que les Principes directeurs internationaux de l'OCDE pour la TVA/TPS jugent potentiellement très utiles pour relever ces défis de mise en œuvre[27]. L'utilisation des instruments existants et la mise en place d'un cadre pour leur application pratique aux fins de la TVA jouent un rôle essentiel à cet égard. La détermination de l'étendue des travaux de l'OCDE dans ce domaine est toujours en cours.

302. Les travaux en cours pour promouvoir un déploiement et un fonctionnement cohérents des règles préconisées dans tous les pays se concentrent sur le rôle des plateformes en ligne et d'autres intermédiaires dans le processus de collecte de la TVA, en mettant l'accent sur la conception et la mise en œuvre de mesures propres à garantir la collecte efficace et efficiente de la TVA sur les transactions générées et traitées par ces plateformes et intermédiaires. Un certain nombre de juridictions ont commencé à collecter la TVA auprès des plateformes numériques et ont signalé des effets positifs sur les recettes fiscales. Certaines juridictions empruntent également cette direction, et d'autres encore devraient le faire à l'avenir.

303. Les administrations fiscales comme les milieux d'affaires ont évoqué le besoin urgent d'élaborer des solutions cohérentes dans ce domaine, qui soient à la fois efficaces et efficientes pour mobiliser des recettes fiscales supplémentaires sans entraîner de coûts administratifs et de conformité trop lourds. Dans ce contexte, le Groupe de travail n° 9 de l'OCDE sur les impôts sur la consommation (GT9), en étroite concertation avec les milieux d'affaires via le Groupe technique consultatif auprès du GT9, analyse actuellement (i) les fonctions exercées par les plateformes numériques dans les ventes en ligne et les chaînes de livraison, et (ii) le rôle que les plateformes exerçant ces fonctions peuvent jouer dans la collecte de la TVA sur les ventes en ligne, y compris un examen des approches suivies ou envisagées par les autorités fiscales dans le monde entier. Ces travaux devraient aboutir à un rapport contenant des instructions et des approches fondées sur des bonnes pratiques. Ces travaux devraient s'achever en 2018 et n'ont pas pour but de retarder ou d'entraver les stratégies actuelles d'élaboration et de déploiement des politiques nationales[28].

304. En outre, le Rapport de 2015 établi au titre de l'Action 1 du projet BEPS décrivait des options permettant de faciliter la collecte de la TVA sur l'importation de biens de faible valeur vendus en ligne. En s'appuyant sur une baisse ou une suppression des seuils d'exemption de la TVA, ces approches font intervenir des vendeurs en ligne ou d'autres parties impliquées dans la chaîne d'approvisionnement des ventes en ligne, comme les plateformes de commerce électronique ou les transporteurs express. Un certain nombre de pays ont annoncé qu'ils allaient supprimer ou envisageaient de supprimer leurs seuils d'exemption de la TVA pour l'importation de biens de faible valeur vendus en ligne, au profit d'approches permettant un recouvrement plus efficient de la TVA sur les

importations de faible valeur. Par exemple, les 28 États membres de l'UE ont récemment approuvé les propositions visant à moderniser le régime de TVA applicable au commerce électronique international. Ces propositions prévoient d'étendre le système d'enregistrement MOSS (Mini guichet unique TVA) afin d'englober les importations de biens de faible valeur ainsi que tous les services internationaux rendus aux utilisateurs finaux et de supprimer l'exemption sur les envois de faible valeur à compter de 2021. L'Australie a déjà adopté une législation relative à l'assujettissement à la TPS des biens importés de faible valeur, qui prendra effet le 1er juillet 2018. La Suisse va modifier ses règles relatives au traitement des importations de faible valeur à partir 1er janvier 2019.

305. Dans le domaine des ventes transfrontalières de services et de biens incorporels notamment, les progrès d'ensemble décrits dans cette section favorisent un meilleur respect des obligations fiscales par les entreprises dans le secteur du commerce électronique en plein essor, et permettent de recouvrer efficacement les impôts sur la consommation dans le pays où a lieu la consommation.

3.5. Conclusions préliminaires sur l'impact du paquet BEPS dans le contexte de la transformation numérique

306. Comme expliqué précédemment, une évaluation systématique de l'effet des différentes mesures du projet BEPS ne sera possible que lorsqu'on disposera de micro-données et de données agrégées, y compris sur le comportement des contribuables, réunies par les autorités fiscales, grâce à leurs activités de vérification par exemple, au moyen des déclarations pays par pays ou des déclarations de revenu standard. Néanmoins, cette section procède à une évaluation préliminaire de l'efficacité des mesures BEPS, en analysant séparément leur impact sur les problématiques de BEPS et sur les défis plus larges en matière de fiscalité directe qui se rattachent à la question du lien.

3.5.1. Impact du paquet BEPS sur les problématiques de BEPS

307. Même si la mise en œuvre du paquet BEPS est encore très récente, on dispose déjà d'éléments qui illustrent son effet sur les décisions d'optimisation fiscale et de structuration des groupes multinationaux. L'application des mesures décrites dans cette Partie a pour conséquence qu'un certain nombre de dispositifs transfrontaliers d'optimisation fiscale ne sont plus disponibles ou ne sont plus financièrement intéressants, y compris pour les entreprises à forte composante numérique. Cela permettra de rétablir l'imposition dans le pays de la source et dans le pays de la résidence dans un certain nombre de cas où le revenu transfrontalier ne serait à défaut pas imposé ou serait imposé à des taux très faibles. On s'attend également à ce que cela contribue à favoriser une plus grande égalité des conditions de concurrence puisque les PME nationales et les entreprises multinationales seront soumises à un régime d'imposition identique. Voici des exemples de structures fiscales répandues désormais mises en échec par les mesures BEPS :

- **Les sociétés holding détenant de la PI qui utilisent des régimes fiscaux préférentiels de type « régimes de PI »** (voir l'exemple dans le Graphique 3.A.1 à l'Annexe A). Les avantages fiscaux générés par les régimes de PI ne peuvent être octroyés que dans la mesure où les activités de recherche et de développement sous-jacentes sont menées principalement par le contribuable lui-même ou dans la juridiction qui octroie ces avantages[29]. Il s'agit de la nouvelle approche du « lien ».

- **Structures de chalandage fiscal** (voir l'exemple dans le Graphique 3.A.3 à l'Annexe A). Il est de plus en plus difficile d'établir des sociétés écrans et/ou des sociétés de portefeuille ad hoc dans des juridictions à faible fiscalité dans le but de se soustraire aux retenues à la source sur des revenus passifs. En outre, toute décision administrative ou tout accord similaire des autorités fiscales ayant pour effet de minimiser l'imposition effective des contribuables doit désormais être communiquée.
- **L'utilisation de « *cash boxes* »** (voir l'exemple dans le Graphique 3.2). Une entité disposant de liquidités abondantes implantée dans une juridiction à faible fiscalité qui finance le développement d'actifs incorporels de valeur mais qui n'a pas la capacité de contrôler les risques liés à son investissement ne devra pas s'attendre à plus qu'à un rendement sans risque sur ses fonds, conformément aux règles révisées sur les prix de transfert.
- **L'utilisation de « structures commerciales » fondées sur un modèle de ventes à distance** (voir l'exemple dans le Graphique 3.1). Lorsque la définition révisée de l'ES agent dépendant (Action 7) aura été pleinement appliquée, il sera plus difficile pour une entreprise à forte composante numérique de vendre des produits et/ou des services en ligne sur un marché sans créer un ES agent dépendant dans ce pays, si les agents commerciaux d'une filiale locale jouent habituellement le rôle principal aboutissant à la conclusion des contrats, et si ces contrats sont ordinairement conclus sans modification substantielle apportée par le fournisseur à l'étranger. Le nouveau seuil relatif à l'ES agent dépendant peut désormais être franchi par le fournisseur à l'étranger même si la filiale locale ne conclut pas formellement ces contrats, et même si ces contrats sont des contrats types. Il peut également être plus difficile d'éviter la constitution d'un ES sous forme d'installation fixe d'affaires en relation avec les stratégies de BEPS impliquant la vente à distance de biens physiques par l'intermédiaire de plateformes en ligne. Lorsque la nouvelle liste des exceptions applicables à certaines activités spécifiques concernant la définition de l'ES sera adoptée, il pourrait devenir difficile pour une entreprise non résidente d'établir un entrepôt de grande taille dans un pays où se situe le marché en évitant le seuil de l'ES dans ce pays, sauf si les activités locales exercées par cet entrepôt sont de nature préparatoire ou auxiliaire. Enfin, il convient de noter que la mise en œuvre réussie des mécanismes recommandés visant à faire en sorte que la TVA soit acquittée sur les échanges internationaux de services et de produits numériques aura pour effet de supprimer une autre incitation importante pour les fournisseurs en ligne de vendre depuis l'étranger aux clients locaux en supprimant l'écart qui existait entre les obligations imparties aux entreprises nationales et aux fournisseurs étrangers s'agissant de ventes aux clients locaux.

308. Dans le prolongement de l'adoption du paquet BEPS, il était attendu que les entreprises multinationales prennent des mesures pour aligner leurs structures organisationnelles avec leur activité économique réelle. Plusieurs entreprises, y compris certaines à forte composante numérique, se sont déjà engagées dans cette voie. Ces mesures incluent des restructurations ou une révision de leurs positions en matière de prix de transfert, généralement en réévaluant la localisation des fonctions humaines, de prise de risque et de gestion des risques[30]. C'est ce que confirment des informations publiquement disponibles sur la relocalisation d'actifs de valeur (comme les actifs incorporels) et de risques de juridictions à faible fiscalité vers d'autres juridictions où des activités économiques substantielles se déroulent, notamment en termes de fonctions

humaines (relocalisation d'actifs ou « *on-shoring* »)[31]. On devrait obtenir des données supplémentaires à l'avenir, notamment à partir des déclarations pays par pays dont l'échange débutera en juin 2018. Ces tendances devraient s'affirmer à mesure que de nouveaux pays adopteront la législation nationale pour transposer les diverses mesures contenues dans le paquet BEPS.

309. D'autres réactions face au paquet BEPS font état d'un nombre croissant de cas où des entreprises multinationales à forte composante numérique ont réexaminé ou sont en train de réexaminer leurs structures commerciales (Amazon, E-bay, Facebook, Google, par exemple)[32], généralement en passant d'un modèle de ventes à distance à un modèle commercial dans lequel les ventes en ligne à des clients locaux sont confiées à une entité locale (un distributeur local par exemple)[33]. Certains pays où de telles restructurations se sont opérées ont connu un élargissement de la base de l'impôt sur les sociétés, dans la mesure où le contribuable local du groupe multinational n'est plus considéré comme un fournisseur de services de routine rémunéré sur la base des coûts de revient majorés. Au contraire, les revenus tirés des ventes auprès de clients locaux sont comptabilisés au niveau du contribuable local (filiale ou ES) après déduction des dépenses correspondantes (coût direct des marchandises vendues, coûts directs des ventes et de la prestation de service, activités locales de commercialisation et de promotion). Conformément au principe de pleine concurrence, cette transition s'accompagne habituellement du passage, dans le pays du marché, d'une rémunération basée sur un rendement par rapport aux coûts à une rémunération fondée sur les ventes et conduit vraisemblablement à une plus grande exposition au risque associé aux opportunités commerciales (rendements positifs ou négatifs plus élevés). Dans d'autres pays, cependant, des restructurations similaires ont eu lieu sans un élargissement de la base de l'impôt sur les sociétés (ou alors avec un élargissement minime), mettant en évidence l'incertitude qui entoure actuellement l'attribution de bénéfices à une présence imposable locale (c'est-à-dire un ES ou une filiale). Par exemple, dans les cas où la conclusion du contrat est en grande partie automatisée et n'implique pas de gestion des stocks (logiciel-service), il est difficile de savoir si la rémunération versée à la filiale locale de plein exercice ou à l'ES (après la restructuration) sera, dans la pratique, sensiblement supérieure à celle qui était versée à une filiale locale exerçant des fonctions de soutien relatives à des ventes similaires conclues à l'étranger (avant la restructuration).

310. Il faut aussi reconnaître que toutes les juridictions du marché n'ont pas bénéficié des résultats positifs produits par ces restructurations. La raison en est principalement que le faible taux d'adoption de la nouvelle définition de l'ES agent dépendant et de la nouvelle liste des exceptions applicables aux activités spécifiques dans le contexte de l'Instrument multilatéral a eu peu d'effet sur l'incitation à adopter des structures commerciales fondées sur un modèle de ventes à distance dans un grand nombre de pays. Toutefois, la récente mise en œuvre de règles plus efficaces concernant les SEC dans certains pays clés devrait réduire considérablement l'incitation à transférer des bénéfices tirés des ventes en ligne vers des juridictions à faible fiscalité.

3.5.2. Impact du paquet BEPS sur les défis fiscaux plus larges liés à la fiscalité directe

311. Le manque de données disponibles freine l'évaluation de l'impact du paquet BEPS sur les défis plus larges touchant la fiscalité directe soulevés par la numérisation. Toutefois, en matière de TVA, des informations utiles et fiables commencent à émerger de l'application à grande échelle des nouveaux principes directeurs et mécanismes de collecte qui facilitent l'imposition des échanges internationaux de services et de produits

numériques, conformément au principe de destination. Comme indiqué précédemment, les premières données font état d'une augmentation significative des recettes fiscales recouvrées par les juridictions qui appliquent les Principes directeurs internationaux de l'OCDE pour la TVA/TPS. Les estimations de l'UE et de l'Afrique du Sud montrent clairement que les Principes directeurs internationaux de l'OCDE pour la TVA/TPS augmentent fortement les capacités des pays adhérents à mobiliser des recettes. Non seulement les Principes directeurs et les travaux afférents contribuent à capter des recettes supplémentaires, mais ils jouent aussi un rôle décisif pour alléger les obligations de mise en conformité à la charge des entreprises, certaines estimations indiquant une baisse sensible des coûts administratifs par rapport à une situation où ces mesures de simplification n'auraient pas été mises en œuvre[34]. Une réduction des coûts de mise en conformité se traduit souvent par une diminution du coût du capital et, partant, par un surcroît de ressources consacrées à l'investissement et à la croissance.

312. Par ailleurs, l'application des autres mesures du paquet BEPS n'a eu qu'un impact limité sur les défis plus larges touchant la fiscalité directe. Certes, un certain nombre de pays ont tiré d'amples avantages de la relocalisation d'actifs et de la réorganisation des structures commerciales, ce qui peut générer un surcroît de revenus à la fois dans le pays de source et dans celui de résidence. Néanmoins, ces avantages se manifestent jusqu'à présent dans un petit nombre de juridictions seulement. Surtout, il apparaît de plus en plus que les mesures BEPS n'ont pas systématiquement relevé les défis fiscaux qui ont des effets plus larges et se rapportent principalement à la répartition de la compétence fiscale entre différentes juridictions (en particulier le lien, les données, et la qualification des revenus à des fins fiscales). Deux principaux facteurs expliquent cet état de fait. En premier lieu, les mesures recommandées dans le cadre du projet BEPS ont été élaborées dans le but de corriger les lacunes et les décalages du système fiscal ayant rendu possible des situations de double non-imposition (évasion fiscale), et non pour répondre aux défis plus larges liés à la fiscalité directe soulevés par la transformation numérique. Ainsi, aucune des mesures du paquet BEPS se rapportant à la fiscalité directe n'était conçue pour traiter les circonstances dans lesquelles l'entreprise étrangère n'a pas de présence physique dans le pays où les clients se situent (c'est-à-dire la question du lien), et/ou pour rééquilibrer l'impact de l'échelle opérationnelle sans masse sur la répartition des droits d'imposition. De même, aucune des mesures BEPS n'a été conçue pour préciser le traitement possible et la valeur relative des données et de la participation des utilisateurs (c'est-à-dire la question de l'attribution des bénéfices). De plus, la définition de l'ES révisée ne se traduira pas nécessairement par un élargissement de la base d'imposition dans la juridiction où se situe le marché afin de tenir compte de la dépendance accrue de certaines entreprises à forte composante numérique envers la collecte de données et la participation des utilisateurs. En second lieu, le faible niveau d'adoption de certaines mesures essentielles de lutte contre les problématiques de BEPS amplifiées par l'économie numérique – dispositions conventionnelles relatives aux ES notamment – n'a eu qu'un impact limité sur la réduction de la pression qui s'exerce sur les recettes fiscales du pays de source du fait de l'essor des échanges internationaux de produits et de services numériques.

313. La capacité des règles fiscales internationales à relever les défis fiscaux plus larges soulevés par la numérisation est examinée plus en détail dans le chapitre 5. Faute d'une réforme plus fondamentale au niveau international, plusieurs pays ont pris des dispositions afin de mettre en œuvre des mesures qui sont potentiellement pertinentes pour la numérisation de l'économie, comme exposé au chapitre 4.

Annexe 3.A. Mise en œuvre des mesures se rapportant à la fiscalité directe contenues dans le paquet BEPS

314. Le projet OCDE/G20 sur l'érosion de la base d'imposition et le transfert de bénéfices (« BEPS ») a été lancé à la suite d'une demande formulée en juin 2012 par les dirigeants des pays du G20 qui souhaitaient que soient mis au jour les principaux problèmes conduisant à des pratiques de BEPS. Le Rapport *Lutter contre l'érosion de la base d'imposition et le transfert de bénéfices* publié en février 2013 par l'OCDE a constitué le point de départ du Plan d'action sur le BEPS en 15 points qui a été entériné par le Conseil de l'OCDE ainsi que par les dirigeants des pays du G20 réunis en Sommet à Saint-Pétersbourg en juillet 2013.

315. Le projet BEPS, s'articulant autour de trois axes, avait pour objectifs (i) de renforcer la cohérence des règles d'imposition des bénéfices des sociétés à l'échelle internationale, (ii) de réaligner la fiscalité sur la substance des activités économiques et (iii) d'améliorer la transparence. Au terme d'un programme de travail ambitieux mené à bien en seulement deux ans, un ensemble de mesures issues du projet BEPS constituant un Plan d'action en 15 points a vu le jour en octobre 2015.

316. En 2016, le Cadre inclusif sur le BEPS a été mis en place, avec pour mission générale d'assurer une mise en œuvre cohérente, généralisée et efficace du paquet BEPS qui avait été diffusé en octobre 2015. À ce jour, 113 pays et juridictions représentant plus de 93 % du PIB mondial ont rejoint le Cadre inclusif et œuvrent en vue de corriger les lacunes et les asymétries dans les législations fiscales qui ont facilité les pratiques de BEPS.

317. Concernant les quatre standards minimums[35], leur mise en œuvre repose sur un cadre rigoureux de suivi et d'examen par les pairs[36], et les procédures de suivi établies sont déjà bien avancées. Hormis les quatre standards minimums, de nombreux pays ont commencé à déployer d'autres composantes du paquet BEPS qui sont susceptibles de transformer radicalement le paysage de la fiscalité internationale des entreprises (la révision des Principes applicables en matière de prix de transfert effectuée au titre des Actions 8-10, les règles de lutte contre les montages hybrides adoptées dans le cadre de l'Action 2 ou les règles de limitation des intérêts visées par l'Action 4). Enfin, les efforts d'établissement de normes[37] et la diffusion de guides pratiques constituent des éléments clés des travaux en cours menés par les membres du Cadre inclusif pour faire en sorte que l'ensemble des pays et des juridictions, pays en développement compris, bénéficient d'un soutien pour la mise en œuvre des mesures.

318. Tous les membres du Cadre inclusif se sont engagés à appliquer les standards minimums. Ces standards minimums ont été adoptés pour lutter contre l'évasion fiscale dans les cas où l'inaction de certains pays aurait des répercussions négatives (notamment sur la compétitivité) dans d'autres pays, ainsi que des conséquences plus larges sur le niveau et la répartition du bien-être entre les pays. Pour garantir une mise en œuvre cohérente de ces standards, les membres du Cadre inclusif ont décidé d'engager un processus d'examen par les pairs sur la période 2016-20[38]. Les examens par les pairs des

Actions 5, 13 et 14 sont en cours, et celui relatif au standard minimum établi par l'Action 6 débutera en 2018.

319. Les standards minimums sont structurés autour de trois piliers :

- **Mieux aligner l'imposition des bénéfices sur la création de valeur,** ce qui recouvre l'exigence d'activité substantielle pour les régimes préférentiels (Action 5) et les mesures visant à empêcher le chalandage fiscal (Action 6) ;
- **Accroître la transparence**, ce qui englobe les déclarations pays par pays (Action 13) et l'échange de renseignements sur certaines décisions (Action 5) ;
- **Renforcer la sécurité juridique**, ce qui inclut les mesures destinées à améliorer l'efficacité du règlement des différends (Action 14)[39].

320. Le chapitre 3 du présent rapport contient une description détaillée de la mise en œuvre des mesures du paquet BEPS qui sont les plus pertinentes dans le contexte de la numérisation (Action 7, Actions 8-10 et Action 3), ainsi qu'une évaluation de leur impact sur le comportement des entreprises à forte composante numérique. En outre, étant donné que les mesures BEPS font partie d'un ensemble cohérent dont tous les aspects sont supposés avoir un impact, la présente annexe décrit les progrès accomplis dans la mise en œuvre des mesures du paquet BEPS qui ne sont pas spécifiquement abordées dans le chapitre 3, à savoir les standards minimums relatifs aux pratiques fiscales dommageables (Action 5), à l'utilisation abusive des conventions fiscales (Action 6) et aux déclarations pays par pays (Action 13), ainsi que les dispositions dans le droit interne autres que les règles sur les SEC (Actions 2, 4 et 12). La réflexion sur ces dispositions porte, le cas échéant, sur l'importance qu'elles revêtent pour les entreprises numériques.

1. Mise en œuvre des standards minimums

Un cadre réglementaire applicable aux régimes fiscaux préférentiels (Action 5)

321. Comme l'explique le chapitre 2, les actifs incorporels jouent généralement un rôle essentiel dans le processus de création de valeur des entreprises numériques. En outre, les actifs incorporels et le revenu généré par leur exploitation sont, par définition, géographiquement mobiles. Dans ce contexte, la volonté d'attirer l'investissement et d'offrir un environnement fiscal compétitif a conduit un nombre croissant de pays à mettre en place des régimes qui prévoient un traitement fiscal préférentiel en faveur de certains revenus générés par l'exploitation de la propriété intellectuelle (PI), en général sous la forme d'une déduction allant de 50 à 80 % ou d'une exonération de ces revenus.

322. Les entreprises multinationales sont donc incitées à localiser leurs actifs incorporels dans des juridictions qui offrent un régime préférentiel aux revenus provenant de la PI[40]. Cette incitation est généralement renforcée par la capacité de déduire les paiements de redevances liées à l'utilisation de la PI. Il en résulte que les bénéfices des entités affiliées qui exercent des activités économiques substantielles peuvent être considérablement minorés, tandis que la filiale où la PI se situe supporte une charge fiscale minime voire nulle (Graphique annexe 3.A.1).

Graphique annexe 3.A.1. Scénario impliquant un régime de PI préférentiel

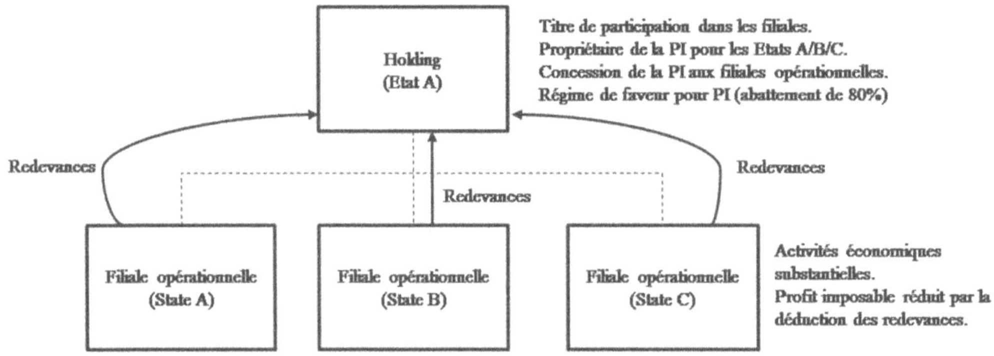

323. Le standard minimum établi par l'Action 5 relatif aux régimes fiscaux préférentiels visant à contrer les pratiques fiscales dommageables constitue un pilier du paquet BEPS et a pour objectif de combattre les dispositifs employés pour obtenir une imposition nulle ou minime des revenus générés par les actifs incorporels. Pour réaligner l'emplacement des bénéfices imposables sur celui des activités économiques sous-jacentes et de la création de valeur, le Rapport de 2015 établi au titre de l'Action 5 du projet BEPS prévoit que les avantages procurés par les régimes fiscaux préférentiels doivent être octroyés uniquement si le contribuable exerce des activités substantielles. Selon l'approche du lien, les avantages fiscaux peuvent être octroyés aux revenus provenant des actifs de PI uniquement dans la mesure où les activités de recherche et développement (R&D) associées sont menées principalement par le contribuable lui-même ou dans la juridiction qui octroie ces avantages[41].

324. L'impact de l'Action 5 est considérable et englobe tous les régimes préférentiels, bien au-delà des régimes de PI. Néanmoins, du fait de son orientation sur l'économie numérique, ce chapitre se concentre sur les régimes de PI. Dans ce contexte, d'importants progrès ont d'ores et déjà été accomplis. Comme l'indique le Rapport d'étape 2017 sur les pratiques fiscales dommageables (OCDE, 2017[5]), à l'exception de deux pays, tous les pays de l'OCDE et du G20 dotés de régimes de PI respectent désormais « l'approche du lien » – soit 19 régimes sur les 21 de ce type. Parmi les nouveaux membres du Cadre inclusif, 31 régimes de PI ont été recensés. Pratiquement tous – 29 régimes sur 31 – ne respectent pas l'approche du lien et sont en train d'être supprimés ou modifiés[42].

Transparence des décisions administratives (Action 5)

325. Les décisions administratives en matière fiscale peuvent contribuer utilement à accroître la certitude pour les contribuables. Néanmoins, la transparence entourant les décisions administratives est indispensable pour mettre en lumière les asymétries possibles qui favorisent les pratiques de BEPS dans différentes juridictions et assurer ainsi l'égalité des règles du jeu entre différentes entreprises. Par exemple, certaines structures utilisées par des entreprises à forte composante numérique recourent à des accords préalables unilatéraux en matière de prix de transfert (APP) dans une ou plusieurs

juridictions pour créer ou exploiter des asymétries dans le traitement de transactions intragroupes transfrontières aux fins de l'établissement des prix de transfert.

326. Pour que le traitement fiscal des entreprises multinationales dans certaines situations transfrontières soit plus transparent, un aspect de la transparence des standards minimums concerne l'échange de renseignements sur certains types de décisions fiscales. Dans le cadre de l'Action 5, les membres du Cadre inclusif se sont engagés en faveur de l'échange obligatoire et spontané de renseignements sur les décisions fiscales susceptibles de présenter des risques de BEPS (Graphique 3.A.2). Pour la première fois, des informations sur les décisions dans les principales catégories de risque, y compris certaines décisions émises depuis janvier 2010, seront échangées spontanément avec toutes les juridictions pertinentes, sous réserve que le cadre juridique requis soit mis en place.

327. Toutes les juridictions membres du Cadre inclusif consacrent d'importantes ressources à identifier, préparer et débuter l'échange de renseignements sur les décisions conformément au cadre établi. Dans certains cas, les juridictions ont dû adopter des modifications législatives et réglementaires spécifiques pour autoriser l'échange spontané des décisions administratives. Pour les 28 États membres de l'UE, une Directive sur l'échange de renseignements sur les décisions a été adoptée en 2015 (Directive 2011/16/UE amendée relative à la coopération administrative dans le domaine fiscal).

328. Le premier rapport annuel sur l'examen par les pairs du cadre de transparence des décisions a été diffusé le 4 décembre 2017. Au 31 décembre 2016, près de 10 000 décisions pertinentes ont été identifiées et près de 6 500 ont été échangées entre administrations fiscales dans le monde, procurant aux autorités des informations utiles sur les risques potentiels pour leur base d'imposition. Munies d'informations supplémentaires et plus à jour, les autorités pourront aussi agir plus efficacement contre les pratiques de BEPS. Cette coopération internationale renforcée peut exercer une influence considérable sur le comportement des contribuables, y compris des entreprises à forte composante numérique.

Graphique annexe 3.A.2. Cadre régissant les échanges de décisions fiscales

Champ de l'échange spontané obligatoire de renseignements relatifs aux résumés des décisions administratives

Catégories de décisions administratives	Pays recevant les renseignements
1. Décisions administratives propres à un contribuable intéressant des régimes préférentiels **2.** Accords préalables transfrontaliers et unilatéraux sur les prix de transfert et autres décisions administratives unilatérales (tels que les décisions administratives complexes) couvrant des prix de transfert ou l'application de principes de prix de transfert **3.** Décisions administratives transfrontalières donnant lieu à un ajustement unilatéral à la baisse du profit imposable pour le contribuable qui n'est pas directement reflété dans les comptes financiers/ commerciaux du contribuable **4.** Décisions administratives concernant un établissement stable **5.** Décisions administratives concernant une partie liée **6.** Tout autre type de décision administrative qui, en l'absence d'échange spontané, soulève des problématiques de BEPS (si et quand décidé par le Forum sur les pratiques fiscales dommageables et le Cadre inclusif)	**1.** Pour les décisions administratives 1 à 3: pays de résidence de l'ensemble des parties liées avec lesquelles le contribuable entre dans une transaction pour laquelle une décision administrative est accordée ou qui donne lieu à un revenu de la part des parties liées bénéficiant d'un régime préférentiel; et pays de résidence de la société mère directe et de la société mère ultime **2.** Pour les décisions administratives concernant un établissement stable, le siège ou bien le pays de l'établissement stable ; et le pays de résidence de la société mère directe et de la société mère ultime **3.** Pour les décisions administratives relatives à des intermédiaires, le pays de résidence de n'importe quelle partie liée qui verse des paiements à l'intermédiaire (directement ou indirectement) ; et le pays de résidence du bénéficiaire effectif ultime des paiements versés à l'intermédiaire ; et le pays de résidence de la maison mère directe et de la maison mère ultime

S'applique aux décisions administratives anciennes et nouvelles

Mesures visant à empêcher l'utilisation abusive des conventions fiscales (Action 6)

329. Les entreprises du numérique sont, très souvent, moins tributaires du personnel et des actifs corporels locaux pour exercer leurs activités. La mobilité des chaînes de valeur mondiales des entreprises multinationales s'en trouve accrue, et grâce à cette mobilité, certaines entreprises multinationales peuvent choisir plus facilement l'emplacement de leurs ressources essentielles, comme les actifs de PI[43], en fonction du taux d'imposition appliqué dans telle ou telle juridiction. Ces entreprises peuvent ainsi, en procédant à des paiements ayant pour effet d'éroder la base d'imposition tels que les redevances, réduire considérablement leurs bénéfices dans des filiales où les activités économiques substantielles se déroulent (voir le Graphique 3.A.1). En général, des retenues d'impôt s'appliquent sur les paiements sortants au titre de redevances ou d'intérêts. Pour minorer ces impôts, les entreprises multinationales ont parfois recours à une société relais située dans un pays doté d'un réseau de conventions fiscales favorables afin d'obtenir des avantages fiscaux généralement réservés aux entreprises résidentes (dispositifs de chalandage fiscal). Le Graphique 3.A.3 montre que ces stratégies fiscales font habituellement intervenir une société relais qui s'interpose entre les filiales d'un groupe multinational. L'objectif est de s'arroger les avantages d'une convention sur la double imposition (entre les États X et B) qui est plus favorable que celle qui s'appliquerait en l'absence de la société relais (convention entre l'État A et l'État B).

Graphique annexe 3.A.3. Scénario impliquant un mécanisme de chalandage fiscal

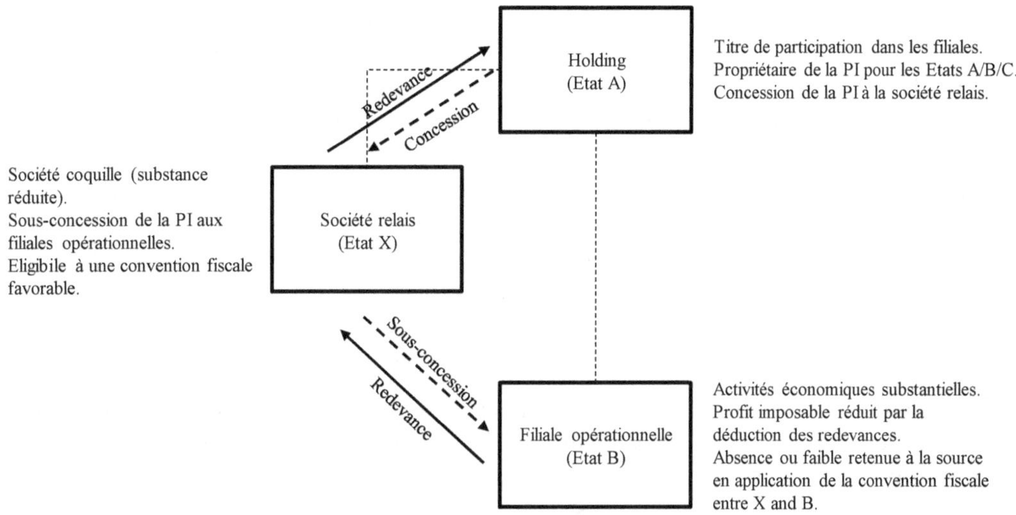

330. Le paquet BEPS reconnaît que l'utilisation abusive des conventions fiscales, et en particulier le chalandage fiscal, soulève des préoccupations de BEPS parmi les plus sérieuses. Le standard minimum établi au titre de l'Action 6 comprend des dispositions anti-abus que les pays se sont engagés à inclure dans leurs conventions[44]. En outre, le standard minimum établi par l'Action 6 prévoit une déclaration explicite, insérée dans le préambule de chaque convention, précisant que la convention n'a pas vocation à créer des possibilités de non-imposition ou d'imposition réduite résultant de pratiques d'évasion ou de fraude fiscale (y compris par le biais de dispositifs de chalandage fiscal). Ces dispositions anti-abus et les principes d'interprétation permettront de refuser les avantages de la convention dans des circonstances dans lesquelles l'octroi de ces avantages ne serait pas conforme à l'objet et à la finalité de la convention. Cela permettra au pays où se situe le marché d'appliquer son droit interne dans les cas d'évasion fiscale, sans être limité par des règles conventionnelles destinées à empêcher la double imposition.

331. Les règles anti-abus de l'Action 6 auront un champ d'application assez large pour pouvoir englober les dispositifs de chalandage fiscal des entreprises à forte composante numérique et les préoccupations de BEPS. Deux exemples permettent d'illustrer leur intérêt potentiel pour les entreprises à forte composante numérique. Premièrement, la règle du critère des objets principaux (COP) peut, dans certains cas, apporter une réponse efficace aux mesures prises par une entreprise étrangère pour éviter artificiellement le statut d'ES, surtout si la convention concernée n'a pas été mise à jour de manière à intégrer les modifications élaborées au cours des travaux sur l'Action 7. Deuxièmement, la règle COP peuvent être utilisées pour cibler les situations dans lesquelles il existe de fait une présence imposable sous la forme d'un ES ou d'une société du groupe, mais que le revenu imposable correspondant est minoré par des paiements intra-groupe déductibles tels que des intérêts et/ou des redevances. Lorsque ces paiements sont artificiellement perçus par l'intermédiaire d'une société écran ou relais implantée dans une juridiction partie à la convention (par le biais par exemple d'un dispositif de chalandage fiscal) et que les paiements déductibles seraient soumis à un impôt prélevé à la source en vertu du

droit interne, la nouvelle règle COP permet au pays de la source d'appliquer cette retenue d'impôt sans être limité par la convention.

332. La mise à jour du standard minimum visé par l'Action 6 est bien avancée. Les pays ont commencé à apporter les modifications nécessaires à leurs conventions, soit par le biais de la Convention multilatérale pour la mise en œuvre des mesures relatives aux conventions fiscales afin de prévenir l'érosion de la base d'imposition et le transfert de bénéfices (l'Instrument multilatéral), soit en mettant à jour leurs conventions fiscales au moyen de négociations bilatérales. À ce jour, l'Instrument multilatéral couvre les conventions fiscales de 78 juridictions, ce qui aboutira à rendre conforme au standard minimum de l'Action 6 plus de 1 200 conventions fiscales. Ce chiffre augmentera avec l'adhésion d'autres juridictions à l'Instrument multilatéral.

Transparence au moyen de la déclaration pays par pays (Action 13)

333. Dans le passé, les administrations fiscales disposaient de peu d'informations sur le lieu où les entreprises multinationales réalisaient leurs bénéfices et sur les modalités d'imposition de ces bénéfices dans certaines juridictions étrangères. L'obligation impartie à toutes les entreprises multinationales de grande taille de déposer des déclarations pays par pays (Action 13) constitue une composante essentielle de la transparence selon les standards minimums[45]. Le modèle de déclaration pays par pays avait pour finalité de soutenir les capacités d'évaluation des risques des administrations fiscales, surtout lorsqu'elles sont mobilisées en lien avec d'autres sources d'informations telles que le fichier principal et le fichier local qui font partie de la documentation adoptée dans le cadre de l'Action 13 du BEPS (mais pas des standards minimums). Les déclarations pays par pays constitueront une ressource importante pour l'évaluation des risques posés par les entreprises numériques qui, du fait du caractère incorporel de leurs activités, de la mobilité consécutive de leurs bénéfices et de l'intégration de leurs chaînes de valeur mondiales, ont davantage de possibilités de concentrer artificiellement une fraction importante de leurs bénéfices imposables dans des juridictions à fiscalité faible ou nulle où elles exercent peu d'activités économiques, voire aucune.

334. La plupart des membres du Cadre inclusif ont désormais adopté les textes législatifs requis pour donner corps aux déclarations pays par pays, et cette législation couvre environ 95 % des entreprises multinationales visées par les obligations déclaratives[46]. Les premières déclarations pays par pays ont été déposées fin 2017 et seront échangées d'ici à juin 2018. À partir de cette date, les administrations fiscales seront en mesure de mieux comprendre les activités mondiales des entreprises multinationales. Elles seront donc mieux à même d'évaluer les risques fiscaux en jeu, ce qui favorisera une utilisation plus efficace et mieux ciblée de leurs ressources.

335. En dehors de la mise en place, au niveau national, du cadre juridique requis pour imposer l'établissement des déclarations pays par pays[47], les juridictions ont également agi rapidement pour faire en sorte que ces déclarations puissent être échangées automatiquement entre les administrations fiscales (Graphique 3.A.4). Les échanges s'effectueront sur une base confidentielle conformément à un instrument international adéquat (par exemple, une convention de double imposition, un accord sur l'échange de renseignements en matière fiscale ou la Convention concernant l'assistance administrative mutuelle en matière fiscale). À ce jour, 68 juridictions[48] ont signé l'Accord multilatéral entre autorités compétentes concernant l'échange de déclarations pays par pays qui a vocation à permettre la concrétisation de l'échange de déclarations pays par pays entre des juridictions parties à la Convention multilatérale concernant l'assistance

administrative mutuelle en matière fiscale. En janvier 2018, plus de 1 400 accords bilatéraux couvrant les échanges étaient activés dans le cadre de l'Accord multilatéral entre autorités compétentes portant sur l'échange de déclarations pays par pays dans les juridictions qui se sont engagées à échanger des déclarations pays par pays. Certaines juridictions ont signé des accords bilatéraux entre autorités compétentes afin de rendre l'échange des déclarations pays par pays opérationnel avec des juridictions spécifiques en vertu d'une convention de double imposition ou d'un accord sur l'échange de renseignements en matière fiscale[49].

Graphique annexe 3.A.4. Dépôt et échange des déclaration pays par pays

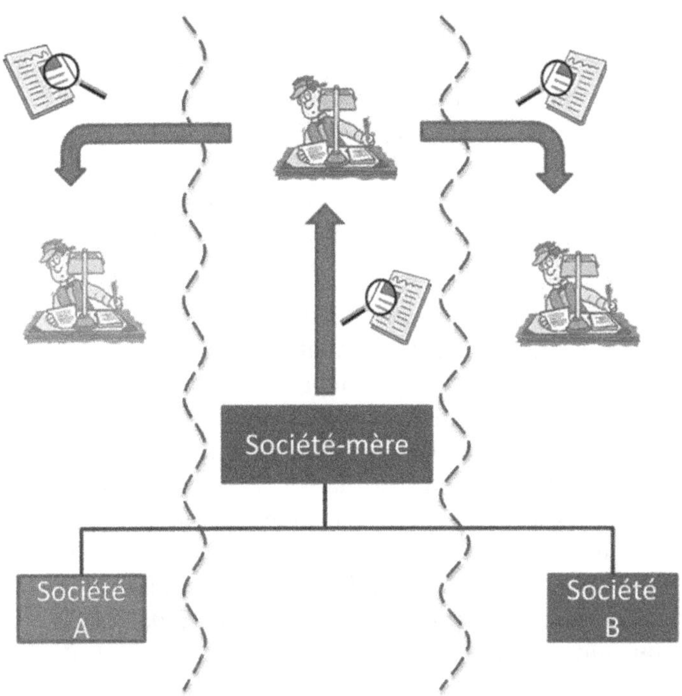

C'est à la société-mère effective d'un groupe qu'il devrait incomber d'établir la déclaration pays par pays et de la déposer auprès de l'administration fiscale du pays dont elle est résidente.

L'administration fiscale procédera à des échanges de déclarations pays par pays avec les administrations fiscales d'autres pays en vertu des dispositions relatives à l'échange automatique de renseignements prévues par les conventions fiscales ou les accords d'échange de renseignements fiscaux et en s'appuyant, en outre, sur des accords entre autorités compétentes.

Ce mécanisme fonctionne à condition que tous les pays appliquent le standard minimum, disposent d'instruments permettant l'échange automatique de renseignements et aient conclu des accords entre autorités compétentes.

2. Mise en œuvre de mesures nationales de lutte contre le phénomène BEPS dans le contexte de la numérisation de l'économie

336. Le paquet BEPS préconisait également la mise en œuvre de façon coordonnée d'un certain nombre de mesures nécessitant la modification des législations nationales. Ces mesures ont été présentées comme des approches communes envers la limitation de la déduction excessive d'intérêts (Action 4) et la neutralisation des montages hybrides (Action 2). D'autres mesures constituent des orientations inspirées des bonnes pratiques à l'intention des juridictions qui œuvrent à limiter les pratiques de BEPS au moyen de règles applicables aux sociétés étrangères contrôlées (SEC, Action 3) et à accroître la transparence grâce à des règles de communication obligatoire d'informations (Action 12). Les déductions excessives d'intérêts, les instruments hybrides, les entités hybrides et le transfert de bénéfices vers des filiales faiblement taxées et dépourvues de substance sont

des stratégies d'optimisation fiscale agressive largement employées. Les progrès concernant la mise en œuvre des règles sur les SEC ayant déjà été décrits au sein du chapitre 3, cette section se concentre sur les autres mesures nationales adoptées par les pays.

337. L'Action 2 du paquet BEPS formule diverses recommandations[50] pertinentes concernant l'élaboration de règles nationales et de dispositions conventionnelles visant à neutraliser les effets d'instruments et d'entités hybrides. Les travaux menés au titre de l'Action 4 sont également importants dans le contexte des entreprises à forte composante numérique. Ils ont abouti à un cadre de bonnes pratiques visant à réduire les possibilités de BEPS faisant intervenir les intérêts ou d'autres paiements financiers déductibles. Enfin, une autre composante importante de la panoplie est le rapport sur l'Action 12 de 2015 du projet BEPS, qui contient un aperçu des régimes de communication obligatoire d'informations[51] et qui formule des recommandations en vue d'établir un cadre destiné aux pays qui souhaitent adopter des règles nouvelles ou modifier leurs règles actuelles de communication obligatoire d'informations pour obtenir plus rapidement des informations sur les montages fiscaux agressifs ou abusifs et sur leurs utilisateurs. Considérées dans leur ensemble, ces mesures auront pour effet de compliquer la tâche des entreprises multinationales ayant recours à des pratiques d'optimisation fiscale agressive, car elles permettront aux pays d'identifier ces montages et de les appréhender en temps voulu.

338. De nombreux pays ont commencé à appliquer les recommandations relatives aux mesures fiscales nationales visant à neutraliser les effets d'instruments et d'entités hybrides. La Directive du Conseil de l'UE sur la lutte contre l'évasion fiscale (2016/1164/UE)[52], amendée par la Directive 2017/952/UE[53], impose à l'ensemble des 28 États membres de l'UE d'adopter des règles basées sur l'Action 2 (montages hybrides) d'ici au 31 décembre 2019[54]. Certains États membres de l'UE ont déjà transposé ces dispositions dans leur droit interne[55]. De la même façon, les États-Unis ont récemment adopté – dans le cadre du « *Tax Cuts and Jobs Act* » – des dispositions en vue de lutter contre les dispositifs hybrides (montages hybrides), conformément aux recommandations de l'Action 2[56]. Six autres pays (Afrique du Sud, Corée, Japon, Liechtenstein, Mexique et Norvège) ont déjà partiellement transposé les recommandations de l'Action 2 dans leur droit interne, et certains autres s'emploient activement à réexaminer leurs règles dans l'optique d'une mise en œuvre complète des mesures établies au titre de l'Action 2 dans leur droit interne (Australie, Malaisie et Nouvelle-Zélande notamment). Au total, plus de 35 pays ont transcrit dans leur droit interne (ou sont sur le point de le faire), en tout ou partie, les règles relatives aux montages hybrides et aux asymétries hybrides impliquant des succursales préconisées par l'Action 2.

339. Les recommandations au titre de l'Action 4 (déductibilité des intérêts) suscitent aussi un intérêt croissant de la part des pays. Les États membres de l'UE se sont engagés, conformément à la Directive 2016/1164/UE, à transposer les dispositions qui limitent le montant des intérêts nets intra-groupe qu'une entreprise est autorisée à déduire de ses revenus imposables, calculé sur la base d'un ratio déterminé de son résultat (résultat avant charges d'intérêts, impôts, amortissements et provisions (EBITDA))[57]. Les États-Unis ont mis en place une limitation comparable de la déductibilité des intérêts excédant 30 % du bénéfice imposable ajusté d'une entreprise (équivalent à l'EBITDA). Plusieurs autres pays ont déjà adopté des mesures législatives similaires (Afrique du Sud, Argentine, Corée du Sud, Inde, Vietnam, par exemple) ou ont entrepris d'aligner leur droit interne avec les recommandations de l'Action 4 (Japon, Malaisie, Norvège et Turquie, par exemple).

340. Un certain nombre de pays contemplent également la mise en œuvre des orientations portant sur les règles de communication obligatoire d'informations (Action 12). En plus des pays qui disposent déjà de règles de communication obligatoire d'informations visant les dispositifs de planification fiscale à caractère agressif (Afrique du Sud, Canada, États-Unis, Irlande, Israël, Mexique, Portugal et Royaume-Uni, par exemple), la Commission européenne a récemment présenté un projet de loi s'inspirant de certaines des meilleures pratiques contenues dans le Rapport de 2015 établi au titre de l'Action 12 du projet BEPS[58], et d'autres pays ont entamé des examens internes et des processus de consultation publique (Australie, Japon, Pologne et Suède, par exemple).

Annexe 3.B. Mise en œuvre des solutions et options disponibles couvertes par le Rapport de 2015 établi au titre de l'Action 1 du projet BEPS[1]

Tableau annexe 3.B.1. Mise en œuvre des solutions et options disponibles couvertes par le Rapport établi au titre de l'Action 1 du projet BEPS

Juridiction	Mise en œuvre des principes directeurs B2C[2]	Mise en œuvre des régimes administratifs et d'identification simplifiés[3]	Mise en œuvre de mécanismes de collecte de la TVA/TPS sur l'importation de biens de faible valeur vendus en ligne	Données disponibles sur l'impact de la mise en œuvre des solutions recommandées et des options disponibles[4]
Afrique du Sud	Oui (au 1er juin 2014)	Oui	Non	Données disponibles pour 2016/17 : 223 identifications en tant que vendeurs en ligne ; 585 millions ZAR de recettes perçues.
Albanie	Oui (au 1er janvier 2015)	Non (mécanisme d'identification standard)	Non	Non disponible
Allemagne	Oui (au 1er janvier 2015)	Oui	À l'étude au niveau de l'UE	Voir les données disponibles pour tous les pays de l'UE dans l'étude d'évaluation de novembre 2016[5]
Andorre	Oui (en janvier 2013)	Non (mécanisme d'identification standard)	Non	Non disponible
Arabie saoudite	Oui (au 1er janvier 2018)	Non (mécanisme d'identification standard)	Non	N/C
Argentine	Oui (au 1er février 2018)	Non (mécanisme de retenue à la source)	Non	-
Australie	Oui (au 1er juillet 2017)	Oui	Oui (au 1er juillet 2018)	Non disponible
Autriche	Oui (au 1er janvier 2015)	Oui	À l'étude au niveau de l'UE	Voir les données disponibles pour tous les pays de l'UE dans l'étude d'évaluation de novembre 2016[5]
Bahamas	Oui (au 1er janvier 2015)	Non (mécanisme d'identification standard)	Non	Non disponible
Belarus	Oui (au 1er janvier 2018)	Oui	Non	Non disponible

Juridiction	Mise en œuvre des principes directeurs B2C[2]	Mise en œuvre des régimes administratifs et d'identification simplifiés[3]	Mise en œuvre de mécanismes de collecte de la TVA/TPS sur l'importation de biens de faible valeur vendus en ligne	Données disponibles sur l'impact de la mise en œuvre des solutions recommandées et des options disponibles[4]
Belgique	Oui (au 1er janvier 2015)	Oui	À l'étude au niveau de l'UE	Les recettes de TVA collectées sont passées de 1.5 millions EUR (3e trimestre 2015) à 2.0 millions EUR (2e trimestre 2016)
Bulgarie	Oui (au 1er janvier 2015)	Oui	À l'étude au niveau de l'UE	Effet net du fonctionnement du mini Guichet unique (MOSS) en 2016 : 5.1 millions EUR
Canada	Oui (au 1er janvier 1991)	Non (mécanisme d'auto liquidation par le client)	Non	Non disponible
Chine	Oui (en 2009)	Non (mécanisme de retenue à la source)	Non	Non disponible
Colombie	Oui (au 1er janvier 2018)	Non (mécanisme de retenue à la source)	Non	Non disponible
Corée	Oui (au 1er juillet 2015)	Oui	Non	Non disponible
Costa Rica	À l'étude	À l'étude (mécanisme de retenue à la source en cours d'examen)	Non	N/C
Croatie	Oui (au 1er janvier 2015)	Oui	À l'étude au niveau de l'UE	Voir les données disponibles pour tous les pays de l'UE dans l'étude d'évaluation de novembre 2016[5]
Danemark	Oui (au 1er janvier 2015)	Oui	À l'étude au niveau de l'UE	Voir les données disponibles pour tous les pays de l'UE dans l'étude d'évaluation de novembre 2016[5]
Estonie	Oui (au 1er janvier 2015)	Oui	À l'étude au niveau de l'UE	Voir les données disponibles pour tous les pays de l'UE dans l'étude d'évaluation de novembre 2016[5]
Espagne	Oui (au 1er janvier 2015)	Oui	À l'étude au niveau de l'UE	Voir les données disponibles pour tous les pays de l'UE dans l'étude d'évaluation de novembre 2016[5]
Finlande	Oui (au 1er janvier 2015)	Oui	À l'étude au niveau de l'UE	Voir les données disponibles pour tous les pays de l'UE dans l'étude d'évaluation de novembre 2016[5]
France	Oui (au 1er janvier 2015)	Oui	À l'étude au niveau de l'UE	Voir les données disponibles pour tous les pays de l'UE dans l'étude d'évaluation de novembre 2016[5]
Ghana	Oui (en 2013)	Non (mécanisme d'identification standard)	Non	Non disponible

Juridiction	Mise en œuvre des principes directeurs B2C[2]	Mise en œuvre des régimes administratifs et d'identification simplifiés[3]	Mise en œuvre de mécanismes de collecte de la TVA/TPS sur l'importation de biens de faible valeur vendus en ligne	Données disponibles sur l'impact de la mise en œuvre des solutions recommandées et des options disponibles[4]
Grèce	Oui (au 1er janvier 2015)	Oui	À l'étude au niveau de l'UE	Voir les données disponibles pour tous les pays de l'UE dans l'étude d'évaluation de novembre 2016[5]
Hongrie	Oui (au 1er janvier 2015)	Oui	À l'étude au niveau de l'UE	Voir les données disponibles pour tous les pays de l'UE dans l'étude d'évaluation de novembre 2016[5]
Islande	Oui (au 1er novembre 2011)	Non (mécanisme d'identification standard)	Non	Non disponible
Inde	Oui (au 1er juillet 2017)	Oui	Non	Non disponible
Indonésie	À l'étude	N/C	Non	N/C
Irlande	Oui (au 1er janvier 2015)	Oui	À l'étude au niveau de l'UE	Voir les données disponibles pour tous les pays de l'UE dans l'étude d'évaluation de novembre 2016[5]
Israël	À l'étude	N/C	Non	N/C
Italie	Oui (au 1er janvier 2015)	Oui	À l'étude au niveau de l'UE	Voir les données disponibles pour tous les pays de l'UE dans l'étude d'évaluation de novembre 2016[5]
Japon	Oui (au 1er octobre 2015)	Non (mécanisme d'identification standard)	Non	Non disponible
Kenya	Oui (au 2 septembre 2013)	Non (mécanisme d'identification standard)	Non	Non disponible
Lettonie	Oui (au 1er janvier 2015)	Oui	À l'étude au niveau de l'UE	Voir les données disponibles pour tous les pays de l'UE dans l'étude d'évaluation de novembre 20165
Lituanie	Oui (au 1er juillet 2002)	Oui	À l'étude au niveau de l'UE	Voir les données disponibles pour tous les pays de l'UE dans l'étude d'évaluation de novembre 20165
Luxembourg	Oui (au 1er janvier 2015)	Oui	À l'étude au niveau de l'UE	Voir les données disponibles pour tous les pays de l'UE dans l'étude d'évaluation de novembre 20165
Malaisie	À l'étude	N/C	Non	N/C
Malte	Oui (au 1er janvier 2015)	Oui	À l'étude au niveau de l'UE	Voir les données disponibles pour tous les pays de l'UE dans l'étude d'évaluation de novembre 20165
Mexique	Oui (en 1980)	Non (mécanisme d'autoliquidation par le client)	Non	Non disponible

Juridiction	Mise en œuvre des principes directeurs B2C[2]	Mise en œuvre des régimes administratifs et d'identification simplifiés[3]	Mise en œuvre de mécanismes de collecte de la TVA/TPS sur l'importation de biens de faible valeur vendus en ligne	Données disponibles sur l'impact de la mise en œuvre des solutions recommandées et des options disponibles[4]
Nouvelle-Zélande	Oui (au 1er octobre 2016)	Oui	Non	Non disponible
Norvège	Oui (au 1er juillet 2011)	Oui	Non	Non disponible
Pays-Bas	Oui (au 1er janvier 2015)	Oui	À l'étude au niveau de l'UE	Voir les données disponibles pour tous les pays de l'UE dans l'étude d'évaluation de novembre 20165
Philippines	À l'étude	N/C	Non	N/C
Pologne	Oui (au 1er janvier 2015)	Oui	À l'étude au niveau de l'UE	Voir les données disponibles pour tous les pays de l'UE dans l'étude d'évaluation de novembre 20165
Portugal	Oui (au 1er janvier 2015)	Oui	À l'étude au niveau de l'UE	Voir les données disponibles pour tous les pays de l'UE dans l'étude d'évaluation de novembre 2016[5]
République slovaque	Oui (au 1er janvier 2015)	Oui	À l'étude au niveau de l'UE	Voir les données disponibles pour tous les pays de l'UE dans l'étude d'évaluation de novembre 2016[5]
République tchèque	Oui (au 1er janvier 2015)	Oui	À l'étude au niveau de l'UE	Voir les données disponibles pour tous les pays de l'UE dans l'étude d'évaluation de novembre 2016[5]
Roumanie	Oui (au 1er janvier 2015)	Oui	À l'étude au niveau de l'UE	Voir les données disponibles pour tous les pays de l'UE dans l'étude d'évaluation de novembre 2016[5]
Royaume-Uni	Oui (au 1er janvier 2015)	Oui	À l'étude au niveau de l'UE	Voir les données disponibles pour tous les pays de l'UE dans l'étude d'évaluation de novembre 2016[5]
Russie	Oui (au 1er janvier 2017)	Oui	Non	Non disponible
Serbie	Oui (au 1er janvier 2017)	Non (mécanisme d'identification standard)	Non	Non disponible
Singapour	Yes[59]	Yes[60]	À l'étude	N/C
Slovénie	Oui (au 1er janvier 2015)	Oui	À l'étude au niveau de l'UE	Voir les données disponibles pour tous les pays de l'UE dans l'étude d'évaluation de novembre 2016[5]
Suède	Oui (au 1er janvier 2015)	Oui	À l'étude au niveau de l'UE	Voir les données disponibles pour tous les pays de l'UE dans l'étude d'évaluation de novembre 2016[5]
Suisse	Oui (en 2001)	Non (mécanisme d'identification standard)	À l'étude	Non disponible

Juridiction	Mise en œuvre des principes directeurs B2C[2]	Mise en œuvre des régimes administratifs et d'identification simplifiés[3]	Mise en œuvre de mécanismes de collecte de la TVA/TPS sur l'importation de biens de faible valeur vendus en ligne	Données disponibles sur l'impact de la mise en œuvre des solutions recommandées et des options disponibles[4]
Tanzanie	Oui (au 1er juillet 2015)	Non (mécanisme d'identification standard)	Non	Non disponible
Thaïlande	À l'étude	À l'étude (mécanisme de retenue à la source en cours d'examen)	Non	N/C
Tunisie	À l'étude	N/C	Non	N/C
Turquie	Oui (au 1er janvier 2018)	Oui (en cours)	Non	Non disponible

1. Ce tableau regroupe les pays qui ont mis en place un système de TVA/TPS et qui ont mis en œuvre les solutions et les options proposées dans les Principes directeurs internationaux pour la TVA/TPS ou qui envisagent de le faire, selon les informations actuellement disponibles.

2. Mise en œuvre des approches recommandées par les Principes directeurs internationaux pour la TVA/TPS concernant l'application du principe de destination aux ventes numériques à distance aux consommateurs (B2C).

3. Mise en œuvre de mécanismes basés sur des régimes administratifs et d'identification simplifiés pour la collecte effective de la TVA/TPS sur les ventes B2C. Un régime simplifié s'applique indépendamment du régime de droit commun d'identification et de collecte, sans s'accompagner des mêmes droits (tels que la récupération de la taxe d'amont) ni des mêmes obligations (telles qu'une déclaration complète). Voir OCDE (2017), Principes directeurs internationaux pour la TVA/TPS, chapitre 3, C.3.2.

4. Élaboration d'options permettant de relever les défis relatifs à la TVA/TPS posés par l'économie numérique.

5. L'UE a chiffré le montant total des recettes de TVA déclarées *via* son régime d'identification simplifié (Mini guichet unique TVA – MOSS) en 2015, sa première année d'exploitation, à plus de 3 milliards EUR. Environ 70 % des ventes transfrontières totales B2C de services et de biens incorporels qui relèvent de ce régime sont couvertes par ce régime simplifié. En outre, l'existence du MOSS permet aux entreprises qui l'utilisent d'alléger considérablement leurs obligations de conformité, qui selon certaines estimations sont aujourd'hui inférieures de 95 % à ce qu'elles seraient sans ces mesures de simplification (le MOSS a fait économiser aux entreprises qui l'utilisent quelque 500 millions EUR de coûts de mise en conformité). Source : étude de Deloitte sur les « *VAT Aspects of cross-border e-commerce – Options for modernisation Final report – Lot 3 – Assessment of the implementation of the 2015 place of supply rules and the Mini-One Stop Shop* » (novembre 2016) disponible sur le site Internet de la Commission européenne (https: //ec.europa.eu/taxation_customs/sites/taxation/files/vat_aspects_cross-border_e-commerce_final_report_lot3.pdf.

Notes

[1] Les caractéristiques majeures des entreprises à forte composante numérique sont également décrites dans le chapitre 2 portant sur la transformation numérique, les modèles d'affaires et la création de valeur. Ces caractéristiques, fréquemment observées, sont les suivantes : échelle internationale sans masse ; rôle essentiel des actifs incorporels, y compris la propriété intellectuelle (PI) ; données, participation des utilisateurs et les synergies qu'elles produisent en lien avec la propriété intellectuelle.

[2] Dans un souci de simplification, les termes « taxe sur la valeur ajoutée » et « TVA » sont utilisés pour désigner tout impôt national qui, indépendamment des dénominations ou acronymes utilisés, comme taxe sur les produits et services (TPS), possède les caractéristiques fondamentales d'une taxe sur la valeur ajoutée, c'est-à-dire d'un impôt sur la consommation finale reposant sur une assiette large, perçu auprès des entreprises, mais en principe non supporté par elles, selon un processus de paiement fractionné, quelle que soit la méthode suivie pour déterminer le montant de la taxe à acquitter (méthode soustractive indirecte ou méthode soustractive directe).

[3] Les défis fiscaux plus larges touchant la fiscalité directe soulevés par la numérisation font l'objet d'une description plus détaillée dans le chapitre 7 du Rapport de 2015 établi au titre de l'Action 1 du projet BEPS. Ils sont aussi précisés dans le présent rapport au chapitre 5 *Adapter le système fiscal international aux défis soulevés par la numérisation de l'économie.*

[4] On trouvera également d'importantes informations sur la réaction des entreprises aux mesures BEPS dans les déclarations pays par pays qui ont été déposées fin 2017 et seront échangées en juin 2018. Sous l'effet du Rapport sur l'Action 11 du projet BEPS (OCDE, 2015[24]), les pays s'emploient actuellement à définir une approche commune pour assurer la disponibilité de données anonymisées et agrégées des déclarations pays par pays à l'échelle de l'OCDE, bien que ces données ne devraient pas être diffusées avant 2019. En outre, certains pays commencent à avoir accès à de nouvelles sources de données, comme celles relatives aux entités à vocation spéciale et à l'investissement direct étranger par pays d'investissement immédiat et ultime, qui viendront appuyer des analyses complémentaires de l'utilisation de structures intermédiaires telles que les sociétés relais.

[5] Voir notamment le communiqué de presse publié par Facebook en décembre 2017 annonçant le passage à un système de structures commerciales locales dans les pays où l'entreprise possède un bureau de promotion des ventes auprès des annonceurs locaux (Wehner, 2017[8]). Cet impact est examiné plus en détail ci-après aux paragraphes 309 et 310.

[6] Cet impact est examiné plus en détail au paragraphe 308.

[7] Un « accord de commissionnaire » désigne un accord en vertu duquel une personne vend des produits dans un État donné en son propre nom mais pour le compte d'une entreprise étrangère qui possède ces produits. Par le biais d'un tel accord, une entreprise étrangère est en mesure de vendre ses produits dans un État sans y avoir techniquement un établissement stable auquel ces ventes pourraient être attribuées à des fins fiscales, et échappe ainsi à l'impôt dans cet État sur les bénéfices générés par ces ventes. Étant donné que la personne qui conclut les ventes ne possède pas les produits qu'elle vend, elle ne peut pas être imposée sur les bénéfices générés par ces ventes et ne peut l'être que sur la rémunération qu'elle perçoit pour ses services (généralement une commission).

[8] L'Action 7 (OCDE, 2015[25]) recommandait également d'ajouter à l'article 5(4) une clause anti-abus spécifique visant à empêcher les groupes multinationaux de fragmenter leurs opérations dans un pays (entre des emplacements distincts et/ou des entreprises étroitement liées) dans le but de bénéficier indûment des exceptions au statut d'établissement stable prévues par l'article 5(4).

[9] Voir (OCDE, 2017[33]).

[10] Ces estimations ont été effectuées le 24 janvier 2018 sur la base d'informations provenant de la « Base de données sur l'Instrument multilatéral – Matrice des options et des réserves » (OCDE, 2017[28]).

[11] Le Rapport final sur l'Action 7 prévoyait l'élaboration d'orientations supplémentaires sur la manière dont les règles de l'article 7 du Modèle de Convention fiscale de l'OCDE s'appliqueraient aux ES à la suite des modifications apportées par le Rapport, en particulier aux ES qui n'appartiennent pas au secteur financier. Un nouveau document pour consultation contenant les orientations supplémentaires relatives à l'attribution de bénéfices aux établissements stables a été publié le 22 juin 2017 (OCDE, 2017[27]) et examiné lors de la consultation publique sur les sujets relatifs aux prix de transfert qui s'est tenue les 6 et 7 novembre 2017. Une approbation définitive des orientations est attendue le 12 février 2018.

[12] E-bay a indiqué à ses clients dans un certain nombre de pays que la partie contractante a changé, passant d'une entreprise étrangère à une entreprise locale (eBay Canada Limited, 2017[9] ; eBay Inc, 2017[10]). Des faits similaires concernant Amazon dans l'Union européenne ont été signalés dans la presse (Scott, 2015[12] ; Zeit Online, 2015[11]). Plus récemment, Facebook a annoncé sa décision de passer à un système de structures commerciales locales dans les pays où l'entreprise possède un bureau de soutien des ventes auprès des annonceurs locaux (Wehner, 2017[8] ; Johnston, 2017[13]). Des faits similaires concernant Google en Nouvelle-Zélande ont été signalés dans la presse (Johnston, 2018[20]). Cet impact est examiné plus en détail ci-après aux paragraphes 309 et 310.

[13] Le Comité d'experts des Nations Unies sur la coopération internationale en matière fiscale a adopté des modifications du Modèle de Convention des Nations Unies concernant les doubles impositions qui tiennent compte des principales recommandations du paquet BEPS, y compris celles de l'Action 7 concernant la définition de l'ES, ainsi que du standard minimum relatif à l'utilisation abusive des conventions visé par l'Action 6. L'adoption à grande échelle des recommandations du projet BEPS se rapportant aux conventions fiscales par le Comité d'experts des Nations Unies témoigne du large soutien dont bénéficient les recommandations relatives aux conventions fiscales élaborées au cours du projet BEPS, et favorisera l'adoption rapide et cohérente de ces recommandations à l'échelle mondiale.

[14] (Conseil de l'UE, 2016[29]).

[15] La Commission européenne a, dans le cadre de sa proposition de Directive du Conseil concernant une assiette commune pour l'impôt sur les sociétés, proposé d'aller plus loin dans le renforcement des règles concernant les SEC dans les pays de l'UE. Cette proposition prévoit que la règle de l'exception fondée sur la réalité économique ne s'applique qu'à une société étrangère contrôlée qui est résidente ou située dans un État membre ou dans un pays tiers qui est partie à l'accord EEE. L'exception ne s'appliquera donc pas aux sociétés étrangères contrôlées dans les pays tiers, ce qui aura pour effet d'alourdir considérablement la charge fiscale des SEC dans ces pays. En outre, la méthode du test de substance autonome figurant à l'article 7(2), point b de la Directive du Conseil de l'UE pour lutter contre l'évasion fiscale (2016/1164/UE) n'a pas été reprise dans la proposition de Directive concernant une assiette commune pour l'impôt sur les sociétés. En conséquence, les pays de l'UE ne pourraient plus limiter l'imposition des SEC aux seuls revenus « *provenant de montages non authentiques mis en place essentiellement dans le but d'obtenir un avantage fiscal* ».

[16] Public Law N° 115-97, 22 décembre 2017, article 14201 (a) introduisant l'art. 951A dans la sous-partie F de la partie III du sous-chapitre N du chapitre 1 de l'*Internal Revenue Code* de 1986 (US Congress, 2017[14]).

[17] Le taux d'imposition effectif global de 13.125 % s'applique lorsque le contribuable américain peut prétendre à des crédits d'impôt étrangers. Dans les cas où le contribuable américain ne peut pas bénéficier de crédits d'impôt étrangers (par exemple lorsque la SEC est basée dans une

juridiction où l'impôt sur les sociétés n'existe pas), le taux d'imposition effectif peut être réduit à 10.5 %.

18 Articles 66-6 à 66-9 de la loi sur les mesures spéciales concernant l'imposition ; Articles 39-14 à 39-20 de l'ordonnance d'exécution de la loi sur les mesures spéciales concernant l'imposition.

19 Les pays bénéficient d'une certaine souplesse pour honorer cet engagement et doivent faire figurer dans leurs conventions (i) l'approche combinant une règle de limitation des avantages et une règle anti-abus de portée plus générale faisant référence aux objets principaux des montages ou transactions (critère des objets principaux ou « COP »), (ii) la règle COP seule, (iii) la règle de limitation des avantages complétée par un mécanisme qui viserait les mécanismes de financement par des sociétés-relais qui ne sont pas déjà traités dans leurs conventions fiscales.

20 Le Rapport sur l'Action 5 du projet BEPS spécifie que les juridictions qui ne sont pas des États membres de l'Union européenne peuvent inclure dans la définition des dépenses éligibles toutes les dépenses éligibles au titre d'activités de recherche et développement effectuées par des parties liées, à condition que ces parties liées soient résidentes dans la juridiction qui octroie l'avantage fiscal (voir la note de bas de page 16 du chapitre IV du Rapport, (OCDE, 2015[26])).

21 Les Principes directeurs internationaux de l'OCDE pour la TVA/TPS présentent un certain nombre de principes concernant le traitement TVA des types de transactions internationales les plus courants, en mettant l'accent sur les échanges de services et de biens incorporels, dans le but de réduire les incertitudes et les risques de double imposition et d'absence involontaire d'imposition induits par les incohérences dans l'application de la TVA dans un contexte transnational. Les Principes directeurs s'inspirent du dialogue international entre les membres de l'OCDE, les pays partenaires et d'autres parties prenantes. Ils ont été intégrés dans la Recommandation du Conseil sur l'application de la taxe sur la valeur ajoutée/taxe sur les produits et services aux échanges internationaux de services et de biens incorporels. Cette Recommandation du Conseil est le premier instrument juridique de l'OCDE dans le domaine de la TVA ainsi que le premier cadre approuvé au niveau international pour l'application de la TVA au commerce international aspirant à une couverture mondiale.

22 Précisément, la mise en œuvre des Principes directeurs 3.2 et 3.4 permettra de minimiser les risques d'érosion de la base d'imposition et de transfert de bénéfices liés aux fournitures d'actifs incorporels et de services vendus à distance à des entreprises exonérées, notamment les entités exonérées qui exercent leur activité par l'intermédiaire d'établissements (« succursales ») dans plusieurs juridictions. Le Principe directeur 3.2 recommande que les droits d'imposition sur les fournitures entre entreprises d'actifs incorporels et de services faisant l'objet d'échanges internationaux soient attribués à la juridiction où le client a établi son établissement d'affaires et que les entreprises clientes soient tenues de déterminer par autoliquidation le montant de la TVA due sur les actifs incorporels ou services acquis à distance auprès de fournisseurs à l'étranger, en appliquant les règles de la juridiction dans laquelle elles sont implantées. Le Principe directeur 3.4 recommande qu'en cas de fourniture à une entreprise établie dans plusieurs juridictions, les droits d'imposition reviennent à la juridiction où se trouve l'établissement du client (succursale) qui utilise l'actif incorporel ou le service considéré.

23 Singapour a annoncé l'entrée en vigueur de règles relatives à l'imposition des ventes B2C de services numériques transfrontalières à compter du 1er janvier 2020, sous réserve de l'adoption par le Parlement de la législation.

24 Voir (Deloitte, 2016[6]).

25 Voir (Deloitte, 2016[6]).

26 Ce rapport a été réalisé par l'OCDE avec la participation active d'un grand nombre de juridictions au-delà de l'OCDE ainsi que de la communauté mondiale des entreprises, notamment par l'intermédiaire du Forum mondial de l'OCDE sur la TVA et du Groupe technique consultatif

du Groupe de travail n° 9 de l'OCDE sur les impôts sur la consommation (GTC GT9) (OCDE, 2017[34]). Il présente une description générale des questions de fond en matière de politique et de conception relatives à la collecte de la TVA/TPS sur les fournitures de services et de biens incorporels par des fournisseurs étrangers, et propose une vue d'ensemble des questions clés en matière de politique et de conception que les administrations fiscales doivent prendre en compte pour concevoir et mettre en œuvre un régime de collecte fondé sur l'identification du fournisseur, avec ou sans mesures de simplification. Il contient également des orientations plus précises relatives à la conception et à l'application d'un régime d'identification et de collecte simplifié tel qu'il est recommandé par les Principes directeurs internationaux de l'OCDE pour la TVA/TPS et par le Rapport établi au titre de l'Action 1 du projet BEPS. Ce rapport ne vise pas à fournir des prescriptions détaillées pour les législations nationales. Les juridictions sont souveraines dans la conception et d'application de leur législation. Il cherche plutôt à présenter les approches possibles et à traiter des questions de politique connexes. Ce rapport est évolutif par nature et son contenu sera revu régulièrement à la lumière des développements rapides dans le domaine de la technologie et des processus de vente et de livraison.

[27] Ces mécanismes sont les suivants : la Convention multilatérale concernant l'assistance administrative mutuelle en matière fiscale ; l'article 26 (échange de renseignements) du Modèle de Convention fiscale de l'OCDE ; et le modèle d'accord OCDE sur l'échange de renseignements.

[28] Les évolutions intervenant dans des juridictions qui ont mis en œuvre des mécanismes de collecte via des plateformes (ou qui adoptent de telles mesures), ainsi que les travaux menés par d'autres instances internationales, peuvent se compléter mutuellement dans le cadre de l'échange permanent d'informations.

[29] Le Rapport sur l'Action 5 du projet BEPS spécifie que les juridictions qui ne sont pas des États membres de l'Union européenne peuvent inclure dans la définition des dépenses éligibles toutes les dépenses éligibles au titre d'activités de recherche et développement effectuées par des parties liées, à condition que ces parties liées soient résidentes dans la juridiction qui octroie l'avantage fiscal (voir la note de bas de page 16 du Chapitre IV du Rapport, (OCDE, 2015[26])).

[30] Une enquête réalisée par Thomson Reuters auprès de directeurs fiscaux a constaté que « 66 % anticipent et prennent des mesures basées sur les recommandations issues du projet BEPS ; 22 % attendent que les pays les adoptent ; 7 % attendent que tous les points d'action du projet soient finalisés avant d'agir ; 3 % attendent que leurs pairs agissent ; et 3 % ne font rien du tout ». (Reuters, 2016[21]). Voir aussi (KPMG, 2016[22]) ; (Deloitte, 2017[23]).

[31] Par exemple, un rapport présenté au ministre irlandais des Finances, des Dépenses publiques et de la Réforme (Coffey, 2017[16]) contient des données pertinentes indiquant que « *les comptes nationaux de l'Irlande ont été impactés par un certain nombre d'opérations de relocalisation d'actifs incorporels ces dernières années, et les bénéfices générés par ces actifs incorporels sont désormais intégrés dans les mesures brutes du revenu national de l'Irlande. On observe surtout une augmentation du stock d'actifs incorporels en Irlande d'environ 250 milliards EUR au T1 2015, tandis que les Comptes nationaux trimestriels pour le T4 2016 indiquent des investissements au titre de l'acquisition d'actifs incorporels d'environ 25 milliards EUR* ». Le même rapport ajoute qu'en « *valeur nominale, le stock brut de capital de l'Irlande est passé de 756 milliards à 1 088 milliards EUR, soit une progression de 332 milliards EUR. Les variations du stock de capital s'expliquent généralement par l'investissement (acquisitions directes ou développement interne) et par l'obsolescence (mise au rebut) qui donnent lieu à des entrées et à des sorties du stock de capital. Toutefois, en 2015, les investissements en capital se chiffraient à 54.1 milliards EUR. Ainsi, près de 85 % de ces 332 milliards EUR de hausse ne peuvent pas être expliqués par l'investissement. Le tableau 9.8 illustre la composition du stock brut de capital de l'Irlande en 2014 et 2015. Dans les données de 2015, deux catégories ont été supprimées pour des raisons de confidentialité : équipements de transport et recherche et développement. Les catégories reflètent la location d'aéronefs et la relocalisation d'actifs de propriété intellectuelle. Les catégories pour lesquelles des données sont communiquées affichaient une augmentation de*

42 milliards EUR en 2015, de sorte que les 289 milliards EUR restants s'expliquent par les catégories manquantes des équipements de transport et des actifs incorporels. Il est probable que les actifs incorporels en représentent la majeure partie ».

32 E-bay a indiqué à ses clients dans un certain nombre de pays que la partie contractante a changé, passant d'une entreprise étrangère à une entreprise du pays (eBay Canada Limited, 2017[9]) (eBay Inc, 2017[10]). Des faits similaires concernant Amazon dans l'Union européenne ont été signalés dans la presse (Scott, 2015[12]) (Zeit Online, 2015[11]). Plus récemment, Facebook a annoncé sa décision de passer à un système de structures commerciales locales dans les pays où l'entreprise possède un bureau d'appui des ventes auprès des annonceurs locaux (Wehner, 2017[8]). Des faits similaires concernant Google en Nouvelle-Zélande ont été signalés dans la presse (Johnston, 2018[20]).

33 Le terme « distributeur de plein exercice » désigne un revendeur qui devient propriétaire des biens vendus aux clients locaux. Cela crée un point local de comptabilisation des recettes, car les recettes commerciales générées par les transactions avec des clients locaux seront comptabilisées dans les états financiers et dans la déclaration de revenu de cette entité locale. Un « distributeur de plein exercice » supporte généralement les risques associés à l'achat, à la détention et à la vente des produits. Bien que ces modèles de revendeur soient couramment utilisés pour la distribution de produits, ils sont moins répandus pour la prestation de services, en particulier dans les pays où la législation commerciale ne permet pas la revente de services. En outre, il convient de noter que ces structures commerciales locales peuvent être inefficaces pour les entreprises qui sont potentiellement en mesure de centraliser leurs fonctions au niveau régional et/ou mondial afin de réaliser des économies d'échelle substantielles concernant certaines fonctions liées aux activités de vente d'une entreprise multinationale (par exemple, infrastructure, gestion de la relation client, processus de facturation).

34 Voir (Deloitte, 2016[6]).

35 Dans le cadre du paquet BEPS, les membres du Cadre inclusif se sont engagés à mettre en œuvre les quatre standards minimums dans les domaines de la lutte contre les pratiques fiscales dommageables (Action 5), de la prévention du chalandage fiscal (Action 6), de la mise en œuvre de la déclaration pays par pays (Action 13) et de l'amélioration du règlement des différends (Action 14). Ces standards minimums font l'objet d'un processus de suivi rigoureux (examen par les pairs).

36 Le mandat du Cadre inclusif soutient la coopération internationale dans quatre domaines : (i) examiner la mise en œuvre des quatre standards minimums ; (ii) réunir des données pour le suivi des autres aspects de la mise en œuvre, y compris au titre des Actions 1 (Relever les défis fiscaux posés par l'économie numérique) et 11 (Mesure et mise en œuvre du BEPS) ; (iii) finaliser les travaux techniques restants en vue de relever les défis posés par les pratiques de BEPS ; et (iv) aider les juridictions à mettre en œuvre le paquet BEPS, y compris en diffusant des orientations supplémentaires sur les standards et en élaborant des guides à l'attention des pays à faibles revenus.

37 Après la présentation du paquet BEPS, il a été décidé que le Cadre inclusif sur le BEPS poursuivrait les travaux techniques portant sur certains standards qui nécessitaient d'être affinés, notamment : finaliser les instructions sur les prix de transfert relatives à l'application des méthodes transactionnelles de partage des bénéfices et aux transactions financières, et examiner les règles d'attribution des bénéfices aux établissements stables à la lumière des modifications apportées à la définition de l'établissement stable.

38 Pour assurer une mise en œuvre généralisée et efficiente, des examens par les pairs seront également entrepris pour les « juridictions pertinentes », c'est-à-dire celles qui ne sont pas membres du Cadre inclusif mais qui devront mettre en œuvre un standard minimum en particulier pour garantir une lutte efficace contre les pratiques de BEPS. Les examens par les pairs reposent

sur des termes de référence et sur une méthodologie propres à chaque standard. Pour plus d'informations sur les termes de référence et la méthodologie des examens par les pairs des standards minimums, y compris sur leurs calendriers pour chaque standard minimum, voir l'Annexe C du rapport de l'OCDE « Cadre inclusif sur le BEPS : rapport d'étape », publié le 5 juillet 2017.

[39] L'Action 14 est un pilier essentiel du projet BEPS car elle propose des outils efficaces pour réduire la double imposition, mais elle ne se rattache pas à proprement parler à l'exercice entrepris dans ce rapport. Un standard minimum a été établi au titre de l'Action 14 afin d'améliorer l'efficacité des mécanismes de règlement des différends, y compris par des actions de prévention et par l'existence de procédures amiables (PA) et l'accès à ces procédures, le règlement des cas soumis à la PA et la mise en application des accords amiables. Tous les éléments relatifs aux conventions fiscales établis par le standard minimum de l'Action 14 peuvent être mis en œuvre en adhérant à l'Instrument multilatéral (voir l'encadré 3.1). L'Instrument multilatéral couvre actuellement 78 juridictions.

[40] Ce paragraphe porte sur les problématiques de BEPS associées aux régimes préférentiels et passe sous silence celles qui peuvent résulter du transfert de PI entre entités affiliées afin d'agir sur les prix de transfert, ou de la détermination du prix des paiements de redevances intra-groupe conformément au principe de pleine concurrence.

[41] Le Rapport sur l'Action 5 du projet BEPS spécifie que les juridictions qui ne sont pas des États membres de l'Union européenne peuvent inclure dans la définition des dépenses éligibles toutes les dépenses éligibles au titre d'activités de recherche et développement effectuées par des parties liées, à condition que ces parties liées soient résidentes dans la juridiction qui octroie l'avantage fiscal (voir la note de bas de page 16 du chapitre IV du Rapport, (OCDE, 2015$_{[26]}$)).

[42] Le Rapport sur l'Action 5 du projet BEPS établit les obligations en matière de suppression de régimes et de clauses de sauvegarde pour les membres existants du Forum sur les pratiques fiscales dommageables : Aucun nouvel adhérent à tout régime de PI existant qui n'est pas cohérent avec l'approche du lien ne sera accepté après le 30 juin 2016 et les clauses de sauvegarde sont autorisées pour une durée maximale de cinq ans (30 juin 2021). Pour les nouveaux membres du Cadre inclusif, la date limite pour les nouveaux adhérents est fixée au 30 juin 2018 et les clauses de sauvegarde sont autorisées jusqu'au 30 juin 2021.

[43] Les paragraphes suivants portent sur les problématiques de BEPS associées aux mécanismes de chalandage fiscal et n'abordent pas les pratiques de BEPS susceptibles de résulter du transfert d'actifs de PI entre entités affiliées afin d'agir sur les prix de transfert, ou de la détermination du prix des paiements de redevances intra-groupe conformément au principe de pleine concurrence.

[44] Les pays bénéficient d'une certaine souplesse pour honorer cet engagement et doivent faire figurer dans leurs conventions (i) l'approche combinant une règle de limitation des avantages et une règle anti-abus de portée plus générale faisant référence aux objets principaux des montages ou transactions (critère des objets principaux ou « COP »), (ii) la règle COP seule, (iii) la règle de limitation des avantages complétée par un mécanisme qui viserait les mécanismes de financement par des sociétés-relais qui ne sont pas déjà traités dans leurs conventions fiscales.

[45] La mise en place, par les pays, du cadre juridique requis au niveau national pour instituer les déclarations pays par pays est une étape essentielle de la mise en œuvre. Plus de 60 juridictions ont déjà fait obligation aux entreprises multinationales satisfaisant aux critères fixés d'établir des déclarations pays par pays, et plus de 45 d'entre elles ont mené à bien l'ensemble des processus requis sur le plan national pour qu'un cadre juridique complet soit en place. Parmi les juridictions ayant déjà pris des mesures, on compte les 35 membres de l'OCDE, 7 pays du G20 non membres de l'OCDE (Afrique du Sud, Argentine, Brésil, Fédération de Russie, Inde, Indonésie et République populaire de Chine) ainsi que 24 autres juridictions (Bermudes, Colombie, Côte d'Ivoire, Égypte, Gabon, Guernesey, Hong Kong, Îles Caïmans, Île de Man, Jersey, Kenya,

Liechtenstein, Malaisie, Malte, Maurice, Monaco, Nigéria, Pakistan, Pérou, Qatar, Sénégal, Singapour, Uruguay, et Viet Nam). Pour les 28 États membres de l'UE, l'obligation d'imposer l'établissement de déclarations pays par pays a également été consacrée par une directive contraignante (Directive du Conseil 2016/881/UE). En outre, les exigences applicables au fichier principal et au fichier local sont déjà en cours de mise en œuvre dans une quarantaine de juridictions.

[46] Pour consulter la liste à jour des juridictions qui ont signé l'Accord multilatéral entre autorités compétentes portant sur l'échange des déclarations pays par pays, voir : www.oecd.org/tax/automatic-exchange/about-automatic-exchange/CbC-MCAA-Signatories.pdf.

[47] Le premier cycle annuel d'examens par les pairs de la mise en œuvre de la déclaration pays par pays, qui couvre tous les membres du Cadre inclusif, a débuté en février 2017. Lorsque le processus d'examen par les pairs met au jour des questions relatives à l'interprétation ou au fonctionnement du standard minimum de l'Action 13, celles-ci peuvent être traitées au moyen d'orientations ou être débattues au moment du réexamen du standard minimum en 2020.

[48] Convention multilatérale concernant l'assistance administrative mutuelle en matière fiscale : http://www.oecd.org/fr/ctp/echange-de-renseignements-fiscaux/convention-concernant-l-assistance-administrative-mutuelle-en-matiere-fiscale.htm. Depuis l'adoption du paquet BEPS en octobre 2015, 25 pays ont adhéré à la Convention : Bahamas, Bahreïn, Brunei Darussalam, Burkina Faso, Émirats arabes unis, Îles Cook, les Îles Marshall, Israël, Jamaïque, Kenya, Koweït, le Liban, Malaisie, Nauru, Niue, Ouganda, Pakistan, Panama, Pérou, Qatar, République dominicaine, Saint-Kitts-et-Nevis, Sainte-Lucie, Saint-Vincent-et-les-Grenadines, Samoa, Sénégal et Uruguay. À ce jour, 117 juridictions participent à la Convention.

[49] Le premier cycle annuel d'examens par les pairs de la mise en œuvre de la déclaration pays par pays, qui couvre tous les membres du Cadre inclusif, a débuté en février 2017. Lorsque le processus d'examen par les pairs met au jour des questions relatives à l'interprétation ou au fonctionnement du standard minimum de l'Action 13, celles-ci peuvent être traitées au moyen d'orientations ou être débattues au moment du réexamen du standard minimum en 2020.

[50] Ce rapport contient également des commentaires détaillés qui expliquent comment les recommandations doivent être mises en pratique.

[51] Les régimes de communication obligatoire d'informations diffèrent des autres initiatives de déclaration et de discipline fiscale habituellement employées par les pays (décisions, communication volontaire, programmes de discipline volontaire par exemple) dans la mesure où ils ont précisément pour vocation d'imposer aux contribuables et aux fiscalistes d'informer de manière précoce l'administration de l'existence de dispositifs de planification fiscale à caractère potentiellement agressif ou abusif s'ils relèvent de la définition d'un montage fiscal devant faire l'objet d'une déclaration énoncée dans le cadre de ce régime.

[52] (Conseil de l'UE, 2016[29]).

[53] (Conseil de l'UE, 2017[31]).

[54] Les dispositions initiales concernant les asymétries résultant des dispositifs hybrides entre les États membres de l'UE contenues dans la Directive 2016/1164/UE ont été étendues par la Directive 2017/952/UE afin de couvrir un plus grand nombre de montages et de dispositifs faisant intervenir des pays tiers. Aujourd'hui, la Directive porte sur les asymétries résultant de doubles déductions, de déductions sans inclusion, de divergences relatives à la qualification des instruments financiers, des paiements et des entités ou de l'attribution des paiements. Elle vise aussi les cas d'asymétrie liés aux établissements stables non pris en compte et à la résidence fiscale. Le préambule de la Directive 2017/952/UE fait explicitement référence à l'Action 2 comme « *une source d'illustration ou d'interprétation, dans la mesure où ils sont conformes aux dispositions de la présente directive et au droit de l'Union* ».

[55] Le Royaume-Uni est l'un des premiers pays de l'UE à avoir appliqué les nouvelles règles de lutte contre les dispositifs hybrides conformément aux Directives 2016/1164/UE et 2017/952/UE. Ces nouvelles règles ont pris effet le 1er janvier 2017 (HM Revenue and Customs, 2016[17] ; Sheppard, 2017[18]).

[56] La législation prévoit deux mécanismes pour la mise en œuvre des recommandations visées par l'Action 2. Le premier (article 245A(e) de l'*Internal Revenue Code*) interdit l'exonération des « dividendes hybrides » – c'est-à-dire les dividendes dont le versement donne lieu à une déduction (ou à un autre avantage fiscal) dans la juridiction du payeur. Le second (article 267A de l'*Internal Revenue Code*) limite la déductibilité des paiements intragroupe effectués au titre d'un instrument hybride ou en faveur d'une entité hybride – c'est-à-dire les paiements qui ne sont pas pris en compte dans le bénéfice du bénéficiaire en vertu de la législation de son pays de résidence, ou les paiements que le bénéficiaire peut imputer à ce bénéfice en vertu de ces mêmes lois (Wagam, Catalano et Kravitz, 2018[19] ; US Congress, 2017[14]).

[57] La législation (Conseil de l'UE, 2016[35]) prévoit à l'article 4(4) une clause de maintien des droits acquis, ce qui signifie que les emprunts contractés avant le 17 juin 2016 sont exclus du champ d'application de la règle de limitation des intérêts, tout comme les emprunts utilisés pour financer des projets d'infrastructures publiques à long terme. Les États membres de l'UE qui disposent de règles équivalentes peuvent continuer à les appliquer jusqu'à ce que l'OCDE publie un standard minimum relatif à la limitation des intérêts ou jusqu'au 1er janvier 2024 au plus tard.

[58] Ce projet de loi prévoit que les nouvelles obligations de déclaration entreraient en vigueur le 1er janvier 2019 (Commission européenne, 2017[32]), mais la date de son application effective est encore en cours de discussion.

[59] Singapour a annoncé que les ventes transfrontières B2C de services numériques seraient taxées à compter du 1er janvier 2020, sous réserve que le Parlement approuve cette mesure.

[60] Singapour a annoncé que les ventes transfrontières B2C de services numériques seraient taxées à compter du 1er janvier 2020, sous réserve que le Parlement approuve cette mesure.

Références

BakerMcKenzie (2016), *Japan 2017 Tax Reform Proposal*, http://www.bakermckenzie.co.jp/wp/wp-content/uploads/Newsletter_161220_TaxReformProposal_E.pdf (consulté le 20 December 2016). [15]

Coffey, S. (2017), *Review Of Ireland's Corporation Tax Code Presented To The Minister For Finance And Public Expenditure And Reform*, http://www.finance.gov.ie/wp-content/uploads/2017/09/170912-Review-of-Irelands-Corporation-Tax-Code.pdf. [16]

Commission européenne (2017), « COM(2017) 335 final », dans *Proposition de Directive du Conseil modifiant la directive 2011/16/UE en ce qui concerne l'échange automatique et obligatoire d'informations dans le domaine fiscal en rapport avec les dispositifs transfrontières devant faire l'objet d'une déclaration*, https://ec.europa.eu/taxation_customs/sites/taxation/files/intermediaries-proposal-2017_fr.pdf (consulté le 21 June 2017). [32]

Commission européenne (2016), *Proposition de Directive du Conseil concernant une assiette commune pour l'impôt sur les sociétés*, http://dx.doi.org/2016/0337 (CNS). [30]

Conseil de l'UE (2017), *Directive (UE) 2017/952 du Conseil du 29 mai 2017 modifiant la directive (UE) 2016/1164 en ce qui concerne les dispositifs hybrides faisant intervenir des pays tiers*, http://eur-lex.europa.eu/legal-content/FR/TXT/HTML/?uri=CELEX:32017L0952&from=EN (consulté le 29 May 2017), http://dx.doi.org/2017/952. [31]

Conseil de l'UE (2016), *DIRECTIVE (UE) 2016/1164 DU CONSEIL*, http://eur-lex.europa.eu/legal-content/FR/TXT/HTML/?uri=CELEX:32016L1164&from=EN (consulté le 12 July 2016). [35]

Conseil de l'UE (2016), *Directive (UE) 2016/1164 du Coseil de l'UE du 12 juillet 2016 établissant des règles pour lutter contre les pratiques d'évasion fiscale qui ont une incidence directe sur le fonctionnement du marché intérieur*, http://dx.doi.org/2016/1164. [29]

Deloitte (2017), *The 'Global Tax Reset': Summary Results of the 2017 Annual Multinational Survey*, http://dx.doi.org/www2.deloitte.com/content/dam/Deloitte/global/Documents/Tax/dttl-tax-beps-summary-survey-results-2017.pdf. [23]

Deloitte (2016), *VAT Aspects of cross-border e-commerce - Options for modernisation*, https://ec.europa.eu/taxation_customs/sites/taxation/files/vat_aspects_cross-border_e-commerce_final_report_lot3.pdf. [6]

eBay Canada Limited (2017), *We're changing the contracting party for Canadian residents and businesses.*, http://pages.ebay.ca/seller-centre/news/seller-updates/2017summer/ebay-canada-limited.html (consulté le November 2017). [9]

eBay Inc (2017), *Changes to your User Agreement, User Privacy Notice, Billing Agreements and other eBay Agreements*, http://announcements.ebay.ca/2017/05/09/7983/ (consulté le October 2017). [10]

Harpaz, J. (2015), *BEPS Rears Its Head In Amazon European Tax Policy Shift*, Forbes, https://www.forbes.com/sites/joeharpaz/2015/05/29/beps-rears-its-head-in-amazon-european-tax-policy-shift/#10c8a2423e94. [7]

HM Revenue and Customs (2016), *Corporation Tax: anti-hybrids rules*, https://www.gov.uk/government/publications/corporation-tax-anti-hybrids-rules/corporation-tax-anti-hybrids-rules (consulté le 16 March 2016). [17]

Johnston, S. (2018), *Google to Book Ad Sales in New Zealand Due to Global Tax Debate*. [20]

Johnston, S. (2017), « Facebook Restructures Amid Digital Economy Tax Debate », *Tax Notes International*. [13]

KPMG (2016), *European CEO, Shifting the Rules*, https://home.kpmg.com/content/dam/kpmg/pdf/2016/04/shifting-the-rules-jane-mccormick-european-ceo-interview.pdf. [22]

OCDE (2018), *signataires et parties à la Convention multilatérale pour la mise en oeuvre des mesures relatives aux conventions fiscales pour prévenir l'érosion de la base d'imposition et le transfert de bénéfices*, http://www.oecd.org/fr/fiscalite/conventions/beps-instrument-multilateral-signataires-et-parties.pdf. [3]

OCDE (2017), *Convention multilatérale pour la mise en œuvre des mesures relatives aux conventions fiscales pour prévenir le BEPS*, http://www.oecd.org/fr/fiscalite/conventions/convention-multilaterale-pour-la-mise-en-oeuvre-des-mesures-relatives-aux-conventions-fiscales-pour-prevenir-le-beps.htm (consulté le November 2017). [33]

OCDE (2017), *Mécanismes pour la collecte effective de la TVA/TPS*, OECD, Paris, http://www.oecd.org/fr/fiscalite/consommation/conception-et-administration-des-mecanismes-pour-la-collecte-de-la-TVA-TPS.pdf. [34]

OCDE (2017), *MLI Database - Matrix of options and reservations*, http://www.oecd.org/tax/treaties/mli-database-matrix-options-and-reservations.htm. [28]

OCDE (2017), *OECD releases BEPS discussion drafts on attribution of profits to permanent establishments and transactional profit splits*, http://www.oecd.org/ctp/oecd-releases-beps-discussion-drafts-on-attribution-of-profits-to-permanent-establishments-and-transactional-profit-splits.htm. [27]

OCDE (2017), *Pratiques fiscales dommageables - Rapport d'étape de 2017 sur les régimes préférentiels : Cadre inclusif sur le BEPS : Action 5*, Projet OCDE/G20 sur l'érosion de la base d'imposition et le transfert de bénéfices, Éditions OCDE, Paris, http://dx.doi.org/10.1787/9789264283961-fr. [5]

OCDE (2017), *Principes directeurs internationaux pour la TVA/TPS*, Éditions OCDE, Paris, http://dx.doi.org/10.1787/9789264272958-fr. [2]

OCDE (2015), *Empêcher les mesures visant à éviter artificiellement le statut d'établissement stable, Action 7 - Rapport final 2015*, Projet OCDE/G20 sur l'érosion de la base d'imposition et le transfert de bénéfices, Éditions OCDE, Paris, http://dx.doi.org/10.1787/9789264255227-fr. [25]

OCDE (2015), *Empêcher l'octroi inapproprié des avantages des conventions fiscales, Action 6 - Rapport final 2015*, Projet OCDE/G20 sur l'érosion de la base d'imposition et le transfert de bénéfices, Éditions OCDE, Paris, http://dx.doi.org/10.1787/9789264278035-fr. [4]

OCDE (2015), *Lutter plus efficacement contre les pratiques fiscales dommageables, en prenant en compte la transparence et la substance, Action 5 - Rapport final 2015*, Projet OCDE/G20 sur l'érosion de la base d'imposition et le transfert de bénéfices, Éditions OCDE, Paris, http://dx.doi.org/10.1787/9789264255203-fr. [26]

OCDE (2015), *Mesurer et suivre les données relatives au BEPS, Action 11 - Rapport final 2015*, Projet OCDE/G20 sur l'érosion de la base d'imposition et le transfert de bénéfices, Éditions OCDE, Paris, http://dx.doi.org/10.1787/9789264282711-fr. [24]

OCDE (2015), *Relever les défis fiscaux posés par l'économie numérique, Action 1 - Rapport* [1] *final 2015*, Projet OCDE/G20 sur l'érosion de la base d'imposition et le transfert de bénéfices, Éditions OCDE, Paris, http://dx.doi.org/10.1787/9789264252141-fr.

Reuters, T. (2016), *2016 Global BEPS Readiness Survey Report*, https://tax.thomsonreuters.com/BEPS/survey-report-2016/. [21]

Scott, M. (2015), *Amazon to Stop Funneling European Sales Through Low-Tax Haven*, The New York Times, https://www.nytimes.com/2015/05/25/technology/amazon-to-stop-funneling-european-sales-through-low-tax-haven.html (consulté le 24 May 2015). [12]

Sheppard, L. (2017), « News Analysis: The All-Purpose UK Anti-Hybrid Rules », *Tax Notes*. [18]

US Congress (2017), *Public Law No. 115-97*, https://www.congress.gov/115/bills/hr1/BILLS-115hr1enr.pdf (consulté le 22 December 2017). [14]

Wagam, P., R. Catalano et A. Kravitz (2018), *Tax Reform Implications for US Businesses and Foreign Investments*, Havard Law School Forum on Corporate Governance and Financial Regulations, https://corpgov.law.harvard.edu/2018/01/05/tax-reform-implications-for-u-s-businesses-and-foreign-investments/ (consulté le 15 February 2018). [19]

Wehner, D. (2017), *Moving to a Local Selling Model*, Facebook, https://newsroom.fb.com/news/2017/12/moving-to-a-local-selling-model/ (consulté le 12 December 2017). [8]

Zeit Online (2015), *Amazon zahlt jetzt in Deutschland Steuern*, Zeit Online, http://www.zeit.de/wirtschaft/unternehmen/2015-05/amazon-deutschland-steuer (consulté le 24 May 2015). [11]

Chapitre 4. Évolutions pertinentes en matière de politique fiscale

Ce chapitre présente les mesures unilatérales mises en œuvre par les pays qui intéressent potentiellement la transformation numérique. Il décrit en détail ces différentes mesures, regroupées en quatre catégories, et expose leurs caractéristiques communes.

4.1. Synthèse

341. Ce chapitre contient une description de l'élaboration et de la mise en œuvre de toute une série de mesures prises par les pays qui sont potentiellement pertinentes en ce qui concerne la numérisation de l'économie, notamment lorsque ces mesures ont trait aux défis fiscaux plus larges en matière d'impôts directs recensés dans le Rapport sur l'Action 1 du Plan d'action de 2015 (à savoir, le lien, les données et la qualification).

342. Ces actions unilatérales et non coordonnées peuvent être regroupées en quatre catégories : (i) autres applications possibles du seuil d'imposition des établissements stables ; (ii) retenues à la source ; (iii) taxes sur le chiffre d'affaires ; et (iv) régimes spéciaux visant les grandes entreprises multinationales.

343. Certaines caractéristiques sont communes à quelques-unes de ces mesures unilatérales et non coordonnées. En premier lieu, elles visent à protéger et/ou élargir la base d'imposition dans le pays où les clients ou les utilisateurs se situent, généralement en adoptant une conception élargie de l'engagement de l'entreprise dans ce pays. En second lieu, un grand nombre d'entre elles comportent des éléments liés au marché aux fins de la détermination de la base d'imposition (revenu des ventes, lieu de l'utilisation ou de la consommation, par exemple). De façon plus générale, elles semblent traduire une insatisfaction de la part de certains pays face aux résultats produits par le système international actuel d'imposition des bénéfices.

4.2. Introduction

344. En 2015, le Rapport sur l'Action 1 identifiait un certain nombre de défis fiscaux plus larges, ayant trait aux questions de lien, de données et de caractérisation, soulevés par l'économie numérique dans le cadre de la fiscalité directe. Ces problèmes amenaient à s'interroger sur les limites du cadre fiscal international existant pour déterminer le lieu des activités économiques et de la création de valeur aux fins du calcul de l'impôt sur les sociétés. Face à ces préoccupations, un certain nombre d'options possibles ont été analysées par le Groupe de réflexion sur l'économie numérique (GREN), parmi lesquelles des solutions alternatives au seuil existant de l'établissement stable fondées sur un critère de « présence économique significative », l'introduction d'une nouvelle retenue à la source applicable à certains types de transactions numériques, et la mise en place d'une « taxe de péréquation » distincte.

345. Néanmoins, au moment où a été adopté le Rapport sur l'Action 1, les pays participant au projet BEPS n'avaient pas réussi à se mettre d'accord sur l'ampleur et l'impact réels de ces défis fiscaux plus larges. En particulier, aucun consensus n'avait été trouvé quant à la nécessité ou non d'introduire des changements allant au-delà des mesures proposées dans le paquet BEPS. Les options examinées dans le Rapport sur l'Action 1 n'ont par conséquent donné lieu à l'adoption d'aucune norme internationalement reconnue. Néanmoins, il a été admis que les pays pourraient introduire l'une quelconque de ces options dans leur droit interne, sous réserve de respecter les conventions fiscales et autres obligations internationales en vigueur.

346. Depuis la publication du Rapport sur l'Action 1, cette absence de consensus a conduit de nombreux pays du monde entier à réfléchir à d'autres approches possibles envers la fiscalité des activités à forte composante numérique, qui passent généralement par l'adoption de nouvelles mesures fiscales ou par une modification de l'interprétation des lois et mesures fiscales en vigueur. À ce jour, ces approches non coordonnées

incluent tout un éventail de mesures, généralement mises en œuvre en adaptant le droit interne, qui visent à protéger et/ou à étendre l'imposition à la source des activités exercées en ligne (ou plus généralement des activités des grandes entreprises multinationales), en s'appuyant sur le calcul du bénéfice ou sur un quelconque autre facteur équivalent. Si seules quelques-unes de ces mesures s'inspirent des éléments des options décrites dans le Rapport sur l'Action 1(notamment la taxe de péréquation), elles obéissent toutes, au moins dans une certaine mesure, aux mêmes préoccupations, telles que le désir de garantir une base d'imposition appropriée pour les activités d'entreprise exercées dans, ou étroitement liées à, un marché où les biens et services sont fournis.

347. C'est dans ce contexte que le GREN a reçu un mandat en vue de suivre les évolutions des politiques fiscales à travers le monde intéressant potentiellement l'économie numérique, en mettant l'accent sur les mesures visant à répondre à certains aspects des défis fiscaux plus larges soulevés par la numérisation de l'économie, tels qu'identifiés dans le Rapport sur l'Action 1. En l'absence de consensus global, il a été jugé important, dans le cadre de ce suivi, de dresser l'état des lieux de toutes les mesures potentiellement pertinentes adoptées par les différents pays et de veiller à cerner précisément la façon dont elles sont conçues et mises en œuvre (conformité, impact, recettes recouvrées, etc.). Cette section contient ainsi une description des diverses initiatives potentiellement pertinentes qui ont été prises par les pays pour s'adapter à une économie de plus en plus affectée par la numérisation, en examinant leur impact et leur efficacité potentielles[1]. Ces mesures fiscales ont été regroupées en quatre catégories : (i) les alternatives au seuil d'imposition basé sur la notion d'établissement stable ; (ii) les retenues à la source ; (iii) les taxes sur le chiffre d'affaires ; et (iv) les régimes spécifiques applicables aux grandes entreprises multinationales.

348. Il convient de noter que les aspects techniques des mesures décrites dans les encadrés de la présente section sont décrits à partir d'informations communiquées et vérifiées par les pays les ayant adoptées. Les informations contenues dans les encadrés ont une utilité uniquement descriptive. Toute déclaration concernant les objectifs de ces mesures, leur efficacité et/ou leur conformité aux normes internationales en vigueur, y compris leur cohérence avec les conventions fiscales bilatérales existantes, traduit généralement le point de vue des gouvernements les ayant adoptées et ne représentent pas les conclusions de l'analyse conduite par l'OCDE, le Groupe de réflexion sur l'économie numérique ou le Cadre inclusif sur le BEPS.

4.3. Les alternatives au seuil d'imposition basé sur la notion d'établissement stable

349. Certains pays, face aux changements structurels résultant de l'essor du numérique, ont décidé de revoir l'application du seuil d'imposition permettant une imposition dans le pays de la source des bénéfices des sociétés (la notion d'établissement stable ou ES) en vertu de leur droit interne et/ou des conventions fiscales. Contrairement à l'approche traditionnelle[2], ces amendements ou nouvelles interprétations du seuil d'imposition basé sur la notion d'ES visent généralement à affaiblir les exigences de permanence et de présence physique dans un lieu géographique donné pour établir un lien permettant une imposition sur une base nette. En outre, ces mesures ont généralement pour effet de présumer l'existence d'un ES dans des circonstances inhabituelles en vertu de la définition traditionnelle d'un ES. Parmi les évolutions les plus significatives dans ce domaine, on peut citer les mesures qui prennent appui sur certains critères de « présence numérique » pour établir une présence imposable, ou qui privilégient l'introduction d'un seuil « ES de prestation de services » sans exigence de présence physique[3].

4.3.1. Mesures intégrant des critères de présence numérique

350. D'une façon générale, les critères de présence numérique englobent différents facteurs non physiques destinés à mettre en évidence une interaction volontaire, inscrite dans la durée, par le biais d'outils numériques, avec la vie économique d'un pays. Ces critères sont conçus pour établir un lien dès lors qu'une entreprise non résidente, implantée physiquement dans un lieu éloigné, prend activement des initiatives pour instaurer et pérenniser des échanges avec les utilisateurs et les consommateurs d'un pays donné (en tirant le plus souvent parti des technologies, de l'Internet et d'autres outils automatisés)[4].

351. Si un nombre non négligeable de pays ont annoncé leur intention de modifier les seuils d'ES fixés au niveau national et/ou dans une convention en fonction de facteurs tels que la présence numérique ou en ligne[5], les mesures mises en œuvre et applicables jusqu'ici comportent le critère de la présence économique significative introduit en avril 2016 par l'administration fiscale israélienne (encadré 4.1), la définition de l'ES élargie à certaines plateformes numériques adoptée en 2017 par la République slovaque[6], et la nouvelle règle de lien fondée sur la notion de « présence économique significative » qui entrera en vigueur en 2019 en Inde (encadré 4.2). Si la mesure adoptée par la République slovaque vise des activités spécifiques exercées sur des plateformes en ligne (à savoir des services d'intermédiation pour les transports et le logement), celles qui ont été mises en place en Israël et en Inde supposent un élargissement plus général de la portée des règles de lien en vigueur au niveau national fondées sur la notion de « *présence économique significative* ». Toutes ces mesures visent des entreprises non résidentes et autorisent l'imposition des bénéfices nets indépendamment du degré de sa présence physique dans le pays de la source. Un certain nombre de facteurs devraient toutefois limiter l'impact de ces mesures, à l'instar des obligations découlant des conventions fiscales existantes. Par exemple, le critère de présence économique significative tel que défini par Israël ne s'applique qu'aux entreprises étrangères qui sont résidentes d'un pays ne disposant d'aucune convention de double imposition avec Israël. Par ailleurs, ce critère de présence économique significative repose sur des lignes directrices administratives qui reflètent les opinions et interprétations de l'administration fiscale et de ce fait, tout conflit potentiel entre la mesure et la législation en vigueur serait résolu en faveur de cette dernière.

352. Indépendamment des contraintes susmentionnées, ces mesures peuvent offrir un rempart supplémentaire contre les pratiques de BEPS. Leur application peut être efficace pour taxer les ventes à distance réalisées par des entreprises situées dans des juridictions à faible fiscalité n'ayant pas conclu de conventions de double imposition. Si les pays concernés n'ont pas encore fournis d'informations sur le recouvrement de recettes supplémentaires, l'administration fiscale israélienne a déclaré que des vérifications fiscales, qui s'appuient sur les différentes interprétations données dans les lignes directrices administratives, seraient en cours[7].

Encadré 4.1. Israël : circulaire introduisant le critère de « présence économique significative »

Aux fins de la détermination de la source en vertu du droit interne[1], la Circulaire précise que les services en ligne fournis à distance par une entreprise non résidente à des clients locaux peuvent créer une présence imposable en Israël s'ils constituent « une présence économique significative »[2]. Cette mesure de droit interne s'applique seulement en dehors du champ d'application des conventions de double imposition, lorsque le fournisseur des services en ligne est résident d'un pays ne disposant pas d'une convention de double imposition avec Israël. Ce critère de présence économique significative, qui peut être satisfait en l'absence de toute activité physique en Israël, est défini en référence à des facteurs de « présence numérique », qui sont, entre autres, les suivants :

- **Conclusion de contrats en ligne :** un nombre significatif de contrats sont conclus en ligne entre l'entreprise étrangère et les clients israéliens ;
- **Utilisation de produits et de services numériques :** l'entreprise étrangère propose des services/produits en ligne qui sont utilisés par un nombre significatif de clients israéliens ;
- **Site web adapté au pays :** l'entreprise étrangère fait appel à un site web doté de fonctionnalités adaptées au marché israélien (interface en hébreu, remises et marketing locaux, monnaie et options de paiement locales) ;
- **Modèle économique multi-face :** une partie significative du chiffre d'affaires généré par l'entreprise est étroitement liée au volume d'activité en ligne réalisé par des utilisateurs locaux en Israël

Selon le texte de la Circulaire, les critères de « présence numérique » énoncés peuvent être appliqués séparément ou de façon cumulative, et aucun seuil de revenus fondé sur les ventes locales n'est défini. Lorsque ces critères sont satisfaits, la Circulaire, aux fins de l'attribution des bénéfices, fait simplement référence aux règles de droit interne fondées sur le principe de pleine concurrence (analyse des fonctions exercées, des actifs utilisés et des risques assumés). En outre, la Circulaire laisse en suspens la question de savoir si des bénéfices significatifs peuvent être attribués à une entreprise ayant dans le pays une présence imposable assortie d'une présence physique limitée, voire nulle, en ce qui concerne les actifs corporels et/ou de personnel.

1. D'une manière générale, les règles relatives au lien en Israël ne reposent pas sur un seuil d'imposition basé sur notion stricte d'établissement stable, mais font plus généralement référence à la localisation des activités génératrices de revenus d'une entreprise (section 4A de l'Ordonnance relative à l'impôt sur le revenu).

2. Circulaire administrative N° 04/2016 (11 avril 2016) publiée pour préciser les circonstances dans lesquelles une entreprise étrangère exerçant des activités en ligne (« *activités via l'Internet* ») peut être redevable de l'impôt sur les bénéfices des sociétés en Israël. Si la circulaire prévoit des commentaires sur un large éventail de règles se rapportant à l'imposition d'une entreprise non résidente (à savoir, la définition d'établissement stable (ES) conformément aux conventions fiscales, l'enregistrement aux fins de la TVA), les dispositions applicables décrites dans la section se rapportent à l'interprétation de la règle du lien en vigueur au niveau national aux fins de l'imposition des bénéfices des sociétés.

Encadré 4.2. Nouveau concept de lien fondé sur la notion de « présence économique significative » en Inde

Plusieurs amendements visant à modifier les règles nationales de lien en matière d'impôt sur les bénéfices des sociétés (notamment la notion de « lien commercial en Inde ») ont été adoptés récemment et leur entrée en vigueur est attendue à compter du 1er avril 2019[1]. L'un de ces amendements élargirait la définition nationale du lien aux fins des bénéfices commerciaux en intégrant la notion de présence économique significative. Cette dernière revient à prévoir un autre seuil autorisant l'imposition des bénéfices d'une entreprise non résidente en fonction de la source des revenus et indépendamment du degré de présence physique de cette entreprise dans la juridiction exerçant cette compétence fiscale.

La législation prévoit qu'une présence économique significative d'une entreprise non résidente peut être établie dans deux situations distinctes:

- *Un seuil fondé sur le chiffre d'affaires local* : « toute transaction portant sur des biens, services ou titres de propriété effectuée en Inde par un non-résident, y compris la fourniture ou le téléchargement de données ou de logiciels en Inde, si le montant total des paiements découlant de cette(ces) transaction(s) pendant l'année écoulée excède le montant fixé », et
- *Un seuil fondé sur le nombre d'utilisateurs locaux* : « sollicitation systématique et permanente de ses activités commerciales ou interactions avec un nombre donné d'utilisateurs par des moyens numériques ».

Le franchissement de ces seuils donne directement lieu à une imposition en Inde indépendamment de la localisation et/ou de la résidence du contribuable. À l'issue d'une consultation des parties prenantes concernées, des règlements supplémentaires et lignes directrices devraient permettre de clarifier les éléments sur lesquels reposent ces deux seuils.

Il est attendu que l'assiette sera limitée aux bénéfices attribuables aux transactions ou aux utilisateurs liés à la présence économique significative. À ce jour, la législation ne prévoit aucune modification des règles de référence pour la répartition des bénéfices, et ne précise pas non plus comment les bénéfices seront attribués à une présence économique significative associée à une présence physique faible, voire nulle (notamment en ce qui concerne les actifs corporels et/ou de personnel). Elle prévoit toutefois qu'une disposition quelconque d'une convention de double imposition (relative notamment à la définition d'établissement stable) prévaudra toujours sur une règle nationale quelconque de lien, fondée notamment sur la notion de présence économique significative. Par conséquent, cette dernière ne s'appliquera vraisemblablement qu'à des situations non couvertes par des conventions de double imposition (notamment à des transactions réalisées dans des pays avec lesquels aucune convention de double imposition n'a été conclue et à des transactions abusives comme certaines transactions faisant intervenir des sociétés-relais ou des sociétés-écrans) jusqu'à ce que les modifications correspondantes soient apportées aux conventions de double imposition conclues par l'Inde.

1. Loi de finances 2018, amendement de l'article 9(1) de la loi relative à l'impôt sur le revenu.1961 .

4.3.2. Autres mesures

353. Une autre évolution en rapport à la numérisation comprend l'opinion minoritaire exprimée par certains pays selon laquelle le critère de présence physique n'est plus pertinent aux fins de l'application de la définition « d'établissement stable de services » énoncée à l'article 5(3)(b) du Modèle de Convention fiscale des Nations Unies[8]. Il n'existe pas de disposition similaire dans le Modèle de convention fiscale de l'OCDE[9]. Selon l'interprétation qui prévaut de la notion d'« ES de services », la règle contenue dans le Modèle de Convention fiscale des Nations unies se réfère au lieu où sont exécutés les services fournis par l'entreprise non résidente, et la présence physique du prestataire de services est implicitement requise dans le pays de la source, par l'intermédiaire d'employés ou d'autre personnel engagés par l'entreprise non résidente[10]. Une opinion minoritaire estime au contraire que l'expression « fourniture de services » figurant dans cette disposition fait référence aux services « utilisés » ou « consommés » dans la juridiction de la source, et peuvent, à ce titre, englober les services « fournis » à distance, dès l'instant où les autres conditions imposées par la définition d'établissement stable sont remplies (critère de durée, par exemple)[11].

354. Les tenants de cette position se disent préoccupés par le fait que la montée en puissance du numérique a favorisé l'adoption de modèles de ventes et de distribution centralisés permettant la fourniture à distance de services en ligne sans nécessiter de présence significative sur les marchés desservis. Cette interprétation large, quelquefois désignée par l'expression « ES virtuel de prestation de services » a été officiellement adoptée par l'Arabie saoudite[12], et reprise dans d'autres décisions de justice dans certaines juridictions comme l'Inde[13]. Les effets de cette mesure pourraient éventuellement s'étendre bien au-delà des activités en ligne, y compris à tout service à distance fourni sur un marché (services de conseil, centres d'appel notamment). Cependant, en l'absence de modification des dispositions des conventions fiscales elles-mêmes, ces mesures risquent d'être contestées devant les tribunaux par les contribuables.[14] Aucune information n'a été diffusée à ce jour sur l'efficacité de telles mesures, ou sur leurs effets sur le comportement des contribuables et/ou les recettes fiscales.

4.4. Recours à des retenues à la source

355. Pour les éléments de revenu passif tels que les dividendes, les intérêts et les redevances, les législations nationales et les conventions de double imposition prévoient généralement des exceptions au seuil relatif à l'ES aux fins de l'imposition d'une entreprise non résidente qui sont fondées sur d'autres règles de source (la résidence du payeur, le lieu où l'actif ou le service est utilisé, le lieu d'exécution, etc.). Certaines de ces exceptions figurent actuellement dans les articles 10 (Dividendes), 11 (Intérêts) et 12 (Redevances) du Modèle de Convention fiscale de l'OCDE. Elles créent une règle spécifique de répartition du droit d'imposition autorisant l'État de la source à appliquer une retenue à la source à une assiette brute et prévoyant un droit résiduel d'imposition pour l'État de résidence de l'entreprise.

356. Des évolutions récentes observées à travers le monde, se dégage une tendance générale à recourir de plus en plus à ce type d'exceptions dans les législations nationales et les conventions de double imposition pour certaines catégories particulières de produits et de services numériques. L'objectif est le plus souvent de revendiquer un droit d'imposition dans juridiction de la source même lorsque l'entreprise non résidente n'a pas de présence physique dans cette juridiction. Par ailleurs, la numérisation de l'économie a eu pour effet d'estomper davantage la frontière entre bénéfices commerciaux, redevances

et services techniques dans certains cas (services infonuagiques notamment), ce qui a accru l'importance potentielle de ces exceptions au seuil traditionnel relatif à l'ES et exacerbé le risque que se posent des problèmes de qualification. Il y a matière à s'interroger par exemple lorsqu'il s'agit de déterminer si les transactions relevant du modèle de l'infrastructure-service doivent être considérées comme des services (et partant, si les paiements correspondants doivent être assimilés à des bénéfices d'entreprises aux fins de l'application des conventions), comme des droits de location, par des tiers, d'espaces sur des serveurs de fournisseurs de services infonuagiques (et partant, si les paiements correspondants doivent être assimilés à des redevances aux fins de l'application de conventions incluant dans la définition des redevances les droits de location d'équipement industriels, commerciaux ou scientifiques), ou comme des prestations de services techniques. Les mêmes problèmes de qualification se posent concernant les paiements correspondant à des transactions portant sur des logiciels-services ou des plateformes-services[15].

357. Les mesures à prendre dans ce domaine qui ont été recensées par le Groupe de réflexion sur l'économie numérique consistent notamment à :

- Élargir le champ d'application de la retenue à la source applicable aux redevances : certains pays ont élargi, au niveau national, la définition de la notion de redevances soumises à une retenue à la source appliquée à un montant brut en intégrant dans cette catégorie des éléments de revenu traditionnellement assimilés à des bénéfices d'entreprises dans les conventions de double imposition[16]. Cet élargissement conduit notamment à couvrir par exemple les paiements au titre de l'utilisation ou du droit d'utilisation de logiciels[17], et d'images ou de sons transmis au moyen de technologies de l'information et des communications[18]. Ces définitions ont généralement pour effet de ramener certaines transactions de type logiciels-services dans le champ d'application de la retenue à la source. Certaines modifications ont également été apportées en conséquence dans des conventions de double imposition récemment négociées[19]. Pour sa part, le Royaume-Uni, au lieu d'élargir simplement la définition de redevances, a proposé récemment de légiférer pour élargir la définition de la source dans certaines circonstances définies afin de permettre l'imposition de paiements liés à des ventes locales effectués à l'étranger entre entreprises liées. Cette proposition vise les accords intra-groupe permettant de bénéficier de faibles taux d'imposition effectifs grâce à la détention de droits de propriété intellectuelle dans des juridictions à fiscalité faible ou nulle et, si elle est appliquée, elle devrait avoir des effets avant tout sur les entreprises les plus orientées vers le numérique[20].
- Adopter la retenue à la source pour les rémunérations de services techniques : un nombre croissant de pays prévoient dans leur législation nationale et/ou dans les conventions de double imposition une exception au seuil relatif à l'ES pour certaines rémunérations de service autorisant l'application d'une retenue à la source au montant brut dans le pays de la source lorsque le payeur est résident de ce pays[21]. Le Modèle de Convention fiscale de l'OCDE ne prévoit pas cette exception qui a été récemment ajoutée au Modèle de convention fiscale des Nations unies dans le cadre de la mise à jour de 2017[22] en réaction au fait que des services significatifs sont désormais fournis sans aucune présence physique dans l'État de la source[23]. La portée de cette exception est en principe circonscrite aux rémunérations de services techniques, généralement définis comme des paiements effectués au titre de services à caractère administratif ou technique (à savoir exigeant une compétence technologique) ou de services de conseil. Si cette

définition ne vise pas spécifiquement les produits et services numériques, elle couvre en général toute une palette de services relevant de l'informatique en nuage (fourniture de services en ligne, infrastructure-service, etc.)[24].

- Adopter de nouvelles retenues à la source applicables à d'autres catégories de revenus spécifiques, telles que les recettes tirées de la vente de publicité en ligne[25].

358. Il est important de noter que la plupart de ces mesures ont été adoptées ou annoncées au niveau national, et n'ont pas encore été transposées en modifications dans l'ensemble des conventions de double imposition (ou dans un nombre significatif de conventions de double imposition). En pratique, il s'ensuit que l'application de ces mesures sera souvent limitée par l'application de conventions de double imposition. Lorsqu'elles sont applicables, ces mesures sont généralement faciles à appliquer à des transactions entre entreprises, moyennant des coûts administratifs et des coûts de conformité relativement limités tant pour les contribuables que pour les administrations fiscales. Des problèmes de recouvrement se posent cependant dans le cas de transactions entre entreprises et consommateurs car les consommateurs privés ne sont peu enclins à déclarer les transactions et à acquitter l'impôt dû, et sont peu familiarisés avec le fonctionnement du système de retenue à la source.

4.5. Recours à des taxes sur le chiffre d'affaires

359. Les évolutions récentes donnent à penser qu'un nombre non négligeable de pays ont pris des dispositions en dehors du périmètre des impôts sur le revenu pour établir leur droit d'imposer des entreprises non résidentes, à l'instar des fournisseurs étrangers de produits et services numériques. Ces dispositions prennent généralement la forme de taxes sectorielles sur le chiffre d'affaires frappant les recettes (ou notamment les recettes) tirées de la vente de services de publicité en ligne, à l'instar de la taxe de péréquation mise en place en Inde (encadré 4.3)[26], de la taxe sur les transactions numériques adoptée en Italie (encadré 4.4), de la taxe sur la publicité instaurée en Hongrie (encadré 4.5)[27], et de la taxe sur la diffusion en vidéo physique et en ligne de contenus audiovisuels instituée en France[28].

360. Ces dispositions sont le plus souvent associées à des règles de lien de vaste portée axées sur la destination des fournitures de sorte qu'elles s'appliquent généralement à la fois à des entreprises résidentes et non résidentes indépendamment de leur localisation (degré de présence physique dans la juridiction ayant la compétence fiscale), de leur résidence et/ou de leur statut[29]. En France par exemple, les transactions imposables sont délimitées en fonction de leur destination finale, notamment de la localisation du « public » (spectateurs par exemple) du contenu numérique fourni en ligne. De même, le champ d'application de la taxe sur la publicité instaurée en Hongrie est délimité en dernier ressort en fonction de la localisation du public ciblé. S'agissant des activités en ligne, celles-ci sont réputées être situées en Hongrie lorsque le message publicitaire apparaît principalement en hongrois. Par ailleurs, dans l'un comme dans l'autre régime d'imposition, la taxe peut être due dans des situations où le paiement est effectué en contrepartie de l'affichage de messages publicitaires destinés à des utilisateurs locaux d'Internet (sur des plateformes multi-faces en ligne notamment), indépendamment de la localisation ou de la résidence du payeur et du fournisseur. Elle est due par exemple dans une situation dans laquelle une filiale A d'un groupe multinational (résidente du pays A) achète en ligne des services de publicité auprès de la filiale d'un groupe publicitaire (résidente du pays B) et dans laquelle la publicité en ligne vise une clientèle située dans le

pays C (la juridiction exerçant la compétence fiscale). En revanche, le champ d'application des taxes adoptées en Inde et en Italie est fonction de la localisation du payeur, qui est en général une entreprise résidente de la juridiction exerçant la compétence fiscale, de sorte qu'il ne couvrirait pas une telle situation.

361. En outre, ces dispositions ont en commun d'obéir à un autre objectif de politique publique important. Elles visent à améliorer la neutralité de l'impôt en rétablissant l'équité des règles applicables aux fournisseurs étrangers de certains biens et services numériques et les fournisseurs locaux de biens et services similaires, de même qu'entre les fournisseurs de certains biens et services numériques et les fournisseurs de biens et services concurrents plus traditionnels. La taxe en vigueur en Hongrie s'applique à une longue liste de services de publicité, indépendamment du moyen de diffusion utilisé (télévision et radio, journaux imprimés, affichage sur des panneaux publicitaires, sites web). La taxe instituée en France s'applique elle aussi à toutes les formes de diffusion de contenus audio-visuels, indépendamment du moyen de diffusion employé (support d'enregistrement vidéo, flux en ligne) ou du modèle de revenus (recettes publicitaires, recettes d'abonnements, ventes ou locations d'espaces). Enfin, la taxe de péréquation mise en place en Inde répond à la même finalité, mais frappe une catégorie plutôt étroite de transactions numériques : les services de publicité en ligne entre entreprises. Par définition, un champ d'application aussi restreint risque de ne pas permettre d'atteindre, de façon plus générale, la neutralité de traitement fiscal des services numériques (à savoir des services numériques de publicité par rapport aux autres services numériques, ou encore des services numériques entre entreprises par rapport aux services numériques entre entreprises et consommateurs) et de conduire, dans certains cas, à traiter de façon inéquitable des transactions numériques économiquement équivalentes. Le champ d'application de la taxe italienne sur les transactions numériques peut se trouver restreint de la même manière selon la liste des transactions effectivement couvertes. Enfin, il convient de noter que dans tous les cas qui viennent d'être cités, le risque existe, selon les conditions du marché, qu'une part de la charge fiscale soit transférée du fournisseur au client.

362. Ces mesures soulèvent le plus souvent un certain nombre de problèmes administratifs et de problèmes de discipline fiscale, en particulier au regard de la difficulté que représente le recouvrement de la taxe auprès d'entités étrangères qui ne sont pas situées (autrement dit, physiquement présentes) dans la juridiction exerçant la compétence fiscale. Pour résoudre cette difficulté, ces régimes prévoient la plupart du temps une responsabilité conjointe du client local qui paie le service (encadré 4.3, encadré 4.4 et encadré 4.5) ou des obligations déclaratives spécifiques pour les intermédiaires locaux (encadré 4.6). Jusqu'à présent et selon les informations parcellaires qui sont actuellement disponibles, les recettes perçues grâce à ces mesures semblent tout à fait modestes[30].

Encadré 4.3. La taxe de péréquation en Inde

La taxe de péréquation instaurée en Inde est une taxe à part entière, adoptée en 2016, qui présente certaines des caractéristiques des options décrites dans le Rapport sur l'Action 1 de 2015 (notamment de la « taxe de péréquation »). Elle est effectivement perçue au taux de 6 % sur le montant brut de la rémunération versée en contrepartie de la prestation de services de publicité en ligne par des non-résidents. L'assiette est constituée par la valeur des transactions visées, et non par les recettes générées par ces transactions. Il s'agit donc d'une taxe dont l'assiette est un montant brut ou encore d'une taxe sur le chiffre d'affaires applicable aux revenus tirés de la prestation de services de publicité en ligne par des non-résidents.

Elle est perçue uniquement dans les conditions suivantes :

- Premièrement, le paiement doit être effectué par une entreprise située en Inde (ci-après le « payeur ») au profit d'une entreprise non résidente (ci-après « le bénéficiaire »), ce qui signifie que la taxe de péréquation n'est appliquée que sur les transactions transnationales entre entreprises (B2B).
- Deuxièmement, le paiement doit être effectué en contrepartie de transactions dont la liste a été établie, notamment de services de publicité en ligne et de toute autre forme de fourniture d'espaces publicitaires en ligne. Il est à noter que la liste de transactions visées peut être étoffée sur notification de l'administration centrale.
- Troisièmement, une exonération est accordée si le montant total de la rémunération versée par le payeur sur une période d'un an n'excède pas un seuil fixé à 100 000 INR (soit l'équivalent d'environ 1 500 USD ou 1 400 EUR).
- Enfin, une exonération est également prévue si les services concernés sont effectivement liés à un établissement stable (ES) du bénéficiaire en Inde. Aucun paiement ne peut être soumis à la taxe de péréquation et en même temps à l'impôt sur les bénéfices des sociétés. Cette exonération ne s'applique cependant pas nécessairement aux entreprises multinationales étrangères qui adoptent un modèle commercial local et ce, pour tenir compte du fait que les recettes publicitaires générées au niveau d'un revendeur local (filiale ou ES) sont soumises à l'impôt sur les bénéfices des sociétés en Inde, sachant que le champ d'application de la taxe de péréquation n'est pas circonscrit aux ventes de services de publicité en ligne à des utilisateurs finals et de fait, la taxe frappe aussi bien les transactions internationales intra-entreprise (réalisées entre un ES et son siège) que les transactions intra-groupe

L'obligation fiscale incombe au bénéficiaire non résident. Néanmoins, la taxe de péréquation est recouvrée par le payeur (à savoir l'entreprise locale située en Inde), qui est responsable du reversement de la taxe à l'administration centrale dès le mois suivant le paiement. Le bénéficiaire non résident n'a en revanche aucune obligation administrative à respecter.

La taxe de péréquation n'est pas classée par la législation indienne dans la catégorie des impôts sur le revenu ; elle est plutôt considérée comme une taxe sur les transactions applicable au « montant de la rémunération » perçue. En conséquence, il est peu probable qu'elle donne lieu à un crédit d'impôt pour éliminer la double imposition dans une autre juridiction en vertu de la législation interne ou d'une convention de double imposition. Elle peut en revanche créer des situations de double imposition pour les entreprises étrangères déjà redevables de l'impôt sur les sociétés dans leur pays de résidence.

Le gouvernement indien a annoncé que, pour la période allant de juin 2016 à mars 2017, les recettes provenant de la taxe de péréquation se chiffrent approximativement à 3.4 milliards INR, soit environ 52 millions EUR et 47 millions USD.

Encadré 4.4. Taxe sur les transactions numériques adoptée en Italie

La taxe sur les transactions numériques a été proposée par le Parlement italien et adoptée en 2017. Elle concerne à la fois les entreprises résidentes et non résidentes et devrait s'appliquer à compter du 1er janvier 2019[1]. L'objectif annoncé est de rétablir des règles du jeu équitables entre les fournisseurs de services numériques et d'autres fournisseurs de services plus « traditionnels » en imposant les transactions numériques dont la valeur, générée par les utilisateurs et par le contenu créé par les utilisateurs, n'est actuellement pas prise en compte (ou du moins ne l'est que partiellement) par les règles d'imposition des bénéfices des sociétés en vigueur. On peut établir dans une certaine mesure un parallèle avec la « taxe de péréquation » décrite dans le Rapport sur l'Action 1 du projet BEPS.

Le taxe sur les transactions numériques est prélevée au taux de 3 % sur la « valeur » des transactions imposables, à savoir sur le montant de la rémunération versée (nette de TVA) en contrepartie de la fourniture des services numériques acheminés par voie électronique. Sont considérés comme des transactions imposables les services fournis sur Internet ou sur un réseau électronique et dont la nature rend la prestation largement automatisée, accompagnée d'une intervention humaine minimale, et impossible à assurer en l'absence de technologie de l'information[2]. Une liste précise des transactions imposables figurera dans un décret qui devrait être publié le 30 avril 2018.

Axée sur la destination des prestations, la taxe sur les transactions numériques s'applique uniquement aux transactions conclues avec des clients résidant en Italie (y compris des établissements stables d'entreprises non résidentes situés en Italie) autres que certaines petites entreprises déterminées[3] et des personnes physiques, à savoir aux transactions entre entreprises (B2B)[4]. Le lieu où la transaction est conclue et la résidence et/ou la localisation du fournisseur n'entrent en revanche pas en ligne de compte.

La taxe sur les transactions numériques est officiellement due par le fournisseur des services imposables, indépendamment de sa localisation et/ou de sa résidence[5]. Sont donc en principe visées les plateformes en ligne nationales et étrangères fournissant des services entre entreprises à des clients italiens. Une exonération est toutefois prévue pour les fournisseurs qui ne réalisent pas plus de 3 000 transactions imposables dans l'année civile (seuil d'activité minimum). En revanche, c'est à l'entreprise italienne cliente de la plateforme qu'incombe la responsabilité du recouvrement de la taxe. Celle-ci perçoit la taxe au moment où le paiement du service est effectué et reverse le montant correspondant à l'administration fiscale le 16e jour du mois suivant le paiement, sauf si le fournisseur déclare sur une facture (ou tout autre document en tenant lieu) que le seuil de 3 000 transactions n'a pas été franchi.

Il importe de noter que le taxe sur les transactions numériques n'est pas déductible d'autres impôts dus en Italie par le contribuable (impôt sur les bénéfices des sociétés, impôts locaux, impôts sur la masse salariale, etc.)[6] et n'est perçue ni sur les transactions non monétaires (réalisées via des plateformes en ligne suivant des modèles fondés sur les recettes publicitaires), ni sur les transactions entre entreprises et consommateurs (B2C), ni sur la fourniture de biens. Les fournisseurs nationaux auront cependant la possibilité de déduire la taxe de l'assiette de l'impôt sur les sociétés calculée à l'échelle nationale alors que pour les fournisseurs étrangers, la déductibilité de la taxe sera fonction des règles appliquées par les autres pays en matière d'imposition des sociétés. Conçue comme une taxe sur les transactions, cette taxe devrait s'appliquer aux fournisseurs nationaux et étrangers de services en ligne indépendamment du niveau de leur présence physique en Italie et se trouver en dehors du champ d'application des conventions de double imposition. Les recettes attendues de l'application de la taxe sur les transactions numériques sont estimées à 190 millions EUR par an (soit environ 235 millions USD par an)[7].

1. Paragraphes 1011-1019 de l'article 1 de la loi 205/2017.
2. Article 1, paragraphe 1012 de la loi N° 205 du 27 décembre 2017. Cette définition ressemble à celle des services fournis par voie électronique figurant à des fins de TVA à l'article 7 du Règlement d'exécution (UE) N° 282/2011 du Conseil.
3. Une exclusion est prévue pour les transactions impliquant une entreprise pouvant prétendre au bénéfice d'un régime fiscal spécial ou ayant opté pour un régime fiscal spécial ouvert à certaines petites entreprises (article 1, paragraphes 54-89 de la loi N° 190 de 2014).
4. Article 1, paragraphe 1011 de la loi N° 205 du 27 décembre 2017.
5. Article 1, paragraphe 1011 de la loi N° 205 du 27 décembre 2017.
6. Le texte proposé par le Sénat prévoyait à l'origine une disposition autorisant l'imputation de la taxe sur l'impôt sur les bénéfices des sociétés et les cotisations de sécurité sociale prélevés en Italie. Cette disposition a été supprimée du texte finalement voté par le Parlement.
7. Estimations officielles du gouvernement italien accompagnant le projet de loi de finances pour 2018.

Encadré 4.5. La taxe sur la publicité en Hongrie

La taxe est perçue sur le chiffre d'affaires net (hors TVA) à la fois d'entreprises résidentes et non résidentes réalisé sur la vente d'espaces et de créneaux publicitaires en Hongrie. Les transactions imposables figurent sur une longue liste de services de publicité définis en référence aux divers médias utilisés pour la diffusion auprès du public (télévision et radio, journaux imprimés, affichage sur des panneaux publicitaires, des véhicules, du mobilier urbain et des sites web).

En ce qui concerne l'établissement du lien avec la Hongrie, la législation s'articule autour de la destination du message publicitaire et de la localisation du public visé. Différents indicateurs peuvent être retenus selon le type de publicité concerné. Si l'on s'intéresse au cas particulier de la publicité en ligne par exemple, le lien est établi lorsque le message publicitaire est diffusé principalement en hongrois, indépendamment de la localisation de l'annonceur et du publicitaire.

Est principalement redevable de la taxe celui qui réalise des transactions imposables, qui est tenu de s'enregistrer auprès de l'administration fiscale et de s'acquitter de toutes les obligations fiscales en vigueur. Il s'agit généralement de l'éditeur – à savoir du fournisseur de contenus et de services médiatiques, de l'éditeur de presse ou de l'éditeur web – indépendamment de sa localisation, de sa résidence ou de son statut.

De plus, pour améliorer la perception et le recouvrement de la taxe, notamment auprès des éditeurs étrangers n'ayant pas de présence physique en Hongrie, une deuxième obligation fiscale peut également naître au niveau du client (à savoir généralement l'annonceur local., Ce dernier est redevable de la taxe sur la publicité s'il ne parvient pas à présenter à l'administration fiscale une déclaration officielle établie par le principal contribuable (à savoir l'éditeur) dans laquelle ce dernier reconnaît sa dette fiscale et s'engage à l'acquitter. Ce n'est pas un mécanisme d'autoliquidation étant donné que la deuxième obligation fiscale ne peut se substituer à la première ou l'éteindre.

À l'origine, le barème d'imposition était très progressif. Cependant, à la suite d'une décision de la Commission de l'Union européenne (UE) d'enquêter sur la compatibilité de la taxe avec les règles en matière d'aides d'État, la mesure a été modifiée en juillet 2015 afin de remplacer le barème progressif par l'application d'un taux de 0 % à la part des recettes comprise entre 0 et 100 millions HUF (soit environ 320 000 EUR) et de 5.3 % au-delà. En juillet 2017, après que la Commission de l'UE eut déclaré cet impôt incompatible avec les règles de l'UE sur les aides d'État dans sa version initiale, la Hongrie a porté temporairement le taux marginal de la taxe de 5.3 % à 7.5 % afin de financer le remboursement des aides d'État illégales. Le taux s'applique uniquement au titre de la première obligation fiscale. Au titre de la deuxième obligation fiscale, un taux de 5 % est appliqué, le cas échéant, aux coûts effectifs mensuels (hors TVA) générés par les transactions imposables au-delà d'un seuil fixé à 2.5 millions HUF (soit environ 8 000 EUR).

À ce jour, l'administration fiscale locale a indiqué que les entreprises non résidentes ne s'étaient guère conformées à leurs obligations fiscales depuis l'adoption de la mesure et que, de fait, celle-ci n'avait donc pas de permis de générer un montant significatif de recettes fiscales.

Encadré 4.6. La taxe sur la diffusion en vidéo physique et en ligne de contenus audiovisuels en France

Pour financer sa production nationale d'œuvres cinématographiques et audiovisuelles, la France a adopté en 2003 une taxe indirecte sur les ventes et les locations de « vidéogrammes » (à savoir d'objets physiques porteurs d'un contenu audiovisuel, comme les vidéocassettes ou les DVD). Cette taxe s'applique à la fois aux entreprises résidentes et aux entreprises non résidentes. En 2004, dans le contexte de l'essor du commerce électronique, le champ d'application de cette taxe a été élargi aux services de vidéo à la demande en ligne permettant d'avoir accès, moyennant paiement, à des œuvres cinématographiques et à des contenus audiovisuels au moyen de procédés de communication électronique. En 2016, pour faire face à la montée en puissance des modèles fondés sur les recettes publicitaires, le champ d'application de la taxe a été à nouveau étendu aux services de vidéo à la demande en ligne fournis gratuitement, mais monétisés par les publicités diffusées auprès des spectateurs. À cette occasion, la dénomination de la taxe a également changé pour devenir « taxe sur la diffusion en vidéo physique et en ligne de contenus audiovisuels » (également souvent baptisée dans les médias « taxe You Tube »).

La taxe est appliquée aux taux uniforme de 2 %, porté à 10 % pour les contenus cinématographiques et audiovisuels à caractère « pornographique » ou d'« incitation à la violence ». Elle est effectivement conçue comme une taxe sur les ventes au détail perçue sur la valeur d'un certain nombre de transactions définies conclues avec des consommateurs finals. Les transactions imposables sont notamment les ventes et locations de vidéogrammes, ainsi que les services de vidéo à la demande en ligne lorsque l'accès aux contenus cinématographiques et audiovisuels est permis par des procédés de communication électronique. L'objectif est de couvrir tous les modèles de diffusion, indépendamment du moyen de diffusion utilisé (vidéogramme, plateforme en ligne, etc.).

En ce qui concerne l'établissement du lien avec la France, c'est généralement la destination de l'opération concernée qui est déterminante aux fins de la taxe. Dans le cas de la vente et de la location de vidéogrammes, la taxe doit être acquittée si le lieu de l'exécution de la vente ou de la prestation du service est situé en France. Dans le cas de services de vidéo à la demande en ligne, elle est due si le « public » (à savoir toute personne visionnant le contenu non assujettie à la TVA) se trouve en France (s'il s'agit par exemple d'un utilisateur d'Internet qui est établi ou domicilié en France ou qui y réside habituellement).

La localisation, la résidence ou le statut de la personne qui réalise la transaction concernée ne sont en revanche pas déterminants. Néanmoins, c'est le fournisseur qui est redevable de la taxe et auquel incombe la responsabilité de déclarer les transactions et d'acquitter la taxe. Sont en principe redevables de la taxe les fournisseurs français et étrangers qui louent ou vendent des vidéogrammes en France ou qui fournissent des services de vidéo à la demande en ligne à des utilisateurs situés en France. La législation fait par exemple explicitement référence aux plateformes en ligne – dont l'activité consiste à héberger, transmettre et indexer des contenus numériques pour un large public – comme à des contribuables potentiels indépendamment de leur résidence fiscale ou de leur localisation physique. Par ailleurs, pour encourager les contribuables étrangers n'ayant pas de présence physique en France à se plier à ces règles, des obligations déclaratives spécifiques sont imposées aux intermédiaires publicitaires installés en France s'agissant des paiements reçus d'annonceurs ou de parrains.

L'assiette est composée de deux éléments :

- la rémunération versée (hors TVA) en contrepartie de l'achat ou de la location de contenus audiovisuels ou de l'accès en ligne à des **contenus** audiovisuels ; et/ou
- la rémunération versée (y compris par l'entremise d'un intermédiaire publicitaire) en contrepartie de la diffusion de messages publicitaires et/ou de parrainage d'un contenu audiovisuel diffusé en ligne. Le contribuable bénéficie d'un abattement forfaitaire de 4 % (porté à 66 % lorsque le contenu audiovisuel est créé par des utilisateurs privés à des fins de partage et d'échange au sein de communautés d'intérêt) et la taxe est calculée après application d'un abattement de 100 000 EUR sur la base d'imposition (règle *de minimis*).

La seconde composante de l'assiette a été introduite en 2016 pour couvrir des modèles économiques multi-face permettant de monétiser les données recueillies auprès d'un public français grâce à une offre de solutions publicitaires et de garantir l'équité des règles du jeu applicables à des transactions économiquement équivalentes indépendamment du modèle de revenus (recettes publicitaires, recettes d'abonnements, ventes ou locations).

L'entrée en vigueur de cette mesure étant toute récente, on ne dispose encore d'aucune information sur le montant des recettes fiscales qu'elle a permis de recouvrer.

4.6. Régimes spécifiques visant les grandes entreprises multinationales

363. Les initiatives législatives de portée plus générale visant soit à créer de nouveaux régimes administratifs destinés à rétablir l'équilibre des pouvoirs entre les administrations fiscales et les grandes entreprises multinationales, soit à instituer des règles anti-abus pour contrecarrer un recours excessif, de la part des grandes entreprises multinationales, à des paiements ayant pour effet d'éroder la base d'imposition, constituent une autre catégorie de mesures dont l'adoption a pu être observée dans divers pays du monde. La rapide montée en puissance du numérique, son impact sur tous les modèles d'affaires et la complexité sans cesse croissante des schémas d'optimisation fiscale adoptés par les grandes entreprises multinationales[31] sont au nombre des principaux défis auxquels sont confrontées les administrations fiscales du monde entier. Dans ce contexte, un certain nombre de pays ont mis en place des régimes spécifiques à l'intention des grandes entreprises multinationales, comme l'impôt sur les bénéfices détournés au Royaume-Uni et en Australie[32] (encadré 4.7 et encadré 4.9)[33], la procédure renforcée de coopération et de collaboration pour les ES en Italie[34], ou encore la BEAT (*Base erosion and anti-abuse tax*) aux États-Unis (encadré 4.10). Si ces régimes n'ont pas été exclusivement ciblés sur les entreprises à forte composante numérique, certains des cas de figure envisagés s'appliquent également à ces dernières.

364. Si l'impôt sur les bénéfices détournés a été conçu dans certains pays comme une taxe distincte, il fonctionne en pratique comme un complément du corpus législatif de règles anti-abus mises en place aux fins de l'impôt sur le revenu. En conséquence, les mesures visant à taxer les bénéfices détournés adoptées dans certains pays sont attachées aux normes internationales relatives au lien et à la répartition des bénéfices en vigueur (règles de l'ES basée sur un agent dépendant, le principe de pleine concurrence et les prix de transfert), et n'ont pas pour effet d'élargir l'assiette de l'impôt sur le revenu. L'un des principaux objectifs de ces régimes est d'améliorer l'accès à l'information des administrations fiscales dans les cas de figure présentant des risques fiscaux élevés – le plus souvent des structures commerciales faisant intervenir des ventes à distance dans le but d'éviter la reconnaissance du statut d'ES, ou des paiements intra-groupe ayant pour effet d'éroder la base d'imposition[35] – tout en incitant les grandes entreprises multinationales à davantage de transparence sur leur chaîne de valeur mondiale (notamment en ce qui concerne les transactions et activités réalisées par des entités liées à l'étranger). Ces mesures se caractérisent principalement par un régime administratif unique, à savoir une « période d'évaluation » de 12 mois, durant laquelle est instauré un dialogue entre l'administration fiscale et le contribuable, ce dernier étant encouragé à évaluer le bien-fondé de ses dispositifs fiscaux et, le cas échéant, à restructurer ses opérations afin de mieux refléter la réalité opérationnelle[36]. Ce régime permet généralement d'améliorer le respect des obligations fiscales par les grandes entreprises multinationales susceptibles de mettre en œuvre des stratégies de planification fiscale agressives à l'international, et de rétablir des conditions de concurrence équitables pour les entreprises plus traditionnelles ou PME exerçant principalement leur activité à l'échelle nationale.

365. À ce jour, les pays ayant mis en place une mesure visant à taxer les impôts détournés font état de résultats positifs en ce qui concerne leurs recettes fiscales, essentiellement grâce aux impôts sur les bénéfices supplémentaires perçus à la suite de redressements fiscaux et à des changements de comportement. Dans le même temps, ce régime est, à l'instar des autres règles anti-abus, techniquement assez complexe et fortement tributaire des données disponibles. Les administrations fiscales concernées ont été ainsi amenées, afin de réduire l'incertitude et de garantir l'application efficace des mesures, à consentir d'importants investissements en ressources (y compris en embauchant du personnel compétent et expérimenté). À titre d'exemple, l'introduction d'une taxe au titre des bénéfices détournés fait généralement l'objet d'un processus strict de gouvernance, impliquant plusieurs niveaux de contrôle, le visa d'un haut responsable, ainsi que des mécanismes de protection supplémentaires (approbation par une instance indépendante, etc.). Des mécanismes de protection efficaces sont généralement requis pour s'assurer que la mise en œuvre de la mesure est proportionnée aux risques encourus, et il est probable que l'efficacité de ces régimes soit renforcée dans les juridictions où la coopération entre administrations fiscales et contribuables s'inscrit dans une longue tradition. Enfin, les coûts de conformité peuvent être importants pour les contribuables concernés, à commencer notamment par les coûts économiques associés aux restructurations (pour passer par exemple à un modèle de revendeurs locaux).

366. Comme l'impôt sur les bénéfices détournés, la BEAT adoptée aux États-Unis ne vise pas spécifiquement les modèles d'affaires à forte composante numérique, mais s'applique plus généralement aux grandes entreprises multinationales ayant des activités d'envergure sur le sol des États-Unis. Il fonctionne comme un impôt minimum sur les bénéfices des sociétés. Ce résultat est obtenu en appliquant une formule supposant l'exclusion des déductions accordées au titre de toute une série de paiements sortants –

principalement d'intérêts, de redevances, de loyers et de certains services. Si la mise en application n'est pas encore totalement achevée, les recettes prévisionnelles générées par la BEAT sur les dix prochaines années sont estimées à environ 149.6 milliards USD (soit environ 119.7 milliards EUR).

Encadré 4.7. Royaume-Uni : un impôt « sur les bénéfices détournés »

L'impôt sur les bénéfices détournés mis en place au Royaume-Uni est un impôt distinct, au taux de 25 % (soit un taux majoré par rapport au taux légal de l'impôt sur les bénéfices des sociétés qui était de 19 % en 2017), qui vise exclusivement les bénéfices considérés comme ayant été artificiellement détournés hors du Royaume-Uni1. Il est assorti d'un régime administratif spécifique, qui prévoit une « période d'évaluation » de 12 mois permettant de conduire un dialogue entre le contribuable et l'administration fiscale pour déterminer le montant de l'impôt dû. Les bénéfices détournés hors du Royaume-Uni sont identifiés en utilisant deux grands principes : la règle relative au contournement du statut d'établissement stable, et la règle relative à la définition de dispositions alternatives2. Ces règles couvrent potentiellement un large éventail de pratiques de BEPS, au-delà des structures utilisées par les entreprises à forte composante numérique.

Règle relative au contournement du statut d'ES

Cet aspect de l'impôt sur les bénéfices détournés concerne principalement les entreprises non résidentes ayant mis en place des dispositifs artificiels dans le but de contourner le statut d'ES au Royaume-Uni. Il est associé à l'application d'un seuil élevé de chiffre d'affaires de manière à en limiter les effets (et à limiter le régime de respect des obligations fiscales) aux seules grandes entreprises multinationales[3]. Si elle utilise certains éléments de la définition traditionnelle de l'établissement stable aux fins de l'impôt sur le revenu, l'objectif recherché rejoint pour partie les objectifs de politique fiscale qui ont motivé la récente proposition de définition révisée de l'établissement stable au titre de l'Action 7 du projet BEPS.

Cette règle est conçue pour cibler une catégorie précise de structures commerciales : l'utilisation d'une « société de facturation » dont les activités sont assurées grâce à des effectifs établis localement (généralement une filiale ou une succursale locale)[4], afin de fournir à distance des biens et des services à des clients finals directement depuis la « société de facturation » plutôt qu'à partir d'une filiale ou d'une succursale locale exerçant des activités de vente significatives. Ces dispositifs se caractérisent souvent par des ventes de produits et de services destinées à des clients locaux et assurées par des employés locaux, mais réalisées au titre de contrats conclus à l'étranger. L'objectif est de fournir des biens et des services à des clients locaux en s'appuyant sur des activités exercées localement, mais en évitant de créer un ES sous forme d'agent dépendant dans le pays du marché. Dans la pratique, les entreprises qui fournissent des biens et services numériques sont souvent en mesure de mettre en place de tels dispositifs. Une structure entre dans le champ d'application de l'impôt sur les bénéfices détournés s'il est raisonnable de considérer que « l'un des principaux objectifs » du dispositif liés aux fournitures de biens ou services – à savoir, l'activité de la personne située au Royaume-Uni, ou de la société non résidente, ou des deux – consiste à contourner le statut d'établissement stable au Royaume-Uni et donc, à éviter d'acquitter l'impôt sur les bénéfices qui serait dû dans ce pays.

Lorsqu'elle est applicable, cette disposition permet d'imposer l'entité étrangère à l'origine des fournitures au même titre que si les ventes étaient effectuées par l'intermédiaire d'un établissement stable situé au Royaume-Uni. La base d'imposition doit être déterminée conformément aux principes fiscaux de référence, notamment ceux relatifs au calcul des prix de transfert, et l'administration fiscale utilise en conséquence la

« meilleure estimation possible » obtenue à la date de l'émission de l'avis d'imposition, sachant qu'un réexamen ou des modifications peuvent intervenir durant la « période d'évaluation » de 12 mois[5]. Par ailleurs, la règle relative à la définition de dispositions alternatives appliquée aux fins de l'impôt sur les bénéfices détournés peut conduire à refuser pour tout ou partie la déduction d'un paiement supporté par l'entité étrangère si celui-ci a pour effet d'éroder la base d'imposition[6], et autorise l'application d'une retenue de 25 % tenant lieu de retenue à la source sur les paiements de redevances effectués par le contribuable non-résident en lien avec une entité non présentée comme un ES, sous réserve des limitations prévues par les conventions visant à éviter les doubles impositions.

La règle relative à la définition de dispositions alternatives appliquée aux transactions intra-groupe

Cette disposition de l'impôt sur les bénéfices détournés reprend certains aspects des règles de calcul des prix de transfert qui concernent la requalification, et vise essentiellement des opérations réalisées au sein d'un groupe (portant généralement sur des concessions de licences, des transferts de propriété intellectuelle, des locations d'équipements, ou de services de gestion) qui impliquent des entreprises résidentes ou des entreprises non résidentes du Royaume-Uni disposant d'un établissement stable au Royaume-Uni ou d'un établissement stable non présenté comme tel7. Dans la pratique, de telles opérations sont mises en place par les groupes d'entreprises multinationales dans tous les secteurs de l'économie8. La règle relative à la définition de dispositions alternatives peut s'appliquer à la fois en cas de déductions excessives (notamment les paiements qui ont des effets d'érosion de la base d'imposition) et de sous-évaluation des revenus (via des actifs transférés ou des services facturés selon des prix sous-évalués ou anormalement bas), dès lors que les deux conditions suivantes sont réunies :

- L'obtention de « résultats fiscaux asymétriques » au regard du « critère des 80 % » : la déduction excessive ou le revenu détourné du Royaume-Uni donne lieu au paiement d'un impôt étranger inférieur à 80 % de la réduction de l'impôt britannique résultant de la charge ou de la réduction de revenu (c'est-à-dire l'avantage fiscal obtenu) [9] ; et
- Le critère de l'insuffisance de la substance économique : il est raisonnable de considérer que le dispositif a été conçu afin d'obtenir un avantage fiscal, et que cet avantage fiscal est supérieur aux autres avantages financiers découlant du dispositif[10].

En conséquence, aux fins du calcul de la base d'imposition, le dispositif soumis à examen pourra être totalement ignoré dès lors qu'il est raisonnable de considérer que la transaction n'aurait pas été conclue en l'absence de l'avantage fiscal obtenu11. En outre, lors du calcul initial du montant dû au titre de l'impôt sur les bénéfices détournés (l'établissement de l'avis d'imposition), une réduction de 30 % peut être appliquée au paiement considéré s'il est « raisonnable de conclure » que les dépenses ont été surévaluées au regard du principe de pleine concurrence. En tout état de cause, le montant final dû au titre de l'impôt sur les bénéfices détournés tel qu'établi à l'issue de la période d'évaluation sera calculé conformément au principe de pleine concurrence.

Caractéristiques et objectifs communs

Les caractéristiques des normes décrites ci-dessus soulignent que l'objectif principal de l'impôt sur les bénéfices détournés n'est pas de générer une obligation fiscale distincte, mais bien d'exercer un effet dissuasif sur les transferts de bénéfices et de renforcer le respect de la législation fiscale en matière d'impôt sur le revenu. En effet, dans de nombreux cas, la créance fiscale initialement calculée par l'administration au titre de cet impôt, selon le taux majoré de 25 %, pourra être remplacée, durant la période d'évaluation de 12 mois, par un nouveau calcul des prix de transfert aux fins de l'impôt sur les bénéfices des sociétés. Le montant de l'impôt dû sera alors calculé selon le taux normal de 19 % de l'impôt sur les sociétés[12]. Cette disposition doit dissuader les grandes entreprises multinationales d'entrer dans le champ d'application de l'impôt sur les bénéfices détournés et les inciter à acquitter un supplément d'impôt sur les bénéfices, le plus souvent en modifiant leurs structures commerciales (notamment en adoptant le modèle du revendeur local, par exemple une filiale locale d'achat-revente) et/ou en ajustant par elles-mêmes leurs prix de transfert afin de refléter fidèlement les bénéfices générés par les activités réalisées au Royaume-Uni.

Un examen plus approfondi révèle que l'impôt sur les bénéfices détournés est donc aussi, voire avant tout, un régime administratif unique destiné à inciter les grandes entreprises multinationales à davantage de transparence et à une coopération accrue avec l'administration fiscale. Le processus conduit durant la période d'évaluation de 12 mois présente quatre grandes caractéristiques :

- (i) un paiement immédiat par le contribuable du montant dû au titre de l'impôt sur les bénéfices détournés, sans possibilité de suspension ou de report (selon le principe « payer d'abord, contester ensuite »)[13];
- (ii) la latitude dont dispose l'administration fiscale pour appliquer les dispositions de l'impôt sur les bénéfices détournés jusqu'à la fin de la période d'évaluation[14];
- (iii) la charge de la preuve qui incombe au contribuable pour contester la « meilleure estimation » établie par l'administration fiscale, en fournissant les renseignements pertinents en temps utile durant la période d'évaluation ; et
- (iv) l'interaction possible avec les procédures relatives aux prix de transfert, et la possibilité, dans de nombreuses situations, d'ajuster ces prix au cours de la période d'évaluation pour éviter ainsi d'être soumis à l'impôt sur les bénéfices détournés[15].

L'ensemble de ces mesures qui étendent les pouvoirs de l'administration fiscale doivent inciter les grandes entreprises multinationales à communiquer en temps utiles les renseignements pertinents sur certaines opérations présentant des risques élevé en matière de prix de transfert. Il s'agit en particulier des informations relatives aux opérations et activités conduites par des entités liées situées à l'étranger qui appartiennent à la même chaîne de valeur que des entités britanniques. À cet égard, l'impôt sur les bénéfices détournés facilite l'analyse des chaînes de valeur mondiales des grandes entreprises multinationales sur une base consolidée aux fins du calcul des prix de transfert, et présente donc des objectifs communs avec ceux retenus par les Actions 12 et 13 du projet BEPS.

Autres aspects à prendre en compte

L'administration fiscale britannique a indiqué que la grande majorité des entreprises multinationales susceptibles d'entrer dans le champ d'application de l'impôt sur les bénéfices détournés ont déjà pris les mesures nécessaires pour éviter de se voir appliquer une telle obligation fiscale (et de supporter l'incertitude qui en découle), notamment en modifiant leurs structures commerciales ou en communiquant en temps voulu les renseignements pertinents[16]. Ces progrès sur le front de la transparence fiscale pourraient accélérer de manière significative le règlement des différends en matière de prix de transfert, renforcer le respect de la législation fiscale et, par voie de conséquence, accroître le montant des recettes fiscales recouvrées.

Il ressort jusqu'ici des informations communiquées par le Royaume-Uni que les recettes recouvrées au titre de l'impôt sur les bénéfices détournés se sont chiffrées au total à 31 millions GBP (soit environ 38 millions EUR et 46 millions USD) en 2015/16 et 281 millions GBP (soit environ 330 millions EUR et 376 millions USD) en 2016/17, en prenant en compte le surcroît d'impôt sur les sociétés résultant de changements dans les comportements des contribuables17. Au cours de l'année écoulée, sur les 281 millions GBP (soit environ 330 millions EUR et 376 millions USD) recouvrés, le montant perçu grâce à l'émission d'avis d'imposition s'est chiffré à 138 millions GBP (soit environ 162 millions EUR et 185 millions USD)[18].

1. L'impôt sur les bénéfices détournés, qui a été conçu comme un impôt distinct, a vocation à rester hors du champ d'application des conventions visant à éviter les doubles impositions. En conséquence, il est peu probable qu'il donne lieu à un allégement de la double imposition dans une autre juridiction. Toutefois, cet impôt est assorti d'un mécanisme spécifique d'allégement des doubles impositions, qui autorise un crédit d'impôt au titre de tout impôt sur le revenu payé au Royaume-Uni ou à l'étranger sur les mêmes bénéfices (y compris, au titre d'une imposition sur les SEC), dans un délai donné.

2. La règle relative à la définition de dispositions alternatives permet de substituer au dispositif mis en place par le contribuable d'autres dispositions raisonnables conformes aux règles de l'impôt sur le revenu et au principe du prix de pleine concurrence. Elle présente des caractéristiques communes avec les règles de « non-reconnaissance » ou de « requalification », puisqu'elle permet dans certains cas d'annuler différentes opérations mises en place par le contribuable pour leur substituer d'autres dispositions reflétant plus fidèlement la substance économique des operations.

3. Une exonération est accordée à titre individuel aux sociétés résidentes et non résidentes qui ne répondent pas à la définition de PME retenue en droit interne. De plus, la règle relative au contournement du statut d'ES s'applique uniquement lorsque le chiffre d'affaires annuel réalisé en lien avec le Royaume-Uni dépasse 10 millions GBP (environ 11 millions EUR), ou que les dépenses annuelles encourues en lien avec le Royaume-Uni excèdent 1 million GBP (environ 1.1 million EUR).

4. La règle s'applique uniquement en présence d'une personne (un résident du Royaume-Uni ou l'établissement stable d'un non-résident situé dans ce pays) exerçant une activité au Royaume-Uni « en lien » avec les fournitures de biens et services (à savoir, lorsqu'il existe un facteur de rattachement d'une activité commerciale exercée localement). Aucune condition de participation ne s'applique, cependant une exemption est possible si la personne située au Royaume-Uni a la qualité d'agent indépendant.

5. Lors du calcul des bénéfices attribuables à une entité étrangère en lien avec le contournement du statut d'ES, il conviendrait de déterminer la rémunération de pleine concurrence revenant à l'entité britannique (ou ES) pour les services fournis à l'entité étrangère, et de la déduire de ces bénéfices. La législation ne précise pas si un quelconque bénéfice resterait attribuable à l'ES non présenté comme tel après le versement de la rémunération de pleine concurrence à l'entité britannique (ou ES).

6. Les opérations réalisées entre l'entité étrangère et des parties liées peuvent être pertinentes aux fins du calcul des bénéfices de l'ES non présenté comme tel mis en place par l'entité étrangère. Plus précisément, lorsque les paiements effectués par l'entité étrangère en faveur d'une autre entité liée sont couverts par la règle sur la définition de dispositions alternatives (du fait que ces transactions ne présentent pas une réalité économique suffisante), les bénéfices revenant à l'ES non présenté comme tel sont calculés comme si l'entité étrangère n'avait pas procédé à l'opération d'érosion des bénéfices

7. Cette disposition ne s'applique qu'aux opérations intragroupe ponctuelles ou récurrentes (à savoir, l'« opération effective ») conclues entre un résident britannique (ou un ES britannique) et une personne liée (non-résidente ou résidente au Royaume-Uni). Une exception est prévue pour les opérations de prêt (paiements d'intérêts).

8. Par conséquent, l'impôt sur les bénéfices détournés se concerne pas uniquement les entreprises à forte composante numérique, mais peut être applique à des contribuables de tous les secteurs d'activité (BBC NEWS, 2017[1]).

9. Cette mesure tient compte de l'impôt dû à l'étranger comme suite au dispositif mis en place par le contribuable et/ou par toute autre entité liée, et non du taux légal d'imposition. Certains allègements pour pertes ou déductions « éligibles » au niveau de l'entité liée ne sont pas pris en compte lors de ce calcul..

10. Les « autres avantages financiers » découlant du dispositif qui peuvent être évalués et comparés à l'avantage fiscal obtenu sont définis au sens large (économies d'échelle et de gamme, synergies de groupe, autres avantages non fiscaux obtenus grâce au choix de localisation, notamment liés au cadre juridique, au savoir-faire ou au coût de la main-d'œuvre). À titre d'exemple, les orientations fournies par l'administration fiscale précisent : « *Ce n'est pas le montant de la transaction, ni la valeur des biens ou services achetés ou vendus dans ce cadre, qui est comparé avec le montant de l'avantage fiscal obtenu. L'objectif consiste à calculer la valeur économique non fiscale générée par la transaction et d'établir si celle-ci est, ou non, supérieure à l'avantage fiscal obtenu. En ce sens, il s'agit de vérifier l'existence d'un fondement économique pour la transaction au regard de la valeur ajoutée obtenue de manière directe et indirecte, afin de déterminer si la transaction est conduite avant tout à des fins fiscales, ou si elle répond à une logique commerciale.* » (DPT 1191 (HM Revenue & Customs, 2015[2] ; HM Revenue & Customs, 2015[2])).

11. Il s'agit d'une exigence supplémentaire introduite par la règle de non-reconnaissance, qui repose sur l'analyse contrefactuelle des options réalistes envisageables par le contribuable.

12. L'article 83 de la Loi britannique de finances précise ainsi qu'une créance fiscale calculée au titre de l'impôt sur les bénéfices détournés peut être remplacée par un « ajustement de tous les prix de transfert » dès lors que « tous les bénéfices détournés de la société durant l'exercice comptable sont inclus, avant la fin de la période d'évaluation, dans la déclaration déposée par la société aux fins de l'impôt sur les bénéfices des sociétés pour l'exercice considéré ».

13. L'impôt sur les bénéfices détournés qui est dû doit être acquitté « immédiatement », dans les 30 jours suivant l'émission de l'avis d'imposition, sans aucune possibilité de contestation, de suspension ou de report pendant la période d'évaluation (« payez maintenant, vous argumenterez après »). Le contribuable peut contester la décision de l'administration fiscale dans les 30 jours suivant la notification de l'avis d'imposition final.

14. La base d'imposition provisoire prise en compte pour émettre l'avis d'imposition initial est calculée selon la « meilleure estimation possible » établie par l'administration fiscale conformément au principe de pleine concurrence et le contribuable n'a aucune possibilité de contester cette évaluation devant un tribunal avant la fin de la période d'évaluation.

15. Au cours de la période d'évaluation, grâce aux renseignements supplémentaires transmis par le contribuable, l'administration fiscale peut émettre un avis d'imposition « supplémentaire » ou « rectificatif » au titre de l'impôt sur les bénéfices détournés et modifier le montant de la créance fiscale correspondante. Le montant finalement dû peut ainsi évoluer à la hausse ou à la baisse, voire être ramené à zéro.

16. L'administration fiscale britannique a indiqué avoir reçu 48 puis 145 notifications concernant l'impôt sur les bénéfices détournés respectivement en 2015/16 et 2016/17 (HM Revenue and Customs, 2017[3]). Néanmoins, cette obligation de notification ne conduit pas nécessairement au recouvrement d'une créance fiscale au titre de l'impôt sur les bénéfices détournés ni à un changement de comportement au regard des règles fiscales. Au cours de l'exercice 2015/16, l'administration fiscale britannique n'a pas émis d'avis d'imposition préliminaire ou définitif au titre de cet impôt. Durant l'exercice 2016/17, elle a établi 16 avis préliminaires et 14 avis définitifs.

17. Ces changements de comportement peuvent être la conséquence d'une enquête sur les activités du contribuable conduite aux fins de l'impôt sur les bénéfices détournés (par exemple, ajustements pratiqués par l'entreprise durant la période d'évaluation de 12 mois) ou résulter d'un changement d'attitude spontané de la part du contribuable. Les recettes supplémentaires ainsi générées peuvent uniquement faire l'objet d'une estimation par l'administration fiscale concernée.

18. Le détail des différentes recettes fiscales figure dans le Rapport annuel de l'administration fiscale britannique (HMRC) pour 2016/17 (HM Revenue and Customs, 2017[4]). La méthodologie utilisée pour estimer les recettes supplémentaires générées au titre de l'impôt sur les sociétés est décrite dans un autre rapport (HM Revenue and Customs, 2017[5]).

Encadré 4.8. Australie : une loi pour lutter contre l'évasion fiscale des multinationales

En Australie, la Multinational Anti-Avoidance Law (loi MAAL) est une règle anti-abus adoptée aux fins de l'impôt sur les sociétés, sur fond de vaste débat autour du niveau des impôts acquittés par les entreprises multinationales[1]. Elle reprend certains aspects de l'impôt sur les bénéfices détournés mis en place au Royaume-Uni relatifs au contournement du statut d'établissement stable (ES), et rejoint pour partie les objectifs d'action publique qui ont motivé la récente proposition de définition révisée de l'établissement stable au titre de l'Action 7 du projet BEPS.

Cette mesure fonctionne comme une règle visant à éviter le contournement du statut d'établissement stable dont le champ d'application est restreint aux entreprises non résidentes appartenant à des grandes entreprises multinationales[2]. Cette règle est conçue pour cibler une catégorie précise de structures commerciales : à savoir le recours à une « société de facturation située à l'étranger », mais dont les activités sont assurés grâce à des effectifs établis localement (généralement une filiale locale)[3], dans le but de fournir à distance des biens et des services à des clients finals en Australie. Ces dispositifs se caractérisent par des ventes de produits et de services destinés à des clients locaux et assurées par des employés locaux, mais réalisées au titre de contrats signés à l'étranger. La finalité est de fournir des biens et services à une clientèle australienne tout en limitant l'impôt dû par l'entreprise multinationale en Australie, en évitant la création d'un ES constitué d'un agent dépendant dans ce pays. Ces structures sont, dans la pratique, souvent possibles pour les entreprises prestataires de biens et services numériques. Elles entrent dans le champ d'application de la loi MAAL lorsque tout ou partie des revenus générés par les flux entrants de fournitures ne sont pas attribuables à un ES en Australie, et qu'il est raisonnable de conclure que l'« objet principal » du dispositif est l'obtention de l'avantage fiscal correspondant (ou d'un avantage fiscal assorti d'une réduction des impôts étrangers)[4].

Lorsqu'elle est applicable, cette mesure entraîne l'annulation de l'avantage fiscal obtenu par l'entreprise multinationale, moyennant la requalification du dispositif pour tenir compte de ce qui aurait dû se produire si ledit dispositif n'avait pas été mis en place. D'une manière générale, l'application de la mesure se traduira par l'attribution du revenu à un ES présumé de l'entité étrangère, conformément à la définition traditionnelle de l'ES (voir, par exemple, l'article 5 du Modèle de Convention fiscale de l'OCDE). Lorsque l'existence d'un ES est présumée, les bénéfices nets attribuables à ce dernier sont déterminés conformément au principe de pleine concurrence[5]. La mesure permet en outre l'application, sur une base brute, d'une retenue à la source de 30 % sur les paiements de redevances éventuelles, et/ou de 10 % sur les intérêts considérés comme provenant de l'ES présumé[6], auxquelles pourra venir s'ajouter une pénalité supplémentaire dont le montant pourra atteindre 100 % de l'impôt qui aurait dû être acquitté (voire 120 % en présence de circonstances aggravantes)[7].

Cette mesure, conjuguée à la pénalité prévue, vise à exercer un effet dissuasif sur certaines pratiques, comme l'utilisation, par des contribuables, de structures commerciales pour vendre à distance des produits et services numériques. Aucun redressement n'a encore été réalisé suite à l'adoption de la loi MAAL, mais selon les informations fournies par les administrations fiscales locales, environ 38 contribuables ont procédé, ou procèdent actuellement, à des restructurations de leurs dispositifs commerciaux, en passant notamment à un modèle de distribution locale de plein exercice[8].

À ce jour, compte tenu des recettes totales des grandes entreprises multinationales qui ont réorganisé leurs structures commerciales en Australie en réaction à l'adoption de la loi MAAL, l'administration fiscale australienne a estimé que quelque 100 millions AUD (soit l'équivalent d'environ 72 millions EUR et 77 millions USD) de recettes supplémentaires provenant de l'impôt sur les sociétés seront recouvrées chaque année, ce qui correspond à la réinjection d'environ 7 milliards AUD (soit l'équivalent de 5 milliards EUR et de 5.4 milliards USD) par an dans la base d'imposition de l'Australie.

1. La loi MAAL est définie à la section 177 DA de la loi relative à l'évaluation de l'impôt sur le revenu (Income Tax Assessment Act) de 1936.

2. Le champ d'application de cette mesure est limité aux entreprises non résidentes membres d'un groupe d'entreprises multinationales de vaste dimension mondiale (à savoir qui réalisent un chiffre d'affaires annuel mondial ou consolidé d'au moins un milliard AUD, soit environ 720 millions EUR).

3. Cette règle, pour être applicable, nécessite l'existence d'une entité locale « associée » ou « commercialement dépendante » (généralement une filiale ou un ES) exerçant des activités « directement en lien » avec les prestations considérées (autrement dit l'existence d'une activité commerciale locale).

4. Le critère de « l'objet » consiste à appliquer un seuil moins restrictif que le critère du « seul objet ou de l'objet essentiel » applicable en vertu de la règle générale anti-abus en vigueur en Australie. Il convient de noter que la détermination de l'objet du dispositif vise notamment à savoir si les flux entrants de fournitures sont ou ne sont pas normalement taxés au titre de l'impôt sur les sociétés dans une autre juridiction.

5. La base d'imposition est calculée selon les règles communes de l'impôt sur les sociétés, et minorée au titre des revenus commerciaux attribuables à l'ES. De plus, il serait également nécessaire, aux fins du calcul des bénéfices attribuable à l'ES non présenté comme tel, de déterminer et déduire une rémunération de pleine concurrence des services fournis à l'entité étrangère par l'entité australienne (ou l'ES australien).

6. Sous réserve de taux plus faibles applicables en vertu d'une exemption nationale ou d'une convention fiscale en vigueur.

7. Les autorités fiscales sont habilitées à réduire ou à lever la pénalité.

8. Le terme « distributeur local de plein exercice » désigne un revendeur qui devient propriétaire des biens ou des services vendus aux clients locaux. Cela crée un point local de comptabilisation des recettes, car les recettes commerciales générées par les transactions avec des clients locaux seront comptabilisées dans les états financiers et dans la déclaration de revenu de cette entité locale. En outre, un « distributeur de plein exercice » supporte généralement les risques associés à l'achat, à la détention et à la vente des produits.

Encadré 4.9. Australie : un impôt « sur les bénéfices détournés »

En Australie, la loi relative à l'impôt sur les bénéfices détournés a été adoptée en avril 2017. Elle vient compléter les règles anti-abus applicables aux fins de l'impôt sur le revenu[1]. La mesure est applicable à la fois aux entreprises résidentes et non résidentes et fonctionne comme une disposition alternative[2] qui vise exclusivement les grandes entreprises multinationales[3] et les transactions transfrontalières intra-groupe. Ces transactions portent généralement sur des concessions de licences, des transferts de propriété intellectuelle, des locations d'équipements, l'octroi de prêts ou la fourniture de services de gestion[4]. La disposition alternative peut s'appliquer à la fois en cas de déductions excessives (paiements ayant pour effet d'éroder la base d'imposition, par exemple) et de sous-évaluation des revenus (via des actifs transférés ou des services facturés selon des prix sous-évalués ou anormalement bas), dès l'instant où l'obtention de l'avantage fiscal considéré constitue « l'objet principal ou l'un des objets principaux » du dispositif[5]. L'absence ou l'insuffisance de renseignements fournis par le contribuable n'empêchent pas l'administration fiscale de déterminer l'objet principal du dispositif. De façon analogue, l'administration fiscale n'est pas tenue de chercher activement des informations pour corroborer ses conclusions sur l'objet du dispositif.

Afin de limiter les incertitudes et risques inhérents à l'application du critère de l'objet principal, un certain nombre de mesures de protection ont été introduites afin d'accroître la prévisibilité de l'application de l'impôt sur les bénéfices détournés pour les contribuables. Une exemption est en particulier prévue pour les dispositifs qui remplissent l'une des conditions suivantes :

- Le seuil *de minimis* : le total de la somme du revenu du contribuable local, des bénéfices détournés et de tout autre revenu de source australienne du groupe multinational dont est membre le contribuable local n'excède pas 25 millions AUD (soit l'équivalent d'environ 16 millions EUR et 19 millions USD) ;
- Le critère de la substance économique : il est « raisonnable de conclure » que les bénéfices dégagés par chaque entité (y compris le contribuable local) en lien avec le dispositif sont proportionnés à ses activités et à sa contribution au dispositif[6]; ou
- Le critère de l'impôt étranger : il est « raisonnable de conclure » que les impôts étrangers acquittés sur les revenus transférés dans le cadre du dispositif représentent 80 % ou plus de la réduction de l'impôt australien obtenue par le contribuable concerné. Cela correspond généralement à l'application d'un taux d'imposition étranger supérieur à 24 % sur les paiements ayant pour effet d'éroder la base d'imposition[7].

La base d'imposition correspond à l'avantage fiscal découlant du dispositif, tel que déterminé par l'administration fiscale sur la base du dispositif qui aurait été mis en place en l'absence de toute motivation d'ordre fiscal. Par exemple, il pourrait s'agir d'évaluer pour tout ou partie certains paiements ayant pour effet d'éroder la base d'imposition en s'appuyant sur le principe de pleine concurrence (intérêts, redevances et frais de gestion par exemple). Cette base d'imposition est soumise à un taux d'imposition dissuasif de 40 % (contre 30 % pour le taux légal de l'impôt sur les sociétés), mais les autorités fiscales ont la possibilité de substituer à l'impôt dû sur les bénéfices détournés un impôt sur les bénéfices des sociétés réajusté, calculé sur la base d'un taux légal inférieur. Cette mesure vise essentiellement à exercer un effet dissuasif et à améliorer le respect de la législation fiscale applicable aux entreprises. Les grandes entreprises multinationales sont ainsi encouragées à éviter l'impôt sur les bénéfices détournés en modifiant par elles-mêmes leurs dispositifs et en s'acquittant d'un impôt sur les sociétés calculé selon un taux plus faible. À cet égard, cette mesure rejoint pour partie les objectifs d'action publique qui ont motivé la révision des Principes applicables en matière de prix de transfert au titre des Actions 8-10 du projet BEPS.

Un examen plus approfondi révèle que l'impôt sur les bénéfices détournés est donc aussi, voire avant tout, un régime administratif destiné à inciter les grandes entreprises multinationales à davantage de transparence et à une coopération accrue avec l'administration fiscale. Le processus conduit durant la période d'évaluation de 12 mois[8] présente quatre grandes caractéristiques :

- (i) un paiement immédiat par le contribuable du montant dû, dans les 21 jours suivant le calcul de l'impôt sur les bénéfices détournés à acquitter, sans possibilité d'appel, de suspension ou de report avant la fin de la période d'évaluation. Celle-ci est fixée par défaut à 12 mois, mais peut être raccourcie à la demande du contribuable (approche dite « payer d'abord, contester ensuite »)[9],
- (ii) la latitude laissée à l'administration fiscale sur la manière d'appliquer les règles d'imposition sur le revenu jusqu'à la fin de la période d'évaluation[10],
- (iii) la charge de la preuve qui incombe au contribuable pour contester l'estimation établie par l'administration fiscale, en fournissant les renseignements pertinents en temps utile durant la période d'évaluation, et
- (iv) des liens possibles avec un ajustement de l'impôt sur le revenu, qui pourra venir se substituer à un impôt dû au titre des bénéfices détournés à tout moment de la période d'évaluation[11].

L'ensemble de ces mesures qui étendent les pouvoirs de l'administration fiscale doivent inciter les grandes entreprises multinationales à communiquer en temps utiles les renseignements pertinents sur certaines opérations présentant des risques élevés en matière de prix de transfert. Il s'agit notamment des informations relatives aux opérations et activités conduites par des entités liées situées à l'étranger qui appartiennent à la même chaîne de valeur que des entités australiennes. À cet égard, l'impôt sur les bénéfices détournés facilite l'analyse des chaînes de valeur mondiales des grandes entreprises multinationales sur une base consolidée aux fins du calcul des prix de transfert, et présente donc des objectifs communs avec ceux retenus par les Actions 12 et 13 du projet BEPS.

En Australie, l'État compte que l'impôt sur les bénéfices détournés permettra de recouvrer 100 millions AUD de recettes (soit l'équivalent d'environ 72 millions EUR et 77 millions USD) par an en 2018-19 et 2019-20. Cette estimation englobe les recettes fiscales recouvrées dans le cadre de l'impôt sur les bénéfices détournés, ainsi que les recettes supplémentaires collectées au titre de l'impôt sur les sociétés.

1. La loi relative à l'impôt sur les bénéfices détournés constitue une extension de la Partie IVA de la loi relative à l'évaluation de l'impôt sur le revenu (Income Tax Assessment Act) de 1936, définie aux sections 177H à 177R.

2. Le fonctionnement de l'impôt sur les bénéfices détournés implique généralement de substituer au dispositif mis en place par le contribuable d'autres dispositions raisonnables conformes aux règles de l'impôt sur le revenu et au principe du prix de pleine concurrence. Cette mesure présente des caractéristiques communes avec les règles de « non-reconnaissance » ou de « requalification », puisqu'elle permet dans certains cas d'annuler différentes opérations mises en place par le contribuable pour leur substituer d'autres dispositions reflétant plus fidèlement la substance économique des operations.

3. Le champ d'application de l'impôt sur les bénéfices détournés est limité aux contribuables locaux (à savoir les entreprises résidentes ou les ES locaux d'entreprises non résidentes) qui sont membres d'un groupe d'entreprises multinationales de vaste dimension mondiale (à savoir qui réalisent un chiffre d'affaires annuel mondial ou consolidé d'au moins un milliard AUD, soit environ 720 millions EUR et 770 millions USD). L'exposé des motifs de la loi relative à l'impôt sur les bénéfices détournés estime à 1600 le nombre de contribuables qui pourraient potentiellement entrer dans le champ de cette mesure. Seul un petit pourcentage de ces entreprises devrait avoir à se rapprocher des autorités fiscales pour l'évaluation du risque au titre de cet impôt.

4. L'impôt sur les bénéfices détournés est conçu pour cibler certains dispositifs – ou « montages », à savoir les transactions ou séries de transactions (voire les action ou comportements) conclues entre le contribuable local et une entité non-résidente liée – entraînant pour le contribuable local (voire, dans certains cas, pour le contribuable local et un autre contribuable) un traitement fiscal plus avantageux que celui qui aurait été obtenu si le dispositif n'avait pas été mis en œuvre – qualifié « d'avantage fiscal ».

5. Le critère de « l'objet » applique un seuil moins restrictif que le critère du « seul objet ou de l'objet essentiel » applicable en vertu de la règle générale anti-abus en vigueur en Australie, et fait implicitement référence au critère des « objets principaux » recommandé dans le Rapport sur l'Action 6 de 2015 pour évaluer l'admissibilité aux avantages prévus par les conventions fiscales. Il s'applique à l'objet visé par le contribuable local et/ou toute autre entité intervenant dans le dispositif, compte tenu de l'ensemble des faits et circonstances. L'exposé des motifs de la loi contient d'importances lignes directrices visant à clarifier l'application de ce critère. Il présente notamment des exemples d'avantages financiers non fiscaux découlant du dispositif, qui peuvent être évalués et mis au regard de l'avantage fiscal obtenu : gains de productivité et/ou économies, valeur ajoutée et/ou synergies, avantages liés au choix de la localisation (savoir-faire local, moindres coûts de main d'œuvre), réduction des coûts hors impôts sur le revenu, subventions publiques (ne concernant pas l'impôt). Il est important de noter que la prise en compte d'autres avantages commerciaux non quantifiables peut néanmoins se révéler pertinente aux fins de l'évaluation de l'objet du dispositive.

6. Le critère de la substance économique prend en compte l'ensemble des faits et circonstances pertinents, comme le comportement des parties, le contexte économique et commercial dans lequel s'inscrivent les activités concernées, ainsi que l'objet et l'impact de ces activités. Le calcul est généralement fondé sur l'analyse des prix de transfert compte tenu des fonctions exécutées, des actifs utilisés et des risques encourus par chacune des entités parties au dispositif. L'exposé des motifs fait explicitement référence à la version des Principes applicables en matière de prix de transfert révisée au titre des Actions 8-10 du projet BEPS, et notamment à la « définition clairement délimitée de la transaction réelle ». En outre, l'impôt sur les bénéfices détournés ne s'applique pas aux dispositifs qui se traduisent par le transfert commercial d'activités et de fonctions économiques vers une juridiction à faible fiscalité dès l'instant où le transfert est effectué conformément aux principes de pleine concurrence et où les risques et les actifs transférés sont correctement valorisés.

7. Le critère retenu est le montant des impôts sur le revenu en lien avec le dispositif qui ont été réellement acquittés à l'étranger (c'est-à-dire après déduction des pertes, utilisation des crédits d'impôts et autres dispositifs fiscaux) par le contribuable local et/ou toute autre entité liée impliquée, et non le taux légal d'imposition. Les impôts indirects (et leurs équivalents étrangers quels qu'ils soient) ne sont pas pris en compte. Ce montant est déterminé à partir d'informations suffisamment fiables fournies par le contribuable local pour pouvoir considérer que l'impôt étranger pris en compte a été, sera, ou devrait être selon toute vraisemblance, acquitté dans un autre pays. Le seuil de 80 % est calculé en comparant l'impôt étranger effectivement acquitté avec un impôt théorique dû en Australie, déterminé en appliquant le taux de droit commun de l'impôt sur les sociétés (30 %) au montant de l'avantage fiscal obtenu.

8. La procédure d'évaluation est mise en œuvre par un comité de lutte contre l'évasion fiscale au sein de l'administration fiscale australienne. Elle débute pas l'émission d'un avis d'imposition au titre des bénéfices détournés qui marque le début d'une période d'évaluation de 12 mois. Pendant cette période, le contribuable a la possibilité de discuter ouvertement avec l'administration fiscale en communiquant des informations supplémentaires pertinentes sur le dispositif incriminé. Ces renseignements peuvent donner lieu à une rectification du montant dû au titre de l'impôt sur les bénéfices détournés, ou au titre de l'impôt sur les sociétés (au taux de 30 %).

9. En vertu du régime applicable, le montant dû au titre de l'impôt sur les bénéfices détournés doit être acquitté « immédiatement », dans les 21 jours suivant la publication de l'avis d'imposition, sans possibilité d'appel pendant la période d'évaluation. Le contribuable peut faire appel dans 60 jours suivant la fin de la période d'évaluation, mais des restrictions sont applicables. Tout renseignement ou document qui n'aurait pas été fourni à l'administration fiscale par le contribuable pendant la période d'évaluation ne pourra généralement plus être présenté dans le cadre d'une procédure d'appel visant à contester le calcul de l'impôt sur les bénéfices détournés.

10. D'une façon générale, au vu de la flexibilité inhérente au critère de l'objet, la base d'imposition provisoire qui sera prise en compte pour émettre l'avis d'imposition initial sera calculée selon la « meilleur estimation » qui peut raisonnablement être faite par les autorités fiscales conformément au principe de pleine concurrence. Le contribuable n'a aucune possibilité de contester l'évaluation devant un tribunal avant la fin de la période d'évaluation.

11. Tout au long et jusqu'à la fin de la période d'évaluation, l'administration fiscale peut émettre un avis d'imposition « supplémentaire » ou « rectificatif » au titre de l'impôt sur les bénéfices détournés (le montant de l'impôt final pourra être revu à la hausse ou à la baisse, voire être ramené à zéro), et modifier le montant dû au titre de l'impôt sur le revenu.

Encadré 4.10. La *Base Erosion and Anti-abuse Tax* (BEAT) instaurée aux États-Unis

La *Base erosion and anti-abuse tax* (BEAT) a été adoptée en 2017 dans le cadre d'une réforme fiscale de plus vaste portée – aussi dénommée *Tax Cuts and Jobs Act* (TCJA)[1] – qui a conduit les États-Unis à passer d'un système d'imposition des bénéfices mondiaux des sociétés (principalement axé sur l'imposition dans le pays de résidence) à un système territorial hybride. La BEAT s'applique seulement aux entreprises résidentes ou aux succursales qui sont soumises à l'impôt sur les bénéfices aux États-Unis et son champ d'application est restreint à un nombre limité de transactions intra-groupe. Elle repose sur une approche fondée sur l'application d'une formule et d'ajustements aux fins de la détermination de l'impôt éventuellement dû.

Champ d'application

La BEAT s'applique uniquement aux contribuables américains – à savoir aux entreprises ou établissements stables (ES)[2] américains – qui font partie d'un groupe multinational dont les activités aux États-Unis dépassent un seuil de chiffre d'affaires élevé, soit des recettes brutes annuelles moyennes réalisées aux États-Unis de plus de 500 millions USD sur une période de trois ans.

Il faut en outre que le contribuable américain effectue des paiements donnant lieu à une érosion de la base d'imposition équivalant à au moins 3 % du montant total des déductions auxquelles il peut prétendre aux fins de l'impôt sur les bénéfices (chiffre ramené à 2 % pour certaines banques et courtiers en valeurs inscrits). Conformément à la législation, les « paiements donnant lieu à une érosion de la base d'imposition » recouvrent toute somme versée ou due par le contribuable à des parties liées étrangères[3] pour lesquelles une « déduction est admissible », ainsi que les montants versés à des parties liées étrangères en lien avec l'acquisition de biens amortissables. La définition exclut généralement les dépenses assimilées, conformément à la législation interne, à une réduction des recettes brutes plutôt qu'à une déduction opérée sur les bénéfices bruts, au même titre que le coût des biens vendus[4]. La législation exclut en outre les paiements suivants qui sont déductibles par ailleurs : (i) les paiements effectués en contrepartie de services de routine fournis sans marge bénéficiaire, à savoir les paiements éligibles à la méthode du coût des services en vertu de la réglementation américaine (Treasury Regulation section 1.482-9(b)) telle que modifiée à cette fin par la législation ; (ii) les paiements au titre d'instruments dérivés éligibles ; (iii) les paiements soumis à une retenue à la source aux États-Unis[5].

Règles de calcul (formule)

Le montant de l'impôt dû correspond au solde excédentaire (le cas échéant) obtenu en déduisant :

- du montant correspondant à 10 % (taux ramené à 5 % pour 2018, et porté à 13.5 % à compter de 2026)[6] du « revenu imposable modifié » au titre de l'exercice, défini comme l'assiette ordinaire de l'impôt sur les sociétés majorée des « paiements donnant lieu à une érosion de la base d'imposition » éventuellement effectués (voir plus haut) ;
- le montant de l'impôt ordinaire dont est redevable le contribuable au titre de l'impôt sur les sociétés (taux de 21 %), déduction faite (le solde ne pouvant être

négatif) des crédits d'impôt autorisés au titre de l'exercice considéré (à l'exception des crédits d'impôt recherche et d'un montant donné pour les « crédits accordés au titre de la section 38 »), recouvrant notamment le crédit d'impôt au titre du logement accordé aux titulaires de faibles revenus, les crédits d'impôt à la production d'énergies renouvelables et les crédits énergétiques, jusqu'en 2025).

Lorsque le contribuable est redevable d'un certain montant au titre de la BEAT, celui-ci doit être acquitté en plus de l'impôt normalement dû sur les sociétés.

1. Public Law N° 115-97, 22 décembre 2017, Section 14401 introduisant le 59A sur les sociétés étrangères contrôlées dans la sous-section A du chapitre 1 de l'Internal Revenue Code de 1986. Les modifications s'appliqueront aux paiements donnant lieu à une érosion de la base d'imposition qui sont effectués ou doivent être effectués au titre des exercices fiscaux commençant après le 31 décembre 2017.

2. Il s'applique également aux entreprises étrangères exerçant une activité industrielle ou commerciale aux États-Unis aux fins de déterminer l'impôt dû au titre du revenu effectivement lié lorsqu'il n'existe pas de convention prévoyant un seuil relatif à l'ES tel que celui figurant dans les articles 5 et 7 du Modèle de Convention fiscale de l'OCDE.

3. Sont considérées comme des parties liées étrangères tout détenteur d'une participation de 25 % (en droits de vote ou en valeur) dans le capital du contribuable, toutes les personnes qui lui sont liées ainsi que toute autre personne liée au contribuable en vertu de la réglementation américaine sur les prix de transfert.

4. La législation recouvre également expressément les paiements au titre de la réassurance ainsi que les dépenses représentant une réduction des recettes brutes (coût des marchandises vendues notamment) lorsqu'elles sont réglées par une filiale d'un groupe après le 9 novembre 2017.

5. Cette exonération est calculée au prorata (du taux légal de la retenue à la source) lorsqu'un taux réduit s'applique en vertu d'une convention de double imposition. En conséquence, lorsque le taux de la retenue à la source est ramené à zéro en vertu d'une convention de double imposition applicable, le paiement est considéré dans son intégralité comme un « paiement donnant lieu à une érosion de la base d'imposition » aux fins de la législation américaine.

6. Les banques et les courtiers en valeurs inscrits sont assujettis à un taux de BEAT qui augmente d'un point de pourcentage chaque année : 6 % en 2018, 11 % à compter de 2019 et 14.5 % à compter de 2026.

4.7. Conclusions concernant les évolutions pertinentes en matière de politique fiscale

367. Au vu des évolutions récentes en matière de politique fiscale, il apparaît qu'un nombre croissant de pays adoptent des mesures diverses destinées à protéger leur base d'imposition, notamment des mesures visant les ventes à distance sur leur marché de biens et de services numériques. Certaines caractéristiques sont communes à quelques-unes de ces mesures unilatérales et non coordonnées. En premier lieu, elles visent à protéger et/ou élargir la base d'imposition dans le pays où les clients ou les utilisateurs se situent, généralement en adoptant une conception élargie de l'engagement de l'entreprise dans ce pays. En second lieu, un grand nombre d'entre elles comportent des éléments liés au marché aux fins de la détermination de la base d'imposition (revenues des ventes, lieu de l'utilisation ou de la consommation, par exemple). Enfin, elles semblent traduire une insatisfaction de la part de certains pays face aux résultats produits par le système international actuel d'imposition des bénéfices.

368. En attendant qu'un consensus puisse être trouvé à l'échelle mondiale sur la manière de relever les défis plus larges en matière de fiscalité directe posés par l'économie numérique, il est probable que d'autres pays vont aussi suivre cette voie et adapter leur système fiscal en recourant à un ensemble de mesures non coordonnées. En septembre 2017, un groupe formé de ministres des Finances de pays de l'Union européenne (UE) a annoncé qu'il envisageait d'appliquer des solutions fondées sur la notion de « taxe de péréquation » sur le chiffre d'affaires généré en Europe par les

entreprises numériques[37]. Ces solutions sont actuellement étudiées par la Commission de l'UE qui devrait proposer un texte législatif courant 2018[38]. Si ces initiatives sont généralement prises en vue de relever le niveau d'imposition des entreprises numériques, elles risquent néanmoins également d'induire des distorsions sur le plan économique ou des situations de double imposition, d'accroître l'incertitude et la complexité, de s'accompagner, pour les entreprises ayant des activités internationales, de coûts de mise en confirmité et, dans certains cas, de conflits potentiels avec des conventions fiscales bilatérales existantes. En outre, elles ont intensifié, dans beaucoup de pays, le sentiment qu'il est urgent de mettre au point des solutions communes pour préserver la cohérence et la pertinence du cadre régissant actuellement, au niveau international, l'imposition des bénéfices.

Notes

[1] Cette section n'a pas pour but d'être exhaustive, et les mesures présentées ici ont été choisies par le GREN en fonction de leur pertinence au regard des débats sur les défis fiscaux plus larges soulevés par l'économie numérique (voir chapitre I), et des enseignements déjà tirés de leur mise en œuvre. Les mesures simplement annoncées par les pays, mais qui n'ont été suivies d'aucune réglementation, ou encore les mesures dont l'impact et les objectifs semblent trop éloignés des défis fiscaux examinés dans ce rapport pourront notamment ne pas être abordées dans cette section.

[2] Appliquée dans la plupart des conventions fiscales et des législations nationales, la définition de l'ES comprend deux critères de seuil distincts : (i) une installation fixe par l'intermédiaire de laquelle une entreprise effectue tout ou partie de ses opérations, ou, (ii) lorsqu'aucune installation fixe ne peut être identifiée, une personne qui opère dans le pays comme agent du non-résident et est habilitée à contracter en son nom de façon habituelle. Certains pays et conventions définissent également un « ES de prestation de services », qui présume qu'un ES existe dès lors que des prestations de services sont exécutées dans un autre pays par l'intermédiaire d'une intervention humaine pendant plus d'une certaine durée (plus de tant de jours sur une période de douze mois par exemple). Dans tous les cas de figure, un certain degré de permanence et de présence physique est exigé dans le pays de la source, que ce soit directement par l'intermédiaire d'une installation d'affaires (local, matériel ou installation), ou indirectement par l'intermédiaire d'une personne exerçant habituellement des activités dans le pays de la source.

[3] Cette section n'examinera pas les mesures autres que la définition traditionnelle de l'ES qui ne sont pas directement liées à la numérisation de l'économie, comme l'application par certains pays de seuils spécifiques pour l'industrie pétrolière et/ou le secteur des assurances.

[4] Voir paragraphes 279-280 du Rapport sur l'Action 1 de 2015 (OCDE, 2015[22]).

[5] Parmi les initiatives importantes identifiées par le GREN, on peut citer, entre autres : (i) le projet de proposition présenté en Turquie qui vise l'introduction d'une nouvelle règle nationale relative au lien fondée sur le concept de « lieu d'activité dans un environnement électronique » (projets d'articles 129 et 130 du texte de droit de procédure fiscale n°213, (Devranoglu, 2016[6]), (ii) le projet de proposition présenté en Thaïlande qui vise à étendre aux activités en ligne la définition, applicable en droit interne, « d'exercice d'une activité en Thaïlande » (Projet de loi fiscale applicable au commerce électronique, accessible au public pour consultation jusqu'au 11 juillet 2017, (BakerMcKenzie, 2017[8] ; BakerMcKenzie, 2017[8]), (iii) le projet de réglementation en Indonésie qui vise à introduire un système d'enregistrement obligatoire pour les prestataire étrangers de services over-the-top (OTT) qui proposent leurs services à une clientèle locale (Projet de réglementation émanant du ministère du Commerce, juillet 2017, et projet de Circulaire du ministère des Communications et de l'Informatique (n° 03-2016), avril 2016, (BakerMckenzie, 2017[7] ; BakerMckenzie, 2017[7]), (iv) le projet gouvernemental en Autriche qui

vise l'introduction d'un « établissement stable virtuel » aux fins du droit interne et des conventions, ministère fédéral autrichien des Finances (Ministère fédéral autrichien des Finances, 2017[27]).

6 Avec effet à compter du 1er janvier 2018, la définition traditionnelle de l'ES figurant à la section 16(2) de la loi relative à l'impôt sur le revenu a été modifiée en République slovaque pour intégrer les services d'intermédiation fournis par l'intermédiaire de «plateformes en ligne » dans le secteur des transports et de l'hébergement, indépendamment du degré de présence physique en République slovaque du fournisseur étranger (Ernst and Young, 2017[9] ; Ernst and Young, 2017[9]).

7 (Hoke, 2017[10] ; Hoke, 2017[10]) (Kalman, 2018[11] ; Kalman, 2018[11]).

8 L'article 5(3)(b) du Modèle de Convention fiscale des Nations Unies est rédigé comme suit : « *3. Un établissement stable peut comprendre aussi :* (...) (b) *La fourniture, par une entreprise, de services, y compris de services conseils, par l'intermédiaire d'employés ou autre personnel engagés par l'entreprise à cette fin, mais seulement si des activités de cette nature se poursuivent (pour le même projet ou un projet connexe) dans un État contractant pour une période ou des périodes totalisant plus de 183 jours d'une période de 12 mois commençant ou s'achevant au cours de l'année fiscale concernée* ».

9 Depuis 2008, le Commentaire sur l'article 5 du Modèle de Convention fiscale de l'OCDE prévoit au paragraphe 42.23 une disposition relative aux établissements stables exécutant des prestations de services.

10 Il est intéressant de noter que le critère de présence physique est explicite dans la définition « d'établissement stable de services » fournie aux paragraphes 42.11-42.48 des Commentaires sur l'article 5 du Modèle de Convention fiscale de l'OCDE.

11 Cette opinion minoritaire a été exprimée, entre autres, à l'occasion des réunions du Comité d'experts sur la coopération internationale en matière fiscale des Nations Unies (Nations unies, Comité d'experts de la coopération internationale en matière fiscale , 2014[25]).

12 Courrier officiel du gouvernement d'Arabie Saoudite, N° 01/08/1436 en date du 10 février 2016 (Ernst and Young, 2016[12]). Cette déclaration confirme l'approche adoptée par l'administration fiscale locale (Département de la Zakat et de l'impôt sur le revenu) dans différentes circulaires administratives et échanges avec les contribuables (Ernst and Young, 2015[13]).

13 Voir, par exemple, une affaire récente en Inde (The Income Tax Appellate Tribunal Bengaluru, 2015[14]).

14 En Arabie Saoudite par exemple, l'approche fondée sur un "ES virtuel de prestation de services" a été contestée devant un tribunal parce qu'elle entrait en conflit avec les dispositions de la convention de double imposition conclue entre le Royaume-Uni et l'Arabie Saoudite (Court of Appeal, 2014[25]).

15 Ces problèmes de qualification des rémunérations ont été mis en évidence et décrits de façon détaillée dans le Rapport sur l'Action 1 de 2015 (voir paragraphe 268-270).

16 Il existe des différences entre les conventions fiscales pour ce qui est de la définition des redevances, notamment entre l'article 12(2) du Modèle de convention fiscale de l'OCDE et l'article 12(3) du Modèle de convention fiscale des Nations unies (paiements au titre de l'utilisation et du droit d'utilisation d'un équipement industriel, commercial ou scientifique). Il existe des différences entre les conventions fiscales pour ce qui est de la définition des redevances, notamment entre l'article 12(2) du Modèle de convention fiscale de l'OCDE et l'article 12(3) du Modèle de convention fiscale des Nations unies (paiements au titre de l'utilisation et du droit d'utilisation d'un équipement industriel, commercial ou scientifique). Néanmoins, on observe une convergence entre la plupart des conventions fiscales en vigueur sur le fait que cette définition

renvoie à la nature spécifique des droits et biens dont l'utilisation donne lieu au versement de redevances. Par ailleurs, les paiements au titre de l'utilisation de logiciels ne sont généralement pas considérés, par nature, comme des redevances, et de fait, seuls certains d'entre eux sont assimilés à des redevances s'ils sont effectués principalement au titre de l'utilisation ou du droit d'utilisation de droits d'auteur intégrés dans le logiciel.

[17] Cette interprétation prévaut dans des pays comme la Grèce (article 38 (1) du Code de l'impôt sur le revenu, (Sakellariou, 2016[15])) et les Philippines (Circulaire N° 77-2003 (Bureau of Internal Revenue (Philippines), 2003[16])).

[18] Voir la loi de finances de 2017 adoptée en Malaisie, modifiant la définition des redevances dans la section 2(1) de la Loi sur l'impôt sur le revenu (Ernst and Young, 2017[17]).

[19] Voir, notamment, l'article 12 (2) de la convention fiscale en matière d'impôt sur le revenu et le capital signée entre Chypre et le Luxembourg le 8 mai 2017 ; article 12 (3) de la convention fiscale en matière d'impôt sur le revenu signée entre l'Azerbaïdjan et Malte le 29 avril 2016. Soucieux de s'inscrire dans cette tendance, le Comité d'experts des Nations unies sur la coopération internationale en matière fiscale réfléchit actuellement aux modifications à apporter éventuellement aux commentaires sur l'article 12 en relation avec les paiements effectués en contrepartie de logiciels (Nations unies, 2017[26]).

[20] Voir le document pour consultation publié par le Royaume-Uni le 1er décembre 2017 sous le titre *Royalties Withholding Tax* dans lequel est exposé le projet de soumettre à une nouvelle taxe certains paiements effectués en contrepartie de l'utilisation ou du droit d'utilisation de droits de propriété intellectuelle et autres actifs incorporels au Royaume-Uni, avec effet à partir d'avril 2019 (HM Revenue and Customs and HM Treasury, 2017[18]).

[21] (Alessi, Goede et Wijnen, 2012[19]).

[22] Article 12A(3) du Modèle de convention fiscale des Nations unies : « *L'expression « honoraires au titre de services techniques » telle qu'employée dans cet article renvoie à tout paiement effectué en contrepartie de tout service de conseil d'ordre administratif, technique ou de toute autre nature, sauf si le paiement est effectué : (a) au bénéfice d'un salarié de la personne qui effectue le paiement ; (b) en contrepartie d'activités d'enseignement dispensé dans un établissement d'enseignement ; ou (c) par un individu en contrepartie de l'utilisation des services pour l'usage personnel d'un individu* ».

[23] Il ressort clairement des commentaires des Nations unies accompagnant le nouvel article 12A que la disposition a été adoptée face au constat qu'il est désormais possible pour une entreprise résidente d'un État de participer activement à l'économie d'un autre État sans y avoir de présence physique significative : « *En particulier, compte tenu des avancées réalisées sur le plan des moyens de communication et des technologies de l'information, une entreprise d'un État contractant peut fournir des services significatifs à des clients dans l'autre État contractant et, en conséquence, maintenir une présence économique significative dans cet État sans y avoir une installation fixe d'affaires et sans être présente dans cet État pendant une période significative.* (Nations unies, Comité d'experts de la coopération internationale en matière fiscale , 2017[24]).

[24] Administration fédérale des contributions brésilienne, Demande de décision fiscale anticipée N° 191/2017 (Giacobbo, 2017[20]).

[25] Voir par exemple le nouveau projet de texte sur le commerce électronique en cours d'examen en Thaïlande (BakerMcKenzie, 2017[8]) (BakerMcKenzie, 2017[8]). L'Inde a également adopté une taxe de péréquation applicable uniquement au paiement de services de publicité en ligne qui est conçue sur le modèle caractéristique des retenues à la source, si ce n'est qu'elle n'est pas considérée comme un impôt sur les bénéfices en vertu de la législation indienne (encadré 4.3).

[26] Chapitre VIII de la Loi de finances indienne pour 2016. Cette disposition ne fait pas partie de la loi relative à l'impôt sur le revenu de 1961.

[27] Loi XXII de 2014 relative à la taxe sur la publicité.

[28] Article 56 (V) de la Loi n° 2016-1918 du 29 décembre 2016 modifiant l'article 1609 B du Code général des impôts.

[29] À l'exception de la taxe de péréquation instituée en Inde, qui frappe uniquement les paiements effectués au bénéfice d'entreprises non résidentes (à savoir les transactions transnationales entre entreprises).

[30] La taxe de péréquation instaurée en Inde a généré approximativement 3.4 milliards INR sur la période allant de juin 2016 à mars 2017, soit environ 47 millions USD ou 52 millions EUR. L'administration fiscale hongroise a déclaré que la taxe sur la publicité n'avait pas encore permis à ce jour de percevoir des recettes significatives auprès d'annonceurs/éditeurs situés à l'étranger. Aucune information n'est encore disponible en France sur les recettes recouvrées grâce à l'instauration de la taxe sur la diffusion de contenus audiovisuels. L'Italie estime les recettes de la taxe sur les transactions numériques à 190 millions EUR par an (soit environ 325 millions USD par an).

[31] Les problèmes d'érosion de la base d'imposition et de transfert des bénéfices exacerbés par la montée en puissance de l'économie numérique sont présentés en détail dans le Rapport sur l'Action 1 de 2015 (paragraphes 80 à 242).

[32] Dans le cas de l'Australie, l'impôt sur les bénéfices détournés a été mis en place en deux temps : Tout d'abord, la Multinational Anti-Avoidance Law (loi MAAL) a été adoptée en décembre 2015 afin d'introduire des règles visant à éviter le contournement du statut d'ES. Une autre disposition intitulée « Impôt sur les bénéfices détournés » a été adoptée en 2017 afin d'intégrer une règle anti-abus à des fins de prix de transfert.

[33] En Nouvelle-Zélande, un projet de loi intégrant des éléments analogues à un impôt sur les bénéfices détournés a été diffusé pour commentaires publics par le gouvernement en mars 2017. À la suite de cette annonce, le projet de loi n'a été pas été présenté devant le Parlement.

[34]Article 1-bis du Law Decree 50 du 24 avril 2017 (Zucchetti, 2017[21]).

[35] Comme indiqué ci-dessus, l'éventail de dispositifs potentiellement couverts par l'impôt sur les bénéfices détournés est vaste, et ne couvre pas exclusivement les structures mises en place par des entreprises multinationales à forte composante numérique.

[36] Le processus de calcul d'un impôt sur les bénéfices détournés commence généralement par l'émission d'un avis d'imposition reposant sur l'évaluation des risques par les autorités fiscales (dite estimation « raisonnable »). L'impôt dû doit être acquitté immédiatement par le contribuable. S'ensuit une période d'évaluation de 12 mois pendant laquelle le contribuable est invité à fournir des informations pertinentes et actualisées pour contester l'estimation raisonnable des autorités fiscales, et démontrer que le dispositif visé n'entre pas dans le champ de la taxe sur les bénéfices détournés. Pendant cette phase d'examen, l'administration fiscale, sur la base des nouvelles informations fournies par le contribuable, peut rectifier le montant dû au titre de l'impôt sur les bénéfices détournés, et revoir le calcul de l'impôt sur le revenu. En outre, le montant final de l'impôt sur les bénéfices détournés peut être revu à la baisse ou à la hausse, auquel cas la majoration peut venir s'imputer sur l'impôt sur le revenu.

[37] Ministres des Finances de l'Allemagne, de l'Espagne, de l'Italie et de la France (Ministres des Finances de l'Allemagne, de l'Espagne, de l'Itale et de la France, 2017[28]). Cette initiative a reçu le soutien de six autres pays de l'UE lors du Sommet numérique de l'UE qui s'est tenu à Tallinn le 29 septembre 2017.

[38] (Commission européenne, 2017[23]).

Références

Alessi, A., J. Goede et W. Wijnen (2012), « The Treatment of Services in Tax Treaties », *Bulletin for International Taxation*, vol. 66/1. [19]

BakerMcKenzie (2017), « The Thai Revenue Department Introduces a New E-Commerce Tax Law », https://www.bakermckenzie.com/en/insight/publications/2017/07/thai-revenue-department-introduces-new-ecommerce/. [8]

BakerMckenzie (2017), « The Indonesian Government Resumes Discussions on Over-The-Top Regulation », https://www.bakermckenzie.com/en/insight/publications/2017/08/the-indonesian-government/. [7]

BBC NEWS (2017), « Diageo told to pay £107m in extra tax in profits row », http://www.bbc.com/news/business-39871218. [1]

Bureau of Internal Revenue (Philippines) (2003), « Classification of Payments for Software for Income Tax », *Circular*, http://dx.doi.org/77-2003. [16]

Commission européenne (2017), *Un système d'imposition juste et efficace au sein de l'Union européenne pour le marché unique numérique*, https://ec.europa.eu/taxation_customs/sites/taxation/files/communication_taxation_digital_single_market_fr.pdf. [23]

Court of Appeal (2014), *Decision n°4.* [29]

Devranoglu, A. (2016), « Turkey introduces 'electronic place of business' concept », *International Tax Review*, http://www.internationaltaxreview.com/Article/3548543/Turkey-introduces-electronic-place-of-business-concept.html. [6]

Ernst and Young (2017), « Malaysia enacts Finance Act 2017 », *Global Tax Alert*, http://www.ey.com/gl/en/services/tax/international-tax/alert--malaysia-enacts-finance-act-2017. [17]

Ernst and Young (2017), « The latest on BEPS », *Global Tax Alert*, http://www.ey.com/Publication/vwLUAssets/The_Latest_on_BEPS_-_18_December_2017/$FILE/2017G_07140-171Gbl_The%20Latest%20on%20BEPS%20-%2018%20December%202017.pdf. [9]

Ernst and Young (2016), « Saudi Arabian Government clarifies Service PE concept », *EY Global Tax Alert*, http://www.ey.com/gl/en/services/tax/international-tax/alert--saudi-arabian-government-clarifies-service-pe-concept. [12]

Ernst and Young (2015), « Saudi Arabian tax authorities introduce Virtual Service PE », *EY Global Tax Alert*, http://www.ey.com/gl/en/services/tax/international-tax/alert--saudi-arabian-tax-authorities-introduce-virtual-service-pe-concept. [13]

Giacobbo, F. (2017), « Brazil: Tax authorities issue guidance on the treatment of software as a service », *International Tax Review*, [20] http://www.internationaltaxreview.com/Article/3721548/Brazil-Tax-authorities-issue-guidance-on-the-treatment-of-software-as-a-service.html.

HM Revenue & Customs (2015), *Diverted Profits Tax: Guidance*, https://www.gov.uk/government/uploads/system/uploads/attachment_data/file/480318/Diverted_Profits_Tax.pdf. [2]

HM Revenue and Customs (2017), *Annual Report and Accounts 2016-17*, https://www.gov.uk/government/uploads/system/uploads/attachment_data/file/635587/HMRC_Annual_Report_and_Accounts_2016-17_web_.pdf. [4]

HM Revenue and Customs (2017), *Diverted Profits Tax Yield: methodological note.* [5]

HM Revenue and Customs (2017), *Transfer Pricing and Diverted Profits Tax statistics, to 2016/17*, https://www.gov.uk/government/uploads/system/uploads/attachment_data/file/635330/Transfer_Pricing_and_Diverted_Profits_Tax_statistics.pdf. [3]

HM Revenue and Customs and HM Treasury (2017), *Royalties Withholding Tax - Consultation document*, https://www.gov.uk/government/uploads/system/uploads/attachment_data/file/663889/Royalties_Withholding_Tax_-_consultation.pdf. [18]

Hoke, W. (2017), « Israel Tax Authority Reportedly to Issue Assessments to Google and Facebook », *Tax Notes*, http://dx.doi.org/2017-96265. [10]

Kalman, M. (2018), « Israel to Tax Internet Giants With Local Offices: Tax Chief », *Bloomberg BNA*. [11]

Ministère fédéral autrichien des Finances (2017), « Plan de M. Shelling pour éliminer les possibilités d'évasion et de fraude fiscales », http://www.bmf.gv.at/ministry/press/Schelling_plan. [27]

Ministres des Finances de l'Allemagne, de l'Espagne, de l'Itale et de la France (2017), *Political Statement - Joint Initiative on the Taxation of Companies Operating in the Digital Economy*, http://www.mef.gov.it/inevidenza/banner/170907_joint_initiative_digital_taxation.pdf. [28]

Nations unies (2017), *Point 5 (b) (ii) de l'ordre du jour de la quinzième session*, http://www.un.org/ga/search/view_doc.asp?symbol=E/C.18/2017/4&referer=http://www.un.org/esa/ffd/events/event/fifteenth-session-tax.html&Lang=F. [26]

Nations unies, Comité d'experts de la coopération internationale en matière fiscale (2017), *Questions relatives à la mise à jour du Modèle de convention des Nations concernant les doubles impositions entre pays développés et pays en développement*, http://www.un.org/ga/search/view_doc.asp?symbol=E/C.18/2017/1&referer=http://www.un.org/esa/ffd/events/event/fourteenth-session-tax.html&Lang=F, http://dx.doi.org/Point 3(a) de l'ordre du jour. [24]

Nations unies, Comité d'experts de la coopération internationale en matière fiscale (2014), « Rapport sur les travaux de la dixième session », [25] http://www.un.org/ga/search/view_doc.asp?symbol=E/2014/45&referer=http://www.un.org/esa/ffd/documents/tax-committee-documents.html&Lang=F.

OCDE (2015), *Relever les défis fiscaux posés par l'économie numérique, Action 1 - Rapport final 2015*, Éditions OCDE, Paris, http://dx.doi.org/10.1787/9789264252141-fr. [22]

Sakellariou, I. (2016), « Greece: Another wide interpretation of royalties against the digital economy », *International Tax Review*, http://www.internationaltaxreview.com/Article/3580554/Greece-Another-wide-interpretation-of-royalties-against-the-digital-economy. [15]

The Income Tax Appellate Tribunal Bengaluru (2015), , http://www.kluwertaxblog.com/wp-content/uploads/sites/59/2017/08/Bangalore-Tribunal-Ruling.pdf, http://dx.doi.org/IT(TP)A No.1103/Bang/2013 and No.304/Bang/2015. [14]

Zucchetti, S. (2017), « The Italian "Web Tax": The New Administrative Procedure for Multinational Enterprises to Disclose Hidden Permanent Establishments in Italy », *International Transfer Pricing Journal*, http://dx.doi.org/24:5. [21]

Chapitre 5. Adapter le système fiscal international à la numérisation de l'économie

Ce chapitre étudie les répercussions de la transformation numérique sur le système fiscal international, et notamment sur les règles actuelles relatives à l'attribution des bénéfices et à l'approche du lien. Il recense les différents points de vue exprimés par les membres du Cadre inclusif sur la question de savoir si les changements induits par l'essor du numérique appellent une révision des règles fiscales internationales et sur l'ampleur des amendements éventuellement nécessaires. Ce chapitre détaille également l'orientation qui devra être donnée aux futurs travaux du Cadre inclusif pour parvenir à une solution fondée sur un consensus d'ici 2020.

5.1. Synthèse

370. Les répercussions induites par la numérisation de l'économie sont très larges, et les modèles d'affaires à forte composante numérique, décrits au chapitre 2, sont ceux qui en illustrent le plus clairement l'importance. L'ampleur de cette transformation explique que toute initiative destinée à isoler l'économie numérique du reste de l'activité se révèle complexe, voire impossible[1].

371. Il convient donc d'examiner les effets de cette transformation pour le système fiscal international. Comme l'indique le Rapport de 2015 établi au titre de l'Action 1 du projet BEPS, les défis fiscaux plus larges soulevés par la numérisation dépassent la problématique de la lutte contre le phénomène BEPS. À l'ère du numérique, ces défis concernent avant tout la répartition entre les pays du droit d'imposer les revenus générés par des activités transfrontalières[2]. Le présent chapitre s'ouvre donc sur l'analyse de deux concepts fondamentaux qui assoient les règles internationales de l'impôt sur le revenu : les règles relatives à l'attribution des bénéfices et l'approche du lien. Il examine les interactions entre ces règles et plusieurs caractéristiques fréquemment observées dans les modèles d'affaires à forte composante numérique, à savoir l'échelle sans masse, le rôle essentiel des actifs incorporels, des données et de la participation des utilisateurs. Cette analyse met en exergue les cas dans lesquels l'application des règles actuelles ne permet pas d'assurer que le lieu d'imposition des bénéfices coïncide bien avec le lieu d'exercice des activités et de création de valeur de l'entreprise.

372. Les membres du Cadre inclusif ont exprimé des points de vue divergents sur la question de savoir si ces caractéristiques, propres aux modèles d'affaires à forte composante numérique et à la transformation numérique en général, appelaient une révision des règles fiscales internationales, et sur l'ampleur des modifications éventuellement nécessaires en conséquence. Si tous les membres reconnaissent que les technologies numériques sont en constante évolution, il n'existe pas de consensus quant aux effets que l'échelle sans masse et le rôle essentiel des actifs incorporels peuvent induire pour la fiscalité. De même, les points de vue divergent quant à savoir dans quelle mesure l'utilisation des données et la participation des utilisateurs devraient être considérées comme des déterminants de la création de valeur d'une entreprise, et quant à préciser leurs possibles effets sur les règles fiscales internationales.

373. Tout en prenant acte de ces divergences d'opinions, les membres du Cadre inclusif reconnaissent que leur intérêt commun consiste à maintenir un ensemble unique de règles fiscales internationales efficaces et cohérentes en vue de promouvoir, entre autres, l'efficacité économique et le bien-être global. Ils sont donc convenus de conduire une analyse cohérente et concordante de deux des aspects fondamentaux du cadre fiscal actuel, à savoir les règles relatives au lien et à l'attribution des bénéfices, qui tiendrait compte des effets de la numérisation sur l'économie.

374. Des travaux supplémentaires devront être menés pour préciser de quelle manière certaines caractéristiques des modèles d'affaires à forte composante numérique et, plus généralement, de la numérisation, contribuent à la création de valeur. Pour éclairer ce débat, des solutions techniques seront explorées afin d'étudier la faisabilité de plusieurs options concernant les règles relatives à l'attribution des bénéfices et au lien. Ces travaux s'appuieront sur les contributions sollicitées auprès d'un panel élargi de parties prenantes, qui inclura des représentants du monde de l'entreprise, de la société civile et du milieu universitaire. Un point sur l'avancement de ces travaux sera présenté en 2019, et les membres axeront leurs efforts sur l'élaboration d'une solution fondée sur un consensus

d'ici 2020. Tout au long de ces travaux, il sera nécessaire de suivre au plus près l'évolution des nouvelles technologies, les mutations rapides des modèles d'affaires, ainsi que l'adoption des propositions de lois par les différents pays et les résultats obtenus grâce aux mesures mises en œuvre en vue de relever ces défis.

5.2. Introduction

375. La diffusion rapide de la numérisation, conjuguée à la libéralisation des échanges, ont accéléré le rythme de la mondialisation et enclenché une transformation structurelle de l'économie toujours à l'œuvre. Compte tenu de la portée très vaste de ces évolutions, il serait difficile, voire impossible, d'isoler l'économie numérique du reste de l'économie[3]. Si la transformation numérique n'a pas remis en cause la nature des activités de base qui permettent aux entreprises de générer des bénéfices (à savoir identier et acheter des intrants, créer de la valeur ajoutée, vendre à des clients, etc.), le Rapport final de 2015 établi au titre de l'Action 1 du projet BEPS montre qu'elle a modifié en profondeur le fonctionnement des entreprises, en particulier dans le cas des modèles d'affaires à forte composante numérique décrits au chapitre 2 du présent rapport. De nouveaux modèles d'affaires sont ainsi apparus tandis que les modèles préexistants connaissaient des transformations majeures. Toutes ces mutations ont mis à dure épreuve les principes fondamentaux qui sous-tendent les règles fiscales internationales actuelles, définies il y a près d'un siècle.

376. Le projet BEPS a donné lieu à une refonte majeure des règles fiscales internationales, fondée sur le principe selon lequel le lieu d'imposition des bénéfices doit correspondre au lieu d'exercice des activités économiques et de création de valeur. Le paquet BEPS a déjà produit, et continuera de produire, des effets significatifs en ce qui concerne la lutte contre les pratiques d'érosion de la base d'imposition et de transfert des bénéfices, y compris celles qui sont pertinentes au contexte des modèles d'affaires à forte composante numérique, comme indiqué au chapitre 3. La question reste celle de déterminer si ces initiatives apportent une réponse adaptée aux défis plus larges touchant la fiscalité directe, notamment à ceux recensés dans le Rapport final de 2015 établi au titre de l'Action 1 du projet BEPS qui sont les enjeux concernant la question du lien, les données et la qualification. Ces nouveaux défis soulevés par la numérisation de l'économie vont au-delà de la seule lutte contre les pratiques de BEPS et concernent en premier lieu la répartition entre les pays du droit d'imposer les revenus générés par des activités transfrontalières réalisées dans le contexte de l'économie numérique[4]. Le nombre croissant de mesures unilatérales adoptées de manière non coordonnée depuis 2015, décrites au chapitre 4, témoigne des nombreuses préoccupations que suscite une possible inadéquation du cadre fiscal international actuel pour répondre aux défis fiscaux plus larges.

377. Dans ce contexte, le présent chapitre décrit les défis soulevés par la numérisation de l'économie pour la pérennité et l'efficacité du système fiscal international. Dans un premier temps, il présente l'analyse de deux règles fondamentales qui sous-tendent les règles internationales aujourd'hui applicables à l'imposition des bénéfices des entreprises. Il décrit ensuite plusieurs grandes problématiques, liées à la transformation numérique ou accentuées par celle-ci, qui sont susceptibles de compromettre la pérennité de règles instituées de longue date. Enfin, pour éclairer les discussions sur ces sujets complexes et concourir à l'obtention, d'ici 2020, d'un consensus en faveur d'une solution multilatérale, ce chapitre présente les principaux aspects du régime international de l'impôt sur les

sociétés que le Cadre inclusif est convenu d'examiner, et détaille les prochaines étapes dans la réalisation de cet objectif.

5.3. Règles fondamentales du système fiscal international

378. Le corpus de règles régissant le traitement fiscal des opérations internationales est composé pour l'essentiel de législations fiscales nationales et de conventions fiscales et d'autres instruments de droit international, tels que l'Instrument multilatéral. Comme le souligne le Rapport de 2015 établi au titre de l'Action 1 du projet BEPS[5], ces règles reposent souvent sur des principes énoncés au cours des années 1920 – le principe de « l'origine de la richesse »[6], par exemple – lorsque les entreprises multinationales créaient de la valeur au moyen de facteurs très peu mobiles, intégrant une forte composante de main-d'œuvre et d'actifs corporels. En particulier, deux règles fondamentales aux fins de l'imposition des bénéfices générés par des activités transfrontalières peuvent être mises en exergue :

- ***La règle relative au lien comme fondement du droit d'imposer une entreprise non résidente.*** La plupart des conventions fiscales prévoient que les bénéfices réalisés par une entreprise ne sont imposables que dans l'État de résidence, à moins que cette entreprise n'exerce son activité dans l'autre État concerné (à savoir, l'État de la source) par l'intermédiaire d'un établissement stable (ES) qui y est situé. Ce principe est parfois désigné comme l'« approche du lien » (par exemple, aux fins de l'article 7 des Modèles de Convention de l'OCDE et des Nations Unies), car il conclut que des bénéfices sont imposables dans un pays lorsqu'il est possible de les attribuer à un ES situé dans ce pays. L'existence d'un ES est généralement définie en appliquant un seuil d'activité au-delà duquel une entreprise étrangère est considérée comme exerçant dans un État une activité économique suffisante pour justifier une imposition dans celui-ci. Ce seuil suppose le plus souvent une certaine présence physique de l'entreprise étrangère dans la juridiction d'imposition, sous la forme d'une « installation fixe d'affaires » ou d'un « agent dépendant » (aux fins de l'article 5 des Modèles de Convention de l'OCDE et des Nations Unies). À titre d'exemple, les ventes de biens matériels qui supposent des activités de distribution, de gestion des stocks et de commercialisation sur le marché local (en d'autres termes, qui relèvent de l'« économie classique ») sont l'exemple même des opérations visées par la définition de l'ES qui entrent en ligne de compte pour conclure au franchissement du seuil d'activité. En revanche, si une entreprise étrangère réalise une simple vente à l'exportation relative à des biens qui ne sont ni produits ni distribués par un site local, l'opération échappe à cette définition. Par conséquent, hormis lorsque des règles d'attribution différentes sont applicables (par exemple, aux termes des articles 6, 10, 11, 12, 13 ou 17 des Modèles de Convention de l'OCDE et des Nations Unies)[7], l'attribution à une juridiction du droit d'imposer un revenu repose sur une règle relative au lien (ou à l'existence d'un ES) qui analyse la nature des activités commerciales et attribue un droit préférentiel d'imposition au pays dans lequel sont exercées physiquement les activités génératrices de revenu.
- ***Les règles d'attribution des bénéfices fondées sur le principe de pleine concurrence.*** Une fois qu'il est établi qu'une partie des bénéfices d'une entreprise peut être considérée comme trouvant son origine dans un pays donné, qui devrait, à ce titre, être en droit de l'imposer, les règles d'attribution des bénéfices sont utilisées pour remplir cette fonction. Le principe de pleine concurrence représente la règle d'attribution des bénéfices acceptée à l'échelle internationale[8]. Ce

principe est largement appliqué, suivant une approche similaire, dans deux cas de figure : lorsqu'un pays dispose du droit d'imposer les bénéfices d'un contribuable résident (par exemple, aux termes de l'article 9 des Modèles de Convention de l'OCDE et des Nations Unies) ou lorsque ces bénéfices sont attribuables à l'ES d'un contribuable non résident (par exemple, aux termes de l'article 7 des Modèles de Convention de l'OCDE et des Nations Unies)[9]. L'application du principe de pleine concurrence suppose l'analyse des fonctions exercées, des actifs utilisés et des risques assumés par chaque entreprise associée (et/ou ES) – qui sont les facteurs considérés comme apportant une contribution significative aux bénéfices générés par les opérations considérées. Cette analyse (dite « analyse fonctionnelle ») doit être conduite séparément pour chaque entité, ce qui nécessite d'isoler les contributions respectives de chaque entreprise associée (et/ou ES) dans la création de valeur qui a permis d'obtenir les bénéfices provenant de la (ou des) transaction(s) concernée(s). Selon cette approche, la nature et la localisation exactes des fonctions assurées par le personnel sont examinées, en tenant compte des actifs utilisés et des risques assumés, et constituent les principaux indicateurs de l'activité économique et de la création de valeur réelles. Il s'agit de l'approche adoptée par les Principes de l'OCDE applicables en matière de prix de transfert[10] et par le rapport de l'OCDE sur l'attribution des bénéfices aux établissements stables[11] (consistant par exemple à identifier si des fonctions humaines importantes sont exercées).

379. En résumé, le droit d'imposer une entreprise non résidente est établi suivant des règles étroitement liées à des critères de présence physique, afin de vérifier l'existence d'un lien et d'attribuer les bénéfices en conséquence. Le cadre fiscal actuel a pour principal objectif d'accorder le droit d'imposer au pays dans lequel sont localisées les activités économiques exercées par l'entreprise, y compris le personnel et les actifs corporels sollicités dans le cadre de ces activités. Cette approche conceptuelle s'est vue récemment renforcée par les mesures définies dans le cadre du projet BEPS, qui visent à mieux aligner le lieu d'imposition des bénéfices sur le lieu d'exercice des activités économiques et de création de valeur. Néanmoins, la numérisation de l'économie pourrait remettre en cause l'efficacité des règles actuelles, dans la mesure où la création de valeur dépend moins, désormais, de la présence physique de main-d'œuvre ou d'actifs corporels.

5.4. Numérisation, création de valeur et système fiscal international

380. La numérisation de l'économie qui est à l'œuvre soulève des questions concernant la pertinence et l'efficacité de certains concepts fondamentaux qui sous-tendent les règles fiscales internationales actuelles, à savoir les règles relatives au lien et à l'attribution des bénéfices. Pour avancer sur ces sujets complexes, cette section du rapport examine les défis fiscaux soulevés par la numérisation de l'économie et décrit les divergences d'opinions entre pays quant à leurs répercussions potentielles sur le système fiscal international. Enfin, elle identifie les principaux aspects du système fiscal international que le Cadre inclusif a décidé de réévaluer.

5.4.1. Les défis de la numérisation pour les pouvoirs publics

381. Le Rapport de 2015 établi au titre de l'Action 1 du projet BEPS recensait un certain nombre de défis fiscaux plus larges qui soulèvent la question de la capacité du cadre fiscal international actuel à répondre aux évolutions issues de la numérisation de l'économie. En matière de fiscalité directe, ces défis ont trait à la répartition de la

compétence fiscale entre la juridiction de la source et celle de la résidence, et conduisent à se demander si le paradigme utilisé pour déterminer où les activités économiques se déroulent et où la valeur est créée à des fins fiscales continue de produire des résultats satisfaisants[12]. Ces défis relèvent de trois grandes catégories, qui bien souvent se recoupent :

- **Lien** : L'accroissement constant du potentiel des technologies numériques et la réduction, dans bien des cas, de la nécessité d'une présence physique étendue pour exercer des activités dans un pays, conjugués au rôle croissant des effets de réseau générés par les interactions avec et entre les clients incitent à se demander si les règles utilisées à ce jour pour déterminer l'existence d'un lien avec une juridiction à des fins fiscales sont adaptées[13].
- **Données** : L'élévation du degré de sophistication des technologies de l'information qui accompagne la numérisation de l'économie permet à de plus en plus d'entreprises de rassembler et d'utiliser des données par-delà les frontières à une échelle inédite. Cela pose la question de l'attribution de la valeur découlant de la génération de données par le biais de produits et services numériques, ainsi que celle de la qualification aux fins fiscales d'une transaction permettant la création de données par une personne ou une entité (par exemple, une livraison gratuite d'un bien, une opération de troc, ou encore une autre catégorie). En outre, le fait que les utilisateurs d'une plateforme participative en réseau partagent du contenu qu'ils ont eux-mêmes créé, si bien que la valeur de la plateforme pour ses membres s'accroît lorsque de nouveaux utilisateurs la rejoignent et apportent leur contribution, peut soulever d'autres défis[14].
- **Qualification** : L'émergence de nouveaux produits numériques et de modes de prestation de services inédits crée des incertitudes quant à la qualification appropriée des paiements réalisés dans le contexte de nouveaux modèles d'affaires, particulièrement en ce qui concerne l'informatique en nuage[15].

382. Considérés dans leur ensemble, les défis fiscaux plus larges soulevés par la numérisation de l'économie concernent directement le fonctionnement et les interactions de deux des principes fondamentaux qui sous-tendent les règles fiscales internationales, à savoir les règles applicables pour déterminer le lien et l'attribution des bénéfices.

383. Prolongeant les travaux portant sur les défis fiscaux soulevés par la transformation numérique décrits dans le Rapport de 2015 établi au titre de l'Action 1 du projet BEPS, le chapitre 2 du présent rapport s'intéressait plus spécifiquement aux modèles d'affaires des entreprises à forte composante numérique, et analysait les effets de la transformation numérique sur la façon dont ces entreprises fonctionnent et créent de la valeur. Il identifiait un certain nombre de caractéristiques distinctives fréquemment observées dans les modèles d'affaires de certaines entreprises à forte composante numérique : l'échelle internationale sans masse, le rôle essentiel des actifs incorporels, et notamment de la propriété intellectuelle (PI), et l'importance des données, de la participation des utilisateurs et des synergies entre ces données et la PI. Ces caractéristiques ne sont pas spécifiques aux modèles d'affaires à forte composante numérique. Elles existent aussi, à divers degrés, dans les modèles plus traditionnels, et gagnent en importance sous l'effet de la mondialisation. La troisième caractéristique, à savoir les données et la participation des utilisateurs, se manifeste de manière plus évidente dans un sous-ensemble de modèles d'affaires à forte composante numérique. Sachant que ces caractéristiques, fréquemment observées dans certaines entreprises à forte composante numérique, pourraient se diffuser dans d'autres sphères de l'économie sous l'effet de l'intégration croissante des technologies numériques, il est utile de

réfléchir à leurs implications potentielles pour le système fiscal international (voir ci-dessous), tout en reconnaissant que les membres du Cadre inclusif tiennent des positions différentes, lesquelles sont exposées dans la section 5.4.2.

384. Le développement de modèles d'affaires résultant du phénomène « d'échelle sans masse » se répercute sur la répartition des droits d'imposition dans la durée, en réduisant le nombre de juridictions pouvant prétendre au droit d'imposer les bénéfices commerciaux d'une entreprise multinationale. Très souvent, par exemple, l'échelle sans masse se traduit par le fait qu'une fraction croissante des bénéfices tirés d'activités transfrontalières n'est plus imposée dans la juridiction du marché, y compris dans des situations où l'entreprise étrangère possède une présence économique importante sur ce marché. Ces effets peuvent mettre en lumière des défaillances propres aux règles fiscales actuelles, qui reposent principalement sur des facteurs physiques pour déterminer une présence imposable et attribuer les bénéfices, lorsqu'elles sont appliquées à l'ère du numérique.

385. Le recours de plus en plus fréquent aux actifs incorporels pourrait aussi remettre en question le cadre fiscal actuel. Le projet BEPS a grandement contribué à réaligner les revenus générés par les actifs incorporels sur la création de valeur, notamment en accordant davantage d'importance aux activités économiques réelles (Action 5 et Actions 8-10, par exemple), et en prenant une approche plus globale envers l'analyse des activités transfrontalières. Néanmoins, il est encore souvent très difficile de déterminer comment répartir ces revenus entre différentes composantes d'un même groupe d'entreprises multinationales. Cette incertitude peut à son tour accroître la réactivité des décisions des entreprises à la concurrence fiscale entre États. Par exemple, l'emplacement de la propriété et de la gestion de certains actifs incorporels importants pour les entreprises à forte composante numérique (différents types de capital intellectuel, par exemple)[16] n'est pas toujours clairement identifiable. En outre, les actifs incorporels peuvent être aisément déplacés au sein d'un groupe multinational dès lors qu'il existe une corrélation avec un certain degré de présence physique (fonctions qui contrôlent les risques, fonctions associées au développement, à l'amélioration, à la maintenance, à la protection et à l'exploitation d'actifs incorporels – dites fonctions DEMPE, par exemple). Ces préoccupations peuvent être accentuées sur les marchés du groupe multinational où des biens et services sont vendus si l'entreprise multinationale parvient toujours à y restreindre sa base d'imposition en faisant appel à un revendeur local (un distributeur qui n'exerce pas de fonctions DEMPE en lien avec des actifs incorporels, et qui ne peut pas prétendre à plus qu'un bénéfice normal supposé provenir de fonctions de routine accomplies à l'occasion de transactions avec des tiers).

386. Enfin, les données et la participation des utilisateurs, et plus généralement les relations permanentes et interactives entre les entreprises à forte composante numérique et leurs clients, peuvent soulever des défis fiscaux supplémentaires dans la mesure où ils peuvent être considérés comme une source de création de valeur pour l'entreprise. Tel pourrait être le cas, par exemple, si de nombreux utilisateurs en ligne actifs produisent un volume substantiel de contenu et de données considérés comme une contribution significative à la création de valeur d'une entreprise, indépendamment des algorithmes et d'autres actifs incorporels utilisés pour analyser et traiter ce contenu et ces données. Cela pourrait remettre en question les règles relatives au lien et à l'attribution des bénéfices, car la valeur ainsi générée par des utilisateurs situés dans une juridiction donnée n'est actuellement pas appréhendée par le cadre fiscal existant. Ainsi, les règles en vigueur relatives au lien pourraient être remises en cause dans les situations où l'entreprise à forte composante numérique qui exploite les données et le contenu généré par les utilisateurs

n'a guère de présence, voire aucune (en ce qui concerne le personnel ou les actifs corporels) dans la juridiction où les utilisateurs actifs qui génèrent ces données sont situés. Comme le chapitre 2 l'indique, ce ne sont pas toutes les entreprises qui seraient concernées, mais uniquement les modèles d'affaires qui font un usage intensif des données et de la participation des utilisateurs. Il faut toutefois reconnaître que l'éventail des entreprises qui s'appuient massivement sur les données et sur la participation des utilisateurs devrait s'élargir à mesure que la transformation numérique de l'économie se poursuit.

5.4.2. Implications pour le système fiscal international

387. Ces phénomènes posent des questions techniques très complexes et les avis divergent entre les membres du Cadre inclusif, qui en compte plus de 110, sur le point de savoir si, et dans quelle mesure, ces caractéristiques des entreprises à forte composante numérique et plus généralement la transformation numérique devraient entraîner une révision des règles fiscales internationales. D'une part, la plupart des membres s'accordent à reconnaître que les technologies numériques ne cessent d'évoluer et qu'il est nécessaire d'analyser et de mesurer comment ces avancées influent sur la création de valeur dans l'ensemble de l'économie. D'autre part, il n'existe pas encore de convergence d'opinions entre les pays sur les conséquences fiscales de l'échelle sans masse et du rôle essentiel des actifs incorporels. En outre, même s'il est admis que les données et la participation des utilisateurs ne sont pas des caractéristiques observées dans toutes les entreprises à forte composante numérique, là où elles existent, aucun consensus ne se dégage sur l'importance de leur contribution à la création de valeur au sein d'une entreprise, et donc sur l'opportunité de modifier les règles fiscales internationales.

388. Le large spectre des positions défendues par les membres recouvre généralement trois groupes de pays.

389. La premier groupe de pays estime que, considérées dans leur ensemble, certaines caractéristiques fréquemment observées dans des modèles d'affaires à forte composante numérique – et notamment le recours aux données et à la participation des utilisateurs – peuvent entraîner un décalage entre le lieu où les bénéfices sont imposés et le lieu où la valeur est créée. Selon eux, ce décalage n'est pas la conséquence de pratiques de BEPS spécifiques ou de stratégies d'optimisation fiscale, mais la résultante d'une caractéristique nouvelle et unique propre à certains modèles d'affaires à forte composante numérique qui n'est pas appréhendée par le cadre fiscal international existant : la participation active d'utilisateurs via une plateforme en ligne, et la valeur que cette participation génère pour l'entreprise (valeur générée par l'utilisateur). L'incapacité du système fiscal de prendre en compte cette contribution au processus de création de valeur de certaines entreprises à forte composante numérique signifie que les règles actuelles relatives au lien et à l'attribution de bénéfices ne parviennent pas à faire coïncider le lieu où les bénéfices sont imposés et le lieu où la valeur est créée. D'après ces pays, ces problématiques sont actuellement circonscrites à certains modèles d'affaires et, sous réserve d'affiner l'analyse de ces modèles, peuvent être traitées en procédant à des modifications ciblées des règles fiscales existantes, y compris une réévaluation des règles relatives au lien et à l'attribution des bénéfices.

390. Au-delà des défis induits par la valeur créée par l'utilisateur, les pays appartenant à ce groupe soutiennent généralement les principes qui sous-tendent le cadre fiscal international existant. Ils ne pensent pas que la transformation numérique et son impact sur les activités transfrontalières des entreprises menacent ces principes, et n'y voient pas

matière à engager une refonte radicale du système. La plupart de ces pays rejettent particulièrement l'idée selon laquelle un pays qui procure le marché où les biens et services d'une entreprise étrangère sont vendus remplit des conditions suffisantes pour qu'un lien soit créé à des fins fiscales, quelle que soit l'importance de ces ventes. Au contraire, ils estiment que les bénéfices devraient continuer d'être imposés exclusivement dans la juridiction où se situent les facteurs qui les génèrent, conformément aux principes établis de longue date du système fiscal existant (aligner les bénéfices sur la création de valeur, par exemple).

391. Il existe un deuxième groupe de pays qui ont une appréciation différente de la nature et de la portée des défis soulevés par la numérisation. Ces pays considèrent que la numérisation en cours de l'économie, et plus généralement les tendances associées à la mondialisation, menacent l'efficacité du cadre international existant qui régit l'imposition des bénéfices des entreprises. Surtout, aux yeux des pays qui composent ce groupe, ces défis ne sont pas propres ou spécifiques aux entreprises à forte composante numérique.

392. Certains de ces pays s'inquiètent généralement du fait que les entreprises sont aujourd'hui de plus en plus nombreuses à pouvoir participer massivement à la vie économique d'une juridiction où se situe le marché (en procédant à des ventes ou à des investissements à grande échelle, par exemple) en y ayant une présence imposable correspondant à une assiette fiscale réduite, voire aucune présence imposable du tout. Selon ces pays, la mutation de l'économie mondiale remet en question le bien-fondé des deux principes qui sous-tendent le cadre fiscal actuel. Premièrement, elle soulève un problème d'attribution des bénéfices, car les bénéfices sont de plus en plus dépendants de facteurs de création de valeur immatériels et mobiles (différents types de capital intellectuel, par exemple). Deuxièmement, elle soulève la question du lien, car la moindre nécessité d'une présence physique pour exercer des activités économiques conduit à se demander si la définition actuelle de l'ES (une « installation fixe d'affaires », par exemple) constitue toujours un critère pertinent pour déterminer la juridiction disposant du droit d'imposer les bénéfices commerciaux concernés.

393. Certains de ces pays, même s'il ne s'agit pas de tous les pays de ce second groupe, rejettent explicitement l'idée selon laquelle les données et la participation des utilisateurs devraient être considérés comme consubstantiels au processus de création de valeur par l'entreprise dans la juridiction où les utilisateurs se situent. Selon eux, les contributions des utilisateurs ne se distinguent pas d'autres intrants acquis auprès d'un tiers indépendant faisant partie de la chaîne d'approvisionnement de l'entreprise.

394. Enfin, un troisième groupe de pays considère que le paquet BEPS a déjà pour une large part répondu aux inquiétudes relatives à la double non-imposition, tout en soulignant qu'il est encore trop tôt pour mesurer pleinement l'impact de toutes les mesures du projet BEPS. Ces pays se satisfont généralement du système fiscal actuel et ne voient pas la nécessité d'engager une réforme radicale des règles fiscales internationales. Certains pays appartenant à ce groupe ne sont pas d'accord sur le fait que les données et la participation des utilisateurs contribuent à la création de valeur dans la juridiction où se situent les utilisateurs, tandis que certains autre pays appartenant à ce groupe pensent que ces problématiques appellent à davantage de réflexion.

5.4.3. Réévaluation de deux concepts fondamentaux du système fiscal international

395. En dépit des nettes divergences d'opinions qui existent entre les membres du Cadre inclusif sur le BEPS sur l'opportunité de modifier les principes qui sous-tendent la

fiscalité internationale et sur la portée de ces changements, un large groupe de pays soutient une analyse plus poussée des modifications potentielles à apporter aux règles relatives au lien et à l'attribution des bénéfices, qui tiendrait compte des effets induits par la numérisation de l'économie.

396. En outre, les membres reconnaissent que leur intérêt commun consiste à maintenir un ensemble pertinent et cohérent de principes internationaux régissant l'imposition transfrontalières des bénéfices commerciaux, en vue de promouvoir, entre autres, l'efficience économique et le bien-être global, particulièrement si l'alternative est une multiplication d'approches unilatérales avec les effets préjudiciables qu'elles produisent. Il est important de suivre une approche multilatérale pour limiter les distorsions de l'investissement et de la croissance, tout en cherchant à atténuer la complexité, réduire les cas de double imposition, soutenir l'innovation et établir un système fiscal plus équitable, plus efficient et plus simple pour les entreprises ayant une présence internationale.

397. Conscients de ces enjeux, les membres du Cadre inclusif sont convenus d'entreprendre une réévaluation cohérente et concordante des deux principes clés du cadre fiscal existant, à savoir les règles relatives au lien et à l'attribution des bénéfices, qui tiendraient compte des répercussions de la numérisation sur l'économie, relativement au principe consistant à aligner les bénéfices sur les activités économique et la création de valeur sous-jacentes[17].

5.5. Prochaine étape des travaux

398. Pour mettre cet engagement en œuvre, il faudra affiner l'analyse de la valeur créée par certaines caractéristiques des modèles d'affaires d'entreprises à forte composante numérique (voir le chapitre 2), et plus globalement de la transformation numérique, dans le but de déterminer la nécessité de réviser les règles relatives au lien et à l'attribution des bénéfices. Pour définir les paramètres de cette révision, il est important d'évaluer si la meilleure réponse aux défis décrits dans ce rapport consiste à élaborer une solution fondée sur un consensus et axée sur certains modèles d'affaires à forte composante numérique, ou si cette solution devrait être applicable à l'ensemble de l'économie. Entre-temps, pour éclairer ce débat, des solutions techniques seront étudiées afin de valider la faisabilité de différentes options. Les Groupes de travail concernés, y compris le Groupe de travail n° 1, le Groupe de travail n° 6, et le GREN soutiendront les efforts du Cadre inclusif qui compte plus de 110 membres à ce jour.

399. Sur la base de cette analyse plus poussée, on s'attend à ce que le Cadre inclusif s'emploie à élaborer une solution fondée sur un consensus d'ici 2020. Cet objectif est ambitieux compte tenu de la complexité et de l'évolution constante des problématiques en jeu, qui nécessitera la mise en place d'un programme de travail par étapes, en prévoyant un point sur l'avancement des travaux en 2019. Cette démarche offrira l'occasion d'engager un débat approfondi parmi les membres, et de réunir les contributions d'un large éventail de parties prenantes, y compris des représentants du monde de l'entreprise, de la société civile et du milieu universitaire. Ce processus tiendra compte des contraintes et de la situation particulières des pays en développement, grâce à leur participation directe en qualité de membres du Cadre inclusif, ainsi que via leurs relations avec des organismes fiscaux régionaux tels que le Forum sur l'administration fiscale africaine et le Centre interaméricain des administrations fiscales. Il sera ainsi possible de mieux comprendre les enjeux et les effets possibles des options retenues.

400. Le moment venu, il conviendra aussi de réfléchir à l'élaboration d'instruments juridiques appropriés pour accompagner la mise en œuvre mondiale des changements éventuellement nécessaires. Ces instruments légaux faciliteraient et accéléreraient ainsi l'adoption des mesures convenues.

401. Le GREN aura également un rôle important à jouer tout au long de ces travaux pour assurer le suivi continu des évolutions intervenues : depuis les progrès des nouvelles technologies et la transformation rapide des modèles d'affaires, jusqu'à l'adoption et l'impact des propositions législatives qui sont potentiellement pertinentes en ce qui concerne la numérisation.

Notes

[1] (OCDE, 2015[1]), chapitres 3 et 4.

[2] (OCDE, 2015[1]), chapitre 7.

[3] (OCDE, 2015[1]), chapitres 3 et 4.

[4] (OCDE, 2015[1]), chapitre 7.

[5] (OCDE, 2015[1]), paragraphes 28-40.

[6] Le principe de « l'origine de la richesse » a été formulé par un groupe d'économistes dans un rapport de 1923 commandé par la Société des Nations. Ce rapport était consacré à l'étude de la double imposition sous l'angle théorique et scientifique. Il écartait la théorie selon laquelle un revenu doit, en règle générale, être imposé exclusivement dans l'État de résidence, et posait le principe d'une imposition découlant d'une approche davantage économique, « dont l'objet serait d'apprécier les contributions respectives des différents États à la formation et à la jouissance du revenu » (Graetz and O'Hear, 1997[5]). Selon la conclusion de ce rapport, les facteurs essentiels à prendre en compte (en proportion variable selon la catégorie de revenu considérée) étaient l'origine de la richesse et la résidence ou le domicile de l'individu qui la consomme. Concernant les bénéfices d'entreprises, ces experts considéraient que le lieu de production du revenu revêtait une importance prépondérante et qu'une répartition idéale devrait accorder une part prépondérante au lieu d'origine. Ils définissaient l'origine ou la formation des ressources comme l'ensemble des phases de la création de richesse « considérée du point de vue de la forme matérielle originale de la richesse, de ses modifications matérielles ultérieures, de son transport, des organismes directeurs et de la vente ». Comme le remarquaient ces experts : « toutes ces phases, jusqu'à celle de la réalisation de l'enrichissement, peuvent être partagées entre diverses autorités territoriales ». Le principe de « l'origine de la richesse » demeure aujourd'hui encore le principal fondement de l'imposition des bénéfices des entreprises.

[7] Lorsque différentes règles déterminant le droit d'imposer sont appliquées, certaines catégories de bénéfices peuvent être imposées dans le pays de la source, malgré l'absence de lien dans ce pays sous la forme d'un ES. Il s'agit en particulier des règles énoncées aux articles 6 et 13 du Modèle de Convention fiscale de l'OCDE concernant les revenus tirés de biens immobiliers et les gains en capital générés par la vente de tels biens. Ces articles autorisent un pays à imposer le revenu ou le gain en capital si le bien immobilier considéré est situé sur son territoire. Par ailleurs, les bénéfices des entreprises peuvent inclure certains éléments de revenu tels que des dividendes, intérêts ou redevances (ou des honoraires pour services techniques, dans le cas d'une convention fiscale reposant sur le Modèle de Convention des Nations Unies) qui, aux termes du droit interne et de la convention fiscale applicable, peuvent faire l'objet d'une retenue à la source limitée, y compris en l'absence de présence physique de l'entreprise dans le pays de la source.

[8] Le principe de pleine concurrence suppose que le prix et les autres conditions appliquées à des transactions contrôlées entre entreprises associées soient cohérents avec ceux qui seraient convenus entre entreprises indépendantes, pour des transactions comparables effectuées dans des circonstances comparables. Un tel prix est généralement qualifié de « prix de pleine concurrence ».

[9] Il existe différentes approches privilégiées par les pays en ce qui concerne l'attribution de bénéfices aux établissements stables. Les Commentaires sur l'article 7 du *Modèle de Convention fiscale de l'OCDE* (2017) reflètent deux des approches prédominantes. Une approche définie dans la version antérieure de l'article 7 du Modèle de Convention fiscale de l'OCDE (et qui a été maintenue dans le Modèle de Convention des Nations Unies), et une autre approche incluse dans le *Rapport de 2010 sur l'attribution de bénéfices aux établissements stables* de l'OCDE, qui a été intégrée à la révision de 2010 des Commentaires sur l'article 7 du *Modèle de Convention fiscale de l'OCDE.*

[10] (OCDE, 2017[2]). Cette édition inclut les modifications majeures apportées en 2016 pour prendre en compte les clarifications et révisions convenues dans les Rapports finaux de 2015 du projet BEPS établis au titre des Actions 8-10, « Aligner les prix de transfert calculés sur la création de valeur » et de l'Action 13, « Documentation des prix de transfert et déclaration pays par pays ». Elle comprend également les orientations sur les régimes de protection dans leur version révisée approuvée en 2013, qui reconnaissent que des régimes de protection conçus de manière appropriée peuvent contribuer à alléger certaines contraintes déclaratives et administratives et à renforcer la sécurité juridique pour les contribuables. Enfin, cette édition contient par ailleurs des modifications ponctuelles apportées au texte des Principes de l'OCDE applicables en matière de prix de transfert à des fins de cohérence. La version d'origine des Principes de l'OCDE applicables en matière de prix de transfert a été approuvée par le Conseil de l'OCDE en 1995.

[11] (OCDE, 2010[3]). Il convient de noter que, indépendamment du fait qu'un pays adopte ou non l'approche décrite dans ce rapport, l'article 7 du Modèle de Convention fiscale de l'OCDE prévoit que l'attribution des bénéfices entre un ES et les autres entités de l'entreprise dont il fait partie est réalisée en partant du principe que cet ES est une entité distincte.

[12] (OCDE, 2015[1]), voir notamment les paragraphes 249 et 376.

[13] (OCDE, 2015[1]), voir notamment les paragraphes 253 à 261.

[14] (OCDE, 2015[1]), voir notamment les paragraphes 262 à 267.

[15] (OCDE, 2015[1]), voir notamment les paragraphes 268 à 272.

[16] Le capital intellectuel englobe divers actifs non physiques. Une classification largement acceptée regroupe le capital intellectuel dans trois catégories : les données informatisées (logiciel et bases de données) ; le capital innovation (brevets, droits d'auteur, dessins et modèles, marques déposées) ; et les compétences économiques (y compris la valeur de la marque, le capital humain spécifique à l'entreprise, les réseaux de personnes et d'institutions, et le savoir-faire organisationnel qui augmente l'efficience de l'entreprise) (OECD, 2013[4]).

[17] Le Cadre inclusif reconnaît que les règles d'attribution des bénéfices et les règles du lien sont étroitement liées, avec pour conséquence que toute modification des règles existantes en matière d'attribution des bénéfices exercerait une pression supplémentaire sur les règles relatives au lien et entraînerait vraisemblablement des modifications radicales. À l'inverse, toute modification des règles existantes relatives au lien devrait nécessiter de revoir en parallèle les règles d'attribution des bénéfices (en analysant par exemple dans quelle mesure les bénéfices peuvent être attribués à une juridiction dans laquelle une entreprise possède une présence physique faible ou nulle en matière d'actifs ou de salariés).

Références

Graetz, M. and M. O'Hear (1997), *The "Original Intent" of U.S. International Taxation*, p. 1022. [4]

OCDE (2017), *Principes de l'OCDE applicables en matière de prix de transfert à l'intention des entreprises multinationales et des administrations fiscales 2017*, Éditions OCDE, Paris, http://dx.doi.org/10.1787/tpg-2017-fr. [5]

OCDE (2015), *Relever les défis fiscaux posés par l'économie numérique, Action 1 - Rapport final 2015*, Éditions OCDE, Paris, http://dx.doi.org/10.1787/9789264252141-fr. [1]

OCDE (2010), *Rapport sur l'attribution de bénéfices aux établissements stables*, Éditions OCDE, Paris. [2]

OECD (2013), *Supporting Investment in Knowledge Capital, Growth and Innovation*, OECD publishing, Paris, http://dx.doi.org/10.1787/9789264193307-en. [3]

Chapitre 6. Mesures provisoires permettant de relever les défis fiscaux soulevés par la numérisation de l'économie

Ce chapitre part du constat qu'aucun consensus n'a été trouvé concernant la nécessité et le bien-fondé de la mise en œuvre de mesures provisoires, puisqu'un grand nombre de pays s'opposent à leur introduction en raison des risques et des effets négatifs qu'elles induisent indépendamment de la façon dont elles sont conçues. D'autres pays, sans nier ces difficultés, estiment malgré tout nécessaire d'adopter de telles mesures provisoires et considèrent possible, en partie tout au moins, d'atténuer leurs éventuelles retombées négatives. Les pays en faveur de l'introduction de mesures provisoires ont défini, à l'attention des pays qui envisagent leur mise en œuvre, des indications sur les éléments à prendre en considération au moment de leur conception.

6.1. Synthèse

403. Les travaux concernant les défis fiscaux liés à la numérisation de l'économie sont déjà lancés, selon les axes décrits au chapitre 5, et l'atteinte d'une solution fondée sur un consensus à ce sujet prendra du temps. Dans l'intervalle, un certain nombre de juridictions envisagent d'adopter une mesure provisoire.

404. Cependant, l'approche selon laquelle la prise de telles mesures provisoires serait nécessaire et appropriée ne fait pas l'objet d'un consensus et par conséquent, ce rapport ne recommande pas leur introduction. Un certain nombre de pays estiment que l'adoption d'une mesure provisoire n'ira pas sans risques ni conséquences négatives, quelles que soient les limites imposées lors de l'élaboration d'une telle mesure et s'opposent de ce fait à toute mesure de ce genre. Sans nier ces écueils possibles, d'autres pays estiment nécessaire d'appliquer cette taxe sur leur territoire à certaines ventes de services en ligne destinées à leur marché local, et considèrent qu'une conception appropriée de la mesure permettra d'en atténuer les éventuelles retombées négatives. Ces pays reconnaissent aussi que la multiplication de mesures provisoires différentes devrait être évitée, et estiment donc préférable de définir des critères de conception à prendre en compte quand on envisage d'adopter de telles mesures.

6.2. Introduction

405. Comme indiqué en détail dans le chapitre 2, l'un des défis fiscaux posés par la numérisation de l'économie tient à la possibilité, pour certaines entreprises, d'être fortement impliquées dans la vie économique d'une juridiction dans laquelle leur présence imposable se révèle limitée, voire nulle. Les chapitres 5 et 8 proposent un aperçu des réponses plus pérennes que les juridictions peuvent apporter à ces problématiques, ainsi que les prochaines étapes à suivre pour conduire de tels travaux.

406. L'élaboration d'une solution d'ensemble, son adoption et la mise en œuvre effective des mesures ainsi définies prendront toutefois du temps, or les gouvernements de certains pays ont lancé des appels insistants en faveur d'actions correctives immédiates. Leurs préoccupations les plus immédiates concernent généralement les entreprises à forte composante numérique, qui disposent d'une présence significative sur le marché local alors même que leur présence physique y reste limitée, et dont les modèles d'affaires reposent fortement sur les actifs incorporels, les données, la participation des utilisateurs et les effets de réseau. Un certain nombre de ces juridictions envisagent l'adoption d'une mesure provisoire prenant la forme d'une taxe d'accise[1] sur certaines ventes de services en ligne destinées à leur marché local, qui serait calculée sur le montant brut versé en contrepartie de la fourniture de ces services par un prestataire enregistré à ce titre. En conséquence, cette section fait référence à une telle taxe d'accise sur les services en ligne.

407. Aucun consensus n'a été trouvé concernant la nécessité et le bien-fondé de la mise en place de mesures provisoires, puisqu'un certain nombre de pays s'oppose à leur introduction, indépendamment de leur conception. Ces pays contestent le fait que certaines caractéristiques telles que l'« échelle sans masse », une forte dépendance aux actifs incorporels ou la « contribution de l'utilisateur » justifient l'application d'une mesure provisoire, et considèrent qu'une telle taxe serait assortie d'un certain nombre de risques et de conséquences non souhaitables, notamment :

- ***Des effets sur l'investissement, l'innovation et la croissance*** : comme tout impôt calculé sur la fourniture de certains services, une mesure provisoire viendra accroître le coût du capital, réduisant les incitations à l'investissement et entraînant des conséquences négatives pour la croissance. Une mesure qui cible exclusivement les secteurs atteints par la numérisation peut freiner les investissements consacrés à l'innovation par les entreprises soumises à cette taxe ou affectées indirectement par celle-ci. Bien que les effets dépendent également du mode de financement de l'investissement, à défaut d'imposer les restrictions appropriées, comme une exonération en faveur des PME, la mise en place d'une taxe calculée sur une base d'imposition brute pourrait pénaliser les start-up et d'autres entreprises en phase de croissance qui dégagent des bénéfices faibles ou qui enregistrent des pertes et offrir un avantage compétitif à des entreprises matures et profitables, en contribuant à instaurer une barrière à l'entrée venant consolider la domination des participants bien établis.
- ***Des effets sur le bien-être global*** : un autre inconvénient lié à l'adoption d'un impôt appliqué sur des montants bruts est le fait qu'il équivaut à une taxe sur les intrants. Un tel impôt peut donc introduire des effets de distorsion dans les décisions des entreprises en matière d'intrants et affecter leurs choix de production. En d'autres termes, l'adoption d'une telle mesure peut avoir deux effets : soit la production baisse, soit davantage de ressources sont requises pour atteindre le même niveau de production. Par conséquent, elle peut induire des effets négatifs sur les niveaux de bien-être global et de production d'une économie. Ces effets, dont l'importance dépend de l'élasticité de substitution, seront d'autant plus limités que la mesure sera ciblée.
- ***Des effets potentiels de la fiscalité sur la consommation et l'activité des entreprises*** : suivant la sensibilité aux prix des acteurs de l'offre et de la demande, et la structure du marché, l'imposition peut se voir reportée, pour tout ou partie, sur les consommateurs locaux moyennant une hausse des prix des biens ou services. Ce risque de report de la charge fiscale sur les clients est d'autant plus fort que ceux-ci affichent une faible sensibilité aux prix et que le marché est fortement concurrentiel. En d'autres termes, plus les consommateurs sont réticents à renoncer à l'achat d'un service spécifique ou à le substituer par un autre, moins imposé, plus ils seront affectés par l'introduction de la taxe. Si les services fournis entre entreprises présentent les mêmes caractéristiques de sensibilité aux prix, la création de la taxe induira une hausse du coût des intrants pour d'autres entreprises situées en aval de la chaîne de production, alors que celles-ci n'étaient pas visées par la mesure. De même, les petites entreprises peuvent être affectées en tant qu'utilisatrices des services ainsi taxés, même si les services en ligne qu'elles fournissent à leur tour sont exclus du champ d'application de la mesure.
- ***Les risques d'appliquer une imposition excessive*** : pour respecter ses obligations internationales, un pays peut être amené à appliquer le nouvel impôt à la fois aux contribuables résidents et non résidents et à limiter tout mécanisme de crédit d'impôt au titre d'autres impositions. Des cas d'imposition excessive peuvent en découler (par exemple, des paiements au titre de certains services en ligne pourraient être soumis à une mesure provisoire et à l'impôt sur les bénéfices des sociétés), ce qui irait à l'encontre même de l'objectif qui avait motivé l'adoption de la mesure, à savoir : couvrir les ventes transfrontalières de services en ligne qui, selon des règles fiscales actuelles, échappent à l'impôt dans la juridiction du marché. Une double imposition économique pourrait aussi résulter d'effets en cascade lorsqu'une prestation de certains services en ligne est réalisée auprès d'un

client qui intègre ces services dans une prestation effectuée en aval elle-même soumise à la taxe.

- ***De possibles difficultés peuvent entourer la mise en œuvre d'un impôt en tant que mesure provisoire*** : une fois mis en œuvre, les impôts sont souvent difficiles à supprimer et, au regard du temps nécessaire à concevoir puis appliquer une mesure provisoire, il est fondé de s'interroger sur la pertinence d'une initiative qui suppose d'introduire un tout nouvel ensemble de règles, et les procédures administratives correspondantes, dont la validité devrait être limitée dans le temps.
- ***Des coûts de mise en conformité et d'administration*** : une mesure provisoire pourrait générer des coûts de mise en conformité et d'administration parfois non négligeables au regard des recettes fiscales qu'elle permet de mobiliser, à plus forte mesure lorsque sa durée d'application est limitée. Ces coûts de mise en conformité seront d'autant plus élevés que les divergences entre les mesures unilatérales adoptées par les pays seront marquées. La juridiction d'imposition pourrait, en outre, rencontrer des difficultés pour vérifier l'exactitude des déclarations déposées et des paiements réalisés par des non-résidents.

408. Les pays qui sont favorables à la mise en place de mesures provisoires reconnaissent que de telles difficultés peuvent survenir, mais considèrent que des impératifs pressants justifient une initiative permettant d'appliquer à certaines entreprises une taxe proportionnelle à la valeur qu'ils considèrent générée sur leur territoire, en rappelant le temps déjà consacré aux discussions sur ce sujet. Ces pays considèrent généralement que la participation des utilisateurs constitue un facteur clé de création de valeur pour certaines entreprises numériques, à travers leur contribution au contenu d'une plateforme, la création d'effets de réseau et la fourniture de données du fait de leurs activités et d'une participation régulière. Ils estiment qu'il est nécessaire de réformer les règles fiscales internationales afin de prendre en compte ces déterminants de valeur dans la manière dont les bénéfices de ces entreprises sont répartis entre les pays à des fins fiscales. En l'absence de réforme, ils sont convaincus que le décalage entre le bénéfice imposable et la création de valeur pourrait remettre en question l'équité, la pérennité et l'acceptabilité du système par la population. Pour cette raison, et compte tenu du temps qu'il faudra pour parvenir à une solution fondée sur un consensus et la mettre en œuvre, ces pays estiment qu'il est nécessaire d'envisager une action plus immédiate (par exemple, par le biais d'une taxe sur certains services en ligne), conçue pour offrir aux juridictions une compensation au titre de la valeur non reconnue qu'elles estiment générée sur leur territoire, en attendant qu'un consensus soit trouvé autour d'une solution globale. Ces pays reconnaissent que les impôts qui frappent certains services en ligne ne vont pas sans poser certains défis mais ils sont d'avis qu'il convient de les apprécier en regard du risque politique de non-action et estiment que les efforts consacrés à l'élaboration de la mesure permettraient d'atténuer une partie des effets négatifs. À titre d'exemple, l'importance des risques d'imposition excessive liés à la mesure peut dépendre de plusieurs facteurs, comme le champ d'application de la taxe, son taux, les seuils d'assujettissement, et du fait que les dépenses liées aux services en ligne puissent, ou non, être comptabilisées par un client comme des charges déductibles, et de la présence de différentes mesures, de nature fiscale ou budgétaire, totalement indépendantes de la taxe elle-même. De même, les coûts de mise en conformité et d'administration peuvent être minimisés en utilisant les mécanismes de déclaration et de recouvrement déjà mis en place au titre d'autres taxes (comme le recouvrement de la TVA en cas de fourniture de services aux consommateurs), et en veillant à se rapprocher des modalités retenues par les autres pays ayant adopté des mesures similaires.

409. Compte tenu de ces enjeux, et gardant à l'esprit les risques liés aux incertitudes, aux coûts et aux inefficacités qui pourraient résulter de l'adoption par les pays d'une multitude de mesures unilatérales différentes, les pays qui envisagent la mise en place d'une mesure provisoire jugent opportun de définir des critères de conception à prendre en compte afin de limiter les effets néfastes éventuels associés à une mesure provisoire. Les analyses présentées dans ce chapitre concernant les mesures provisoires ne préjugent en rien des débats et travaux, en cours et à venir, concernant l'élaboration de solutions pérennes pour répondre aux défis fiscaux soulevés par la numérisation de l'économie.

410. En conséquence, les pays qui prévoient de mettre en place des mesures provisoires ont identifié un certain nombre de points qu'ils estiment nécessaires de prendre en compte par les juridictions envisageant l'adoption de mesures provisoires de cette nature, afin de fournir à ces juridictions des orientations sur la manière de limiter les divergences potentielles entre des mesures ainsi que les éventuels effets indirects néfastes de telles mesures.

411. Les juridictions, ou les ensembles régionaux, qui envisagent l'adoption de mesures provisoires devraient analyser avec soin, au regard du contexte qui leur est propre, les avantages et inconvénients de telles mesures.

6.3. Éléments à prendre en compte pour la conception de mesures provisoires

412. Les pays qui sont favorables à l'adoption de mesures provisoires reconnaissent que celles-ci devront respecter les principes suivants : i) être conformes aux obligations internationales souscrites par le pays concerné ; ii) être de nature temporaire ; iii) être ciblées ; iv) minimiser les risques d'imposition excessive ; v) minimiser les effets négatifs sur la création d'entreprises, les start-up et, plus généralement, les petites entreprises ; et vi) minimiser les coûts et la complexité. Ces différents éléments à prendre en compte sont exposés en détail ci-après.

6.3.1. Des mesures conformes aux obligations internationales

413. Tout nouvel impôt mis en place par un pays doit rester conforme aux obligations internationales souscrites par celui-ci. Chaque pays devra analyser la formulation des dispositions de toutes les conventions qu'il a conclues afin de connaître les conséquences de leurs dispositions sur une éventuelle mesure provisoire. Ces obligations sont celles qui découlent de son adhésion à des conventions fiscales bilatérales ou à des accords commerciaux, par exemple ceux conclus au titre de son accession à l'Organisation mondiale du commerce (OMC) ou de son appartenance à des unions politiques et économiques, comme l'Union européenne (EU) ou l'Espace économique européen (EEE).

414. Cet ensemble de restrictions peut se traduire par des limitations importantes lors de l'élaboration d'une mesure provisoire. En particulier, les conventions fiscales bilatérales conclues par un pays peuvent retirer à son administration fiscale la possibilité d'appliquer un impôt sur le revenu ou sur un quelconque élément de revenu, tandis que les obligations commerciales et autres obligations internationales souscrites par ce pays peuvent entraîner d'autres limitations, par exemple en exigeant qu'un impôt s'applique à tous les contribuables, résidents ou non résidents. Ces restrictions et leurs conséquences potentielles sur l'élaboration de mesures provisoires sont détaillées ci-dessous.

Une mesure provisoire ne doit pas aller à l'encontre des dispositions des conventions fiscales

415. Comme indiqué au chapitre 5, aux fins de la plupart des conventions fiscales, les bénéfices réalisés par une entreprise d'un État contractant sont, sauf exception, imposables uniquement dans cet État, à moins que l'entreprise n'exerce son activité dans l'autre État contractant par l'intermédiaire d'un établissement stable qui y est situé[2]. En conséquence, les États qui ont conclu une convention fiscale conforme au Modèle de Convention fiscale concernant le revenu et la fortune (OCDE, 2017[1]) ne sont généralement pas autorisés à imposer les bénéfices obtenus par un non-résident au titre de la vente de services en ligne en soumettant celui-ci à un impôt couvert par une convention.

416. L'article 2 (impôts visés) du Modèle de Convention fiscale de l'OCDE indique que la Convention s'applique aux « impôts sur le revenu » ou aux « éléments du revenu », « quel que soit le modèle de perception ». En outre, l'article 2 prévoit que la Convention doit également s'appliquer à tous les nouveaux impôts de nature identique ou « analogue » aux impôts considérés. Les Commentaires sur l'article 2 du Modèle de Convention fiscale de l'OCDE indiquent que l'objectif de cet article est « d'étendre le plus possible le champ d'application de la Convention en y incluant, autant que possible, en harmonie avec les règles de la législation interne des États contractants, les impôts perçus par les subdivisions politiques ou les collectivités locales, d'éviter la nécessité de conclure une nouvelle convention à chaque modification de la législation interne des États contractants et de faire en sorte que chaque État contractant ait notification des modifications importantes de la législation fiscale de l'autre État »[3].

417. Compte tenu de ce champ d'application étendu, dans ce contexte, il peut se révéler difficile d'établir si un impôt est couvert, ou non, par une convention fiscale. Le fait que les impôts sur le revenu soient, sur le plan théorique tout au moins, centrés sur le bénéficiaire du revenu plutôt que sur le consommateur d'une prestation de biens ou de services spécifiques, peut permettre de distinguer les impôts sur le revenu, ou sur des éléments du revenu, des autres impôts. De fait, en règle générale, un impôt sur le revenu s'applique explicitement au bénéficiaire du revenu et tient compte des caractéristiques et de la situation économique de celui-ci.

418. Si l'assiette d'un impôt sur le revenu correspond généralement au revenu net perçu par le contribuable, dans la pratique, ses contours sont parfois difficiles à délimiter, lorsque l'impôt est calculé sur un montant brut. À titre d'exemple, une retenue à la source sur le montant brut d'une redevance appliquée dans l'État du payeur sera généralement déduite par ce dernier du montant versé en contrepartie de l'utilisation de la propriété intellectuelle ainsi que de l'impôt sur le revenu que le bénéficiaire du paiement doit acquitter dans son propre pays.

419. Alors qu'un impôt sur le revenu est généralement considéré comme une charge fiscale incombant au bénéficiaire au titre de ses revenus, pour déterminer si un impôt est couvert par les dispositions de l'article 2, aucune distinction n'est faite selon que les impôts sont prélevés par le biais d'une retenue à la source, ou selon qu'ils s'appliquent à un montant net ou à un montant brut. De même, ni la méthode d'évaluation retenue ni le mode de prélèvement applicable en vertu du droit interne n'entrent en ligne de compte.

420. Les dispositions de l'article 2 couvrent non seulement les impôts sur le revenu, mais également sur des éléments du revenu. Toute mesure provisoire qui taxerait un élément de revenu et qui s'appuierait sur certaines caractéristiques du bénéficiaire du

revenu ou sur sa situation économique, par exemple, le fait que le fournisseur réalise des bénéfices, risque d'entrer dans le champ d'application de l'article 2. À l'inverse, une mesure provisoire qui viserait les prestations de services elles-mêmes, plutôt que leur fournisseur, et qui serait centrée exclusivement sur le volet dépenses du paiement (c'est-à-dire, sur la nature et la valeur des prestations fournies), serait probablement considérée comme exclue du champ d'application de l'article 2. Dès lors, même si elle est recouvrée auprès du fournisseur, et que celui-ci est tenu de s'identifier aux fins de recouvrement dès lors qu'un seuil minimal est franchi, une taxe respectant ces conditions restera généralement exclue du champ d'application de la convention.

421. Comme indiqué ci-dessus, un impôt couvert par une convention fiscale vise généralement le fournisseur plutôt que les prestations de services. En outre, l'argument selon lequel une taxe d'accise sur les services en ligne n'est pas considérée comme un impôt sur le revenu que les conventions fiscales ont vocation à couvrir, serait renforcé en particulier dès lors que les conditions suivantes sont respectées : (i) elle cible les ventes d'une ou de plusieurs catégories de services en ligne bien définies et est acquittée par les parties qui assurent la fourniture de ces services indépendamment de la situation économique ou fiscale du fournisseur ; (ii) le montant dû est calculé en appliquant un taux fixe au montant versé en contrepartie des services (sans s'intéresser au revenu net perçu par le fournisseur ni au revenu généré par la prestation de services) ; et (iii) elle n'ouvre droit à aucun type de déduction ou d'allégement qui viendrait réduire l'impôt sur les bénéfices des sociétés dû au titre du paiement considéré.

422. Une taxe d'accise n'entrera pas dans le champ d'application du Modèle de Convention fiscale de l'OCDE (sauf pour certains de ses articles, comme ceux relatifs à l'échange de renseignements, à l'assistance en matière de recouvrement des impôts ou à la non-discrimination), dans la mesure où cette taxe ne constitue pas (ni dans la forme, ni sur le fond) un impôt sur le revenu ou sur des éléments du revenu. La dénomination attribuée à un impôt n'étant pas un critère déterminant, l'article 2 du Modèle de Convention pourrait s'appliquer à des impôts qui sont présentés comme des taxes d'accise mais qui sont, en substance, des impôts sur le revenu. Une taxe d'accise applicable à une catégorie particulière de paiements pourrait présenter de fortes similarités avec un impôt calculé sur le montant brut d'une redevance ou d'une commission pour services rendus en application du droit interne de certains États. De plus, dans la mesure où de nombreuses conventions bilatérales s'écartent de la définition figurant dans le Modèle de Convention fiscale de l'OCDE, il est difficile d'établir si un impôt entre, ou non, dans le champ d'application d'une convention fiscale particulière sans conduire une analyse au cas par cas. Si la plupart des conventions fiscales sont conformes aux dispositions de l'article 2 du Modèle de Convention de l'OCDE, nombreuses sont celles qui s'en éloignent, la différence la plus fréquente étant l'omission des deux premiers paragraphes, de sorte que le champ d'application de l'article 2 couvre les impôts listés au paragraphe 3 et s'étend aux nouveaux impôts conformément au paragraphe 4.

423. Chaque pays doit analyser les caractéristiques précises de la mesure provisoire et la formulation des dispositions de la convention fiscale correspondante pour établir si celle-ci est, ou non, applicable à la mesure provisoire. Les pays devront donc analyser le contenu de toutes leurs conventions fiscales bilatérales afin d'en évaluer les effets potentiels sur l'élaboration de toute mesure provisoire.

424. Un impôt qui n'entre pas dans le champ des conventions fiscales ne devrait pas pouvoir être imputé sur l'impôt prélevé par la juridiction de résidence du contribuable et

ne devrait pas ouvrir droit à un crédit d'impôt au titre d'une quelconque convention fiscale conclue avec cette juridiction.

(a) L'application de la mesure provisoire aux non-résidents n'introduit généralement pas de discrimination au regard des conventions fiscales bilatérales

425. Si les conventions fiscales s'appliquent, en règle générale, uniquement aux impôts sur le revenu (ou sur un élément du revenu), certaines de leurs dispositions peuvent néanmoins couvrir d'autres catégories d'impôts : c'est notamment le cas de l'article relatif à la non-discrimination. Une mesure visant exclusivement les non-résidents ne devrait toutefois pas soulever de problèmes au regard d'un tel article dès lors que ses dispositions sont équivalentes à celles figurant à l'article 24 du Modèle de Convention fiscale de l'OCDE, sous réserve de ce qui suit.

426. L'article 24 du Modèle de Convention fiscale de l'OCDE permet d'éviter toute discrimination fiscale dans des cas de figure spécifiques. Cet article et les commentaires correspondants reconnaissent que la distinction entre résidents et non-résidents constitue une caractéristique normale et habituelle des régimes d'imposition qu'il convient de respecter. À titre d'exemple, il est normal de pratiquer des retenues à la source sur les paiements bruts d'intérêts ou de dividendes versés à des non-résidents, alors que les résidents ne sont pas concernés par ce prélèvement ; en tout état de cause, les résidents sont habituellement imposés au titre de ces paiements sur la base des montants nets. En particulier, le paragraphe 1 de l'article 24, qui interdit les discriminations fondées sur le critère de nationalité (à savoir, nationalité des personnes physiques ; celle du pays où l'entité a été constituée pour les personnes morales), prévoit que les nationaux d'un État ne peuvent être traités moins favorablement que les ressortissants de l'autre État contractant « qui se trouvent dans la même situation, notamment au regard de la résidence ». Il apparaît ainsi clairement que la résidence du contribuable est l'un des éléments entrant en ligne de compte lorsqu'il s'agit de déterminer si des contribuables se trouvent dans la même situation. Un contribuable qui n'est pas un résident d'un État contractant n'est pas considéré comme se trouvant dans la même situation qu'une personne qui est un résident de cet État et peut, de ce fait, se voir appliquer un traitement fiscal différent. Les mesures fiscales qui limitent la déductibilité de certains paiements versés à des non-résidents sont soumises aux dispositions relatives à la non-discrimination prévues au paragraphe 4 de l'article 24 du Modèle de Convention fiscale de l'OCDE, mais ce paragraphe n'est pas applicable aux mesures provisoires qui ne limitent pas la déductibilité des intérêts, redevances et autres dépenses (ou la déductibilité des dettes dans le cas des prélèvements sur les gains en capital).

(b) Membres de l'UE et de l'EEE

427. Toute mesure provisoire applicable aux États membres de l'Union européenne (UE) et aux États parties à l'accord sur l'Espace économique européen (EEE) doit être conforme à la législation de l'UE, et respecter notamment les libertés fondamentales définies dans les traités de l'UE et le principe d'interdiction des aides d'État.

428. Afin d'être certain qu'elle n'entrave ni la liberté d'établissement ni la libre prestation de services, la mesure devrait donc s'appliquer de la même façon aux résidents et aux non-résidents. Toute caractéristique de conception qui aurait pour effet d'établir une distinction entre les résidents et les non-résidents devrait, pour assurer le respect de ces libertés, être justifiée par l'une des rares circonstances admises par la Cour

européenne de Justice dans le contexte de la fiscalité directe et indirecte, et être proportionnée à cette circonstance.

429. Afin d'être certain qu'elle ne constitue pas une aide d'État illégale lorsqu'elle est appliquée par les juridictions, la mesure devrait être conçue de telle sorte à n'accorder aucun avantage sélectif à un groupe de contribuables quel qu'il soit. En d'autres termes, une mesure provisoire devrait éviter d'appliquer des traitements différents à des entreprises qui se trouvent, tant du point de vue juridique que factuel, dans des situations comparables.

430. La mesure provisoire applicable aux pays membres de l'UE devrait également être conçue de telle sorte à ne pas prendre la forme d'une taxe sur la valeur ajoutée qui serait incompatible avec la Directive relative au système commun de taxe sur la valeur ajoutée de l'Union européenne.

(c) Membres de l'OMC

431. Toute mesure provisoire devrait également tenir compte des autres obligations internationales applicables à un pays, notamment celles découlant de son appartenance à l'OMC, comme les exigences de non-discrimination relatives au principe du traitement national et à la clause de la nation la plus favorisée.

Des mesures de nature temporaire

432. Toute mesure provisoire devrait être mise en œuvre en reconnaissant son caractère temporaire, et être levée aussitôt qu'une action corrective aura été convenue et sera mise en œuvre à l'échelle internationale pour répondre aux défis fiscaux soulevés par la numérisation de l'économie. C'est une conséquence directe de la logique qui justifie le recours à des mesures provisoires. Ce principe reflète en outre le consensus partagé par tous les membres du Cadre inclusif, quant au fait qu'une solution exhaustive et mondiale doit être préférée à des mesures unilatérales, que celles-ci soient déployées à l'échelle d'un pays ou d'une région, par exemple au sein de l'UE.

433. Il est essentiel que les pays confirment leur engagement en faveur de l'atteinte d'un consensus à l'échelle internationale, et permettent à une solution davantage pérenne et mondiale d'être mise en application de manière rapide et coordonnée dès qu'elle aura été élaborée, sachant qu'une mesure provisoire ne doit pas être pérennisée, ni compromettre ou entraver les actions conduites à l'échelle internationale. Si un pays a déjà adopté une mesure provisoire, celle-ci devrait s'appliquer selon des principes similaires.

Des mesures ciblées

434. Compte tenu des effets négatifs potentiels induits par l'adoption d'une mesure provisoire, il est important que cette mesure cible aussi précisément que possible les entreprises considérées comme soulevant les risques les plus élevés à savoir, dans un certain nombre de pays, celles qui peuvent bénéficier de changements d'échelle sans masse et dont les modèles d'affaires dépendent fortement de la participation des utilisateurs et des effets de réseau. Dans la mesure où elle n'a pas vocation à apporter une solution exhaustive, une mesure provisoire ne devrait pas chercher à couvrir l'ensemble des transactions pour lesquelles la transformation numérique fait naître des risques réels ou supposés.

435. Une définition pertinente et ciblée du champ d'application de la mesure présente un triple avantage : elle favorise le respect de leurs obligations par les contribuables ; facilite l'administration de la mesure par les autorités fiscales ; et limite autant que possible les effets indirects de la mesure sur les règles fiscales nationales et internationales.

436. La mesure provisoire ne devrait pas s'appliquer aux livraisons de biens matériels (opérations qui se limitent à un transfert de propriété entre le vendeur et l'acheteur), en application d'un contrat qui a été conclu en ligne. La vente en ligne de biens peut être comparée aux services d'intermédiation, examinés plus en détail ci-dessous, lorsqu'une plateforme d'intermédiation dématérialisée facilite l'échange de biens matériels entre tierces parties. En effet, si l'on tient compte de l'importance des infrastructures physiques que nécessite la vente de biens matériels (notamment pour la gestion des stocks, l'entreposage et les opérations logistiques), ainsi que des conclusions des travaux récents conduits au titre des Actions 7 à 10 du projet BEPS, il apparaît que ce modèle d'affaires ne présente pas de risques importants à même de justifier l'adoption d'une mesure provisoire. Par ailleurs, l'introduction d'une mesure provisoire sur les livraisons de biens aurait des conséquences très étendues, dépassant sans conteste celles appropriées pour une mesure provisoire, puisque qu'elle couvrirait, par exemple, les ventes en ligne de produits alimentaires réalisées par un supermarché local.

437. La mesure provisoire devrait aussi être limitée à certains services en ligne spécifiques et ne devrait pas avoir vocation à couvrir l'ensemble des services au seul motif que la fourniture correspondante a été réalisée via l'Internet. Comme indiqué au chapitre 2, une définition aussi large des services en ligne couvrirait aussi les entreprises dont les activités sont caractérisées par une participation des utilisateurs relativement limitée. L'application d'une taxe d'accise à un large éventail d'entreprises présentant des niveaux de rentabilité et des degrés d'utilisation des technologies numériques très variables est susceptible de déclencher des perturbations ou des conséquences non prévues sur l'économie nationale, ce qui pourrait peser sur l'innovation et la croissance de l'offre de solutions et de services numériques.

438. La création d'une taxe provisoire générale sur l'ensemble des services en ligne risquerait de plus de faire naître des incertitudes et des anomalies pouvant entraîner des coûts inattendus de mise en conformité et d'administration de la mesure, tout en ouvrant la voie à de nouvelles pratiques de planification fiscale. À titre d'exemple, il peut être difficile de déterminer si un service considéré a été fourni par l'intermédiaire d'Internet lorsque le fournisseur de services en ligne dispose de différents moyens de communiquer avec son client. De plus, le traitement fiscal pourrait différer selon qu'une fourniture a été assurée sous une forme matérielle ou par voie électronique. Par exemple, une taxe applicable à tous les services en ligne, mais pas aux ventes de biens réalisées en ligne, couvrirait les opérations supposant la fourniture en ligne de musique, de logiciels, de films et d'autres supports protégés par les droits d'auteur, mais exclurait les opérations supposant la livraison des mêmes produits sous leur forme matérielle (à savoir sous la forme de CD, de disques ou de DVD). Enfin, un champ d'application large pourrait également exacerber les problèmes liés aux effets en cascade et aux cas d'imposition excessive.

439. Un certain nombre de pays considèrent qu'une mesure provisoire ciblée pourrait se concentrer sur la publicité sur Internet et les services d'intermédiation en ligne parce qu'ils estiment que les catégories concernées de fournisseurs de services électroniques réalisent généralement leurs activités à distance, que ces activités présentent une forte

dépendance à l'égard d'actifs incorporels, de l'utilisation de données, de la participation des utilisateurs et des effets de réseau et considèrent en conséquence que la création de valeur a lieu dans leur juridiction.

(a) Publicité en ligne

440. La publicité en ligne est un service répertorié et largement répandu, qui s'est développé rapidement dans le sillage des technologies numériques. Ce service peut être fourni à distance, sans que le prestataire soit tenu d'établir une présence imposable dans la juridiction du marché que ciblent ses messages publicitaires. Comme indiqué au chapitre 2, la publicité en ligne est caractérisée par de forts effets de réseau et dépend traditionnellement de l'exploitation des données issues de la participation des utilisateurs.

441. Une taxe sur la publicité en ligne viserait les services consistant à assurer une communication publicitaire ou promotionnelle spécifique auprès d'un utilisateur final par l'intermédiaire d'Internet. Elle couvrirait exclusivement les opérations publicitaires ou promotionnelles payantes. La taxe d'accise s'appliquerait, par exemple, lorsqu'un fournisseur de sites Web facture à d'autres sites Web la promotion de liens vers leurs sites, ou lorsqu'un fabricant de biens rémunère une agence de publicité ou une plateforme de médias sociaux pour la mise en ligne de publicités pour ses produits. Elle ne viserait pas les utilisateurs de plateformes de médias sociaux qui mettent en ligne des photos ou vidéos de nature promotionnelle, sauf si la plateforme concernée facture effectivement à ces utilisateurs la publication de tels contenus.

442. Pour délimiter le champ d'application d'une taxe d'accise sur la publicité en ligne, il est parfois difficile d'établir dans quelle mesure un montant versé en contrepartie d'une prestation de services « composite » est attribuable à un élément de publicité en ligne. À titre d'exemple, l'administration fiscale devrait préciser si la vente d'un espace publicitaire dans une publication imprimée est traitée comme une fourniture (ou une fourniture partielle) d'un service en ligne lorsque les lecteurs ont également eu accès à cette publication en ligne. Les juridictions peuvent aussi être amenées à envisager le recours à des règles anti-évasion afin d'empêcher que les entreprises ne requalifient leurs services dans le but de se soustraire à l'impôt, notamment en modifiant la qualification juridique des services fournis mais sans en toucher la substance.

(b) Services d'intermédiation

443. Les services d'intermédiation en ligne (parfois appelés plateformes d'intermédiation) sont assurés par des sites internet et des applications mobiles qui visent à faciliter l'échange de biens ou services entre tierces parties. L'activité des prestataires de services d'intermédiation dépend en règle générale de la participation active des utilisateurs et d'effets indirects de réseau qui participent à la création d'une place de marché virtuelle. La définition des services en ligne engloberait alors tout marché virtuel qui permet à des tierces parties d'échanger des biens ou des services. Elle pourrait notamment recouvrir des jeux multijoueurs en ligne, dès lors que ceux-ci permettent l'échange de services dans le jeu. Les pays peuvent envisager de sortir de cette définition les plateformes qui proposent la fourniture de services financiers (comme des opérations de prêt, des services d'assurance ou des achats de titres ou de produits de base), dans la mesure où l'environnement réglementaire et le traitement fiscal correspondant à la fourniture de ces services ne justifient pas que ces services fassent l'objet d'une mesure provisoire. De plus, ces catégories de services peuvent déjà être soumises à des impôts spécifiques sur les transactions financières (comme un droit de timbre).

444. Cette catégorie de services en ligne serait donc limitée aux activités rémunérées d'intermédiation de transactions entre des tierces parties, et exclurait les ventes de services en ligne qu'un vendeur réalise directement auprès de clients grâce à son propre site internet. Par exemple, un site internet autorisant des voyageurs à effectuer des réservations en ligne de vols et d'hébergements auprès de compagnies aériennes et d'hôtels qui sont des tiers pourrait être considéré comme fournissant des services d'intermédiation, et la taxe d'accise pourrait s'appliquer à toute commission payée par une compagnie aérienne ou par un hôtel en contrepartie de chaque réservation effectuée sur ce site. En revanche, si la réservation de vols ou d'hébergements est réalisée directement auprès d'une compagnie aérienne ou d'un hôtel sur leur propre site web, aucun service d'intermédiation n'est fourni et la taxe d'accise ne serait pas applicable[4]. Un principe de proportionnalité pourrait être appliqué pour déterminer quelles sont les fournitures respectivement imposables et non imposables lorsque seule une partie de la prestation de services correspond à des services d'intermédiation.

445. Tout comme les services de publicité en ligne, les services d'intermédiation en ligne représentent une activité répertoriée et largement répandue qui peut être assurée à distance, sans que le prestataire soit tenu d'établir une présence physique dans la juridiction dans laquelle les services sont vendus ou réalisés. Par ailleurs, si la taxe d'accise couvrait uniquement la publicité en ligne, certaines entreprises pourraient modifier leur modèle d'affaires afin de requalifier leur activité comme service d'intermédiation. Néanmoins, certains services d'intermédiation supposent des niveaux de participation des utilisateurs plus faibles que d'autres (par exemple, dans le cas de produits ou services génériques et interchangeables avec un nombre de clients et/ou de fournisseurs potentiels limité). Les modèles d'affaires des services d'intermédiation, si on les compare avec ceux de la publicité en ligne, présentent des divergences plus importantes du point de vue de leur dépendance directe et indirecte aux effets de réseau. Ainsi, certaines plateformes d'intermédiation s'appuient semble-t-il essentiellement sur des effets indirects de réseau, ne laissant qu'une faible place aux effets directs, avec une contribution des utilisateurs moins « active » et moins essentielle au fonctionnement de leur modèle d'affaires. Une taxe d'accise peut engendrer un traitement fiscal plus favorable pour les entreprises dont les activités sont intégrées verticalement, par comparaison avec les plateformes en ligne, et inciter les fournisseurs de services d'intermédiation à modifier leur modèle d'affaires et leur offre de services pour échapper à la mesure. Une taxe sur les services d'intermédiation peut en outre avoir des retombées négatives pour les petites entreprises qui recourent à ces services pour commercialiser leurs biens et services. Les pays devraient donc analyser avec soin les avantages et inconvénients d'une extension du champ d'application de toute mesure provisoire aux services d'intermédiation.

Des mesures qui minimisent les risques d'imposition excessive

446. L'un des principaux objectifs d'une mesure provisoire est d'offrir une approche équilibrée, en permettant une réponse rapide aux défis soulevés par la numérisation de l'économie sans pour autant soumettre les contribuables concernés à une imposition excessive. Le taux d'imposition et le champ d'application de la mesure sont deux facteurs clés pour l'atteinte de cet équilibre. En particulier, plus le champ d'application de la mesure est étendu, plus grands sont les risques d'entraîner une imposition excessive pour certains contribuables, ce qui irait à l'encontre de l'objectif initial. Le taux d'imposition devrait être fixé à un niveau adapté aux marges bénéficiaires des entreprises ciblées, c'est-à-dire faible. Il est plus difficile de déterminer le taux d'imposition approprié

lorsque la taxe s'applique sur des montants bruts et, dans la pratique, ces difficultés sont encore accrues si la mesure vise un ensemble vaste de services et de prestataires de services. Les marges bénéficiaires, les flux de trésorerie et les coûts du crédit de chaque fournisseur de services en ligne seront tous différents. Par conséquent, suivant les règles appliquées pour comptabiliser les paiements et établir les déclarations, la taxe peut avoir des retombées imprévisibles et hors de proportion pour certains des fournisseurs concernés.

447. Une mesure provisoire prenant la forme d'une taxe d'accise calculée sur le montant brut versé en contrepartie de la fourniture de services est susceptible d'entraîner une double imposition économique. Comme indiqué plus haut, une telle double imposition économique peut survenir si la taxe est appliquée à tous les contribuables, résidents ou non résidents, sans ouvrir droit à une quelconque déduction qui viendrait réduire l'impôt sur les bénéfices des sociétés dû au titre du même paiement. Ce résultat peut sembler paradoxal si l'on songe que l'une des principales justifications d'une mesure provisoire est la facilité avec laquelle un non-résident peut fournir des services en ligne dans une juridiction sans y avoir de présence imposable.

448. Un autre cas de double imposition économique peut se présenter lorsqu'une prestation de services en ligne est exécutée au bénéfice d'une personne qui intègre les services en question dans une prestation exécutée en aval, elle-même soumise à la taxe en vertu de la législation nationale ou de la législation d'un autre pays. L'importance de ces effets en cascade dépendra des caractéristiques de conception de la taxe d'accise, en particulier la manière dont sont définis son champ d'application, le taux d'imposition et le seuil d'enregistrement. La suppression des effets en cascade suppose le plus souvent de remanier la conception même de la taxe ou de modifier la manière dont le fournisseur de services en ligne assure ces prestations dans la juridiction considérée, ce qui génère des coûts administratifs et de mise en conformité supplémentaires.

449. Un mécanisme permettant de parer à ces effets en cascade consisterait en une exonération lorsque le fournisseur peut prouver (certifier) que les services en ligne sont utilisés dans le cadre d'une prestation imposable en aval. L'expérience acquise par les pays (notamment dans le contexte de l'imposition de ventes au détail) montre toutefois que ce type de mécanisme peut être difficile à appliquer dans la pratique, qu'il peut créer de vastes possibilités de fraude et qu'il ne permet pas nécessairement de neutraliser tous les effets de double imposition en cascade. De même, la solution consistant à permettre au destinataire des services de demander un crédit d'impôt au titre de la taxe d'accise acquittée par son fournisseur reviendrait à rapprocher la mesure provisoire d'une TVA et pourrait compliquer encore la conception de la taxe de manière non souhaitable, notamment au regard de la nature temporaire de cette mesure.

Des mesures qui minimisent les effets négatifs sur la création d'entreprises, les start-up et, plus généralement, les petites entreprises

450. La conception d'une mesure provisoire devra également chercher à limiter tout effet non souhaité sur les créations d'entreprises liées à la numérisation de l'économie, en gardant à l'esprit les effets positifs de la numérisation sur la croissance et la productivité (présentés dans le chapitre 2 qui décrit les modèles d'affaires et la création de valeur). Le risque qu'une mesure provisoire rende certaines entreprises économiquement non viables est particulièrement présent lorsque les contribuables visés sont des start-up (et, plus généralement, des petites entreprises), puisque les contraintes financières auxquelles elles sont exposées sont souvent plus fortes que celles subies par les entreprises plus

importantes ou plus matures. Les petites entreprises peuvent aussi être pénalisées indirectement si elles utilisent un volume élevé de services en ligne. Ces risques seront accentués si la taxe est calculée sur des montants bruts.

451. Dans le même sens, il convient de souligner qu'une mesure provisoire peut entraîner des obligations administratives qui supposent un fardeau économique indirect pour les entreprises. Lors des premières étapes de la création d'une entreprise, les coûts de mise en conformité peuvent être élevés, alors que les recettes fiscales ainsi générées peuvent rester faibles. Cette conséquence non souhaitée peut survenir en dépit des efforts visant à concevoir une mesure provisoire simple à mettre en œuvre et à administrer, ce qui rappelle l'importance de ne pas pénaliser la création d'entreprises, les start-up et, plus généralement, les petites entreprises.

452. Il apparaît donc qu'une mesure provisoire doit prévoir un seuil d'activité à partir duquel la taxe d'accise devient applicable. Ce seuil doit être défini, d'une part, en veillant à ne pas pénaliser les entreprises en phase de création ou de démarrage et, plus généralement, les petites entreprises, et, d'autre part, en évitant d'offrir des avantages ou un traitement préférentiel à certaines catégories de contribuables. Ce seuil doit en outre tenir compte du poids relativement plus important des coûts de mise en conformité pour les petites entreprises, et du fait que celles-ci ne disposent pas, sauf exception, des niveaux d'activité et de rentabilité compatibles avec l'application d'une taxe d'accise sur les services de publicité et d'intermédiation assurés en ligne. De même, du point de vue de l'administration fiscale, l'analyse relative aux coûts engagés et à la discipline fiscale plaide elle aussi en faveur d'un seuil suffisant élevé. Ce seuil doit être fixé en fonction des résultats de l'exercice comptable précédent, de manière à assurer la lisibilité des critères d'application de la mesure.

453. L'une des approches susceptible d'obéir à ces principes consiste à associer un seuil sur le chiffre d'affaires brut de l'ensemble du groupe et un seuil sur le chiffre d'affaires national. Seuls les prestataires de services en ligne qui dépassent ces deux seuils seraient tenus de s'enregistrer. Une autre approche consisterait à appliquer un seuil uniquement au chiffre d'affaires national.

454. Le seuil relatif au chiffre d'affaires brut apporte une démarcation claire qui écarte les entreprises dont les activités restent limitées à l'échelle internationale. Les petites entreprises qui entrent sur un nouveau marché national sont ainsi dispensées de suivre leur volume d'activités dans chaque juridiction pour établir si elles sont soumises à la mesure provisoire. L'administration de la mesure par les autorités fiscales s'en trouve également facilitée. Pour fixer ce seuil, les pays pourraient s'appuyer sur des standards internationaux bien établis, comme le seuil pour le dépôt de la déclaration pays par pays. Celui-ci, établi à 750 millions EUR de chiffre d'affaires pour l'ensemble du groupe n'a pas été conçu dans cette optique, mais présente l'avantage d'être un standard connu et administrativement simple à appliquer par les autorités fiscales et les contribuables. Un seuil associé au chiffre d'affaires brut offre aux entreprises dont les activités restent inférieures à ce niveau la certitude de rester hors du champ d'application de ces mesures.

455. Ce seuil relatif au chiffre d'affaires brut serait complété par un seuil portant sur les ventes locales, afin d'exclure les prestataires de services en ligne qui réalisent un volume de services en ligne faible dans une juridiction ou sur un marché géographique donné, et éviter des coûts d'administration et de mise en conformité probablement trop élevés pour justifier l'application et le recouvrement d'une taxe. En effet, un faible volume de ventes révèle que le niveau de participation des utilisateurs et les effets de réseau correspondants restent faibles ou minimes sur le marché local.

456. Pour déterminer s'ils atteignent le seuil de chiffre d'affaires, les prestataires de services en ligne devraient ajouter à leurs ventes de services couverts par la mesure provisoire, celles réalisées par d'autres membres de leur groupe. Des règles anti-évasion peuvent se révéler nécessaires pour contrer les accords artificiels ou les accords de revente conclus avec des entreprises qui ne sont pas membres du groupe et qui visent à contourner le seuil relatif aux ventes locales.

Des mesures qui minimisent les coûts et la complexité

457. Les coûts de mise en conformité et de gestion administrative à la charge des contribuables et des autorités fiscales constituent un facteur essentiel à prendre en considération lors de l'élaboration de toute mesure fiscale. Cela est particulièrement vrai en ce qui concerne les mesures provisoires qui sont, par définition, temporaires et dont les coûts administratifs et la complexité doivent être aussi réduits que possible. Quelle que soit la mesure envisagée, les aspects relatifs à la simplicité d'administration devraient être pris en compte dès la phase d'élaboration et se voir attribuer une pondération importante dans le processus d'évaluation. Cet argument pourrait, par exemple, plaider en faveur d'une large utilisation des procédures fiscales et mécanismes de recouvrement existants, comme ceux mis en place pour administrer des taxes sur la valeur ajoutée ou sur le chiffre d'affaires, et conduire à privilégier une mesure ciblée de portée limitée, ainsi que de l'introduction de seuils d'assujettissement pertinents.

458. En particulier, une mesure provisoire prenant la forme d'une taxe d'accise devrait inclure une règle relative à la localisation habituelle de la prestation, pour déterminer si la prestation des services en ligne a eu lieu sur le territoire de la juridiction qui a la compétence fiscale. Il convient d'appliquer une approche cohérente à la définition du lieu de la prestation des services en ligne, afin de renforcer la sécurité juridique et de réduire les coûts et inefficacités non souhaités qui résulteraient de l'adoption par les pays de mesures provisoires assorties de règles différentes pour définir le lieu de prestation des services. La règle la plus appropriée pour déterminer le lieu de prestation aux fins de l'application de cette mesure provisoire dépend de la nature des services en ligne couverts par la mesure.

a) Services de publicité assurés dans la juridiction du marché visé par la publicité

459. Dans le cas des services de publicité, plusieurs raisons justifient de considérer que la prestation a lieu dans la juridiction du marché visé par la publicité :

i. Dans les faits, le message publicitaire est proposé dans la juridiction où se trouve la personne qui y a accès et le visionne (l'utilisateur final) (et non dans la juridiction de l'acheteur des services publicitaires).

ii. Le choix d'établir le lieu de prestation du service dans la juridiction où le contenu publicitaire est diffusé assure de plus que la taxe d'accise ne pourra être évitée par le simple fait d'acquérir des services de publicité via une entité située dans une juridiction qui n'applique pas de taxe d'accise aux services en ligne.

460. Par ailleurs, on peut s'attendre à ce que les annonceurs disposent généralement des outils nécessaires pour recueillir les données sur le nombre de visionnages d'un message publicitaire ainsi que la localisation des internautes concernés puisque, bien souvent, ils s'appuient sur ces informations pour facturer leurs services. Cela devrait permettre de limiter la charge de mise en conformité pour les entreprises concernées par l'application de la mesure provisoire, ainsi que les coûts d'administration pour les autorités fiscales.

461. Les pays qui envisagent d'instituer une mesure provisoire sur les services de publicité en ligne peuvent examiner certaines composantes des principes clés figurant dans les Principes directeurs internationaux pour l'application de la TVA/TPS, qui décrivent les données sur lesquelles un fournisseur peut s'appuyer pour déterminer le lieu d'imposition d'opérations conduites entre une entreprise et un consommateur final. Les principes directeurs invitent les juridictions à autoriser les fournisseurs à s'appuyer, autant que possible, sur les informations qu'ils obtiennent habituellement de leurs clients dans le cadre de leur activité commerciale normale, pour autant que ces informations fournissent une preuve raisonnablement fiable du lieu de résidence habituelle de ces clients.

462. Si tous les annonceurs ne collectent pas nécessairement les données relatives à la localisation de l'utilisateur final comme indiqué ci-dessus, ils ont le plus souvent accès aux adresses IP utilisées pour visualiser les contenus publicitaires, voire à d'autres données relatives à l'utilisateur final pouvant être utiles pour le localiser (par exemple, des informations sur la langue préférée de l'utilisateur, ou le lieu principal d'accès aux contenus).

b) Services d'intermédiation considérés comme assurés dans la juridiction de résidence du client du service d'intermédiation

463. Bien qu'aucun lieu de présence physique ne puisse être attribué aux places de marché virtuelles créées par les services d'intermédiation, l'une des approches consiste à taxer les commissions perçues sur les ventes qui sont réalisées sur le marché où les ventes sous-jacentes ont eu lieu. Si un intermédiaire peut, dans certains cas, rencontrer des difficultés pour établir quel est le lieu de fourniture des biens ou services vendus, la juridiction dans laquelle est situé son client constitue une bonne variable de substitution. Dans le cas des services d'intermédiation, le client serait donc la personne qui a conclu un contrat pour s'assurer la fourniture de tels services. Ainsi, dans le cas des sites internet de réservations hôtelières qui facturent des commissions pour services d'intermédiation à chaque hôtel concerné, la prestation de services serait considérée comme ayant été réalisée dans cet hôtel. De même, pour les ventes de biens au titre desquelles le vendeur verse une commission à son prestataire de services en ligne, ce vendeur serait considéré comme le client des services d'intermédiation (et dans ce cas, c'est le pays de résidence du fournisseur des biens qui perçoit l'impôt et non celui de l'acheteur). Lorsque le prestataire de services facture séparément des frais à différentes parties au regard de différents aspects de la même transaction (par exemple dans le cas d'un service d'intermédiation, à la fois au vendeur et à l'acheteur des biens et services échangés sur une plateforme), alors la prestation serait considérée comme ayant été réalisée à proportion de la contrepartie versée par chaque partie[5].

Notes

[1] Dans certains pays, on parle de taxe ou de prélèvement de péréquation.

[2] Comme indiqué au chapitre 5, le Modèle de Convention fiscale prévoit des règles spécifiques pour certaines catégories de revenus, comme ceux générés par les biens immobiliers, les intérêts, dividendes ou redevances. Cependant, aucune de ces catégories ne serait concernée dans le cas d'une taxe sur les services en ligne.

[3] Pour de plus amples informations sur le champ d'application de l'article 2, voir (Groupe de travail n°3 du Comité fiscal, 1957[2]).

[4] La question de savoir si une personne réalise des ventes en ligne de biens ou de services de manière directe ou au moyen de services d'intermédiation doit être analysée au cas par cas, en se référant au contenu des accords conclus entre les parties à la transaction. Un opérateur qui assure la revente en ligne de biens appartenant à des tierces parties peut être considéré comme fournissant à ces vendeurs tiers une plateforme de vente en ligne (donc, un service en ligne) si les accords conclus entre les parties indiquent que ce revendeur n'assume aucun risque de stock au titre de la propriété des biens ainsi vendus. De même, un fournisseur de contenus en ligne peut être considéré comme offrant une plateforme de vente en ligne qui permet aux titulaires de droits d'auteur de vendre ou de céder sous licence des contenus directement auprès d'utilisateurs si, dans la pratique, ce fournisseur n'exerce qu'un rôle limité dans la définition ou le contrôle des contenus mis à disposition sur cette plateforme, et si les accords de licence conclus avec les titulaires de droits d'auteur sont, pour l'essentiel, assimilables à des accords prévoyant le versement d'une commission fixe.

[5] Pour déterminer si des services d'intermédiation ont été fournis dans une juridiction particulière, notamment lorsque le client concerné peut être établi dans plusieurs juridictions, les pays peuvent envisager de suivre l'approche décrite dans les Principes directeurs internationaux pour l'application de la TVA/TPS concernant les opérations entre entreprises, en considérant que la fourniture a lieu dans la juridiction dans laquelle est situé l'établissement qui utilise le service ou l'actif incorporel concerné.

Références

Groupe de travail n°3 du Comité fiscal (1957), « F.C. / W.P.3(57)1 », dans *Listing and Definition of Taxes on Income and Capital*, http://www.taxtreatieshistory.org/. [2]

OCDE (2017), *Model Tax Convention on Income and on Capital: Condensed Version 2017*, Éditions OCDE, Paris, http://dx.doi.org/10.1787/mtc_cond-2017-en. [1]

Chapitre 7. Étude spéciale – Au-delà des règles fiscales internationales : l'impact de la numérisation de l'économie sur d'autres aspects du système fiscal

Ce chapitre examine l'impact de la transformation numérique sur le système fiscal au-delà des règles fiscales internationales. Il recense les opportunités et les défis pour les autorités et les administrations fiscales, et circonscrit les domaines dans lesquels des travaux ultérieurs aideront les pouvoirs publics, notamment dans les pays en développement, à tirer parti des dernières avancées technologiques.

7.1. Synthèse

465. Les chapitres 1 et 2 de ce rapport décrivent les répercussions profondes de la transformation numérique. Au-delà des règles fiscales internationales, d'autres éléments du système fiscal moderne sont façonnés par les bouleversements induits par le passage au numérique, porteurs à la fois d'opportunités et de défis. Depuis la conception du système fiscal jusqu'à l'administration de l'impôt, les évolutions pertinentes englobent la montée en puissance des modèles d'affaires qui favorisent l'essor de l'économie à la demande et de l'économie du partage[1] et la progression d'autres transactions entre particuliers (P2P), le développement de technologies telles que la *blockchain* et l'accroissement des capacités de collecte et de recoupement de données. Ce chapitre analyse quelques-unes de ces transformations, en s'intéressant aux domaines où des travaux supplémentaires dans les années à venir procureront aux pouvoirs publics des outils pour mieux comprendre et exploiter les opportunités offertes par ces évolutions, tout en veillant à maintenir l'efficacité du système fiscal. Il faudra également réfléchir à la façon dont une partie des avancées réalisées dans ce domaine pourront être effectivement déployées dans les pays en développement, en tenant compte des contraintes et du contexte qui leur sont propres.

7.2. Les plateformes en ligne et leur impact sur l'économie formelle et informelle

466. L'essor rapide des plateformes en ligne multifaces constitue l'une des grandes transformations de l'économie favorisées par le numérique. Les plateformes en ligne multifaces facilitent souvent les transactions entre vendeurs individuels de biens et de services à des consommateurs individuels, qualifiées de transactions entre particuliers (*peer-to-peer*, P2P), qui sont réalisées en dehors des structures économiques traditionnelles (les places de marché, par exemple). En particulier, les plateformes en ligne sous-tendent la croissance et la généralisation de l'économie à la demande et de l'économie du partage. Des exemples bien connus sont la location temporaire d'une chambre d'ami, d'un appartement inoccupé ou d'une place de parking libre ; ou la prestation d'un service comme la livraison d'un produit, la fourniture de services occasionnels à domicile ou de services de transport ou de taxi.

467. Certaines transactions facilitées par les plateformes en ligne, y compris les transactions P2P, ont longtemps été réalisées par le biais d'autres mécanismes tels que le bouche à oreille, les marchés physiques ou la publicité et le réseautage communautaires. Dans ce contexte, les autorités fiscales rencontrent souvent des difficultés pour suivre et évaluer le montant et la valeur de ces transactions, de sorte que ces activités se sont concentrées dans l'économie informelle. Comme le chapitre 2 l'explique, la numérisation a favorisé l'émergence de plateformes multifaces, car la portée mondiale de l'Internet permet aux entreprises numériques d'augmenter rapidement et à moindre coût leur base d'utilisateurs et de tisser de vastes réseaux englobant les différentes composantes du marché, y compris à une échelle internationale. Comme les transactions auparavant informelles, y compris entre particuliers, transitent désormais par des plateformes en ligne où elles sont enregistrées, les autorités fiscales ont aujourd'hui la possibilité de contrôler et d'appréhender des bases d'imposition qui n'étaient pas déclarées jusqu'alors.

468. La taille de l'économie à la demande et de l'économie du partage n'est pas encore bien mesurée. Malgré leur croissance rapide, elles restent relativement modestes, d'après la plupart des estimations (voir l'encadré 7.1 ci-dessous). Considérées globalement, les caractéristiques de ce modèle d'affaires économique laissent toutefois penser que sa part

pourrait continuer de croître fortement, compte tenu de l'importance des actifs qui ne sont que partiellement utilisés par des particuliers, de la demande probablement non satisfaite d'une organisation différente du travail, et de la commodité d'utilisation tant pour les acheteurs que pour les vendeurs, y compris l'existence de mécanismes solides renforçant la confiance. Ce phénomène pourrait avoir des effets bénéfiques sur l'économie et sur le bien-être en facilitant une activité économique supplémentaire et les choix individuels, et en transférant une partie de l'activité de l'économie informelle vers l'économie formelle. Ces effets devraient se répercuter positivement sur les recettes fiscales. Toutefois, ces nouveaux modèles d'affaires posent aussi un certain nombre de questions de politique publique concernant la concurrence équitable avec d'autres fournisseurs, ainsi que leurs répercussions sur la protection sociale, les droits à la retraite, la protection du consommateur et les deniers publics, et notamment les recettes tirées de l'impôt et des cotisations de sécurité sociale. Par exemple, dans les pays de l'OCDE, de plus en plus de travailleurs perçoivent un revenu qui échappe au cadre traditionnel des relations entre employeur et salarié. Cette tendance se manifeste depuis un certain temps déjà dans divers pays de l'OCDE, mais elle s'est récemment renforcée sous l'effet de l'essor continu de l'économie numérique, qui entraîne une augmentation de la prestation de services par les travailleurs indépendants par le biais de plateformes multifaces.

Encadré 7.1. Comprendre la taille de l'économie à la demande et de l'économie du partage

On constate un déficit de données fiables sur la taille de l'économie à la demande et de l'économie du partage, en partie à cause des différences de définition. Vaughan et Hawksworth (2014) estiment qu'à l'échelle mondiale, l'économie collaborative valait 15 milliards USD en 2014 et pourrait atteindre 335 milliards USD d'ici 2025. Au sein de l'Union européenne (UE), Vaughan et Daverio (2016) ont calculé que les cinq principaux secteurs de l'économie du partage ont généré près de 4 milliards EUR de recettes et ont été à l'origine de 28 milliards EUR de transactions en 2015, ce qui dépasse les prévisions de croissance initiales. Goudin (2016) estime que les gains potentiels induits par la levée des obstacles à l'utilisation d'actifs sous-employés se chiffrent à environ 572 milliards USD par an dans l'UE. Des données d'enquête montrent également que les gens sont de plus en plus nombreux à s'engager dans des transactions P2P. Une enquête réalisée par le Pew Research Centre (2016) auprès de 4 787 adultes aux États-Unis conclut qu'environ 72 % des adultes américains ont déjà eu recours à l'un des onze différents services de partage et à la demande. Stokes et al. (2014) ont calculé qu'en 2014, 25 % des adultes au Royaume-Uni avaient déjà utilisé une plateforme P2P pour partager des actifs ou des ressources.

469. Les opportunités offertes par les plateformes multifaces en ce qui concerne la fiscalité sont doubles :

i. **Faciliter l'intégration dans l'économie formelle**. Des transactions jusqu'alors non déclarées (notamment dans l'économie parallèle) sont désormais réalisées via des plateformes en ligne multifaces et génèrent des revenus partiellement ou totalement déclarés, de sorte que l'intégration de contribuables et d'activités dans l'économie formelle progressera. Si, à l'inverse, l'augmentation attendue des transactions effectuées sur des plateformes multifaces ne s'accompagne pas d'une hausse des déclarations, elle favorisera le développement de l'économie informelle.

ii. **Soutenir la croissance et augmenter les recettes fiscales**. Les plateformes multifaces ouvrent souvent la voie à de nouvelles activités économiques tout en encourageant le passage à l'économie formelle. Cette évolution pourrait contribuer à soutenir la croissance et à accroître les recettes publiques. L'effet sur la croissance peut se manifester directement, via le regain d'activité économique, et indirectement grâce aux retombées sur d'autres secteurs de l'économie. Cela peut par exemple prendre la forme d'une augmentation des flux touristiques ou de la demande de services induite par l'offre de transport accrue, etc. L'effet sur la croissance et sur les recettes dépendra aussi du fait de savoir si l'activité économique via les plateformes multifaces s'exerce au détriment de concurrents directs existants. L'effet positif sur la croissance et les recettes, important dans tous les pays, devrait être particulièrement prononcé pour les pays en développement dotés d'une économie informelle de grande taille.

470. Pour que ces avantages puissent se concrétiser, et pour relever une partie des défis induits par les plateformes en ligne, il convient de traiter un certain nombre de questions.

7.2.1. Comprendre les implications fiscales de l'évolution de la nature du travail

471. Avec l'essor de l'économie à la demande et de l'économie du partage, les transformations des statuts fiscaux – avec par exemple le passage du statut de salarié à celui de travailleur indépendant ou de société – peuvent avoir d'importantes conséquences. Lorsque le statut fiscal change, des règles différentes peuvent s'appliquer, par exemple aux déductions et aux seuils aux fins de l'impôt sur le revenu et des cotisations de sécurité sociale. Si ces changements concernent de vastes segments de la population active, ils se répercuteront sur les recettes publiques et susciteront d'autres préoccupations tenant à la politique publique, y compris du fait de la perte de certains droits en matière d'emploi. Ces transformations peuvent résulter de la décision de particuliers d'opter pour d'autres formes de travail ou de l'évolution des préférences des employeurs, au moins dans certaines sphères de leur activité, ou des deux. Le recours grandissant aux plateformes dans certains secteurs a probablement déjà pour effet de réduire le nombre relatif de contrats d'emploi standard.

472. Par exemple, la législation de certains pays prévoit un allégement des cotisations de sécurité sociale pour les contrats de travail non standard. Dans d'autres pays, le système fiscal comporte des incitations à proposer des services de main-d'œuvre en tant que société fermée plutôt que salarié, statut soumis à un taux de l'impôt sur le revenu des personnes physiques plus élevé. Ces caractéristiques du système fiscal peuvent entraîner des pertes de recettes en cas d'évolutions majeures des formes de travail et du statut fiscal. Si les pouvoirs publics souhaitent maintenir les dépenses à leur niveau actuel, ils devront compenser les pertes par une augmentation de la charge fiscale sur des bases d'imposition moins élastiques, comme le patrimoine et la consommation. La nécessité de s'orienter vers des sources de recettes moins volatiles pourrait aussi être amplifiée par la difficulté de taxer les bénéfices d'entreprises à forte composante numérique, comme le soulignent d'autres chapitres de ce rapport. Du point de vue de la politique fiscale au sens large, l'impact de ces changements sur les recettes et sur le système fiscal devra être étudié dans

le cadre d'une évaluation globale et inclusive de l'effet de cette mutation sur le bien-être de l'ensemble de la population.

473. De nombreux gouvernements et tribunaux examinent déjà ces questions. L'évolution de ces plateformes et la nature des contrats conclus entre les plateformes et leurs utilisateurs pourraient, par exemple, offrir davantage de possibilités de structurer des activités dans le but de réduire l'assiette fiscale et le montant d'impôts.

474. L'incidence des plateformes sur l'évolution du statut fiscal des acteurs économiques, toutes formes d'emploi confondues, mérite un examen plus poussé. L'OCDE est prête à approfondir les travaux sur ce sujet. Des dispositions initiales ont été prises en vue d'analyser les incitations fiscales destinées aux plateformes, et plus généralement aux employeurs, à recourir à des contrats de travail non standard, et pour encourager les salariés à proposer leurs services en qualité de travailleurs indépendants ou en constituant une société fermée.

7.2.2. Promouvoir l'innovation et garantir l'égalité de traitement fiscal avec des activités existantes similaires

475. Pour favoriser le développement d'activités économiques nouvelles et assurer un traitement fiscal approprié, les pouvoirs publics doivent tenir compte de l'impact des charges administratives sur les utilisateurs des plateformes en ligne. Cette question n'est pas nouvelle et de nombreux pays tentent déjà d'y répondre en adoptant des régimes fiscaux simplifiés pour les micro-entreprises et les petites et moyennes entreprises, et pour les activités qui ne sont pas principalement exercées en tant qu'activités commerciales.

Encadré 7.2. Mesures de politique fiscale ciblant l'économie du partage

Au Danemark, les ministres de l'Industrie, des Entreprises et des Affaires financières, des Transports, de la Construction et du Logement, et des Finances ont récemment présenté la stratégie du gouvernement pour stimuler la croissance de l'économie du partage. Cette stratégie comporte 22 initiatives, telles que le relèvement de l'abattement à la base pour la location de biens immobiliers, de véhicules automobiles et de bateaux si un tiers (une plateforme, par exemple) déclare la totalité du revenu correspondant aux autorités fiscales. Une initiative vise également à concevoir une solution numérique pour déclarer le revenu généré par l'économie du partage.

En Italie, un régime d'imposition facultatif a été mis en place pour les revenus perçus dans le cadre d'une location de courte durée, qui permet au contribuable d'opter pour un prélèvement forfaitaire (à la place de l'impôt sur le revenu des personnes physiques) de 21 % sur les revenus locatifs bruts. La nouvelle loi s'applique aux contrats de location n'excédant pas 30 jours, tant pour les contrats définis en ligne que pour ceux définis de manière traditionnelle.

Le Royaume-Uni a instauré deux abattements fiscaux annuels distincts en faveur des particuliers, de 1 000 GBP chacun, au titre du revenu tiré d'une transaction ou d'un bien, dans le but de simplifier le système fiscal et de soutenir le développement de l'économie numérique et collaborative. Si l'abattement couvre l'intégralité du revenu correspondant (avant dépenses) d'un particulier, celui-ci n'est plus tenu de déclarer ce revenu ou d'acquitter un impôt. Les contribuables qui perçoivent un revenu supérieur à l'abattement pourront, lors du calcul de leur bénéfice imposable, défalquer l'abattement de leurs revenus plutôt que déduire le montant réel de leurs dépenses admissibles.

476. Aller plus loin, par exemple en créant des régimes fiscaux spéciaux pour les activités facilitées par l'utilisation de plateformes, ne serait pas forcément judicieux : ces activités feront directement concurrence à des activités existantes (services de taxi, par exemple). Par conséquent, des activités substantiellement identiques seraient soumises à un traitement fiscal différent. En revanche, il pourrait être pertinent d'envisager des mesures transitoires simplifiées pour inciter les activités existantes et nouvelles à rejoindre l'économie formelle, et pour prendre en compte le probable manque d'expérience de certains utilisateurs des plateformes vis-à-vis de leurs obligations fiscales. Des travaux supplémentaires pourraient être entrepris en vue d'analyser les options permettant d'atteindre un équilibre entre l'allégement de la charge administrative pesant sur certains acteurs et le maintien de l'équité des règles du jeu. Cet aspect est particulièrement important au regard de l'essor de l'économie à la demande et de l'économie du partage évoqué dans l'encadré 7.1.

7.2.3. Améliorer l'imposition effective des activités facilitées par les plateformes en ligne

477. Lorsqu'une transaction implique un paiement entre deux particuliers, plutôt que la gratuité ou un accord de partage des coûts (le partage des coûts de carburant lors d'un trajet en commun, par exemple), les parties en cause peuvent être assujetties à l'impôt. Les plateformes peuvent exposer leurs utilisateurs à certaines difficultés sur le plan fiscal, notamment une incertitude quant à leurs obligations fiscales, surtout dans le cas de transactions P2P.

478. Pour les administrations fiscales, les difficultés posées par les plateformes en ligne, et notamment par les transactions P2P, incluent le manque d'informations sur l'identité des utilisateurs et le montant des paiements effectués au titre des activités facilitées par la plateforme. La difficulté d'accéder à ces informations est aggravée lorsque la plateforme se trouve dans une juridiction différente de celle du bénéficiaire du paiement et de celle disposant de la compétence fiscale.

479. Il existe différentes solutions pour remédier à ces difficultés, notamment des campagnes ciblées d'éducation des contribuables et le recueil d'informations directement auprès des plateformes. Ces deux approches sont examinées plus en détail ci-dessous.

Améliorer l'éducation des contribuables et l'autodéclaration

480. En fonction des accords contractuels qui lient la plateforme et ses utilisateurs, une relation d'emploi traditionnelle ou une relation commerciale autre peut ne pas exister. Par conséquent, l'administration fiscale n'aura généralement pas accès aux paiements aussi aisément que pour les salariés par exemple, qui dans de nombreux pays sont soumis à une retenue à la source. En l'absence de coopération plus poussée entre la plateforme et l'administration fiscale, et entre les administrations fiscales, la taxation de ce revenu dépend ainsi de la bonne volonté du contribuable. L'autodéclaration sera d'autant plus complète que le contribuable sait que l'administration fiscale peut se procurer les données ou, mieux encore, lorsque ces données lui sont communiquées directement.

481. La méconnaissance des obligations fiscales par les utilisateurs des plateformes, notamment le point de savoir si l'activité est imposable, peut amplifier l'absence d'autodéclaration. Cet aspect peut être délicat, avec des difficultés notamment pour déterminer le statut correct en matière d'emploi, les seuils de revenu éventuellement applicables, et si l'activité exercée est une activité commerciale. Aux yeux de certains utilisateurs de plateforme, leur activité s'apparente à un passe-temps plutôt qu'à une activité commerciale. Par conséquent, ils sont nombreux à ne pas déclarer cette source de revenu. À cet égard, la diffusion d'instructions en temps voulu par les autorités fiscales sur le traitement fiscal approprié et les obligations déclaratives en lien avec les nouveaux modèles d'affaires peut être extrêmement utile. Même si les utilisateurs sont informés, l'absence de documentation mise à disposition du public et la complexité inhérente à la déclaration de ces revenus peuvent conduire certains d'entre eux à ne pas agir, par conviction que les risques et les sanctions potentielles sont faibles.

482. Améliorer l'éducation des contribuables en ciblant les fournisseurs de biens et de services sur les plateformes P2P peut contribuer grandement à assurer l'imposition effective des activités facilitées par ces plateformes. L'examen de ces questions peut s'appuyer sur des travaux antérieurs qui ont permis de recenser les bonnes pratiques internationales en matière d'éducation des contribuables, tels que le rapport de 2015 intitulé *Édifier une culture fiscale, du civisme et de citoyenneté*[2], en vue d'étudier

spécifiquement les initiatives de sensibilisation des contribuables qui utilisent des plateformes en ligne dont l'empreinte est globale. Associé à l'amélioration de l'accès des administrations fiscales à l'information, examinée plus en détail ci-dessous, cet exercice devrait aboutir à de nets progrès dans le respect volontaire des obligations fiscales liées à ce type d'activités.

Encadré 7.3. Sensibiliser les contribuables aux obligations fiscales liées à l'économie collaborative

L'Agence du revenu du Canada (ARC) a ajouté de nouvelles pages à son site Internet afin de procurer des informations sur les obligations en matière d'inscription, de perception, de déclaration et de versement de la taxe sur les produits et services (TPS)/taxe de vente harmonisée (TVH) au titre des revenus générés par l'économie collaborative. Ces pages Internet contiennent des renseignements destinés spécifiquement aux contribuables qui n'ont pas déclaré de revenu les années précédentes et qui souhaitent régulariser leur situation fiscale. L'ARC collabore également avec une grande plateforme de partage de logements, en utilisant le propre outil de communication de la plateforme, pour informer ses utilisateurs sur leurs obligations fiscales, et envisage d'engager une collaboration similaire avec des plateformes plus petites.

En France, les plateformes P2P sont désormais tenues de communiquer des informations sur les obligations fiscales et sociales incombant à leurs utilisateurs. Cette exigence est réputée respectée si le message envoyé par la plateforme à ses utilisateurs après chaque transaction contient des informations exactes, dénuées d'ambiguïté et transparentes sur ces obligations, et comprend, « de façon claire », des liens hypertexte menant aux sites Internet des autorités fiscales et des organismes de sécurité sociale. En outre, les plateformes doivent adresser à leurs utilisateurs un relevé annuel (avant le 31 janvier) du montant brut perçu au titre des transactions effectuées via ces plateformes.

Se procurer des données fiscales sur les transactions facilitées par les plateformes

483. Remédier au manque d'informations dont disposent les administrations fiscales sur l'identité des utilisateurs de ces plateformes, notamment pour les transactions P2P, apporterait une contribution significative au renforcement de la discipline fiscale dans ce secteur. Comme le chapitre 2 l'explique, certaines plateformes multifaces font souvent office d'intermédiaires de paiement. D'autres facilitent les transactions alors que le paiement s'effectue directement entre les parties. Dans les deux cas, la plateforme conserve en général à tout le moins certaines informations pertinentes, par exemple sur l'identité des parties à la transaction et sur son montant. D'autres tiers peuvent également détenir des informations pertinentes sur les transactions facilitées par les plateformes, par exemple les prestataires de services de paiement qui sont liés à la plateforme.

484. Lorsque de tels outils ne sont pas déjà disponibles, la mise en œuvre de mesures législatives imposant aux plateformes ou à d'autres tiers l'obligation légale de communiquer aux administrations fiscales les données d'identification et de paiement relatives aux utilisateurs P2P et/ou permettant aux administrations fiscales d'effectuer des

demandes d'information de groupe pourrait permettre de renforcer la discipline fiscale ou la sélection des dossiers à contrôler. La transmission des données aurait probablement pour effet de favoriser l'autodéclaration. Grâce aux efforts permanents déployés par les administrations fiscales pour améliorer l'usage des données, il sera de plus en plus facile d'associer ces informations à d'autres données sur les revenus, ouvrant des possibilités de produire des déclarations de revenu préremplies ou d'automatiser le contrôle des déclarations. La retenue d'impôt à la source est une autre possibilité, bien qu'elle puisse s'accompagner de contraintes administratives supplémentaires pour l'autorité fiscale, la plateforme ou le contribuable, en fonction de la façon dont la mesure en question est conçue.

485. Toutefois, les obligations législatives nationales ne sont pas toujours directement applicables si les données se trouvent dans une juridiction autre que celle du vendeur. En pareil cas, il est parfois possible d'obtenir de la plateforme l'engagement de transmettre les informations directement à l'administration fiscale, encore que cette pratique puisse enfreindre les règles de protection des données dans certaines juridictions en l'absence de consentement de l'utilisateur de la plateforme. Les informations peuvent aussi être obtenues de plateformes situées dans d'autres juridictions en adressant des demandes individuelles à l'administration fiscale compétente. Néanmoins, pour être considérées comme légitimes, les informations demandées doivent être suffisantes pour identifier le contribuable concerné ou satisfaire aux critères relatifs aux demandes groupées, lorsque les accords internationaux les autorisent. Cette approche n'est généralement ni coûteuse, ni fastidieuse. Certaines administrations fiscales ont tenté d'augmenter le nombre de demandes d'informations en recourant à des techniques d'extraction automatique de données sur le web, malgré la difficulté de cette approche dont l'efficacité dépend des systèmes employés par la plateforme.

Encadré 7.4. Recueil d'informations fiscales directement auprès des plateformes

Le Bureau estonien des impôts et des douanes (ETCB) a conclu un accord de coopération avec deux plateformes connues de covoiturage en vue de partager l'information. Dans un premier temps, ces plateformes demandent aux chauffeurs de les autoriser à communiquer à l'ETCB des informations sur le revenu. Une fois cette autorisation reçue, elles compilent les données concernées dans un fichier unique contenant le nom, le code personnel et le montant du revenu, et transmettent ce fichier à l'ETCB avant le début de la période d'envoi des déclarations de revenu. L'ETCB préremplit la déclaration de revenu des personnes physiques à partir de toutes les données disponibles. Le contribuable doit vérifier sa déclaration préremplie, la modifier si nécessaire et l'envoyer. Le processus est entièrement électronique.

L'administration fiscale finlandaise (FTA) concentre ses efforts sur les plateformes collaboratives dans le domaine de l'hébergement, du prêt entre particuliers et des activités de financement participatif. Bien que la législation nationale soit efficace pour collecter des données de tiers auprès de plateformes P2P et de financement participatif situées en Finlande, elle ne trouve pas à s'appliquer lorsque la plateforme est présente uniquement à l'étranger. La FTA a également recours à des techniques d'extraction sur le web et à des mécanismes de coopération administrative internationale, y compris grâce à l'échange spontané d'informations. Toutefois, les données obtenues par ce biais sont rarement complètes et des obstacles administratifs se sont fait jour.

Au Mexique, l'administration fiscale mexicaine (SAT) a coopéré avec un service de VTC (véhicules de tourisme avec chauffeur) afin d'aider ses chauffeurs à se conformer à la réglementation fiscale, y compris l'envoi de factures électroniques à tous les clients. Dans ce contexte, Uber demande à ses chauffeurs de se procurer le certificat électronique d'enregistrement fiscal requis pour signer électroniquement les factures avant de s'inscrire sur la plateforme. Les chauffeurs peuvent utiliser les systèmes propriétaires de la plateforme pour déclarer et communiquer leurs revenus à la SAT et pour télécharger des factures à des fins d'archivage.

En Équateur, l'administration fiscale a obtenu d'une société de taxi qu'elle prépare, déclare et transmette une facture électronique mensuel à chaque passager rendant compte de leur utilisation de la plateforme (détaillant leurs courses) et à chaque chauffeur un relevé électronique mensuel détaillant les commissions versées par la société de taxi. L'administration fiscale recevra toutes ces factures par voie électronique.

Suivre une approche collaborative

486. Dans ce contexte, de nombreux arguments militent en faveur d'une réflexion collective entre les administrations fiscales et les plateformes sur les possibilités d'accéder aux données d'identification et de transaction détenues par les plateformes multifaces, notamment lorsqu'elles concernent des transactions P2P. Dans le cadre du Forum de l'OCDE sur l'administration fiscale, 50 administrations fiscales ont récemment résolu de collaborer sur ce projet, dont l'achèvement est prévu en 2018 et qui sera structuré autour de quatre axes :

1. Parvenir à une compréhension commune des différents types de plateformes, de l'ampleur des défis et des opportunités, ainsi que de la localisation et de l'accessibilité des données détenues par les plateformes.
2. Comprendre les approches déjà suivies par différentes administrations fiscales pour renforcer la discipline fiscale des utilisateurs de plateformes, y compris au moyen d'initiatives d'éducation, de changements législatifs et de projets de collaboration avec les plateformes.
3. Étudier l'étendue des informations dont les administrations fiscales ont besoin pour mettre en correspondance le revenu tiré des activités facilitées par la plateforme et les utilisateurs qui sont résidents fiscaux de leur juridiction. Ces informations devraient être à bien des égards similaires à celles requises au titre de la Norme commune de déclaration (NCD), en vertu de laquelle des renseignements sont communiqués tous les ans sur les comptes financiers détenus dans d'autres juridictions, afin d'identifier le titulaire effectif du compte dans la juridiction qui reçoit les renseignements. Même dans le cas où la plateforme n'est pas l'intermédiaire du paiement et où les paiements sont effectués par un autre tiers ou entre les parties à la transaction, il se peut que la plateforme détienne des informations utiles.
4. Consulter certaines des plus grandes plateformes qui exercent des activités internationales en vue de s'accorder sur un ensemble commun d'informations qui, sous réserve que les dispositions juridiques appropriées soient prises, pourraient être communiquées par ces plateformes à toutes les administrations fiscales dans les juridictions où leurs utilisateurs sont situés. Cette solution commune, qui dépendra probablement de la législation interne relative à la communication de données et des accords d'échange spontané de renseignements conclus entre autorités fiscales, allégerait les contraintes qui à défaut pèseraient sur les plateformes et sur les administrations fiscales si les informations étaient demandées par de nombreuses administrations différentes, dans des formats et dans des délais différents. Il faudra s'entendre sur l'ensemble commun d'informations, le format, le mécanisme de transmission et le calendrier communs, ainsi que sur la législation interne nécessaire.

Possibilité de conclure des accords multilatéraux pour l'échange de données

487. Outre la recherche de solutions permettant d'obtenir des données d'identification et des informations sur le revenu grâce à la coopération entre administrations fiscales et plateformes, et à partir des conclusions de ces travaux, il pourrait être opportun d'analyser plus avant la possibilité de conclure un accord multilatéral entre pays. Un tel accord, inspiré de la Norme commune de déclaration (NCD), pourrait prévoir que toutes les plateformes exerçant un type spécifique d'activité communiqueront des informations, dans un format uniforme, sur leurs utilisateurs, les transactions et le revenu à l'autorité fiscale de leur juridiction de résidence qui les transmettra, via des mécanismes juridiques appropriés, à la juridiction dans laquelle se trouve la résidence fiscale de l'utilisateur. Cet ensemble d'informations, ainsi que la législation et les accords internationaux sous-jacents, devraient être globalement similaires à ceux requis par la NCD.

7.3. Numérisation de l'économie et discipline fiscale

488. Comme indiqué précédemment, les plateformes en ligne facilitent l'enregistrement de transactions P2P qu'il était jusqu'alors très difficile de suivre. Sous réserve d'être communiquées aux autorités fiscales, ces informations peuvent venir

alimenter l'analyse de recoupement de données en vue de renforcer la discipline fiscale. De fait, la technologie augmente les capacités des administrations fiscales de bien des manières, et permet d'accroître l'efficacité des activités de contrôle, d'améliorer le service aux contribuables et d'alléger les contraintes administratives. La section suivante décrit certaines avancées parmi les plus récentes, ainsi que les risques potentiels induits par la numérisation de l'économie.

7.3.1. Accroître l'efficacité des activités de discipline fiscale

489. Ces dernières années, le volume des données de tiers accessible aux autorités fiscales a considérablement augmenté, tandis que les coûts de stockage ont baissé et les techniques d'analyse ont progressé. Ces informations portent sur les transactions et le revenu, incluent des données comportementales qui résultent des relations entre les contribuables et l'administration fiscale, des données opérationnelles sur la propriété, l'identité et la localisation, ainsi que des données libres provenant des réseaux sociaux et de la publicité. Utilisées de façon autonome ou combinée, ces données permettent de connaître en tout ou partie le revenu imposable et de dévoiler des cas de sous-déclaration, de fraude ou d'évasion. Elles peuvent également servir à mieux comprendre le comportement des contribuables, à mesurer l'impact des activités et à identifier les actions les plus efficaces, que ces actions soient proactives ou réactives.

490. Les administrations fiscales sont de plus en plus nombreuses à utiliser des algorithmes pour analyser le vaste spectre de données auxquelles elles ont désormais accès en vue de définir plus précisément les risques. Ces nouveaux processus se substituent à certaines mesures de vérification, y compris la sélection des dossiers à vérifier et d'autres contrôles jusqu'alors effectués par des agents. Ces évolutions permettent aux autorités fiscales d'accroître le nombre de ces vérifications, passant d'un faible pourcentage des déclarations à une proportion beaucoup plus élevée, ce qui augmente le montant des recettes fiscales recouvrées.

491. Les nouvelles technologies servent aussi à lutter contre la sous-déclaration des ventes ou la surdéclaration de déductions par falsification de factures, qui sont des formes de fraude fiscale elles-mêmes facilitées par l'emploi de technologies telles que les logiciels de suppression des ventes ou des outils de falsification plus sophistiqués. Un certain nombre d'administrations fiscales ont imposé l'utilisation de logiciels d'enregistrement des données qui consignent les données sur les ventes au moment de la transaction, et dans certains cas les transmettent en temps réel aux autorités fiscales. La mise en œuvre de l'obligation d'utiliser une technologie électronique d'enregistrement des données a permis d'accroître les recettes de TVA jusqu'à 20 % dans certains pays[3], et a également conduit à engager des poursuites pénales pour fraude fiscale. Par ailleurs, ces outils aident utilement les propriétaires d'entreprise à se prémunir contre le vol de leurs employés et à s'acquitter plus aisément de leurs obligations fiscales.

492. La technologie a également permis d'importantes avancées dans la transparence fiscale au niveau national et international, notamment grâce au renforcement de l'échange de renseignements entre administrations fiscales. La Norme commune de déclaration (NCD) de l'OCDE pour l'échange automatique de renseignements sur les comptes financiers procure aux autorités fiscales des informations sur des transferts et des comptes offshore qui étaient jusqu'alors non détectés ou indétectables. En s'appuyant sur la technologie offerte par le Système commun de transmission élaboré par l'OCDE, la plateforme qui sous-tend les échanges bilatéraux sécurisés de renseignements entre administrations fiscales participantes, ces échanges s'effectuent désormais de façon

automatique et périodique. Les autorités doivent veiller au bon déploiement de l'échange automatique, et recouper les données obtenues avec les sources d'information existantes sur les contribuables concernés.

Encadré 7.5. Impact des technologies d'enregistrement des données et de facturation électronique sur la lutte contre la fraude et l'évasion fiscales

- En Hongrie, l'obligation de se doter de caisses-enregistreuses électroniques a permis d'accroître les recettes de TVA de 15 % dans les secteurs ciblés, un montant supérieur au coût de mise en place du nouveau système.
- Rien qu'au Québec, plus de 1.2 milliard CAD a été recouvré grâce au déploiement de la technologie d'enregistrement des données dans le secteur de la restauration. Ce chiffre devrait atteindre 2.1 milliards CAD d'ici 2018-19.
- Au Rwanda, au cours des deux années qui ont suivi l'introduction de caisses-enregistreuses électroniques en mars 2013, les recettes de la TVA sur les ventes ont augmenté de 20 %.
- En République slovaque, plus de 500 millions EUR de demandes de remboursement de TVA douteuses ont été identifiés après la mise en place de processus électroniques de croisement des données de factures.
- Au Mexique, 4.2 millions de micro-entreprises ont rejoint l'économie formelle après l'établissement de la facturation électronique obligatoire.
- En Russie, le Service fiscal fédéral a déployé un système qui lui permet d'évaluer le respect des règles de TVA à l'échelle nationale en temps réel, ce qui réduit considérablement les risques de fraude. La démarche repose sur un recoupement automatique du total des paiements de TVA et des demandes de remboursement de TVA pour l'ensemble des parties aux transactions. Les résultats pour 2016 révèlent une augmentation des recettes de TVA de 8.5 % par rapport à 2015, tandis qu'en 2015 et 2014 les hausses s'élevaient respectivement à 12.2 % et 16.8 %.

493. Le Forum de l'OCDE sur l'administration fiscale va plus loin en lançant une enquête destinée à recenser les approches innovantes pour l'analyse des données procurées par la NCD. Dans ce cadre, les autorités fiscales coopèrent afin de procéder à une analyse plus systématique des schémas de comportement propres à l'évasion et à la fraude fiscales nationales et internationales, y compris pour différents segments de contribuables tels que les particuliers, les petits commerçants et les micro-entreprises. Le moment venu, ces approches permettront non seulement de détecter des mécanismes existants de fraude fiscale, mais aussi de prévenir et de dissuader ces comportements grâce à l'emploi d'outils ciblés.

7.3.2. Améliorer le service aux contribuables

494. L'accès facilité aux données et les progrès des techniques d'analyse contribuent aussi à améliorer le service aux contribuables. Il s'agit notamment de cerner les moyens de mieux comprendre et faire connaître les obligations fiscales, par exemple en analysant un jeu étendu de données en vue de repérer les zones d'incertitude ou les erreurs de déclaration, ainsi que pour déterminer les aspects à clarifier dans les instructions et

communications destinées aux contribuables, ou les processus que l'administration fiscale pourrait devoir repenser. L'utilisation de ces techniques peut aussi procurer des enseignements comportementaux, en permettant aux autorités fiscales de faire un usage plus efficace des techniques incitatives destinées à influer sur le comportement des contribuables, par exemple pour empêcher l'accumulation d'arriérés d'impôt en intervenant en amont ou pour encourager les contribuables à corriger leurs erreurs potentielles dans leurs déclarations en attirant l'attention sur des contribuables qui se trouvent dans une situation comparable ou sur des informations déjà disponibles concernant le contribuable en question.

495. De nombreuses administrations fiscales offrent désormais aux contribuables des options en libre-service par le biais d'applications mobiles et web, en cherchant à utiliser les circuits de communication accommodants pour les contribuables. Ces applications peuvent aider les contribuables à mettre à jour leurs données personnelles, à s'enregistrer à des fins fiscales (et pour d'autres services proposés par l'administration), à télécharger des déclarations électroniques et à recevoir des notifications électroniques. Cette évolution s'accompagne souvent d'un passage à une logique axée sur l'usager, qui peut s'intégrer à des initiatives d'administration électronique de plus vaste portée, sous réserve des limites liées à la protection des données.

496. La disponibilité accrue de services en ligne pour les contribuables vise à maintenir et à améliorer le respect volontaire de leurs obligations, dans un contexte où de nombreux contribuables nourrissent des attentes plus élevées en matière de niveau de services et d'accès à l'administration fiscale. Le développement des applications en libre-service passe aussi par un renforcement de la sécurité afin de protéger les informations confidentielles et de réduire les risques de fraude. À cet égard, diverses administrations fiscales emploient désormais des techniques d'authentification plus sophistiquées, faisant intervenir un processus de vérification en plusieurs étapes et des identifiants uniques comme l'identification biométrique.

497. Compte tenu de leur aptitude à faciliter l'interaction des contribuables avec le système fiscal, l'expérimentation et le déploiement de nouvelles technologies à l'appui d'une offre plus efficace de services aux contribuables doivent faire l'objet d'un suivi continu. Il faudrait intensifier les efforts actuellement déployés pour recenser les meilleures pratiques et faciliter la mise en commun des connaissances entre administrations fiscales en vue de rehausser le niveau de service aux contribuables à l'échelle mondiale, et veiller à ce que les administrations fiscales des pays en développement puissent contribuer à ces évolutions et en tirer profit.

Encadré 7.6. Améliorer le service aux contribuables grâce à l'utilisation de la technologie

En Inde, le gouvernement a mis en place une base de données biométrique nationale qui rassemble les empreintes digitales et les captures de l'iris de plus d'un milliard de résidents. Un numéro d'identification à 12 chiffres est délivré à chaque résident et est utilisé à des fins de sécurité dans de nombreux services de l'administration publique et du secteur privé, y compris pour les déclarations au titre de l'impôt sur le revenu.

L'administration fiscale péruvienne, la SUNAT, a lancé sa première application mobile en février 2015. Celle-ci garantit un accès permanent, via tablette ou téléphone portable, à un ensemble de services qui incluent l'enregistrement à des fins fiscales, l'émission de factures, la consultation d'un guide fiscal en ligne et la possibilité de signaler les fraudeurs.

L'administration fiscale danoise (SKAT) collabore avec des développeurs de logiciel en vue d'intégrer des instructions et des fonctionnalités de nature fiscale dans des logiciels comptables de tiers destinés aux petites entreprises. L'objectif à long terme est de faire en sorte que les données transactionnelles qui transitent des banques vers les systèmes comptables constituent la base d'un processus semi-automatisé qui s'intègre dans les propres processus opérationnels de la SKAT.

7.3.3. Alléger les contraintes de discipline fiscale

498. Diverses administrations fiscales ont depuis longtemps mis en place des processus visant à alléger la charge de conformité fiscale pour les salariés, notamment en instaurant la déclaration automatisée des revenus, voire même une retenue à la source sur les salaires par prélèvements périodiques. Ces approches, qui reposent sur des informations obtenues auprès de tiers, s'avèrent également renforcer la discipline fiscale. Aujourd'hui, ces processus sont enrichis par la disponibilité croissante de données sur d'autres sources de revenu, qui dans certains pays permettent de préremplir en grande partie les déclarations. Les administrations fiscales cherchent de plus en plus à mettre la discipline fiscale au cœur du système, tant pour les entreprises que pour les particuliers.

499. À cet égard, l'existence d'informations numériques et l'utilisation de la technologie par les contribuables permettent de plus en plus aux administrations fiscales d'intégrer les obligations fiscales et déclaratives dans les systèmes existants des contribuables (comme les logiciels comptables et les outils de tenue de registres, les applications de banque en ligne, les caisses-enregistreuses électroniques et les applications mobiles). Les autorités fiscales coopèrent de plus en plus avec des fournisseurs de logiciels tiers et des prestataires de services fiscaux, et s'attachent à développer des solutions internes, telles que des applications dédiées à l'enregistrement, au calcul, à la déclaration et au paiement de l'impôt. L'intégration de la discipline fiscale, y compris au stade initial des vérifications, dans la conception des systèmes de l'administration fiscale offre la possibilité de réduire sensiblement les contraintes administratives, libérant ainsi les ressources du contribuable comme de l'administration fiscale tout en améliorant la discipline d'ensemble.

500. L'allégement des contraintes pesant sur les contribuables passe aussi par l'amélioration de l'efficience et de la sécurité des déclarations de revenu et de transactions, et un certain nombre d'administrations fiscales envisagent d'utiliser la *blockchain* à cette fin. La *blockchain* est une technologie reposant sur un registre distribué qui peut servir à stocker n'importe quel type de données, y compris les transactions financières. En enregistrant les détails d'une transaction au moment où elle se produit (transfert de la propriété d'actifs, par exemple) et en garantissant que les règles de l'entreprise sont respectées sans intervention d'une autorité de vérification centrale, la *blockchain* offre des applications utiles aux autorités fiscales. Par exemple, une méthode sécurisée d'enregistrement et d'authentification des contribuables, ou l'enregistrement des transactions (registres fonciers, par exemple).

501. À l'instar d'autres technologies, la *blockchain* pose aussi certains risques liés notamment à l'absence de mécanisme centralisé de gouvernance et d'établissement de règles. Certaines de ses applications, telles que les cryptomonnaies[4], peuvent aussi ouvrir la voie à de nouvelles pratiques de dissimulation de l'identité des émetteurs et des bénéficiaires des paiements. À ce titre, elle peut engendrer de nouveaux risques de transparence qui, s'ils ne sont pas maîtrisés, pourraient saper les progrès accomplis ces dix dernières années pour combattre l'évasion fiscale offshore. Plus largement, les possibilités de délits fiscaux et d'autres délits financiers créées par les cryptomonnaies pourraient justifier des travaux supplémentaires.

502. Une intégration plus poussée des systèmes d'information des administrations publiques et de tiers, conjuguée à une conception plus efficace des processus, promettent de réduire les contraintes liées au respect des règles pour les contribuables. Comme avec toutes les nouvelles technologies, il faudra veiller à comprendre pleinement leurs avantages et leurs risques, et à les atténuer dans la mesure du possible. Bon nombre de ces technologies sont déployées à l'échelle mondiale, de sorte que les initiatives qui permettront aux administrations de travailler ensemble à l'avenir pour analyser ces questions représenteraient un usage efficient des ressources et garantiraient une diffusion efficace des retombées.

Encadré 7.7. Utilisation de données électroniques pour renforcer la discipline fiscale

De nombreuses administrations fiscales ont déjà adopté les déclarations préremplies pour tout ou partie des revenus des personnes physiques. Certains pays, dont la Belgique, le Danemark, la Finlande, la Hongrie, l'Islande, la Lituanie, la Malaisie, Malte, la Norvège, Singapour et la Slovénie, ont adopté le principe de « l'acceptation présumée » des déclarations préremplies passé un certain délai. Sous leur forme la plus aboutie, les déclarations fiscales préremplies couvrent près de 100 % des contribuables redevables de l'impôt sur le revenu dans un certain nombre de juridictions.

L'administration fiscale australienne a intégré dans son application mobile un outil qui permet aux utilisateurs d'enregistrer leurs dépenses déductibles en temps réel. Grâce à l'appareil photo qui équipe leur téléphone portable, les contribuables peuvent photographier les reçus et utiliser les services de géolocalisation pour consigner leurs déplacements professionnels et ainsi déclarer les dépenses correspondantes, sans devoir tenir des registres papier.

L'autorité fiscale kenyane a mis en place le système iTax en 2013. Il s'agit d'un système en ligne de prélèvement de l'impôt qui prévoit une solution intégrée et automatisée pour l'administration de l'impôt sur le revenu, y compris le prélèvement à la source de l'impôt sur le revenu, de la TVA et d'autres types de retenues à la source. Il permet aux contribuables de mettre à jour leurs informations pour l'enregistrement à des fins fiscales, de remplir leurs déclarations fiscales, d'enregistrer tous leurs paiements et de faire des demandes sur l'état d'avancement d'un cas, avec un suivi en temps réel de leur compte.

7.4. Les nouveaux territoires de la fiscalité et de la numérisation

503. Les exemples cités dans ce chapitre ne donnent qu'un petit aperçu des répercussions à grande échelle que les nouvelles technologies, portées par la numérisation, pourraient avoir sur l'ensemble du système fiscal. Elles vont de l'impact de l'automatisation et de l'intelligence artificielle sur la main-d'œuvre, des bouleversements que l'essor de l'impression 3-D et de la réalité augmentée pourraient provoquer dans les chaînes de valeur, à la capacité des données massives (Big Data) et des techniques d'analyse à transformer radicalement l'élaboration des politiques et le respect des règles fiscales selon des modalités qui permettent de mener des actions en temps réel et taillées sur mesure.

504. Face aux possibilités d'améliorer le service aux contribuables, de renforcer la discipline et de réprimer la fraude et l'évasion fiscales, il serait opportun d'engager des travaux supplémentaires sur les thèmes évoqués dans ce chapitre, y compris pour trouver le meilleur moyen d'aider les pays moins développés à concrétiser ces avantages. Des dispositions initiales ont d'ores et déjà été prises pour avancer sur certains de ces sujets, et notamment :

- L'impact des plateformes en ligne sur l'évolution du statut fiscal d'acteurs économiques relevant de différentes formes d'emploi. Il s'agit du passage de contrats de travail standard à des contrats atypiques, qui peuvent impliquer l'offre de services de main-d'œuvre en qualité de travailleur indépendant ou de société fermée. Ces travaux seront présentés en 2019.

- Les options permettant aux autorités fiscales d'accéder aux informations détenues par les plateformes en ligne concernant les activités génératrices de revenu facilitées par ces plateformes. Ces travaux seront achevés en 2018. En fonction des conclusions, on pourrait envisager de mettre en place un mécanisme multilatéral d'échange de données, de manière à ce que les informations détenues par les plateformes soient communiquées automatiquement et périodiquement aux autorités fiscales.
- L'analyse des données relatives aux comptes financiers dont les administrations fiscales disposent désormais grâce à la NCD, en vue d'identifier les schémas de comportement propres à l'évasion et à la fraude fiscales nationales et internationales, afin d'améliorer les outils de détection et de dissuasion correspondants. Ces travaux seront présentés en 2019.
- Une réflexion sur des mesures garantissant l'équilibre entre l'allégement des contraintes de discipline qui pèsent sur les nouveaux acteurs du marché, et le maintien de l'équité des conditions de concurrence vis-à-vis d'activités existantes de nature similaire.

505. D'autres domaines de travail pourraient être envisagés, comme le souligne ce chapitre :

- La poursuite des travaux liés aux politiques fiscales en cours afin d'évaluer l'impact du passage de contrats de travail standard à des contrats atypiques sur les recettes et sur la structure fiscale. En l'occurrence, il faudra procéder à une évaluation globale et inclusive de l'effet de cette mutation sur le bien-être de l'ensemble de la population.
- La mise à profit des bonnes pratiques existantes en matière d'éducation des contribuables afin d'attirer l'attention sur les situations impliquant des activités internationales en ligne, de manière à améliorer la compréhension des obligations fiscales et à encourager l'autodéclaration et la discipline volontaire.
- Le partage de connaissances entre administrations fiscales en vue de bâtir une base de données des bonnes pratiques et de suivre les nouvelles tendances dans l'utilisation des technologies au profit de l'amélioration du service aux contribuables.
- L'analyse de la nature et de l'importance des possibilités, mais aussi des risques en matière de contraintes administratives pour les contribuables, offertes par l'intégration des systèmes d'information du secteur public et de tiers, et l'examen des options permettant d'atténuer les risques tout en assurant une diffusion efficace des retombées positives.
- L'analyse des risques d'évasion fiscale induits par les cryptomonnaies et la technologie *blockchain* en général, ainsi que des solutions potentielles, telles que des mesures législatives imposant aux plateformes d'échange d'actifs numériques et autres tiers une obligation déclarative, et/ou permettant aux administrations fiscales de demander des informations sur les transactions ayant pour objet des actifs numériques tels que les cryptomonnaies ainsi que l'échange ciblé de renseignements.

506. Dans chacun de ces domaines de travail actuels et potentiels, il faudra veiller à ce que les pays en développement, en tant que membres à part entière du Cadre inclusif sur le BEPS, puissent contribuer à ces évolutions et en tirer profit, en tenant compte de leurs contraintes et de leur situation spécifiques. Le cas échéant, cela peut impliquer de travailler

avec des organismes régionaux chargés de l'administration de l'impôt, ainsi qu'avec la Plateforme de collaboration sur les questions fiscales.

507. De façon plus générale, le GREN devrait continuer de suivre les évolutions, y compris les innovations technologiques, susceptibles de se répercuter sur l'efficacité des systèmes fiscaux, depuis les aspects théoriques jusqu'aux questions d'administration, au vu du changement rapide induit par la numérisation de l'économie. Un bilan des progrès réalisés dans chacun de ces domaines viendra alimenter le rapport de 2020 du Cadre inclusif sur la fiscalité et la numérisation.

Notes

[1] Le terme « économie à la demande » désigne un marché du travail caractérisé par la prévalence de contrats de courte durée et souvent atypiques ou du travail indépendant, par opposition aux emplois permanents et aux contrats de travail standard. Le terme « économie du partage » désigne un marché dans lequel les actifs ou les services sont partagé entre particuliers, soit gratuitement, soit contre rémunération. L'économie à la demande et l'économie du partage sont stimulées par la numérisation et en particulier par l'utilisation de l'Internet, qui permet l'expansion rapide de ces activités à une échelle mondiale.

[2] Pour plus d'informations sur les travaux antérieurs de l'OCDE sur ce sujet, voir le rapport de 2015 (OCDE/FIIAPP, 2015[2]).

[3] (OECD, 2017[1]).

[4] Une cryptomonnaie est un actif numérique utilisé comme moyen d'échange et qui recourt à la cryptographie pour sécuriser ses transactions, contrôler la création d'unités supplémentaires et vérifier le transfert d'actifs. Il s'agit d'une forme de monnaie virtuelle, c'est-à-dire une unité numérique d'échange qui n'a pas de cours légal fixé par l'État.

Références

OCDE/FIIAPP (2015), *Édifier une culture fiscale, du civisme et de citoyenneté : Un document de référence global de l'éducation des contribuables*, Éditions OCDE, Paris, http://dx.doi.org/10.1787/9789264230163-fr. [2]

OECD (2017), *Technology Tools to Tackle Tax Evasion and Tax Fraud*, OECD Publishing, http://www.oecd.org/tax/crime/technology-tools-to-tackle-tax-evasion-and-tax-fraud.htm (consulté le 12 mars 2018). [1]

Chapitre 8. Conclusion du rapport intérimaire consacré aux défis fiscaux soulevés par la numérisation de l'économie

Ce chapitre décrit les domaines sur lesquels porteront les travaux futurs tels que présentés dans le Rapport intérimaire et la façon dont le Cadre inclusif sur le BEPS les mènera à bien. Il précise qu'un point sur l'avancée de ces travaux sera fait en 2019, le rapport final étant prévu pour 2020.

509. Le Rapport de 2015 établi au titre de l'Action 1 du projet BEPS recensait un certain nombre de défis fiscaux soulevés par la numérisation de l'économie qui dépassent le cadre du projet BEPS, à savoir la question du lien, des données et de la qualification, et envisageait diverses options possibles pour remédier à certains de ces défis plus larges. Toutefois, aucun accord n'a été trouvé en 2015 sur le point de savoir si l'une de ces options devrait être adoptée. En l'absence de consensus, un certain nombre de pays ont alors commencé à contempler et mettre en œuvre un ensemble de mesures unilatérales et non coordonnées (voir le chapitre 4).

510. Au lendemain de la parution du paquet BEPS, il a été convenu que le Groupe de réflexion sur l'économie numérique poursuivrait ses travaux au sein du Cadre inclusif en vue de présenter un rapport intérimaire en 2018 et un rapport final en 2020. Depuis lors, des progrès importants ont été réalisés dans la compréhension des effets de la transformation numérique sur les modèles d'affaires et la création de valeur. En mettant l'accent sur les entreprises à forte composante numérique, le chapitre 2 décrit les nouveaux processus de création de valeur et certaines caractéristiques distinctives fréquemment observées dans ces entreprises, à savoir l'échelle sans masse, le rôle essentiel des actifs incorporels et l'importance des données et de la participation des utilisateurs. Les transformations associées à la numérisation de l'économie se propagent rapidement à un nombre croissant d'entreprises, et comme le Rapport sur l'Action 1 du projet BEPS le concluait, il serait difficile, voire impossible, d'isoler l'économie numérique du reste de l'économie.

511. Les membres du Cadre inclusif, au nombre de plus de 110 à ce jour et représentant un large ensemble d'économies qui se trouvent à divers stades de développement, reconnaissent leur intérêt commun à maintenir un ensemble de règles fiscales internationales efficaces et cohérentes. La multiplication d'approches unilatérales risque de nuire à l'investissement et à la croissance, d'accroître le nombre de cas de double imposition et d'entraîner davantage de complexité pour les contribuables et les administrations fiscales.

512. Néanmoins, les questions fiscales soulevées par la transformation numérique sont techniquement complexes, et ce rapport intérimaire recense les divergences d'opinions entre pays sur le point de savoir si et dans quelle mesure les caractéristiques propres aux modèles d'affaires à forte composante numérique et plus généralement la transformation numérique justifient une modification des règles fiscales internationales. Dans l'ensemble, un soutien se dégage pour entreprendre une réévaluation cohérente et concordante de deux aspects fondamentaux du cadre fiscal actuel, à savoir les règles relatives au lien et à l'attribution des bénéfices, de manière à prendre en compte les effets de la transformation numérique.

513. Les travaux requis pour faire avancer la réflexion sur ces sujets complexes sont décrits au chapitre 5. Parallèlement à une compréhension plus fine de la contribution à la création de valeur de certains aspects de la transformation numérique, des solutions techniques seront explorées afin d'étudier la faisabilité de différentes options. Outre le dialogue continu entre les membres du Cadre inclusif, cette démarche impliquera un engagement continu avec différentes parties prenantes, y compris des entreprises, la société civile et le milieu universitaire. Un point sur l'avancement de ces travaux sera présenté en 2019, et le Cadre inclusif axera ses efforts sur l'élaboration d'une solution fondée sur un consensus d'ici 2020.

514. Aucun consensus n'a été trouvé concernant la nécessité et le bien-fondé de la mise en œuvre de mesures provisoires, et dès lors, ce rapport ne présente pas de

recommandation en vue de leur adoption. Le chapitre 6 explique qu'un certain nombre de pays ne sont pas d'accord sur le fait que des caractéristiques telles que l'« échelle sans masse », le rôle essentiel des actifs incorporels ou la « contribution des utilisateurs » justifient la mise en œuvre d'une mesure provisoire et considèrent qu'une mesure provisoire entraînera des risques et des conséquences néfastes, et ce, que des limites soient intégrées à la mesure ou non, y compris à cause de l'incertitude et des risques de double imposition. Les pays qui sont favorables à l'adoption de mesures provisoires reconnaissent que ces difficultés puissent survenir mais considèrent que certaines des conséquences néfastes éventuelles, à tout le moins, peuvent être atténuées au stade de l'élaboration de la mesure et que, en attendant de trouver une solution mondiale fondée sur un consensus, il est plus qu'impératif d'agir pour faire en sorte que l'impôt acquitté par certaines entreprises dans leur juridiction soit proportionnel à la valeur qu'ils considèrent comme ayant été créée dans leur juridiction. Lorsque les juridictions souhaiteraient procéder à l'adoption de ces mesures, elles ont identifié un certain nombre de considérations qui selon elles doivent être prises en compte sous forme d'orientations dans le but de minimiser toute divergence potentielle et d'éventuels effets collatéraux négatifs.

515. Hormis les défis fiscaux plus larges, et s'agissant plus spécifiquement des pratiques de BEPS susceptibles d'être aggravées par la transformation numérique, des éléments préliminaires montrent que la mise en œuvre du paquet BEPS OCDE/G20 produit des effets. Adopté en octobre 2015, le paquet BEPS, et notamment les mesures qui se rapportent le plus étroitement à la transformation numérique – les Actions 3, 5, 6, 7 et 8-10 – commencent déjà à produire des effets, comme expliqué au sein du chapitre 3. Les réactions de certaines entreprises multinationales à forte composante numérique montrent qu'elles commencent à modifier leurs structures de manière à mieux les aligner sur leur activité économique réelle. Continuer de suivre l'impact du paquet BEPS, surtout après la réforme fiscale de 2017 aux États-Unis, représentera un volet important des travaux du GREN à l'avenir.

516. Outre son impact sur les règles fiscales internationales, la transformation numérique a également des répercussions significatives sur d'autres aspects du système fiscal. Comme le chapitre 7 l'explique, ces répercussions vont de l'évolution du statut fiscal d'acteurs économiques résultant du passage de contrats de travail classiques à des formes d'emploi atypiques, aux nouveaux outils dont les administrations fiscales disposent pour améliorer les services au contribuable, procéder à un recoupement plus efficace des données et mobiliser des moyens techniques supplémentaires pour détecter et réprimer l'évasion et la fraude fiscales.

517. Des travaux portant sur l'impact de la transformation numérique sur d'autres aspects du système fiscal sont déjà en cours, mais un certain nombre d'axes de réflexion supplémentaires ont été identifiés au sein du chapitre 7 pour faire en sorte que le système fiscal, depuis la définition des politiques jusqu'à l'administration de l'impôt, soit toujours en mesure de répondre aux dernières avancées de la technologie numérique et d'en tirer profit.

518. Préparer nos systèmes fiscaux à épouser les transformations induites par la numérisation de l'économie, ainsi qu'à tirer parti des chances qu'elle offre et à se prémunir contre ses risques potentiels, représente un défi de taille. Un soutien politique sera nécessaire pour entreprendre les travaux détaillés et souvent complexes requis pour atteindre ces objectifs, étant entendu que le système fiscal reste le maillon central du lien qui unit les États et leurs citoyens.

ORGANISATION DE COOPÉRATION ET DE DÉVELOPPEMENT ÉCONOMIQUES

L'OCDE est un forum unique en son genre où les gouvernements oeuvrent ensemble pour relever les défis économiques, sociaux et environnementaux que pose la mondialisation. L'OCDE est aussi à l'avant-garde des efforts entrepris pour comprendre les évolutions du monde actuel et les préoccupations qu'elles font naître. Elle aide les gouvernements à faire face à des situations nouvelles en examinant des thèmes tels que le gouvernement d'entreprise, l'économie de l'information et les défis posés par le vieillissement de la population. L'Organisation offre aux gouvernements un cadre leur permettant de comparer leurs expériences en matière de politiques, de chercher des réponses à des problèmes communs, d'identifier les bonnes pratiques et de travailler à la coordination des politiques nationales et internationales.

Les pays membres de l'OCDE sont : l'Allemagne, l'Australie, l'Autriche, la Belgique, le Canada, le Chili, la Corée, le Danemark, l'Espagne, l'Estonie, les États-Unis, la Finlande, la France, la Grèce, la Hongrie, l'Irlande, l'Islande, Israël, l'Italie, le Japon, la Lettonie, le Luxembourg, le Mexique, la Norvège, la Nouvelle-Zélande, les Pays-Bas, la Pologne, le Portugal, la République slovaque, la République tchèque, le Royaume-Uni, la Slovénie, la Suède, la Suisse et la Turquie. La Commission européenne participe aux travaux de l'OCDE.

Les Éditions OCDE assurent une large diffusion aux travaux de l'Organisation. Ces derniers comprennent les résultats de l'activité de collecte de statistiques, les travaux de recherche menés sur des questions économiques, sociales et environnementales, ainsi que les conventions, les principes directeurs et les modèles développés par les pays membres.

ÉDITIONS OCDE, 2, rue André-Pascal, 75775 PARIS CEDEX 16
(23 2018 16 2 P) ISBN 978-92-64-30161-0 – 2018

www.ingramcontent.com/pod-product-compliance
Lightning Source LLC
LaVergne TN
LVHW080651011026
849160LV00014B/1386

* 9 7 8 9 2 6 4 3 0 1 6 1 0 *